云岭学者专项（项目号：C6183010）成果丛书

丛书主编：杨 林

A STUDY ON POVERTY REDUCTION

APPROACHES IN CHINA

中国扶贫模式研究

胡兴东　杨　林◎著

人民出版社

云岭学者专项成果丛书
编委会名单

序

　　贫困是人类社会自形成以来就存在且伴随时间最久、最普遍的社会问题，也是人类社会治理中最难消除的社会问题之一。贫困、人口和环境被当今国际社会公认为人类共同面临的三大难题。人类社会中出现的战争、动乱，甚至是大量日常犯罪都与贫困有关。反贫困、消除贫困是任何一个正常国家在治理中的首要目标和重要任务。虽然，贫困治理在国家治理中一直是重要组成部分，但作为国家行为，进行大规模的有计划反贫困治理则是近代才出现的现象，甚至是第二次世界大战后才成为国际社会关注的重点。中国政府的40年贫困治理基本采用的是通过集中发展经济，改善贫困地区的生产生活条件，在经济高速增长下通过"涓滴效应"来提高贫困地区居民生活水平，以实现摆脱贫困的扶贫模式。

　　在中国古代社会治理中，贫困治理主要采用的是救济式治理，主要通过义仓和民间乡绅社会救济两种机制，如宋代国家和民间形成了较为成熟的社会救济制度。在救济式扶贫时代，贫困治理主要是针对特定少数群体，且多由民间社会自发进行，国家并没有形成针对性的系列反贫困政策和措施。中国政府针对特定地区、群体开展定向贫困治理是20世纪80年代才出现的新现象。20世纪八九十年代中国在经济高速发展的同时，国家开始针对特定地区(贫困县①、革命老区、民族地区、边疆地区)和群体(五保户、妇女、儿童、残疾人、

---

　　① 本书中的"贫困县"是用来简称"国家重点扶贫的贫困县""省级重点扶贫的贫困县""集中连片特困地区贫困县"等三种贫困县。若特指"国家重点扶贫的贫困县"时就用"国家贫困县"，"省级重点扶贫的贫困县"时就用"省级贫困县"，"集中连片特困地区贫困县"时就用"片区贫困县"。

人口较少民族)开展的贫困治理越来越深入,模式也日益复杂多样。这构成了当前世界各国贫困治理中最具特色的反贫困范式。在40年(1978—2017年)的贫困治理中①,中国在扶贫工作上取得的成绩是独傲世界的,政府在贫困治理上的积极性、主动性也是世界各国政府中少有的。"改革开放30多年来,7亿多贫困人口摆脱贫困,农村贫困人口减少到2015年的5575万人,贫困发生率下降到5.7%,基础设施明显改善,基本公共服务保障水平持续提高。"②自20世纪80年代以来,中国政府的贫困治理形成了中国特色贫困治理模式。这种贫困治理模式的核心是政府全面承担贫困治理的各项工作,同时积极动员和吸收各种社会力量参与扶贫。2016年,中国政府在总结过去近40年扶贫事业上取得的成功经验时,认为中国扶贫工作的特点是"中国发挥政治优势和制度优势,通过'党的领导、政府主导、社会参与'的工作机制,形成跨地区、跨部门、跨行业、全社会共同参与多元主体的社会扶贫体系"③。虽然,这种以政府全面承担为主导的贫困治理存在各种问题,但在国家存在数量庞大的贫困群体、多种深度贫困区的时代,这种扶贫模式拥有的优势是超过它产生的副作用的,成为优选的扶贫模式。

考察中国40年贫困治理中取得的成绩,除了真实地解决了中国农村大量农民的赤贫问题外,最有价值的是在贫困治理上形成的具有政策学意义和范式价值的各种"扶贫模式"。中国自1978年开始的40年贫困治理中,在贫困治理机制上创制出了形式多样的扶贫模式,构成了中国贫困治理的范式。这些不同特征的扶贫模式在世界反贫困政策措施上拥有十分重要的意义和地位。认真总结、反思中国40年贫困治理中的各种扶贫模式,对改进和完善当前中国贫困治理的制度和机制及对世界各国贫困治理将产生十分重要的借鉴作用。对此,2011年制定的《中国农村扶贫开发纲要(2011—2020年)》中指出对中国扶贫问题的研究具有"逐步完善中国特色扶贫理论和政策体系"和"提高扶贫开发决策水平和实施能力"的作用。本书将从不同角度对中国40

---

① 本书分析时段集中在1978—2017年之间,共40年。因为中国政府在1978年的改革开放在本质上是把国家发展与国家贫困治理相结合,同时中国政府还实施了针对贫困地区和贫困群体的扶贫工作。

② 数据来源于国务院新闻办公室的《中国的减贫行动与人权进步(2016年)》白皮书。

③ 国务院新闻办公室的《中国的减贫行动与人权进步(2016年)》白皮书。

年内贫困治理中政府实践过和正在实践的扶贫机制进行总结,提炼形成不同扶贫模式,指出不同扶贫模式存在的优缺点,让学术界和实务界能够更加全面、有效地认识不同扶贫模式的功能和作用。

自 20 世纪 80 年代以来,特别是 20 世纪 90 年代中后期至 2017 年,中国在反贫困上取得了十分显著的成就。对此,亚洲开发银行副行长彼得·H.沙里温指出,"中国的扶贫工作有许多经验值得其他国家学习。中国在扶贫领域取得的成就在亚洲首屈一指";世界银行认为,"中国过去 20 年扶贫取得的成就深刻地影响着国际社会。农村经济改革的巨大成功、农村经济的惊人增长和对这一增长的广泛参与以及成功的国家扶贫计划,使得过去 20 年中国农村绝对贫困大大减少";联合国开发计划署(UNDP)认为,"中国的这一成就为发展中国家,甚至整个世界提供了一种模式"①。联合国在《2015 年千年发展目标报告》中指出,"中国极端贫困人口比例从 1990 年的 61%,下降到 2002 年的 30%以下,率先实现比例减半,2014 年又下降到 4.2%,中国对全球减贫的贡献率超过 70%"②。那么,中国贫困治理模式中有哪些具体扶贫模式呢?每种扶贫模式有些什么特点呢?当前,从学术界的研究来看,还是十分不够,值得进一步研究。中国贫困治理模式是一个拥有复杂样式的内容体系,拥有丰富的内容,但也存在使用模式分析不够深入的问题。当然,要对一种整体性社会治理工程进行总结和提升,通过模式分析是较为有效的方法,也是形成最易让人们学习借鉴的理论成果的最好途径。所以,对中国政府实践过的各种贫困治理模式进行全面性总结是具有十分重要的学术理论价值和现实意义的。

当前,中国政府扶贫工作目标是到 2020 年实现在"不愁吃、不愁穿,义务教育、基本医疗和住房安全有保障"的指标下,获得当前贫困标准线下的农村贫困人口全部脱贫、贫困县全部摘帽。这一扶贫目标本质是"消除绝对贫困和极端贫困的发展目标"③,即是一种消除农村绝对贫困的贫困治理的方式。为了保障这一目标的实现,国家制定了各种保障措施以让它能如期完成。中国政府提出的这一扶贫目标的完成是十分艰巨的,因为全国农村中的贫困地区、贫困人口数量还十分庞大。根据统计,在 2015 年年底,全国农村贫困人口

---

① 国务院扶贫办:《开发与致富》(2000 年国际会议专辑)。
② 数据来源于国务院新闻办公室的《中国的减贫行动与人权进步(2016 年)》白皮书。
③ 焦梦等:《中国是全球减贫典范》,《中国扶贫》2017 年第 20 期。

集中的 14 个集中连片特困区、832 个国家贫困县、12.8 万个国家贫困村、5575 万贫困人口需要在 5 年之内完成此目标下的脱贫。为此,国家针对全国贫困人口的致贫原因和拥有的资源禀赋不同,确定通过产业扶贫让有劳动能力和生产技能的 3000 万贫困人口脱贫,转移就业让 1000 万贫困人口脱贫,易地扶贫搬迁让 1000 万贫困人口脱贫,其他剩余贫困人口则通过纳入社保实现兜底脱贫等对应措施。① 虽然,有以上扶贫目标的确定和脱贫机制的设定,但要完成仍需要对当前扶贫模式进行深入的、整体的总结研究,以对现有扶贫模式进行改进和完善。

贫困治理是一个十分复杂的社会治理工程,不仅涉及物质财富提供的问题,还涉及文化传统、生态承载、制度供给、教育普及等问题。中国学术界对治理贫困问题过程中产生的相关理论、政策、措施、评估等各种理论、学说、技术、机制的研究总称为"扶贫学",而不是贫困治理理论。这体现出中国在整个贫困治理中的理论特色。中国扶贫理论的构成,一般认为由贫困理论、战略、政策、模式、措施、评估、监测等不同内容构成。② 其中,扶贫模式问题作为贫困治理的核心内容,是指政府在贫困治理中所采取的主要措施、机制和途径,是一种政策学分析的产物,具有高度实践性和可重复性。从实践看,中国扶贫模式理论研究存在的问题是相关理论研究跟不上中国政府的扶贫工作过程中的创新和发展速度,使中国扶贫模式研究体现出一种明显的理论滞后的状态。③ 中国在扶贫过程中出现实践先于理论的现象十分明显。中国政府在扶贫工作中,十分明显的特色是根据贫困治理的需要不断调整和创新扶贫模式,丰富扶贫理论。中国政府在扶贫模式上体现出积极创新、不停发展、种类丰富、成绩斐然的特征。中国在 40 年的扶贫开发工作中,让 7 亿多农村贫困人口脱贫,占到同期世界贫困治理中脱贫人口总数的 70% 以上。④

---

① 数据来源于国务院新闻办公室的《中国的减贫行动与人权进步(2016 年)》白皮书。

② 参见曹洪民:《中国农村开发式扶贫模式研究》,中国农业大学博士学位论文 2003 年。

③ 我们对与扶贫模式有关的研究进行全面检索后发现,虽然近年有大量研究,但全面深入的研究成果还是没有出现。在本书写作中,我们查阅了数以千计的论文,发现很多研究是高度重复的,没有实质性的考察。

④ 参见陈宗胜:《中国多维扶贫走在世界前列》,http://f.china.com.cn/2017-08/16/content _50001419.htm,发布时间:2017 年 8 月 16 日 10:46:04,来自:中国扶贫在线网,访问时间:2018 年 4 月 8 日。

中国近 40 年的贫困治理主要是针对农村中的贫困对象而不是针对社会中所有的贫困对象。所以中国当前的贫困治理还涉及一个更加复杂的现代化、城市化下的农村与城市发展中的特别协调机制问题,具有一种中国城市化进程中对农村发展的特别补救措施的功能。

在对贫困地区积极治理下,让中国贫困地区在经济高速发展中,正在让、必然让中国农村的贫困问题出现"相对贫困和社会排斥取代绝对贫困成为贫困的主要方面;收入之外的其他维度的贫困表现突出;以农村为主的贫困逐步转化为农村和城市贫困共存的状态"①。这样将根本性地改变中国贫困人口的分布和致贫原因的构成,其中个体能力缺陷贫困将成为中国贫困产生的主要原因。这就要求中国未来的贫困治理须转向新的扶贫模式。当前,中国贫困群体的致贫原因反映了这种变化。从建档立卡户的致贫原因上看,2014年,全国建档立卡贫困户中不同贫困群体结构是"60 岁以上老人占 20%,丧失和无劳动力者占 40%;因病致贫的占 38.5%,其中患大病者占 27.7%;小学程度以下的占 54.7%,其中文盲或半文盲的 14.8%;另有 34.8% 的致贫原因是缺资金,21.3% 的是因为缺技术"。② 这种致贫结构反映了当前中国贫困群体是由于自身发展上内生动力不足所致。这让贫困治理需要进入更深层的个人技能发展培育,而不是简单的经济发展资源的补充和支持。

2020 年,中国在完成大规模政府主导下的农村绝对贫困治理后,在贫困治理上将转向四个方面:第一,对因缺少发展动力的贫困群体,将在城乡一体化下实施以政府作为投入主体,民间社会组织作为扶贫项目实施主体,特别是以高度专业性的 NGO 组织承担扶贫工作;第二,在区域扶贫上,不再以简单的消除贫困作为区域发展支持目标,而是转向以实现区域间均衡发展为目标的区域发展支持战略,防止出现因为区域间发展差距过大而再次出现区域性贫困问题;第三,建立完善的大数据动态监测机制,对全国贫困群体进行监测,为贫困治理提供更加有效的信息,让那些因为缺失劳动力的贫困群体获得更加有效的福利救济,而不是开发式扶贫下的特别救济;第四,针对贫困者中存在

---

① 王小林、Sabina Alkire:《中国多维贫困测量、估计和政策含义》,《中国农村经济》2009 年第 12 期。

② 邹英、向德平:《易地扶贫搬迁贫困户市民化困境及其路径选择》,《江苏行政学院学报》2017 年第 2 期。

的权利缺失、社会排斥,实行有效的权利补救和支持将成为贫困治理的新战场。

构建一个"少有所学,壮有所业,老有所养"的"大同"理想社会,必然让中国贫困治理在国家层面上永远存在。因为在一个健康、自由、民主的社会中,需要让强者"行"有所规的同时,也让弱者"行"有所助,获得发展希望,实现一种动态平衡状态。世界发达国家的历史已经证明,在人类贫困治理中,绝对贫困状态的消除是可以实现的,但相对贫困却无法消除,只能控制、限制在合理范围内。到 2020 年后,中国贫困治理将进入城乡一体化下的相对贫困治理阶段,这是中国社会发展的一种必然,也是适应新发展的一种需要。所以在相对贫困治理时期,在保留传统贫困治理模式的前提下,需要从制度、权利方面对社会排斥、权利贫困等问题进行有效的治理,防止相对贫困出现失范、导致绝对贫困回潮。这是新时期贫困治理上的基本目标和任务。

是为序。

杨 林

2018.6.20

｜目　录｜

| 第 一 章 |

扶贫模式的相关问题

第一节　扶贫模式概念

扶贫模式作为一种学术提炼的产物,具有很强的理论性。但在现实中,由于它不仅是一种学术研究的成果,更是一种政策、措施、机制的提炼产物,所以同时具有很强的可操作性和实践性。这些让扶贫模式的研究增加了不同的特色和内容。扶贫模式,作为一种政策学意义上的"模式",是一种扶贫政策、手段、机制,通过实践转化成具有理论分析和实践推广的政策要素的综合体。扶贫模式在构成上,在满足一种理论意义上的"模式"要素所需要的要件同时还要拥有政策学意义上的相关要件。这些都让扶贫模式在研究上体现出很强的双重性。

一、模式

要考察扶贫模式,就必须先弄清楚什么是"模式"。对"模式"是什么,学术界存在不同的理解。在英文中用 model、pattern、type、schema、module、paradigm 等表示,与之最接近的汉语是"范式",而"范式"主要是受到库恩的《科学革命的结构》一书①的影响。从世界各国学术界对"模式"的定义看,可

---

① 参见[美]托马斯·库恩:《科学革命的结构》,金吾伦、胡新和译,北京大学出版社 2004 年版。

以分为文化学、哲学、理学、工程学等不同学科视角。对"中国知网(cnki. net)"的"工具书"检索后发现关于"模式"的定义高达 5199 条,其中哲学的有 61 种,政治学的有 103 种,社会科学理论与方法的有 51 种,管理学的有 225 种,科学研究管理的有 93 种,其他绝大多数是理学和工学。所以在"模式"的定义理解上受到理工科的影响很大。"模式"可以说是近 20 年来中国学术界使用最广、最频繁的学术术语。当然,这种高频使用也带来了"模式"概念在含义上的混乱和不清,甚至是滥用。

国内对"模式"的定义,在不同学科辞典中表述各不相同,如《邓小平理论辞典》中认为模式是"'范型',原指制造器物的模型,一般指可以当作模范、榜样加以仿效的范本、模本"①。这里对"模式"的定义是从原始含义和功能上进行,属于较粗略的定义。在《现代农村经济辞典》中对"模式"的定义是,首先指出此词是外来词,在英语中有:"(1)模式,事物的标准样式;(2)模型,依照实物的形状和结构按比例制成的物品,或用于制造某种制成品的工具;(3)模特儿,艺术家用来写生、雕塑等的描写对象或参考对象,或文学家借以塑造人物形象的原型,或用于展示服装的人或人物模型"等含义。② 在《新语词大词典》中更多采用的是人文科学视角下的定义,认为"模式"是"理论的一种简化形式。即对现实事件的内在机制和事件之间关系的直观、简洁的描述;能够向人们表明事物结构或过程的主要组成部分及其相互关系。广义的模式包括文字叙述、图像描述、数学公式等;狭义的模式指词语同图像的结合"③。此外,很多辞书也对"模式"有过定义,如《哲学大辞典(下)》《外国哲学大辞典》《现代西方哲学辞典》《逻辑学大辞典》等。这些书中的定义是基本一致的,认为"模式"是"结构主义用语,指用来说明事物结构的主观理性形式"。从文化学上定义"模式"的代表是《当代西方社会发展理论新词典》,它认为"模式"是"指一个文化中的文化特质或文化丛按一定的内部关系构成的协调一致的体系,是一个社会成员普遍接受的因而也是长期存在和比较稳定的文化结构"。从工程学视角下定义的,最著名的是 Alexander 的定义,他指出,"每个模式都描述了一个在我们的环境中不断出现的问题,然后描述该问题的解决

① 余源培主编:《邓小平理论辞典》,上海辞书出版社 2012 年版。
② 参见刘福仁等编:《现代农村经济辞典》,辽宁人民出版社 1990 年版。
③ 韩明安主编:《新语词大词典》,黑龙江人民出版社 1991 年版。

方案的核心;通过这种方法,可以无数次地使用那些已有的解决方案,无需再重复相同的工作"。这里 Alexander 重点指出模式的功能。在"模式"构成要素和特征总结上,国内学者的研究具有很强的学术性和操作性。如有经济学者指出模式至少有三重含义:"(1)从总体特征上对不同发展类型的标识;(2)模式是指多因素或多个子系统构成的具有内在结构和运行机制的一个复合系统,是各种经济关系的一种网络系统;(3)模式是被理论加工后的一种范式、一种可模仿、推广和借鉴的行为集合。"①这三个特征对把某种实践中的行为模式、运行机制提升为理论模式具有十分重要的指导意义。

综合上面的各种学科、视角下的定义,会发现"模式"是指当某一种行为、政策、措施构成某种稳定模式时,必须具有相应的构成要件。即:首先,某种行为、政策、措施必须具有类型化的、显著的可标识特征,能够让它与其他同类行为、行动样式明确区别;其次,这种样式要由不同要素构成,要素在相互作用下能够发挥出一种整体性功能,并超越每个独立要素的功能;最后,对这些要素进行理论提升后,这种样式能够被明显识别、借鉴、推广。本书在考察中国扶贫模式时就是以此标准认定的。

二、扶贫模式

扶贫模式是指扶贫过程中形成的,具有类型化、标识性、功能性的扶贫措施、机制的整体性、概括性的理论集成。扶贫模式具有经验性、理论性、识别性、功能性等多重特征,一经形成,在实践中可以被推广、借鉴、批评和改进。

对中国扶贫工作中的扶贫模式进行理论研究始于 20 世纪 90 年代前期。在经过 20 世纪 80 年代持续扶贫后,中国在扶贫领域形成了越来越多的稳定机制,并在不同地区推广。这些现象的出现,都使对中国扶贫模式的研究成为必要和可能。国内最早对扶贫模式问题进行研究的学者是汪三贵,他在 1994年研究中国政府扶贫问题时指出,根据当时扶贫中利用贫困地区资源禀赋的不同,可以把中国扶贫机制分成不同扶贫模式。"中国的扶贫中可以因地制宜,发挥比较优势和贫困山区自然资源及社会经济条件,在经济开发模式中可

---

① 张孝德:《模式经济学新探——中国市场经济模式的选择与创新》,经济管理出版社2002 年版。

以具体采用三种不同的模式,即可概括为以资源为主体的资源依托型,以资金积累为主的资产积累型和以技术带动的技术驱动型"①。这样得出当时扶贫模式有资源依托型扶贫模式、资本积累型扶贫模式和技术驱动型扶贫模式三种。虽然这里没有明确使用"扶贫模式"的概念及对不同模式进行理论提炼,但这是国内最早对中国政府扶贫机制进行理论的总结。同年,朱玲等人在《以工代赈与缓解贫困》一书中对中国扶贫工作中以工代赈扶贫模式进行了专门考察,是 20 世纪 80 年代中国开展扶贫工作后第一部以特定扶贫模式作为研究对象的扶贫模式研究成果。该书对当时国家扶贫中的以工代赈扶贫模式进行了全面考察和总结,指出以工代赈扶贫模式在贫困治理中的作用和特征以及存在的不足等。② 1995 年,孟春在《中国财政扶贫研究》一书中对当时中国实践的扶贫公共工程的实效进行了全面考察,揭示以扶贫为目的的公共工程投资在扶贫中的作用机制,成为专题研究特定扶贫模式的初期成果。这两部著作是 20 世纪 80 年代中国扶贫研究中针对特定模式研究的开创性著作。对整个中国政府在扶贫工作中采用的扶贫模式进行较全面总结的是1996 年朱凤歧等人的研究,他们通过总结全国扶贫工作机制,提出当时中国政府适用的扶贫模式有直接扶贫农户的扶贫模式、开发项目建设的扶贫模式、农民自愿组成经济合作互助组织的扶贫模式、组织社会力量的扶贫模式、东西合作帮扶的扶贫模式等五种。当然,这些扶贫模式的研究更多是一种经验总结,还没有形成高度自主意识的扶贫模式研究。这个时期,在扶贫模式提法上,开始出现大量的政府、新闻媒体为宣传某地、某种扶贫成绩而提出的各种扶贫模式,如"某某地"扶贫模式。这种宣传某地具体做法的"扶贫模式"的提出与本书从学理研究上使用的"扶贫模式"存在明显区别,因为这类扶贫模式很多时候无法构成上文提出的"模式"标准。

在中国扶贫模式研究上,里程碑式的成果是 1998 年中国(海南)改革发展研究院的《反贫困研究》课题组的《中国反贫困治理结构》(1998 年)一书。该书出版标志着中国扶贫模式进入理论构建的新时期。课题组在总结联合国开发计划署在中国扶贫项目绩效和经验时,不仅第一次使用"扶贫模式"这一

---

① 汪三贵:《反贫困与政府干预》,《农业经济问题》1994 年第 3 期。
② 参见朱玲等:《以工代赈与缓解贫困》,上海人民出版社 1994 年版。

概念,还同时对"扶贫模式"的含义进行了界定。"扶贫模式与治理结构是一个问题的两个方面。贫困是社会问题,反贫困需要组织和动员社会各个方面(包括贫困地区和贫困人口在内)的资源,共同作用于区域经济发展和消除贫困的双重目标。如何寻找到一个有效的组织形式和运转机制,把政府作用于人口与经济和社会的力量凝聚起来并传导给贫困地区和贫困人口,这就是扶贫模式和治理结构要研究的问题。"[1]在此基础上,指出"国家反贫困战略和政策措施,需要一定的组织形式和传导机制才能作用于贫困地区和贫困人群。我们不妨把扶贫开发的一定组织形式,公共援助的传导机制称之为反贫困操作模式"[2]。据此,课题组在对当时云南省各种具体扶贫个案和措施进行理论分析后,指出当时云南省在扶贫模式上有项目带动扶贫模式、直接扶持贫困户扶贫模式、"公司+基地+农户"扶贫模式等。此外,研究院在对全国各地扶贫措施和机制总结后,认为中国存在山区综合开发、人力资源开发、温饱工程、小额信贷扶贫、"巾帼扶贫"行动、以工代赈、项目带动农户经济发展等七种模式。[3]书中对不同扶贫模式的分析是建立在对具体扶贫区域和对象实地调查的基础上,得出这些扶贫模式的结构、要素、特征等,体现出很强的理论与实践的结合,构成了中国扶贫模式研究中的重要基础性成果。这样,中国实务界和理论界开始讨论中国在扶贫过程中形成的具有可标识性、组织性、相对独立功能的扶贫措施、机制,在理论提升后形成扶贫模式。从此,扶贫模式成为中国贫困治理理论研究上的重要术语,也是研究中国扶贫问题的重要组成部分。考察扶贫模式研究,主要涉及扶贫模式的定义、内涵、特征等问题。

对什么是扶贫模式,学术界定义各不相同,如2001年中国扶贫基金会副会长何道峰认为扶贫模式是扶贫方法和技巧的集合;2000年赵昌文等人认为扶贫模式是"扶贫主体运用一定的生产要素和资源,利用一定的方法和手段

---

① 中国(海南)改革发展研究院《反贫困研究》课题组:《中国反贫困治理结构》,中国经济出版社1998年版,第205页。

② 中国(海南)改革发展研究院《反贫困研究》课题组:《中国反贫困治理结构》,中国经济出版社1998年版,第76页。

③ 中国(海南)改革发展研究院《反贫困研究》课题组:《中国反贫困治理结构》,中国经济出版社1998年版。

作用于扶贫客体,促进扶贫客体脱贫致富的方式、方法和措施的总称"。① 并对扶贫模式的有效性标志进行总结,认为扶贫模式的有效性由"第一,这种模式应充分考虑我国的国情,有利于发挥政府、各种中介组织以及广大贫困农户在扶贫开发中的功能作用,充分调动各方面的积极性;第二,这种模式应满足西南地区不同类型贫困地区开展扶贫工作的需要,具有较强指导意义和可操作性;第三,这种模式应有利于充分调动扶贫对象——贫困农户的主动性和积极性,并形成一种内在的激励机制,使其变'要我脱贫'为'我要脱贫'"三个纬度构成。② 这里对扶贫模式构成要素进行分析,从具体内容看,主要是对特定扶贫模式的作用特点进行归纳,而不是对构成扶贫模式的要素进行界定。

对扶贫模式定义可以从纵向和横向两种视角分别进行,这样构成了广义和狭义两种。其中,广义的扶贫模式是指"在既定扶贫战略下的扶贫行为的集合,包括扶贫行为的整个活动"。这种定义是纵向上的。若对广义扶贫模式进行逻辑分析,会发现一个完整的扶贫模式是由扶贫决策、扶贫资源传递、贫困人口或贫困地区的具体受益方式及对整个扶贫过程和结果的监测评估四个环节构成,即由决策、传递、接受、监控四个子系统构成。狭义的扶贫模式是"将整个扶贫行为过程中不同环节的不同具体做法概括为模式"。这种定义是横向上的。此外,扶贫模式可以根据不同标准,分成不同的种类。如根据扶贫资源传递形式的特点,分为以工代赈扶贫模式、贴息贷款扶贫模式、财政扶贫模式;根据贫困人口受益机制的特点分为科技推广扶贫模式、区域开发扶贫模式、劳务输出扶贫模式等。③ 这里解决了扶贫模式研究中的两个核心问题:首先,在逻辑结构上把扶贫模式分成构成要件、组织结构、运作方式和传导机制等基本要素,以此作为识别标准,形成不同扶贫模式;其次,通过对各种扶贫模式内在规律的变迁进行分析,解释各种模式变迁时是如何与制度环境、扶贫途径等相互作用,进而形成一种扶贫模式的分析理论。④ 为了进一步对扶贫模式构成要素进行归纳和标准化,有学者提炼出"扶贫模式=扶贫主体+扶

---

① 赵昌文、郭晓鸣:《贫困地区扶贫模式:比较与选择》,《中国农村观察》2000 年第 6 期。
② 赵昌文、郭晓鸣:《贫困地区扶贫模式:比较与选择》,《中国农村观察》2000 年第 6 期。
③ 参见龚晓宽:《中国农村扶贫模式创新研究》,四川大学博士学位论文 2006 年。
④ 参见曹洪民:《中国农村扶贫模式研究的进展与框架》,《西北人口》2002 年第 4 期。

贫方式+扶贫受体"的公式作为识别标准;①扶贫模式在过程环节上由战略决策、资源传递和资源接收等构成。② 这些不同视角的学术成果,为扶贫模式研究提供了全面、深入的理论构建,让中国扶贫模式研究有了较好的模式标准。此外,还有人认为扶贫模式是"扶贫主体运用一定的生产要素和资源,利用一定的方法和手段作用于扶贫客体,促进扶贫客体脱贫致富的方式、方法和措施的总称"③。以上研究成果体现出当前中国扶贫模式研究上的新动态。

认真分析学术界对扶贫模式概念和内涵的研究成果,扶贫模式研究涉及以下四个核心问题:不同模式在扶贫对象瞄准上的有效性,扶贫项目实施中扶贫对象在扶贫过程中参与的程度及参与后的有效性,扶贫资源传递过程对贫困消除的有效性,扶贫项目实施后评价机制的有效性。这四个核心要素构成了扶贫模式研究的核心。所以我们可以对"扶贫模式"作出一个明确的定义,即扶贫模式是指贫困治理过程中形成的具有某种显著可识别标志的扶贫对象瞄准机制,及扶贫主体与扶贫对象在资源传递过程中形成了某种稳定的互动关系,且对扶贫过程拥有有效评价机制的扶贫样式的总称。

在对扶贫模式概念、特征、内涵等问题进行考察的同时,学术界开始对当前中国扶贫模式的种类进行了形式多样的总结和归纳。考察国内对扶贫模式种类的总结,不同学者得出的种类和数量差异较大。可以说,在扶贫模式分类上,学术界和实务界并没有形成统一标准,也没有达成统一共识。考察国外,同样会发现世界各国在扶贫模式分类上一样复杂、多样。这些都体现了扶贫模式研究上的多样性和复杂性。

第二节　国外贫困理论与贫困治理模式

贫困和贫困治理的世界性,让世界各国学术界和政府都积极应对贫困问

---

① 参见龚晓宽:《中国农村扶贫模式创新研究》,四川大学博士学位论文 2006 年。
② 参见龚晓宽:《中国农村扶贫模式创新研究》,四川大学博士学位论文 2006 年。
③ 赵昌文、郭晓鸣:《贫困地区扶贫模式:比较与选择》,《中国农村观察》2000 年第 6 期。

题,也形成了数量繁杂的贫困形成理论和反贫困模式。国外贫困形成理论和反贫困治理理论研究成果较为显著,且有深厚的理论基础。[1] 但由于国外从事相关理论研究的学者所在国在贫困治理上都没有形成中国政府 40 年内的这种全面性、全局性的贫困治理行为,这让国外学者在贫困治理研究上反而难以获得可供世界各国参考的多样实践性扶贫模式。当然,国外贫困形成理论和反贫困治理模式的学术成果与国内相比都较为成熟和多样,十分值得学习和借鉴。从世界发达国家贫困治理经验看,贫困治理只能消除一个国家或地区的绝对贫困,但无法消除相对贫困。同时,若不对相对贫困实施积极管控和治理,就会让相对贫困陷入绝对贫困之境,出现绝对贫困再次回潮的现象。在中国当前的贫困治理中,越来越多的返贫问题成为中国贫困治理中的重要难题就是其体现。

一、国外贫困形成理论

考察国外学术界对贫困形成理论的研究,从区域上分,有西方和非西方两大流派。西方贫困形成理论产生的时间较早,可推到 19 世纪中晚期,但主要形成于 20 世纪,特别是 20 世纪 50 年代后,在 20 世纪六七十年代获得丰硕成果。发展中国家的学者对贫困问题研究出现的时间较晚,直到 20 世纪五六十年代后才大量出现,20 世纪八九十年代形成了自己的学术理论和扶贫模式,与西方贫困理论研究形成相抗衡的理论局面。这是因为非西方国家往往存在更大范围的贫困问题,国家在贫困治理上面临着更繁重的任务,这些都让非西方国家在贫困理论研究上具有更多的实践性和需求。

对贫困治理问题的研究,首要问题是什么是"贫困"。这一问题可以称为"贫困观"。在"贫困观"的演变史上,西方近现代经历了"单维贫困——形式多维贫困——实质多维贫困"的历程。[2] 对贫困治理策略基本有救济式反贫困、开发式反贫困、预防式反贫困三种。当前,国外不管是欧美发达国家还是

---

① 如[瑞典]冈纳·缪尔达尔所著的《世界贫困的挑战:世界反贫困大纲》(北京经济学院出版社 1991 年版)、《亚洲的戏剧:一些国家的贫困问题研究》和《富国与穷国》等著作中详细地阐述了"循环积累因果关系"的贫困理论;[印度]阿比吉特·班纳吉、[法]埃斯特·迪弗洛著的《贫穷的本质》(中信出版社 2013 年版)等。

② 宁亚芳:《从道德化贫困到能力贫困:论西方贫困观的演变与发展》,《学习与实践》2014年第 7 期。

第三世界欠发达国家的学者都认为贫困治理应转向以预防式反贫困为主，而不是采用救济式反贫困和开发式反贫困。这是因为后两者在贫困治理上往往无法从结构和内源上消除贫困。当然，这种理论上的转变并不必然带来贫困治理中所有国家都要放弃救济式和开发式反贫困的战略，因为很多第三世界国家，在贫困人口和群体数量十分巨大的前提下，采用完善的、有效的救济式扶贫机制是解决特别群体贫困问题的基础，同时，采用开发式反贫困策略才能在国家和区域层次上消除贫困。换言之，救济式扶贫模式与开发式扶贫模式是解决绝对贫困最有效的策略。一个国家和地区若没有相当程度的经济发展水平，要在区域和整体上消除绝对贫困是无法做到的。

对贫困，特别是针对 20 世纪五六十年代以来第三世界国家存在的整体性贫困现象的研究，成为 20 世纪 50 年代后国际贫困理论研究获得长足发展的动力，同时，也因此形成了很多代表性理论。从具体分析的视角看，贫困研究可以分为经济学、社会学、文化学和综合成因四种理论进路。

从经济学视角，分析贫困形成的理论是贫困形式理论研究中的主体。这方面的代表性理论主要有：德国地理学家弗里德里希·拉采尔的自然环境决定论、英国经济学家托马斯·罗伯特·马尔萨斯的人口挤压论、美国哥伦比亚大学教授罗格纳·纳克斯和经济学家纳尔的资本短缺论、美国经济学家奥肯的效率与公平失衡论、美国著名经济学家西奥多·W.舒尔茨的人力资本论、埃及政治经济学家萨米尔·阿明的依附理论、纳尔逊的低水平均衡陷阱理论、纳克斯的贫困恶性循环理论、美国经济学家哈维·莱宾斯坦的临界最小努力理论、巴格沃蒂的贫困增长理论等。在本质上，这些理论都认为贫困产生与经济发展的不足、缺失、失衡有密切关系，解决贫困的基本途径是提供、补足、改进经济发展的动力、条件、机会和环境。这种贫困理论可以称为经典、正统的贫困形成理论。

从社会学、文化学视角分析贫困形成的理论兴起于 20 世纪 50 年代后，原因是无法解释一些第三世界国家和西方发达国家在经济获得高速发展后，贫困依然无法实现有效治理的现象。这种贫困形成理论最早可以追溯到 19 世纪马克思等政治学家的理论中。这种理论进路的代表人物和理论有约翰·格雷和卡尔·马克思等人的贫困结构理论、印度经济学家阿马蒂亚·森的能力贫困理论、美国学者奥斯卡·刘易斯的贫困文化理论、英国学者约瑟夫的剥夺循环论、柏尔纳的社会排斥理论、涂尔干的社会反常理论、甘斯的期待与现实的距离理论、布迪厄的文化资本理论、威尔森的社会孤立理论等。这些学者从文化学、社会学视角对贫困形成进行考察,发现贫困在实质上是"贫困群体的价值规范和行为特征(如刘易斯指出的贫困生活方式的诸多特征)、群体的态度(如威尔森的社会隔离)、主观心理感受(如默顿的紧张理论)等"①。这些理论主要解释了近代西方资本主义国家在经济高度发展下贫困问题仍然无法获得有效治理的原因,同时也回答了特定群体和个体在相同政治制度环境中为什么无法利用同样的"政治制度"赋予的发展机会摆脱贫困的问题,让贫困治理转向了一种针对特定群体和个体的贫困问题而实施的一种"诊断"式治理时代。此种理论是当前贫困治理中最具批判性和建设性的理论,但实践中却难以让各国政府全面接受,因为它的实践性效果往往很差。

从贫困综合成因视角分析贫困形成问题,这种理论进路代表人物和理论有瑞典经济学家冈纳·缪尔达尔循环积累因果关系理论,美国著名经济学家保罗·萨缪尔森的财产、个人能力教育差别说,美国哈佛大学历史学和经济学教授戴维·S.兰德斯的国富国穷理论中的多重因素综合理论等。这类理论不再把贫困成因简单归于某一特定社会因素,而是认为贫困的形成是受到多种因素的作用,贫困治理需要的是一种系统工程,而不是采用某种单一的贫困治理模式。

对西方诸多贫困理论,根据理论的特点可以分为结构主义贫困理论、新古典主义贫困理论和激进主义贫困理论三大类。其中,结构主义贫困理论代表有纳克斯的贫困恶性循环理论、纳尔逊的低水平均衡陷阱理论、罗森斯坦·罗丹的大推进理论、缪尔达尔的循环累积因果关系理论、莱宾斯坦的临界最小努力理论、刘易斯的二元经济结构模型等;新古典贫困理论的代表有赫希曼的不平衡增长理论、舒尔茨的人力资本理论等;激进主义贫困理论代表有巴兰、弗朗克、阿明等人的依附理论和伊曼纽尔的不平等交换理论等。② 以上分类具有一定合理性,主要从不同时期对贫困形式上的立场进行分类。

从上面可以看出,国外,特别是西方发达国家是当今贫困理论研究上的主

---

① 周怡:《贫困研究:结构解释与文化解释的对垒》,《社会学研究》2002 年第 3 期。
② 参见楚永生:《发展战略贫困理论的演进、比较及其理论意义》,《老区建设》2008 年第 1 期。

力军,形成了十分丰富的理论,其中很多理论具有较强的分析价值。下面从众多贫困形成理论上选择具有代表性的 14 种理论进行详细介绍,以全面揭示国外贫困理论的成果及特点:

1.庇古的社会福利理论。20 世纪 20 年代英国经济学家阿瑟·C.庇古是西方学术界中对贫困形成和治理问题研究的开创者,是近代真正意义上研究贫困的学者,也是西方最有影响的贫困问题研究学者。庇古在 1920 年出版的《福利经济学》成为西方经济学研究中影响较大的著作,标志着西方近代意义上的福利经济学完整理论体系的创立,同时也标志着西方贫困理论的形成。在书中,庇古揭示了近代西方资本主义国家的发展在获得财富的整体增加时,并没有消除贫困群体,反而让社会中贫富差距进一步扩大,贫困问题更加严重。为了解决此问题,庇古提出国家应通过增加公共福利实现财富的再次分配,进而抑制和消除贫困的贫困治理理论。① 他首先指出一个国家经济的发展并不必然带来贫困的消除,国家要消除贫困必须独立治理。

2.阿瑟·奥肯的效率与公平失衡论。1974 年美国经济学家阿瑟·奥肯在《平等与效率:重大抉择》一书中指出国家在实施福利政策时所采取的财富转移会导致财富的大量损失,即在实现社会平等和保持社会发展效率上,两者无法做到没有任何损失。对于造成这种财富损失原因,他用著名的"漏桶实验"进行解释。对于福利政策下财富转移时产生损耗的比例,不同学者得出的结论差异较大,最高的有 60%~70%,中等的有 40%~50%,最少的是 20%~30%。当然,奥肯并不是要用此种理论来反对社会福利政策的实施,而是指出在社会经济发展中,公共政策的选择应坚持以下四个原则:(1)公共政策制定时应兼顾平等与效率;(2)公共政策在制定时获得对两者的"兼顾"是关键,而两者"兼顾"的核心是在"度"上的平衡,即"真正的问题在于程度,国家以什么代价用平等来交换效率";(3)多数收入不平等的根源是社会机会的不均等;(4)政府应当采取协调平等和效率的政策措施,尽量实现两者的动态平衡。奥肯强调在公共政策选择上找到平衡社会发展中"平等"与"效率"是整个问题的关键。因为过度的福利政策会带来税收的激增,而过高的税收和福利会

---

① 参见[美]纳哈德·埃斯兰贝格:《庇古的〈福利经济学〉及其学术影响》,何玉长、汪晨编译,《上海财经大学学报》2008 年第 5 期。

带来两个方面的不良后果:(1)高税率减弱富人的工作热情和进取精神;(2)高福利让受益群体享受到不劳而获的快乐,进而消除他们自我改善贫困现状的动力,甚至让他们陷入"贫困陷阱"而不能自拔。① 这样,奥肯还指出了一种特殊的贫困产生机制,即不合理的福利贫困治理模式不仅不是消除贫困的有效途径,反而是产生贫困的原因。这一贫困理论主要解释了西方发达国家在第二次世界大战后实施高福利政策带来特定贫困群体形成的问题,即西方发达国家出现大量青壮年劳动力不主动积极就业、提高技能获得发展摆脱贫困的现象。

3. 纳克斯的"贫困恶性循环"理论。这一理论在 1953 年由美国哥伦比亚大学经济学家罗格纳·纳克斯(Ragnar Narkse)的《不发达国家的资本形成》一书中提出。此理论主要用来解释为什么欠发达国家无法通过一般发展模式消除贫困的问题。罗格纳·纳克斯指出很多贫困国家之所以难以摆脱贫困是因为这些国家存在着若干个相互联系、相互作用的"恶性循环系列"致贫因素,其中核心是贫困国家存在由资本不足引起的"贫困恶性循环"。纳克斯认为在很多发展中国家的宏观经济发展中,存在着"供给"和"需求"两个方面的恶性循环。在资本供给上,欠发展国家普遍存在人均收入水平低的严重问题,这导致居民只好把收入中绝大部分用于消费,导致居民储蓄水平低下而无法实现扩大生产规模和提高生产效率,于是无法突破现有低收入水平。这样,从资本供给上形成了"低收入—低储蓄能力—低资本形成—低生产效率—低产出—低收入"的恶性循环;从需求上看,形成"低收入—低购买力—投资不足—低资本形成—低生产率—低产出—低收入"的恶性循环。于是,"贫困恶性循环理论"从供给不足的恶性循环和需求不足的恶性循环两个方面解释了贫困形成及无法在常规发展中被打破的原因。所以,他得出"发展中国家的长期贫困、长期经济停滞是难免的,发展中国家原有的落后便是其经济长期滞留于落后状态的原因所在。对发展中国家的经济发展前景抱着相当悲观的态度"②的结论。这种理论对解释大量第三世界国家整体性贫困形成具有很高的学术价值,让人们了解贫困国家为什么难以消除贫困的内在原因。

---

① 参见[美]A.奥肯:《平等与效率:重大抉择》,王奔洲译,华夏出版社 1999 年版,第 89 页。
② 陈建勋:《从纳克斯的"贫困恶性循环论"所想到的》,《上海经济研究》1988 年第 2 期。

4. 纳尔逊的"低水平均衡陷阱"理论。此理论是在 1956 年由美国经济学家 R.R.纳尔逊（R.R.Nelson）的《不发达国家的一种低水平均衡陷阱理论》一文中提出。这一理论进一步解释了纳克斯的"贫困恶性循环"理论。纳尔逊通过对人均资本、人口数量和国民收入三个要素的考察，分析了经济增长、人均收入水平和人口增长之间是如何形成一种自我恶性的贫困循环。他发现发展中国家由于经济发展水平整体低下，于是造成这些国家的国民收入普遍处在只能维持生存或接近于维持生命的低水平均衡之中。这样只要这些欠发展国家的国民人均收入保持在这个临界水平之中，超过国民收入增长率的人口增长率总把国家经济发展拉回到"低水平均衡陷阱"之中，即任何超过低水平国民人均收入的增长都会被人口增长抵消，无法打破存在的低水平均衡状态。这样，如果欠发展国家在其他条件没有发生变化时，这种均衡状态将会稳定且长期存在。所以发展中国家消除贫困的唯一途径是打破这种低水平均衡。对如何打破这种低水平均衡，纳尔逊开出的药方是国家通过大规模投资让国家的投资和产出增长速度远超人口增长速度，实现国民人均收入增长上的突破，进而打破"低水平均衡陷阱"。这一理论不仅解释欠发展国家贫困治理中一般扶贫政策难以产生效果的原因，还指出存在大面积贫困的国家只有通过让国民经济增长超过人口增长时，才能让国家在经济高速发展下消除贫困。这是一种以经济发展为中心的国家整体性贫困治理的理论，对很多欠发展国家贫困治理模式选择提供了理论支持。

5. 刘易斯的"贫困文化"理论。1959 年美国社会学和人类学家奥斯卡·刘易斯（Oscar Lewis）在《五个家庭：关于贫困文化的墨西哥人实证研究》一书中提出贫困是特定文化的产物，为此，他把这种文化称为"贫困文化"。接着，班费尔德（Edward C. Banfield）在《一个落后社会的伦理基础》、哈瑞顿（Michael Harrington）在《另类美国》等研究成果中对贫困产生与特定文化之间的关系进行了深入考察。这些成果的基本特征是以小型社会作为实证分析，分别对墨西哥、意大利和美国等不同社区中的贫困现象进行深入调查，构建起"贫困文化"的分析理论体系。20 世纪 70 年代，在这理论基础上形成了新的贫困理论，如马克思主义的意识错位理论、涂尔干的社会反常理论、布迪厄的文化资本理论、甘斯的期待与现实的距离理论、威尔森的社会孤立理论等。

这种理论本质上是把"贫困文化"作为社会文化中的"亚文化"来看待。

该理论的核心是认为经济状态上表现出来的贫困是非本质的,贫困的本质是一种自我维持的文化体系,即贫困是由于贫困群体长期生活在贫困环境中无法打破时,为适应这种贫困生活环境而形成了特定生活方式、行为规范和价值观念等系列文化内容。这种居于贫困形成的生活方式、行为规范和价值观会在代际之间传递而导致"贫困文化"的出现。于是,贫困在这种亚文化环境中得以维持和繁衍,所以要消除贫困,就必须改变贫困者的生存环境,让贫困者自动调整生活方式、行为规范和价值观念后,才能实现彻底的贫困治理。这种理论主要针对发达国家中特定群体和社区中的贫困者无法在正常社会条件下实现摆脱贫困的原因,进行了理论上的解释。

当前,国内很多贫困研究者利用这一理论来分析中国农村一些贫困群体无法在改革开放的整体经济发展下实现贫困治理的原因,具体认为中国农村的贫困文化是由"面子要紧——土地至上——不流动"构成,并认为"贫困文化是引发贫困的充分条件,而非必要条件,也就是说,处于贫困状态的人,不一定都是因贫困文化而致贫,但具有贫困文化的人,一定是贫困人口"[①]。还有学者认为贫困文化是"满足贫困群体生存和发展的一种有别于主流文化的亚文化,是相对贫困的小部分人群在长期贫困生活中所创造的物质产品及行为方式、习惯、风俗、心理定势、生活态度和价值观等非物质形式的总和,贫困的物质形式与非物质形式之间相互制约、紧密联系,并在一定条件下互相转化"[②]。这里在对贫困文化的分析上发生转变,与贫困文化最初是作为一种解释贫困代际传递的原因出现了不同,重点分析了贫困文化形成和构成的问题。

由于这种理论把贫困形成归结于贫困群体及所生存的社会文化环境,自然受到很多学者的批评。然而,在现实中不管是批判者还是反对者,都能找到相应的"实例个案"来证明该理论的错误,或者正确。较早对这种理论进行批判的是迈克尔·哈林顿的《另一个美国》一书。他从结构角度解释贫困形成,认为产生贫困文化的原因是贫困者无法有效消除贫困状态,只好创制出相应的文化,以适应这种贫困状态。于是,他指出在贫困与贫困文化的相互关系

---

① 王兆萍:《贫困文化结构探论》,《求索》2007 年第 2 期。此外,她还在《解读贫困文化的本质特征》(《中州学刊》2004 年第 6 期)中对此理论进行详细讨论。

② 方清云:《贫困文化理论对文化扶贫的启示及对策建议》,《广西民族研究》2012 年第 4 期。

上,是先有贫困才有贫困文化,而不是先有贫困文化而导致贫困出现。贫困文化本质上是贫困者为适应贫困生活而创造出来的亚文化。所以,消除贫困文化的唯一良方是消除贫困。① 此外,一些美国人类学家通过对第三世界国家进行深入实证调查后,对这种理论进行反驳,其中代表性成果有 2009 年美国人类学家安·邓纳姆在对爪哇农村进行大量、深入的田野调查基础上,写成《困境中求生存:印度尼西亚的乡村工业》一书。在书中,作者通过对印尼农民的生活精神状态进行精细描述后,得出"本书中的民族志数据表明,创业精神在爪哇农村随处可见,印尼农村最不缺的就是企业家精神"②。这样反驳了贫困者的贫困是因为存在贫困文化,于是安于贫困而消极消除贫困的理论立场。2011 年,斯蒂芬·斯坦伯格(Stephen Steinberg)在发表的《贫困文化:站不住脚的致贫理论》一文中,指出贫困文化因素不是独立存在,也不是一种文化自然传统,问题的关键是要对造成贫困的制度进行改革,消除贫困,而不是批评贫困者生活世界中表现出来的贫困文化现象。贫困文化在贫困形成和治理上仅适用于各国,特别是发达国家中小群体的贫困现象,无法解释贫困国家中大面积和数量巨大的贫困群体存在的原因。因为存在大面积和数量巨大的贫困群体的国家、区域、群体中,很多人处于贫困且无法摆脱的原因并不是他们缺少创业精神和上进意志,而是所处国家和地区的社会结构无法让他们获得摆脱贫困的发展机会和资源。当然,贫困文化理论针对少数群体和特定社区内的贫困形成是具有很强的解释力,也为这种群体和社区内的贫困治理提供了有效的解决方案。因为它指出要解决这些群体和社区的贫困,必须斩断他们之间传递的贫困文化,否则很难成功。

　　6.瓦伦丁的"贫困处境论"。由于"贫困文化"理论把贫困形成归因于个体的亚文化,或者说个体中存在某种文化上的"缺陷"。但在现实中,绝大多数贫困者的贫困并非贫困者个体的人格"缺陷"所致。那么,这种情况下的贫困是什么原因造成呢? 或者说贫困者所持有的价值观和行为方式本质上是他们对自己所处的社会经济环境的一种反映吗? 于是,瓦伦丁(C.Verlinde)提

① 参见[美]迈克尔·哈灵顿:《另一个美国》,郑飞北译,中国青年出版社 2012 年版,第186—203 页。
② [美]安·邓纳姆:《困境中求生存:印度尼西亚的乡村工业》,徐鲁亚等译,民族出版社2009 年版,第 290 页。

出"贫困环境论"。在"贫困环境论"中认为"贫困文化"有三个方面的内容:首先,价值观念,如强烈的宿命论、反社会倾向等;其次,行为模式,如自暴自弃、不思进取等精神状况;最后,贫困状况,如失业、低教育、无技能等各种指标。他认为贫困状况是环境因素。对价值观点和行为模式起到了决定性作用。所以在贫困治理中,只有改变贫困状况,才能让价值观点和行为模式发生相应改变,实现贫困治理。进而,在贫困治理上,最需要解决的是改变贫困者的生存环境而不是贫困本身。其实,贫困文化和贫困处境论在解释贫困形成上的争议,本质是"先有鸡还是先有蛋"的问题之争。

7. 马克思的"贫困结构论"。贫困是由于贫困者个人的生理、心理和行为所造成,还是由于个人所处的社会中的政治、经济、教育等社会因素所造成。这是贫困形成理论研究中一直争议的问题。结构贫困理论强调社会结构对个体贫困出现的决定性作用。"结构解释注重贫困的客观状态,认定贫困是一种客观拥有的匮乏状态:收入、职业、权利、地位、市场机会的缺乏。"[1]"贫困结构论"主要从职业、劳动力市场与产业、制度等结构方面分析贫困形成的原因。在制度结构者看来,贫困者的贫困不仅是因为他们处在职业结构的底层,更是因为他们处在财产和权力结构的底层。结构论者把贫困视为社会结构、社会制度的一部分,因而造成贫困的原因是占主导地位的社会制度,而不是个体内部原因。所以,结构论者认为只有打破社会中原有社会结构和制度,才能根本性消除贫困,否则无法消除特定社会结构下的贫困问题。这种理论是马克思阶级理论在社会贫困理论上的一种发展。在马克思贫困理论中,存在制度性贫困形成相对贫困和失业性贫困形成绝对贫困两种次理论。其中,"制度性贫困"认为是由于"雇佣劳动"制度导致收入差距是产生相对贫困的根源;"失业性贫困"认为由于"雇佣劳动"制度造成的失业出现是产生绝对贫困的根源。[2] 于是,得出"贫困是资本主义生产方式的贫困,不是因地理环境原因导致的贫困,不是由于个人能力性格方面导致的贫困,不是由于年老体衰等原因导致的贫困。这种贫困的前提是工人的生产资料和生活资料被剥夺,这也是资本主义生产方式的前提,随着工人的劳动力成为商品,随着绝对剩余价

---

① 周怡:《贫困研究:结构解释与文化解释的对垒》,《社会学研究》2002 年第 3 期。
② 参见向仁康:《基于马克思贫困理论的我国城市贫困新解读》,《商业研究》2012 年第 3 期。

值生产过程和相对剩余价值的生产过程的进行,贫困与资本一同被生产出来,以保证资本主义生产过程的正常进行",所以学术界一般认为"马克思的贫困理论是贫困结构范式的典范"①。

8. 柏尔纳的"社会排斥理论"。该理论的基本观点是社会变迁导致社会排斥的出现,社会排斥的力量会对某些个体或群体造成压迫,或对人群作出自然的,抑或人为的区分,如,富人与穷人、阶级或阶层、女人和男人、公民与非公民等,进而形成排斥,最终导致贫困的出现。社会排斥理论把排斥分为认同排斥和外在排斥,并指出内在排斥会对外在排斥形成支持,出现"一拨人排斥另一拨人"。于是,得出"排斥是'社会'作为整体而犯的过错,是贫困的直接原因之一"。这样解释了贫困形成的一种内在社会文化。勒内·勒努瓦(Rene Lenoir)的社会排斥贫困形成理论的贡献在于:从贫困的致因和结果两个方面指出弱势群体在市场经济中,由于受到隔离而失去发展机会,才是导致贫困出现的原因。在社会排斥分类上,根据"排斥性质"可以分为经济、政治、社会关系、文化、福利制度等方面的排斥;根据"排斥对象"可以分为个人的、团体的和空间的排斥等。有人认为"社会排斥"是"个人、团体和地方由于国家、企业或市场和利益集团等施动者的行为而被排斥出经济活动、政治活动、家庭社会关系系统、文化权利以及国家福利制度的过程"②。在国外,一些国家把某一地区或特定群体中出现一定比例的贫困或失业时认定为该地区和群体中存在社会排斥。如英国,只要某个个体和地区暂时处在失业状态、劳动技能低、收入低、住房简陋、犯罪率高、卫生条件差、离婚率较高时都称为社会排斥。这一理论的核心把个体和区域贫困解释为一种无法正常融入社会的产物。

9. 涂尔干的社会反常理论。该理论建立在他的"社会反常"学说之上。他认为在社会经济发展中,整个社会存在一种转型的"失范"状态。这种失范状态是一个国家和群体只要存在着不明确、彼此冲突和分散的规范时就出现。底层人口出现的反常行为是这种"失范"的反映。很多发展中国家在社会发展中面临着这种"社会失范",导致正常秩序的失败,出现贫困的"恶性循环"。

10. 甘斯的期待与现实距离理论。这一理论是甘斯在他的《贫困研究中

① 陈为雷:《马克思的贫困结构范式及其对当代中国的启示》,《社会主义研究》2013 年第 2 期。

② 曾群、魏雁滨:《失业与社会排斥:一个分析框架》,《社会学研究》2004 年第 3 期。

的文化与阶级：一项反贫困的探讨》中提出的。他把人的社会行为分为"行为文化"和"期待文化"，即文化是"那些引起行为、维持现存行为，又鼓励未来行为的'行为规范'和'期待'的混合体，它独立于情境刺激和情境限制而存在"①。他认为"贫困"实质上是一个社会中，穷人比富人更无法实现期待和行为之间的统一的一种社会状态。造成这种社会现象的原因是富人拥有制定社会规则的机会，而穷人则没有，导致穷人失去发展机会。于是，穷人在期待和现实无法统一下，只能形成自己特有的生活和发展方式，进而导致贫困文化的出现。这样甘斯得出贫困文化对贫困者来说是迫不得已和情理之中，所以贫困治理的中心工作是让贫困者获得新的机会和能力，以打破这种差距造成的困境。甘斯的理论实质上是贫困文化理论的进一步发展。

11. 布迪厄的文化资本理论。此理论是布迪厄在《世界的贫困》中提出。他用文化资本理论来解释贫困的形成，认为穷人的贫困是因为他们在市场竞争中，缺乏必要的文化资本而导致缺失选择的机会，失去发展进而陷入贫穷。布迪厄指出，"文化资本"是"由人们长期内化的禀性和才能构成的生存心态，也指由合法化的制度所确认的各种学衔、学位；还指那些已经物化的文化财产"②。这一理论把文化资本与社会机会的选择关系作出新的解释，让贫困文化研究扩大了新的内容。

12. 威尔森的"社会孤立理论"。此理论是由威尔森在 20 世纪 80 年代晚期在《真正的劣势群体：内城、底下层和公共政策》一书中提出。这一理论的基本观点是美国工业中心城市的贫困加剧，是因为随着美国经济转型，许多重工业企业从城市市区迁往郊区，导致许多以此为生的中产阶级和工人阶层随之迁移出城市，而留在城区的人员多是失业者，于是导致城区成为穷人的集合地，构成了城市社会分布中的一种孤立的次区域。对内城贫困群体的生活情境，威尔森用"集中化效应"来指称。他指出这种城市发展的区域结构让城市贫困者从地理上、机会上、心理上、文化上被隔离，成为一群现代社会中的"孤立者"。这些社会孤立者为了生存，只好采用抱团取暖方式获取生存和认同，

① Gans, H.1968,The Urban Villagers : Group and Class in the Life of Italian-Americans , New York:Free Press.1979,"Positive Function of Poverty",American Journal of Sociology 78.(Gans,1968：212).

② 周怡：《贫困研究：结构解释与文化解释的对垒》，《社会学研究》2002 年第 3 期。

进而形成一种特有的"贫民窟独有的生活态度和一系列与主流文化相悖的道德规范,即产生了属于他们自己的、危害城市居民的病态文化"①。所以内城穷人的贫困是经济转型造成,是社会隔绝了穷人,抛弃了穷人,而不是相反的。这一理论解释了美国在经济高度发达下为什么会出现城市中心贫困集中的特殊现象,成为美国城市贫困形成理论中的重要理论。

13. 阿马蒂亚·森的"能力贫困理论"。森认为贫困在本质上是一种权利贫困,或说不平等造成的结果,即贫困是因为一个人创造收入的能力和机会上的贫困所造成的结果。因为在市场经济竞争中,弱势群体无法获得参与社会和分享权利、财富等机会,是由于他们存在各种主观或客观上的能力不足所造成,最终让他们成为现代社会中的贫困者。② 森的贫困理论通过关注扩大个人的选择机会范围来发展人的能力,实现个人发展的能力,进而消除贫困,而不是把贫困治理放在经济救济和收入提高本身上。"能力贫困理论的提出意味着西方社会贫困观乃至全球的贫困观发生根本性转变,这种转变就在于尊重了贫困的相对性本质却又体现了贫困致因的绝对性特征。"③这一理论对贫困形成提出了不同的理论进路,为新型贫困治理指明了途径。

14. 戴维·S.兰德斯(David S.Landes)的国富国穷论。此理论认为发展中国家贫困的根源是由政治、经济、历史、文化等多种因素综合作用而成,并非其中任何一种单一因素所造成。兰德斯从历史学出发,不再采用单纯的经济分析和经济理论框架考察,通过把历史发展脉络作为"经",把地理、科技、哲学、宗教、国际政治、传统文化等因素作为"纬",得出国家的贫富由经纬两种因素造成。其中,文化和政治是以经济为基础,政治是经济的集中表现,文化的反应往往是滞后的。国家的贫富是受到文化因素、经济结构的调整、管理水平的提高等因素制约。④ 这一理论对发展中国家贫困治理指明了新的途径,那就是国家在贫困治理时必须采用多重方法,全方位改进本国政治、经济、文化的

① Wilson, William Julius1987, The Truly Disadvantaged: The Inner City, The Underclass , and Public Policy , Chicago:The University of Chicago Press.
② 参见[印度]阿马蒂亚·森:《贫困与饥荒》,王宇、王文玉译,商务印书馆2001年版,第6—7页。
③ 宁亚芳:《从道德化贫困到能力贫困:论西方贫困观的演变与发展》,《学习与实践》2014年第7期。
④ 参见[美国]戴维·S.兰德斯:《国富国穷》,门洪华等译,新华出版社2001年版。

19

结构,提高国家治理能力。

　　近年在贫困形成理论上,国外有从结构主义和批判主义视角出发的。如哈维兰指出在全球化市场中,现有的"穷国"与"富国"间的结构性关系是创造和延续饥荒、冲突和动荡的原因,也是当今国际社会出现世界性贫困的根本原因。如非洲、亚洲和拉丁美洲等国家为了获得经济发展,把数百万英亩土地用于种植专供出口的咖啡、茶叶、巧克力、香蕉和牛肉等经济作物。这在本质上是为满足"富国"对这些商品的需求,但结果是导致此前以此为生的土地耕作者被迫离开耕地,要么被迫迁移到经常找不到工作的城市,要么迁移到不适合农耕的生存环境中去,于是导致大量贫困的出现。根据他的估算,当今世界上有超过 2.5 亿的穷人是因为无法在自己耕地里种植庄稼所致。此外,全世界还有 100 个国家中近 10 亿人正面临着相同问题。① 这种贫困理论是依附理论的一种新发展。2007 年人类学家 Kristine Frerer 和 Catherine M.Vu 在《一个贫困人类学的视角》中,指出 21 世纪贫困人类学在研究上必须超越孤立的文化研究,转向分析个人和地方性的贫困和健康状况之间如何形成互动,贫困的社会发展进程与全球化大规模社会动力的整合方式,动态的社会政策、意识形态和政治力量间的相互作用对贫困的影响等。② 这些理论从另一个视角解读了贫困的形成,改变了传统贫困理论认为贫困是因为个体或国家出现问题的观念,提出应从全球视角通力合作才能解决贫困的新主张。

　　上面这些贫困形成理论从不同视角对贫困的形成进行了解释,为人们对贫困的理解和解决提供了不同理论,同时也说明贫困的形成是十分复杂的。在贫困治理上,每一个国家、地区、群体、个体都应根据致贫的原因,针对性地采用不同扶贫措施才能有效治理,否则难以达到贫困治理的目标。

二、国外贫困治理理论

　　西方学术界针对贫困和发展的问题,提出了不同理论,其中基本分为经济

---

　　① 参见[美]威廉·A.哈维兰:《文化人类学》,瞿铁鹏、张钰译,上海社会科学院出版社 2006 年版,第 516—517 页。

　　② See Frerer K,Vu Catherine.An Anthropological View of Poverty.AUSTIN M J. Understanding Poverty From Multiple Social Science Persnectives Bav Area Social Services Consortium,2007(1~2).(84~85).

增长理论、增长极理论、人力资本投资理论,其中增长极理论又称为非均衡发展理论。从不同学者的具体观点分类,有缪尔达尔的"积累因果关系理论"模式、舒尔茨的人力资本投资理论下反贫困战略模式、哈罗德-多马经济增长模式、刘易斯的"二元结构理论"模式、赫希曼的不平衡增长模式、佩鲁的发展极理论模式、罗森斯坦-罗丹的平衡增长理论模式、赫希曼涓滴效应模式等。从针对特定贫困群体的治理机制上看,又分为资源配送模式、惩罚"机能障碍"模式和介入"机遇机构"模式等。①

1. 经济增长理论。在贫困治理上,此理论提出通过各种政策措施,促进经济总体增长,实现国民财富的增加,进而实现贫困治理。这一理论的代表人物有美国著名经济学家西蒙·库兹涅茨、美国学者托马斯·韦斯科夫、美国著名黑人经济作家威廉阿瑟·刘易斯等。这一贫困治理理论的核心认为发展中国家缓解和消除贫困上最有效的途径,是通过促进国家经济高速增长,在国民财富的增长中实现贫困的消除。刘易斯指出在劳动力供应无限的情况下,一个国家在经济发展中收入分配在平等性上会经历"先恶化,后改进"的变动轨迹。20世纪60年代后,许多发展中国家和国际组织(如世界银行)在这种理论影响下,都采取经济增长为导向的国家贫困治理战略。对国民经济高速增长下产生的贫困治理途径,学术界主要用"扩散效应"或"涓滴效应"来解释,即在国民经济高速发展下,国民会从经济繁荣中获益,提高自己收入,消除贫困。其中"涓滴效应"是这种贫困治理理论的核心支柱。"涓滴效应"理论指出经济增长下产生的贫困治理作用具有两个特征:(1)涓滴效应是自发产物,不需要政府对贫困阶层、弱势群体或贫困地区进行特别财富转移支付;(2)涓滴效应是市场经济下的客观存在,并且自发运行的现象,而不是人为的政策效果。② 然而,从此战略实施效果看,很多发展中国家在国民经济实现快速增长的同时,并没有获得预期的贫困治理效果。如20世纪60—90年代,非洲国家在反贫困上多采用经济增长的策略,但最后却出现多数国家是"有增长无发展"的严重社会问题。因为国家经济增长并不能自动让穷人受惠,要让穷人公平分享到经济和社会发展的成果,国家得制定各种有利于穷人的政策和配

① 参见[美]托尼·爱德雷:《社会保障与反贫困的关系》,经济出版社1988年版,第275页。

② 参见杨思飞:《涓滴效应再讨论:理论与关系》,《学术研究》2017年第10期。

套措施,让国家财富有目标地转向贫困者。当然,在存在整体性贫困的国家中,贫困治理要有效,必须以经济高速增长是不可否认的事实。

2. 发展极理论。此理论是法国经济学家弗朗索瓦·佩鲁在 1955 年提出,传入英美国家后,被英美国家学者称为"增长点"理论。这一理论成为区域经济发展理论的基础理论,形成了多个次理论,如梯度推移理论、发展极理论、倒 U 字形理论、缪尔达尔-赫尔希曼模式等。这些理论被统称为"非均衡发展理论"。"发展极—增长点"理论是把非均衡增长理论、熊彼特的创新学说和新古典学派关于人力与资本流动理论融合在一起形成的一种空间概念理论。发展极理论是在区域和国家经济发展中,基于经济规律和不发达地区资源稀缺而提出的一种突破理论。该理论解决了一个国家或地区的经济发展无法在短时期内通过平行的"板块"式推进来实现时,只能通过建设经济发展中的多层次、多类型的"发展极"和"增长点",让它们的吸引效应与弥散效应带动这些增长点周围经济发展进而实现国民经济的整体发展。一般认为一个经济发展点要成为"发展极"需要具备三个要素:(1)形成有创新能力的企业和企业家群体达到了一定数量;(2)形成的产业经济达到了足够的规模;(3)形成适宜经济发展的各种制度、文化环境。这样"发展极"就能够通过"吸引中心"和"弥散中心"来实现对区域经济发展的带动作用。根据"增长极"的经济形态,分为产业增长极、城市增长极、潜在的经济增长极等类型。① 这一理论应用到反贫困上,就是政府通过选择贫困区域内的特定发展点,构成区域内的发展极,让建设的增长点获得快速发展,进而对周边产生吸引和弥散作用,获得贫困治理。这种贫困治理模式在拉丁美洲得到大规模的实施,其中巴西在对亚马逊贫困地区治理时就大规模采用这种贫困治理模式。当然,"增长极"贫困治理在实践中会出现相反的现象,即建设成的经济增长极不仅没有对周边经济发展产生正向作用,还会产生不利影响,如增长极的工商业发展造成对周边农业和农村的掠夺,进一步扩大当地贫富差距,加剧社会贫困。

3. "积累因果关系理论"模式,又称为综合反贫困理论。此理论是缪尔达尔在他的代表作《亚洲的戏剧——南亚贫困问题研究》中提出。缪尔达尔基于贫困形成原因是综合因素的作用产物的认识,认为贫困治理必须从权力、土

---

① 参见颜鹏飞、邵秋芬:《经济增长极理论研究》,《财经理论与实践》2001 年第 2 期。

地、教育、人口制度等方面进行结构性改革,实现收入平等,增加穷人消费能力,让贫困群体进入积极向上的良性循环之中。缪尔达尔的积累因果关系理论下的贫困治理理论,在本质上是对增长极理论的一种修正和进一步发展。因为他认为增长极在现实中可以产生回浪效应和扩散效应。在增长极的实践中,会产生这两种现象,具体是对那些经济发展水平较高的地区,由于交通运输发达、教育水平高会产生扩散效应,相反,对那些落后地区则会产生回浪效应。这样在逻辑上形成了贫困本身造成贫困的原因。针对这一问题,政府应制定有效的贫困治理政策促进经济社会发展中的扩散效应,克制和减弱回浪效应,让发展极对落后地区和群体的生活生产条件形成正向作用,填补累积性因果循环所造成的经济差距,形成"积累因果关系"的良性循环,进而摆脱贫困。缪尔达尔的"循环累积因果理论"是制度经济学发展中的重要理论,对发展中国家的贫困治理产生了重要的指导作用。这一理论提出后,亚洲很多发展中国家在贫困治理上纷纷吸收综合性反贫困理论的内核,形成自己的贫困治理模式,其中典型代表有印度、中国、印度尼西亚等。这些国家在贫困治理上通过对本国政治、经济、教育等领域实施系列改革,以促进制度性变革,满足穷人发展的需要,特别是满足农村贫困人口对基本商品、公共服务、医疗卫生、基本食物、饮用水、初级教育、非正规教育、住房等方面的需要,获得贫困治理的目标。

4.人力资本投资理论。该理论是美国经济学家舒尔茨在他的《改造传统农业》一书中提出。他认为解决农民贫困问题的关键是增加人力资本投资。后来,人力资本理论进一步得到贝克尔的丰富和发展。舒尔茨指出政府在贫困治理中,把扶贫资源投向贫困人口获得人力资源的提升,对贫困治理产生的收益率高于其他投资。这是因为良好的教育会让农民更易接受新知识、新信息、新技术,这些是保证农民获得市场竞争能力的前提。贝克尔把人力资本界定在知识、信息、教育、培训、技能、观念、精神状态、卫生、健康等方面,并指出精神状态是最重要的要素。贝克尔强调经济发展或个人要素的重要性,对贫困治理产生了革命性的影响。舒尔茨和贝克尔的人力资本理论在极大地丰富西方经济学理论的同时,也为发展中国家反贫困战略提供了新的理论,对发展中国家反贫困政策产生了积极的影响。从实践看,国家对贫困者进行人力资本投资时,不仅能够消除贫困者的当前贫困,而且还能铲除贫困的根源,斩断贫困的代际传递,实现贫困的根治。当前,中国的大规模教育扶贫就是这一贫困治理理论的运用。

三、国外贫困治理模式

对国外扶贫模式,学术界有过很多总结。[①] 国外扶贫模式现在存在西方和第三世界两种不同区域上的差别。两个区域在扶贫模式侧重点上存在不同。有学者在比较英美两国贫困治理的历史后,认为存在福利扶贫模式、合作开发扶贫模式、NGO 实施的扶贫模式、区域推动扶贫模式、脱贫能力开发模式等。[②] 在这五种扶贫模式中,政府虽然起到重要作用,但政府主要是通过制定政策、财政支持,本身并不作为扶贫的具体承担主体,而是通过社会力量、资源引导等实现反贫困目标。这种扶贫模式适应只存在少数、分散贫困群体的英美发达国家的贫困治理,而不适应存在整体性贫困的发展中国家的贫困治理。

第三世界发展中国家在反贫困上形成了很多自身特征的扶贫模式,如印度乡村综合开发计划(IRAP)和就业计划,泰国乡村发展计划、小农发展规划(SFDP)和乡村就业工程,印度尼西亚农业综合开发计划、社区自主自动能力建设、移民计划等,菲律宾的"KKK"计划,韩国新农村建设运动,巴西在发展极战略指导下的扩大农业边疆系列化政策,印度阿默达巴德市个体妇女联合会合作银行,马来西亚艾克迪尔私人信托机构,巴基斯坦的雪村和罗村农村支持计划,泰国的南龙地区以社区为中心的乡村综合发展项目,孟加拉的格莱米乡村银行等。[③] 这些即是他们的贫困治理政策,也是他们的贫困治理模式。

考察国外贫困治理中的各种形式,可以归纳出六种典型的扶贫理论模式,分别是:

1. 以工代赈扶贫模式。这种扶贫模式是 20 世纪 30 年代美国在凯恩斯主义影响下,罗斯福在新政时为刺激经济发展而创造出的一种国家通过投资公共工程,增加就业,让失业贫困群体增加收入,实现脱贫的特别发展模式。这种扶贫模式是政府通过对大型公共工程的投资,用以工代赈资金来资助国内

---

① 参见黄荣华、冯彦敏、路遥:《国内外扶贫理论研究综述》,《黑河学刊》2014 年第 10 期。

② 参见王志章、何静:《英美两国扶贫开发模式及其启示》,《开发研究》2015 年第 6 期。

③ 参见王俊文:《国外反贫困经验对我国当代反贫困的若干启示——以发展中国家巴西为例》,《农业考古》2009 年第 3 期。

失业贫困人口,同时改善贫困地区生产生活条件,促进区域和贫困地区的发展,进而实现国家的贫困治理。由于这种扶贫模式能够产生多重溢出效果,一直被国家主导下的扶贫治理作为优选模式。对这种扶贫模式,国内学者认为,"国内外反贫困实践经验已充分证明,'以工代赈'计划是穷人参与扶贫开发的成功典例。"①自 20 世纪 80 年代中后期,中国政府就开始大规模实施这种扶贫模式,现在依然使用。

2. 福利救济扶贫模式。这种扶贫模式是 20 世纪 30 年代,特别是 50 年代后西方发达国家主要采用的贫困治理模式。这种扶贫模式是通过制定相应的法律法规,国家通过公共财政的投入,建立起完善的、针对全民,特别是贫困群体的失业保险、养老金计划、医疗卫生等福利体系,实现国家对低收入群体的贫困救济保障,达到国家对社会贫困问题的有效治理。这种贫困治理模式在西方发达国家中较为明显,如美国、比利时、法国、荷兰、新西兰等国。其中美国福利救济反贫困政策最具代表性。在 20 世纪 80 年代后,美国针对贫困个体实施了有小孩负担家庭的援助(AFDC)、食品(券)补贴(Food Stamps)、额外保障收入(SSI)和医疗补助方案(Medicaid)4 个直接福利救济措施。这 4 个福利救济措施成为美国贫困治理的核心制度。当然,福利救济扶贫模式在实践中问题也越来越明显,其中最受诟病的是易造成政府财政负担过重,进而影响国家公共财政的正常运行;同时过高的救济福利措施会导致社会中出现大量贫困个体因为享受高福利待遇而形成"懒惰"生活不愿主动改变自己贫困的特别社会现象。从社会发展看,福利救济型扶贫模式是整个贫困治理中的基础,但在适用时应对适用对象采用严格的分类和区别,才能实现有效的治理目标。这是因为社会致贫存在多种原因,一些致贫群体是无法通过个体努力实现脱贫的,如老幼病残等贫困群体。

3. 政府主导下的公众参与扶贫模式。此种扶贫模式的典型是韩国在 20 世纪 70 年代推行的新农村运动。当时韩国推行新农村运动的目的是,改善农村基本生活条件、提高农民收入和改造农民生活方式及意识,进而实现农村贫困治理。这种扶贫模式是在政府主导下,通过不同群体深入、有效的参与,提

---

① 王俊文:《国外反贫困经验对我国当代反贫困的若干启示——以发展中国家巴西为例》,《农业考古》2009 年第 3 期。

高和实现人口、收入分配、就业、生态环境、社会保障等方面的协调发展。韩国新农村运动的具体措施是"中央成立'新农村运动中央协议会',委员长由内务部部长兼任;地方各级政府按照中央模式,设立相应的地方协议会或推进委员会,工作要严格按照规定流程开展。各级政府对新农村运动开展的内容、方法、管理等问题都作出翔实的规定,各级官员则带着责任心和使命感积极落实最高决策者提出的愿景,具体包括细化变革战略,编制相关预算,督促和催化各个村庄的建设运动,监督和评估运动效果"①。从中可以看出,政府在运行中成为规划者、推动者和投资者,但在每个村庄的项目选择和实施上,村民深入、全面的参与。韩国政府为了改善农村基础设施和农民居住条件,根据农村具体情况和需要提供了近 20 种项目供村民自己选择。如修建公共浴池和洗衣场所,修筑河堤、桥梁、村级公路等基础设施,改善饮水条件和住房等。每个村庄根据自己的需要,提出适用政府提供的备选方案后,政府会根据村民提出的项目,给予相应支持。这样在具体项目选择上,完全由支持的村庄主导,保证了项目能够产生相对最大的效果。这种扶贫模式十分值得借鉴,因为村民对自己村庄内所需要解决的问题最为清楚,在项目运行中会得到村民更多的参与和支持。

4."GB"扶贫模式。这种扶贫模式始于 20 世纪 70 年代中期,亚洲和拉丁美洲一些发展中国家使用这一模式,其中最著名的有孟加拉格莱米乡村银行(GB)和印尼人民银行乡村信贷部(BRI)。这两者在实施贫困治理时在目标上存在不同,前者注重"扶贫"效能,客户以特困者和贫困者为对象;后者注重"可持续性",客户以农村中等户为对象。这种扶贫模式在第三世界贫困人口较多的国家中,能够产生积极作用,是因为这些国家的贫困主要由于发展动力不足。其中,阻碍发展动力形成的核心因素是缺乏发展时所需要的启动资金。为此,在实践中成立新型金融平台,给予贫困群体小额信贷,让他们获得发展动力,进而实现致富成为重要的扶贫途径。这种扶贫模式在孟加拉国能够有效运行且产生显著效果是与孟加拉的社会结构有关。孟加拉国是一个农业人口占绝对数量的国家,全国近 90% 的人口居住在农村,但全国绝大多数农村耕地却控制在少数地主手中,让全国 70% 的农村人口处在无地状态中,其中

---

① 李秀峰:《韩国新农村运动的成功要因分析》,《当代韩国》2014 年第 3 期。

80%是佃农。这些无地农民只能依靠租种土地、出卖劳力、从事小型养殖或者经营小本生意维持生计。① 在这种社会结构下,很多农村人口的劳动收入只能维持基本生存需要,没有剩余资金进一步扩大和改善生产,获得发展,脱贫致富。为解决农村贫困群体发展中的融资无途径、发展无资本的问题,通过成立针对农村贫困群体的小额信贷金融组织,成为贫困治理中的有效模式。其中孟加拉格莱米乡村银行(Grameen Bank)成绩最为显著,被称为"GB 模式"。现在国际上著名的小额信贷金融机构还有印尼 Rakyat 银行、妇女世行、国际社区援助基金会等。为了推广 GB 扶贫模式,国际组织进行了积极行动。2001 年 1 月,由乡村信托公司(GT)资助的 GB 模式试验项目已覆盖了 34 个国家,共有 105 个组织机构。GB 扶贫模式主要适用于大面积贫困国家,因为在这些贫困深度深且广的国家中,大量贫困群体的贫困原因是发展资本不足,无法形成发展的动力和能力。于是,通过注入、支持他们发展的动力,让他们获得发展的能力自然成为扶贫中最有效的办法。

5. 区域发展模式。很多国家在发展过程中,由于不同区域之间存在各种资源禀赋上的差异,导致发展中形成区域上的不均衡,进而导致区域贫困的出现。为此,很多国家在针对这种贫困现象进行治理时,主要通过采用针对不同区域制定不同发展扶持政策措施,以实现区域间经济社会的均衡发展。对此,发展中国家主要采用重点支持建设"发展极"促进区域发展,而发达国家则主要通过制定针对区域发展的法律,提供法律制度、投资导向、税收优惠等方面的支持,促进各种发展资源要素向贫困区汇集,进而实现区域经济发展。"发展极"扶贫模式在南美洲最为典型,具体是国家通过重点投资贫困区域中的某几个点,形成所谓"发展极",再通过形成的"发展极"带动周围地区发展。这种发展极扶贫模式中最具代表性的是巴西的"发展极战略"反贫困措施。这种扶贫模式是"坚持区域发展不平衡原则,即首先选择和培植'发展极',使之成为区域经济发展推动力量,并通过经济机制的传导媒介力量引导区域经济发展"②。1967 年巴西政府选择亚马逊首府马斯作为"发展极"试点。国家给予马斯重点投资、制定特殊优惠政策等,如贸易上免除进口税,对到马斯投

① 参见魏晓蓉:《GB 模式与甘肃扶贫》,《甘肃农业》1998 年 S1 期。
② 王俊文:《国外反贫困经验对我国反贫困的当代启示——以西方发达国家美国为例》,《社会科学家》2008 年第 3 期。

资设厂的企业给予免缴所得税、工业产品税、商品流转税等。1974 年,巴西政府相继在亚马逊地区建立了 14 个规模不等的"发展极",以期实现以点带面的区域发展。这种发展极建点发展带动区域贫困治理的扶贫模式,对存在大面积贫困地区,但国家财政能力又不足以进行全面支持发展时,是最佳策略。

6. 法律政策支持引导型扶贫模式。制定支持贫困地区发展的综合措施,引导各种发展资源向扶贫区域汇集,进而促进区域经济发展,是发达国家最常采用的区域扶贫措施,其中美国最为典型。美国政府在解决区域性贫困问题时,主要通过制定法律,增加和改变公共投资数量,让贫困地区获得发展的投入和资源,促进贫困区域发展。20 世纪 30 年代,美国制定了《鼓励西部植树法》《沙漠土地法》《地区再开发法》等促进西部欠发达地区发展的法律。1965 年美国政府制定《公共工程和经济开发法》(EDA)、《阿巴拉契亚区域开发法》等,其中,《公共工程和经济开发法》(EDA)用以代替原有的《地区再开发法》。《公共工程和经济开发法》(EDA)重点调整中央政府对贫困地区发展支持,具体是中央政府对贫困地区援助主要实施公共工程建设,不再支持私人企业发展。EDA 的援助目标是提高贫困地区就业率和增加贫困家庭收入,所以 EDA 适用对象是某个地区存在持续严重的高失业率,或者中等家庭收入水平只能达到全国平均水平的 40% 的贫困地区。《阿巴拉契亚区域开发法》是美国政府为解决 20 世纪 50 年代后呈现出来的阿巴拉契亚山区集中连片贫困问题而制定的。美国的阿巴拉契亚山区横跨美国东部 13 个州,但这一地区长期处在高失业、低收入、低教育水平之中,成为美国东部集中连片特困区。根据《阿巴拉契亚区域开发法》,成立了由美国联邦政府和州政府联合设立的"阿巴拉契亚区域委员会"(ARC),负责阿巴拉契亚山区的援助开发工作。ARC 把交通建设作为该地区扶贫工作的重点,其中公路建设是其援助发展的中心,在最初拨付的 11 亿美元的援助资金中有 77% 被投入公路建设中。同时,要求各受援州拿出 30%—50% 的援助发展配套资金支持相关建设。通过十年公路系统建设,让这一地区交通设施全面改善后,ARC 又把投资重点转向教育、卫生等基础设施建设上。交通、教育、卫生基础设施的建设促进了这一地区社会经济快速的发展。20 世纪 90 年代后,美国政府为了更好针对全国特定区域的贫困治理,在 1993 年 8 月制定了《联邦受援区和受援社区法案》。这部法律成为美国首部系统解决不发达地区和社区发展问题的基础法律。法律规定联邦政府拨款 25 亿美元无偿用于税收优惠,10 亿美元无偿用于城市、农村社区的各项援助。1994 年 6 月,全美共有 500 多个地区和社区提出援助申请。同年 12 月,联邦政府住房和城市发展署批准了 6 个城市受援区和 65 个城市受援社区的申请,农业部批准了 3 个农村受援地区和 30 个农村受援社区的申请。① 这一法律的制定,让美国在区域贫困治理上,有了更加灵活和针对性的法律保障,对美国贫困治理提供了有力的法律支持,让美国区域贫困治理进入法治化时期。

此外,在区域贫困治理上采用这种扶贫模式的还有日本。日本政府为了促进区域发展,管控区域贫困的恶化,在 1950 年颁布《国土综合开发法》后,还制定了《山区振兴法》《过疏地区振兴特别措施法》等 120 多部扶贫开发的法律。② 这构成了较为完善的国家贫困治理法律体系。

从世界各国通行的反贫困模式看,绝大多数国家采用的是政府主导下的柔性扶贫,很少采用政府直接承担扶贫工作的刚性扶贫。这种柔性扶贫模式主要是政府通过立法,采用制度化和法制化引导,在市场作用下让各种生产要素向需要帮扶的贫困地区和群体中转移、聚集,促进发展,消除贫困,实现贫困治理的目标。通过立法,让贫困治理法制化,消除贫困治理中的政策投机,治理过程中的动态性和治理目标上的稳定性是整个世界贫困治理中,政府在国家贫困治理上的基本选择和有效构建。如英国制定《济困法》《国民救济法》,日本制定《山区振兴法》《过疏地区振兴特别措施法》,美国制定《鼓励西部植树法》《沙漠土地法》《地区再开发法》等都是针对特定贫困群体、区域进行援助和开发支持的法律。韩国在"新农村运动"中制定了《内务部组织法》《新农村运动组织培育法》《农村房顶改造法》《不动产登记法》《国家均衡发展特别法》等保障运动运行的有效。从实践看,这些法律起到了十分重要的作用,让这些国家在贫困治理时,减少了很多不必要的扶贫资源损耗。

在国外扶贫实践中,不同国家在针对本国国内贫困群体和贫困地区实施的反贫困措施、机制是不同的,这种不同模式的选择往往体现出各国发展现状

---

① 参见王俊文:《国外反贫困经验对我国反贫困的当代启示——以西方发达国家美国为例》,《社会科学家》2008 年第 3 期。

② 参见林元旦:《发达国家开发落后地区的政府行为及对我国的启示》,《中国行政管理》2002 年第 8 期。

和社会价值。如美国在扶贫模式上采用强化参与意识——通过法律支持区域发展的模式；澳大利亚是有效识别贫困人群——资产测试型社会援助模式；马来西亚是在民族平等中体现贫困人群的权利模式；孟加拉是穷人贷款权利的突破——小额信贷扶贫模式等。这些扶贫模式对世界各国选择适合自己的反贫困措施提供了可供借鉴的样式。当然，从实践看，都没有构成中国40年中的复杂多样的扶贫模式。

第三节　当前中国扶贫模式种类研究现状

当前，中国政府的贫困治理主要是针对广大农村地区，对城市中的贫困群体则主要采用福利救济的方式。所以，学术上讨论中国当前的扶贫模式，都是指农村扶贫模式。这让中国扶贫模式在普适性上受到一定程度的影响。当然，世界各国的贫困治理中最大的对象是农村贫困者，这与中国是一致的。对中国农村扶贫模式的种类，从现在可以查到的文献看，学者们总结出了各种各样、数量繁多的模式。

中国40年的扶贫模式变迁过程及具体样式都受到中国政府的扶贫理念的影响。中国政府在扶贫理念上，经历了救济式扶贫到开发式扶贫，再到参与式扶贫①和现在国家政策目标的实现等。② 如20世纪80年代，中国在扶贫上采用区域作为瞄准对象是因为当时既无法通过普惠式财政资金转移（即社会保障）来实施扶贫，又无法实现完全依靠国民经济增长中的"涓滴效应"让特困地区农民脱贫。这样国家只能采用有计划、有选择的扶贫政策措施来减少国内农村贫困人口。然而，随着中国经济实力的增长，中国政府扶贫工作的重点也从救济、救助、改善贫困地区发展条件，逐步转向培养贫困群众自身发展的技能上，以让贫困人口获得参与、分享社会发展产出的"社会成果"的路径、能力，形成一种共享型社会发展目标下的扶贫模式。比较中国政府与国外政府在贫困治理中的作用，特别是西方发达国家的扶贫机制，可以分为政府主导

---

① 参见李兴江、陈怀叶：《参与式扶贫模式的运行机制及绩效评价》，《开发研究》2008年第2期。

② 当前中国扶贫是为"全面实现小康社会"政策目标而展开的，导致整个扶贫路径的选择上更加复杂和多样。

型扶贫模式和市场主导型扶贫模式。政府主导型扶贫模式是在政府主导下进行有计划、有组织的大规模刚性扶贫,政府通过刚性资源投入,在计划规制下实现扶贫目标。市场主导型扶贫模式是政府在扶贫过程中仅起到引导、支持作用,具体扶贫工作则是通过市场化力量来实现。

下面主要考察的是政府和学者在扶贫模式分类上较有特点和影响的分类类型。官方对中国扶贫模式的总结和提炼在不同时期存在不同,且多数时候并没有严格依照某一分类标准进行分类,而是根据工作形式进行归纳。

一、实务界对扶贫模式的分类

中国政府针对特定群体和区域实施有组织贫困治理始于1986年。此后,在实践中,中国政府根据扶贫对象的变化、国家经济实力的提升、扶贫对象致贫原因的种类、消除贫困需要的途径等因素,不断创新出新的扶贫模式,形成形式多样的、针对不同扶贫主体的扶贫模式。根据扶贫途径的不同,分为基础设施扶贫、劳务转移扶贫、产业扶贫、易地扶贫搬迁、智力技能培训扶贫、社会保障扶贫、生态补偿和恢复扶贫;根据贫困对象瞄准的不同,分为区域性扶贫、集中连片区扶贫、贫困县扶贫、整村推进扶贫和贫困户为中心的精准扶贫等;根据扶贫主体的不同分为东西扶贫协作、机关单位定点扶贫、结对帮扶扶贫等。所以对中国扶贫模式的总结和提炼,主要由研究者选择的分类标准所决定。

2000年,国家统计局农村调查队在总结概括各种扶贫机制后,认为有以工代赈扶贫模式、贴息贷款扶贫模式和财政扶贫模式三种扶贫模式。[①] 这种扶贫模式分类依据是国家扶贫资源投向扶贫过程中的特点,并没有完全反映当前中国农村扶贫中扶贫模式的特点。它体现的是财政资金在扶贫中产生作用的途径,反映的是国家扶贫资金配置和流向扶贫对象的渠道。

2004年5月27日,国务院扶贫开发领导小组在《中国政府缓解和消除贫困的政策声明》中,认为中国扶贫模式分为基础性扶贫模式和操作性扶贫模式。此外,根据扶贫主体配置扶贫资源的方式、途径的不同,分为救济式扶贫

[①] 参见国家统计局农村社会经济调查总队:《中国农村贫困监测报告》,中国统计出版社2000年版。

模式和开发式扶贫模式。这种分类具有很强的学术性和实践性。当然,开发式扶贫模式现在在官方扶贫模式分类中存在着一个问题,是很多其下的扶贫模式被当成与之平行的扶贫模式,进而导致扶贫模式分类上的混乱,如教育扶贫模式、产业扶贫模式等。

二、学术界对扶贫模式的分类

学术界对中国扶贫模式的总结最早始于 1994 年,但大量研究中国扶贫模式问题则是进入 21 世纪以后的事。在 20 世纪中国扶贫模式研究中,最有影响和代表性的是 1998 年中国(海南)改革发展研究院的"反贫困研究"课题组针对当时中国不同地区的扶贫实践,在充分调查的基础上,提炼出的山区综合开发、人力资源开发、小额信贷扶贫、"巾帼扶贫"行动、温饱工程、以工代赈和项目带动农户发展七种扶贫模式。① 从现在看,这种分类还比较粗糙,基本上是把扶贫措施作为扶贫模式分类的唯一标准,在理论和实践上没有很好的价值。

2000 年,有学者认为中国扶贫模式根据不同标准,可以分成的种类是多样的,如按扶贫主体,分为政府主导型扶贫模式、企业主导型扶贫模式、对口扶贫模式、民间扶贫模式;按扶贫主体作用于扶贫对象的方式,分为救济式扶贫和开发式扶贫;按扶贫主体投入扶贫要素的不同,分为物质扶贫模式、文化教育扶贫模式、信贷扶贫模式;按扶贫客体脱贫地域上的不同,分为就地扶贫模式和易地迁移扶贫模式;按扶贫资源分配对象上的不同,分为区域(社区)扶贫模式和直接扶贫到户模式。② 从以上分类体系看,在扶贫模式种类总结上,提出的种类和数量的多少,与分析者采用的标准有密切关系。

2006 年,有学者认为中国扶贫模式有财政扶贫模式、以工代赈扶贫模式、对口帮扶模式、"温饱工程"模式、产业开发模式、移民搬迁模式、机关定点模式、小额信贷模式、生态建设模式、国际项目模式等 10 种。③ 这里的划分标准

① 参见中国(海南)改革发展研究院《反贫困研究》课题组:《中国反贫困治理结构》,中国经济出版社 1998 年版。
② 参见赵昌文、郭晓鸣:《贫困地区扶贫模式:比较与选择》,《中国农村观察》2000 年第 6 期。
③ 参见龚晓宽:《中国农村扶贫模式创新研究》,四川大学博士学位论文 2006 年。

有扶贫主体、扶贫手段等,在分类标准上,仍然存在混用的情况。

2010 年,有学者认为中国扶贫模式有大规模区域性扶贫开发模式、山区综合开发扶贫模式、参与式整村推进扶贫开发模式、乡镇特色产业开发扶贫模式、生态建设扶贫模式、乡村旅游开发扶贫模式、移民扶贫搬迁模式、对口扶贫模式等。① 这里划分的标准主要是贫困对象瞄准、资源配置机制等。

2013 年,有学者认为中国扶贫模式分为传统扶贫模式和新型扶贫模式两种。其中,传统扶贫模式有直接救助模式、农业科技扶贫模式、项目扶贫模式、小额贷款模式、产业化扶贫模式;新型扶贫模式有重视和强化教育扶贫模式、推动易地开发安置模式、完善劳动力技术转移模式、促进市场经济扶贫开发模式、参与式扶贫模式等。② 这种分类是一种时间上的分类,在分类标准上没有太多的理论价值。

在中国扶贫模式研究中,采用分级分类是最好的选择,具体是先按某一标准划分为一级扶贫模式,再在此基础上分成二级、三级扶贫模式。如有学者把科技扶贫模式分成不同的二级扶贫模式,具体是科技扶贫模式下分成科技需求主导型扶贫模式和科技供给主导型扶贫模式两种。科技供给主导型扶贫模式再分成科技网络推广模式、区域支柱产业开发带动模式和易地科技开发模式;科技需求主导型扶贫模式再分为专业技术协会服务模式、龙头企业扶持模式和小额信贷模式等。③ 如在参与式扶贫模式下提出政府支持背景下的农户参与式扶贫模式④、协同参与式扶贫模式、社区主导型扶贫模式⑤等。

通过上面的分析可以看出,对当前中国的扶贫模式学术研究很多,不同学者从不同视角对中国扶贫模式进行了总结。近年中国扶贫模式的多样和复杂不仅反映出中国政府在扶贫上的积极探索,更反映出中国扶贫已经进入更高

---

① 参见徐孝勇、赖景生、寸家菊:《我国西部地区农村扶贫模式与扶贫绩效及政策建议》,《农业现代化研究》2010 年第 2 期。

② 参见孙文中:《创新中国农村扶贫模式的路径选择——基于新发展主义的视角》,《广东社会科学》2013 年第 6 期。

③ 参见张峭、徐磊:《中国科技扶贫模式研究》,《中国软科学》2007 年第 2 期。

④ 参见赵昌文、郭晓鸣:《贫困地区扶贫模式:比较与选择》,《中国农村观察》2000 年第 6 期。

⑤ 参见张咏梅、周巧玲:《我国农村扶贫模式及发展趋势分析》,《濮阳职业技术学院学报》2010 年第 1 期。

层次的阶段,需要对过去扶贫模式进行及时反思和改进。

第四节　贫困、贫困识别与贫困瞄准

贫困治理是一个十分复杂的系统工程,人类反贫困中物质贫困的消除随着人类生产能力的提高,全球财富调配能力的增强,较贫困能力的修正和补充会更加易于管控。对于贫困治理,不管是实务界还是学术界,都越来越认识到有效的识别并瞄准贫困对象,是整个扶贫工作的核心和前提,也是贫困治理中的难点和关键点。"扶贫开发的首要任务是识别贫困人口,只有准确地识别穷人,才有可能使扶贫政策和扶贫项目瞄准穷人。"[1]考察中外对贫困的定义、贫困标准的界定、贫困识别的标准会发现这是一个不停变化的过程,前后体现的是世界各国对贫困的理解。阿特金森在《新帕尔格雷夫经济学大词典》中指出:"有关贫困问题的探讨主要集中在几个方面:第一,什么是贫困? 怎样识别贫困人口? 第二,应当用什么指标来衡量贫困? 它和收入分配不均之间有什么联系? 第三,贫困的基础原因是什么? 这对政府的反贫困计划意味着什么?"[2]这里指出贫困的界定、贫困的识别、贫困的标准、贫困的形成是贫困治理中的几大核心问题。这些构成了整个贫困治理的基础内容,是贫困研究中的中心问题。

一、贫困的概念

"贫困"是一个听起来十分简单,但又在识别具体操作层次上,十分难以说清楚的问题。对贫困的定义成为整个贫困治理的前提和基础,如何界定贫困对扶贫模式的选择会产生决定性的影响。考察近现代中外各国及国际组织对"贫困"的研究,在定义上体现出了复杂的变迁。世界各国对贫困的定义,基本经历了绝对贫困到相对贫困,再到社会排斥、权利贫困和新贫困的变迁过程。在贫困定义的核心内容上,经历了从物质中心到能力获得,再到权力障碍的消除和实现。在物质为中心的贫困定义中,经历了绝对贫困的界定到相对

---

① 王小林、Sabina Alkire:《中国多维贫困测量:估计和政策含义》,《中国农村经济》2009 年
12 月。

② 《新帕尔格雷夫经济学大词典》,经济科学出版社 1996 年版。

贫困的形成。当前,最通行的贫困定义有收入贫困、能力贫困和权利贫困三种,分别从经济福利、个人能力和社会排斥三个方面考察贫困的本质。有学者用基本贫困维度作为绝对贫困和相对贫困之间的过渡型贫困种类。"三者的标准分别是绝对贫困不能维持生存,基本贫困不能满足基本需要,相对贫困则为相对遗缺"①。有学者从范式理论出发,认为贫困可以分为收入贫困范式、能力贫困范式、脆弱性范式、社会排斥性范式。② 这里提出了4种贫困概念。分析当前国际上的各种贫困定义,基本可以分为4种贫困定义:绝对贫困、相对贫困、能力贫困和权利贫困。现在很多学者对贫困的定义多围绕着这四个内容展开的。当然,也有人把贫困分为收入贫困、能力贫困、权利贫困和心理贫困四种。③ 这些理论上的争议反映出学术界对"贫困"理解上的多样性。

国外对贫困定义上,在20世纪80年代以前主要采用物质缺乏为标准,20世纪90年代后转向能力缺失,如《1990年世界发展报告》在传统贫困定义上增加了缺少达到最低生活水准的能力,例如健康、教育、营养等。④《2000年世界发展报告》在贫困定义上增加了脆弱性和无助性等因素。⑤ 这个时期,最有影响和代表性的是迪帕·纳拉扬等人把贫困定义为缺乏物质、权利和发言权;⑥阿马蒂亚·森把贫困定义为缺少创造收入能力和机会,即权利贫困。⑦从当前西方学术界对"贫困"的定义看,主要是把贫困界定在缺失机会、能力、安全水平和权利等方面,即某个人缺少在这个世界上获得体面的、有尊严的生存、发展的能力。近年有西方学者用"净收入能力贫困(NEC)"的定义作为新贫困定义。⑧ 净收入能力贫困(NEC)是指一个成年人在充分利用了自己的智力和体力资本后,每年获得的净收入量仍然等于或小于贫困线的,就属于贫

① 于学军、解振明:《中国人口发展评论——回顾与展望》,中国人民大学出版社2000年版。
② 参见沈小波、林擎:《贫困范式的演变及其理论和政策意义》,《经济学家》2005年第6期。
③ 参见张克中:《贫困理论研究综述》,《减贫与发展》2014年第4期。
④ 参见世界银行:《1990年世界发展报告》,中国财政经济出版社1991年版。
⑤ 参见世界银行:《2000年世界发展报告》,中国财政经济出版社2001年版。
⑥ 参见迪帕·纳拉扬等:《谁倾听我们的声音》,付岩梅等译,中国人民大学出版社2001年版。
⑦ 参见阿马蒂亚·森:《贫困与饥荒》,王宇、王文玉译,商务印书馆2001年版。
⑧ 参见蔡荣鑫:《国外贫困理论发展述评》,《经济学家》2000年第2期。

困。这种贫困定义在政策学上的意义是政府在贫困治理上,应注重提供各种平等的就业机会和提高贫困者的生产能力,而不是集中向贫困者提供现成的物质支持。这对贫困治理政策的影响是根本性的,因为它要求在贫困治理上把工作中心放到个体能力的培养,而不是简单的物质救济。

国内学者在吸收西方学者的贫困定义后,认为贫困可以分为物质匮乏型贫困以及物质和精神匮乏型贫困。当前,中国政府对贫困的定义是以物质贫困为中心的。中国学者在贫困定义研究上,并没有形成自成体系的、有世界影响的理论,基本上是对西方贫困概念的适用和细化后的产物。

考察中西学界对贫困的定义,当前,主要从两个方面进行:(1)生理的剥夺和不足,具体是指个体无法获得营养、健康、教育、住所等物质上的基本需求;(2)社会权利的剥夺,具体是指个体在社会生活中存在脆弱性、无发言权、受社会排斥等严重现象。[①] 所以说"贫困的概念既涉及客观因素,又包含主观因素,同时也是绝对性和相对性的结合体"[②]。这些研究让人们对贫困的理解更加全面和深入,为贫困治理措施的选择提供扎实的理论基础。

当前,中国政府在贫困定义上,虽然采用多要素结合,但核心要素仍然是货币化的年收入水平。中国在扶贫措施上,从 20 世纪 90 年代后就存在增加贫困主体的能力、提高生活水平等方面的努力。中国在贫困治理上,在完成"十三五"大规模消除绝对贫困的扶贫后,若不对贫困重新定义、调整扶贫策略,将会影响此后中国政府的贫困治理选择,让"十二五",特别是"十三五"期间获得的扶贫成效无法保持。因为在旧有的贫困定义上,当前,扶贫工作的成效很快会随着政府直接的大量支持退出而大面积返贫。在当前中国脱贫的群体中,绝大多数存在发展能力的养成十分脆弱和不足的问题。考察中外贫困治理上的成功经验,贫困治理中物质援助与能力养成同样重要,甚至后者对贫困者来说更为重要,因为只有贫困者获得生存和发展的技能后,才能让他们获得长期发展的动力。

---

① 参见郭熙保:《论贫困概念的内涵》,《山东社会科学》2005 年第 12 期。
② 叶初升、王红霞:《多维贫困及其度量研究的最新进展:问题与方法》,《湖北经济学院学报》2010 年第 5 期。

二、贫困对象的测量

贫困概念的界定,不仅在学理上要让它明晰,更重要的是要在实践中把"贫困"界定成能够操作,即能够在此种定义下制定出可操作的测量标准。在扶贫工作中,贫困群体的识别是整个贫困工作的重点,涉及对贫困的测量标准如何确定的问题。考察中西对贫困的测量史,过程是把"贫困看成一种静止状态到视为一个动态过程;从一种客观状态到某些主观感受;从确定的概念到模糊的概念;从一维视野扩展到多维视野"①。这里总结了整个贫困对象测量上的变迁历程,与学界和实务界对贫困的定义是紧密相关的。

贫困测量的核心是如何确定贫困标准,或者说贫困线。在贫困治理中起到至关重要作用的是贫困标准,因为它是贫困识别和测度的基准,"贫困标准是扶贫对象瞄准重要的辅助工具,指向明确、可操作性强的贫困标准是精准筛选贫困群体的前提和基础。"②考察不同国家和国际组织在贫困标准上的相关理论和实践,会发现并没有形成统一的标准,不同的国际组织、各国政府和贫困研究者都会从不同立场出发,制定或选择不同的贫困标准。同一组织机构、政府也会随着时代的变化,调整和改变自己的贫困标准。这些让贫困测量表现出很强的可变性、时代性和区域性。

分析当前国际社会对贫困的测量,基本分为公理化和非公理化两种方法。公理化测量方法有传统的贫困指数、S 指数(Sen Index)、Watts 多维贫困指数、Tsui 多维贫困指数。非公理化测量方法有人类贫困指数(Human Poverty Index, HPI),具体由读写能力、预期寿命和生活质量 3 个维度构成;人类发展指数(Human Development Index, HDI)由预期寿命、受教育年限、生活水平 3 个维度构成;多维贫困指数(Multidimensional Poverty Index, MPI)是由 UNDP 和英国牛津贫困与人类发展中心(OPHI, 2010)共同开发形成的,具体由 3 个维度 10 个指标构成。MPI 多维贫困测量指数是当今世界上影响最大、适用最广的贫困测量指标体系。当前,世界各国、国际组织的贫困标准确定上基本由收入标准、人类发展指数和多维贫困指数三种构成。其中,收入标准是使用最

① 叶初升、王红霞:《多维贫困及其度量研究的最新进展:问题与方法》,《湖北经济学院学报》2010 年第 5 期。

② 杨瑚:《精准扶贫的贫困标准与对象瞄准研究》,《甘肃社会科学》2017 年第 1 期。

早的也是基础标准和要素。虽然,当前有很多其他指标要素被纳入,但核心指标仍然是收入水平。

从实践看,在贫困治理中,通过确定收入标准,按此标准来确定贫困是最具可操作性的界定方式。在收入指标确定上,存在很多种方法,其中使用最广泛的有世界银行国际贫困标准、经济合作与发展组织国际贫困标准,[①]中国适用的标准不是这两个国际组织的标准,而是1984年中国政府制定的农村贫困标准,称为中国农村贫困标准。[②] 1984年中国农村贫困标准是国家统计局根据"农村贫困是指物质生活困难,一个人或一个家庭的生活水平达不到一种社会可以接受的最低标准"作为原则下,测算出"在一定的时间、空间和社会发展阶段的条件下,维持人们的基本生存所必须消费的物品和服务的最低费用"。在此基础下,用最低食品消费金额除以确定的食品支出比重计算出具体的收入数额。[③] 如2011年中国农村贫困标准是以每人每年2300元(2010年不变价)作为"绝对贫困"线。此外,世界银行在20世纪90年代确定绝对贫困线是1990年通过对33个国家贫困线和平均消费水平的关系进行综合研究后,发现当时世界上最贫困的6个亚洲、非洲国家和地区的贫困线主要集中在每人每天1美元附近,所以将每人每天消费1美元确定为国际贫困线。经济合作与发展组织确定的贫困标准是相对贫困标准,具体是在1976年对其成员国进行大规模调查后,根据获得的数据加权计算后,把收入只是一个国家或地区中位收入或平均收入的50%作为该国家或地区的贫困线。这种贫困线标准是动态的,但又很容易确定,于是,提出后很快被世界各国,特别是发达国家广泛采用。如2014年挪威两个孩子四口之家的贫困线是55156欧元;2012年日本贫困线是一个家庭年收入在130万日元(约6.2万人民币)以下的,那么贫困线就是130万日元。

世界上最早制定贫困标准的是英国。19世纪末,布斯和朗特里通过对伦敦郊区和约克郡的贫困个体统计数据进行大规模调查后,制定出不同贫困标

---

① 参见徐映梅、张提:《基于国际比较的中国消费视角贫困标准构建研究》,《中南财经政法大学学报》2016年第1期。

② 参见中国农村绝对贫困线标准经历了三次变化,分别是"1978年标准""2008年标准"和"2010年标准"。

③ 参见唐平:《中国农村贫困标准和贫困状况的初步研究》,《中国农村经济》1994年第6期。

准。1901 年朗特里在《贫穷：对城市生活的研究》中，把"贫困"定义为"一个家庭的总收入不足以维持家庭人口的最基本生存的就是贫困；布斯认为'贫困'是一个中等家庭一周收入 1 镑或不到 1 镑的那些群体"①。布斯和朗特里的贫困研究被后来学者视为贫困研究的经典范式。这样，他们首次从收入角度界定的"生存贫困"，这成为人类对"绝对贫困"定义的先河，成为西方经济学界和社会学界对"贫困"研究的起点，也成为西方国家近现代贫困观念演变的基石。所以他俩的贫困定义和测量在贫困问题研究上，具有里程碑式的意义。1948 年，"收入贫困"的概念被世界银行引入自己的报告中，把贫穷、未发展或欠发展国家界定在人均年收入低于 100 美元以下的国家。这样首次把世界贫富国家划分基准线与各国国民生产总值挂钩。德国学者恩格尔在朗特里等人的研究基础上提出"恩格尔系数"后，成为国际社会通用的贫困测定方法。20 世纪 60 年代，彼得·汤森提出"贫困"是"某人因缺乏资源而被剥夺了享有常规社会生活水平和参与正常社会生活的权利"。汤森的理论成为相对贫困概念的基础。② 最早对相对贫困标准进行界定的是维克托·富克斯，他把美国的贫困标准界定为某人收入在全国中位收入的 50% 以下。③ 这种动态确定贫困标准的方法，很快被经济合作与发展组织吸收和推广。

　　在贫困测量上，发生重大变化的是人类发展指数（HDI）的提出，它改变了把收入作为唯一标准的方法，增加了生活水平、知识的获取和健康寿命三个指标。其中，收入指数用人均国民生产总值（GNI）、健康寿命用出生时的预期寿命、教育用平均受教育年限和预期受教育年限计算。这样让贫困标准更加综合化。这个标准提出后，国际社会越来越多地采用综合指标体系来测量贫困。当前，最有影响的是由 3 个维度 10 个指标组成的多维贫困指数（MPI）。④ 多维贫困指数中的 3 个维度 10 个指标分别是：（1）健康维度由营养和儿童死亡

① 周怡：《解读社会——文化与结构的路径》，社会科学文献出版社 2004 年版，第 142 页。

② See Townsend, P, Poverty in the United Kingdom: A Survey of Household Resources and Standards of Living, University of California Press, 1979, pp.109-115.

③ See Fuchs, V, Redefining Poverty and Redis-tributing Income, The Public Interest, 1967, pp.86-94.

④ 2010 年，联合国开发计划署（UNDP）授权和支持的"牛津贫困与人类发展项目"小组发布了一个界定绝对贫困人口的新指数——多维贫困指数（Multidimensional Poverty Index, MPI），并将其确定为一种衡量贫困的新方式。

率构成;(2)教育维度由儿童入学率和受教育年限构成;(3)生活水平标准维度由做饭使用燃料、饮用水、耐用消费品、厕所、屋内地面、电等构成。在《2014年人类发展报告》上公布的贫困标准线是只要个人或家庭在10个多维贫困指标中存在任意3个指标被剥夺的,就被视为贫困。

在实践中,贫困指标与贫困线是两个不同的概念。贫困线是界定贫困的标准线,是区分贫困与非贫困、估计贫困发生率和贫困缺口(贫困差距)、衡量贫困户变化情况的基准线,是落实贫困标准的最终实施准则。在现实中,贫困线的确定不完全依据贫困标准,因为贫困线的确定会受贫困户存在数量的影响,反映的是贫困存在的"量",如当前中国贫困线在确定上就不完全依据贫困标准。对贫困线,影响最大的是世界银行贫困问题专家马丁·雷布林提出的由食品贫困线和非食品贫困线两种贫困线加权计算而成的测算方法。食品贫困线测量时,要转换成营养指标,营养指标体系很多,其中主要选择每日摄入的食品热量。在此基础上,形成提供每日热量所需要的"菜篮子"结构后,再选定不同国家或地区的"菜篮子"结构,依此计算出当年消费这些商品需要支出的货币总额就得到食品的贫困线。如2012年印度农村贫困线是每人每天2435大卡热量,转化成货币化指标是每天27卢比,一年总计是9855卢比。[1] 这样,2012年印度农村贫困线是年收入在9855卢比以下的群体。

对于贫困线,世界上一些国家采用的是在确定底线的基础上,由各地区在底线上自行调整变通。这种方法较典型的是美国。美国的贫困线确定上联邦政府制定基准贫困线,各州根据自己的消费水平、经济力量、区域差异,制定出不同的相对贫困标准,但不能突破联邦政府确定的基准线下限。这是把绝对贫困线与相对贫困线相结合的新型贫困线确定方法。当前,学术界提出中国在贫困线的确定上,应引入这种绝对贫困线上的相对确定方法,以适应国内省(区、市)间的经济发展和消费水平上的差异。"在国家精准扶贫绝对贫困标准基础上,以省为单位,设立相对贫困标准。"[2]这在中国不同省(区、市)间经济发展水平、物价水平差异较大的情况下采用这种贫困线的确定方法,是具有十分重要的现实意义。

---

① 参见徐鑫:《如何对贫困人口实现精准识别》,《中国统计》2017年第5期。
② 杨瑚:《精准扶贫的贫困标准与对象瞄准研究》,《甘肃社会科学》2017年第1期。

三、扶贫对象的识别

贫困标准、贫困线确立的目的,是要以此对贫困对象进行识别,即把社会中在贫困标准或贫困线之下的群体从一般群体中识别出来,确定为扶贫支持的对象。这样,贫困对象识别就成为识别者处于他者视角对被识别者所进行的甄别,被识别者处在一种非自愿识别下的社会治理中。于是,这种识别结构会造成两者在目标上的差异,甚至出现被识别者并不认同识别者所使用的标准。如当前我国在民族地区识别贫困者时,由于过度依重经济收入指标,导致一些少数民族被识别为"贫困者"后,并不认同这种识别结果,而且对导致自己当前生活"贫穷"的原因上也不认同识别者认定的原因。于是,整个扶贫过程形成单向度工作,让扶贫效果无法达到预期,进而出现"贫困者"不积极参与扶贫过程的反贫活动。这让扶贫变成一种单向的政策性行为,失去扶贫本身的目的。中国当前在贫困户的识别上主要采用建档立卡,目的是提高贫困户的识别精确性,但大量中立的第三方复核发现这种高成本、标签化的贫困识别没有达到预期效果。对中国贫困户识别精确性上,通过整合不同数据信息,形成多维数据动态结合的识别是提高识别精度的有效办法。① 当前,中国贫困户的相关信息被分散在扶贫办、民政、教育、医疗、税务、公安、工商、交通等部门之中,各自拥有的数据无法实现有效共享,这让对贫困户的监测很难有效进行。于是,整合这些不同部门的数据平台,通过就业升学、户籍管理、健康医疗、资产拥有等信息来甄别贫困程度和深度,才是提高识别有效的重要办法,也是贫困识别在精准上得到保证的基础。

四、扶贫对象的瞄准

分析中国40年的扶贫工作发展历程,会发现扶贫对象如何瞄准,一直是影响整个扶贫工作的中心问题,也是整个扶贫工作的困难所在。"资源投入和瞄准效率是影响扶贫效果的两大因素。"②当前,很多扶贫模式的划分和确定,都是基于贫困对象瞄准的不同。贫困对象瞄准涉及贫困治理中资源配置、

---

① 参见徐鑫:《如何对贫困人口实现精准识别》,《中国统计》2017年第5期。

② Fiszbein A,Kanbur R,mtsov R. Social Protection,Poverty and the Post-2015 Agenda,World Bank,Policy Re-search Paper,64-69,2013.

贫困治理中贫困对象识别成本等,所以贫困对象的瞄准构成扶贫工作中的重要一环。"衡量反贫困目标瞄准机制有效性的一个重要依据,就是是否能将扶贫资源准确定位于真正贫困地区和满足贫困人口的需求。"①扶贫瞄准涉及成本和收益两个重要经济学概念。扶贫瞄准成本主要包括管理成本、信息成本、调查成本和设计成本;扶贫瞄准收益包括经济收益、社会收益、政治收益等。

考察国外对贫困对象的瞄准,基本分为完全瞄准、不瞄准和部分瞄准三种。完全瞄准是指在确定谁有资格获得扶贫资源时,全面获取贫困对象的信息,但这种方式的最大问题是获取信息成本十分高昂,而且存在无法完全获得的客观事实。当前,中国精准扶贫中建档立卡户制度就是此种瞄准。不瞄准是把扶贫资源直接分发给按一般统计获得的贫困家庭,这种瞄准方法特点是信息成本低,不足会导致扶贫资源低效、流失等。部分瞄准是把扶贫资源交给具有某种社会经济特征的群体,让他们具体配置,如 NGO 或特定社会组织。②这种方式存在如何有效监管的问题,因为这些扶贫组织可能在运行中存在各种问题。

从实践看,贫困对象瞄准存在一系列无法同时解决的问题,具体是:(1)扶贫对象识别范围存在一个反比关系,即瞄准对象越具体,扶贫效果越好,但识别成本会随之增加,识别标准和流程制定会越加困难,识别过程更加复杂,识别过程和标准操作陷入不稳定中。从贫困对象识别的有效性上看,瞄准范围越大,成本越低,但针对贫困对象的效果也会差。(2)贫困对象识别存在标准上的复杂性,不同贫困标准设置会影响到贫困对象识别出来的效果。如国际上通行的贫困对象识别方法主要有个体需求评估法、自我瞄准法、指标瞄准法和以社区为基础的瞄准法等。其中,目前较为普遍使用的扶贫瞄准方法是个体需求评估法(individual assessment of need)。个体需求评估法的过程有:"(1)对'生活水平'概念进行量化和测定;(2)划定贫困线;(3)制定一套能够反映贫困人口生活水平的综合贫困指数;(4)资格审查;(5)贫困指标监控"③

① 齐超、陈方正:《中国反贫困目标瞄准机制研究》,《社会科学论坛》2008 年第 10 期。
② 参见吴清华:《当代中外贫困理论比较研究》,《人口与经济》2004 年第 1 期。
③ 罗江月、唐丽霞:《扶贫瞄准方法与反思的国际研究成果》,《中国农业大学学报》2014 年第 4 期。

等五个过程。

在贫困对象瞄准上,不管采用什么样的瞄准机制总会产生不同问题,原因是在贫困识别上存在以下问题:(1)信息不对称,扶贫主体对贫困对象的信息无法全面获得;(2)识别出的贫困对象会因此贴上"穷人"标签,而出现污名化的社会效果;(3)为确保严格的贫困瞄准,在识别过程中需要行政系统投入大量的精力和资源以获取贫困对象的个人信息,这会造成识别成本高和贫困者个人信息泄露,甚至出现决策者和受益者之间权力不对等上的结构固化;(4)扶贫项目需要长期的、有力的政治支撑,否则很难持久地作用于贫困对象。[1]这些问题都会让贫困瞄准机制产生不利影响。

考察40年中我国扶贫瞄准机制演进的历史,基本是:普遍化瞄准(1978—1985年)、瞄准到县(1986—2000年)、瞄准到村(2001—2010年)、瞄准到村到户(2011年至今)。也有人认为是普遍化瞄准到县级区域瞄准,再到村级区域和人户瞄准相结合。[2] 还有把中国扶贫瞄准机制演变分为:1986—1989年间区域瞄准及调整,1990—1995年间区域瞄准与群体瞄准相结合,1996年后贫困村瞄准和贫困户瞄准相结合三个时期。[3] 中国当前贫困瞄准机制是在区域、贫困县和贫困户多重结合下的一种综合性瞄准。

在贫困对象瞄准单元上,考察中外瞄准模式可以分为个体瞄准、家庭瞄准、群体瞄准和区域瞄准四种。当前,中国贫困瞄准单元由区域性(西部、集中连片区、深度贫困区)、县域性、村域性和贫困户四个层级构成。在实践中,还存在乡镇瞄准,但这不构成国家贫困瞄准的基本类型。不管是区域瞄准还是个体瞄准,都会存在很多问题。为了改进当前中国贫困瞄准机制,可以从以下五个方面入手,具体是建立容纳贫困者参与的贫困识别机制,在贫困群体识别设计中引入土地指标,在贫困者界定与细分标准上引入性别敏感指标,提高民族地区的贫困线标准。[4] 也有学者认为应将贫困对象确定权上移,由县级

---

[1]　See Sen A.,The Political Economy of Targeting,World Bank,1992.

[2]　参见吴雄周、丁建军:《基于成本收益视角的我国扶贫瞄准方式变迁解释》,《东南学术》2012年第5期。

[3]　参见王朝明:《中国农村30年开发式扶贫:政策实践与理论反思》,《贵州财经学院学报》2008年第6期。

[4]　参见郭佩霞:《论民族地区反贫困目标瞄准机制的建构》,《贵州社会科学》2007年第12期。

政府主导瞄准工作,增加社会力量的参与、利用新兴信息技术工具等。① 这里要求把确定权上移是十分值得讨论的,因为中国当前在贫困瞄准上出现的问题本质是识别过程中民众参与度不够、不充分,若把确定权上移,会对识别中的信息精确性产生更加明显的不利影响,导致识别出来的贫困对象更加不准确的结果。其实,随着国内消费支付上的电子化,通过收集家庭和个人收入和消费支出,特别是家庭中特定项目的支出,实行动态的贫困监测和识别,才是最有效的途径,而不是简单依据到户调查获得的相关数据。

在对中国农村贫困群体致贫原因分析上,由于 2014 年对全国农村贫困人口实施了详细的建档立卡数据收集工作,让国家获得了全面了解农村贫困人口致贫原因的数据。通过对全国农村贫困人口致贫原因数据分析,发现当前农村致贫因素主要有疾病、缺资金、缺技术、缺劳力等。其中,因病致贫是第一致贫因素,占 42.1%;第二是缺少发展所需要的资金,占 35.5%;第三是缺少技能,占 22.4%;第四是缺少劳动力,占 16.8%。这些致贫因素在不同地区存在明显的差异,如在因病致贫上,东部地区是 58.1%,中部地区是 51.6%,西部地区是 28.9%;在缺乏资金致贫上,西部地区是 44.9%,中部地区是 28.9%。此外,西部地区致贫因素还主要集中在技术落后、缺土地、缺水、因灾、因学、交通条件落后等方面。东、中、西部地区在生产生活条件上差异较大,如在贫困村安全饮水上,西部有 27.8%的农户没有安全饮水,中部有 23%的农户没有安全饮水,西部有 22.9%的农户存在饮水困难,中部有 13.1%的农户存在饮水困难。西部地区贫困村中,没有通生活用电的有 2.6%,没有通生产用电的有 10.3%;西部地区农户中,没有通生活用电的占 6.5%,居住在危房中的有 6.3%。② 由于因病致贫是中国当前贫困产生的主要原因,为了准确了解全国农村贫困人口中因病致穷的具体数据,2017 年国家卫计委对全国建档立卡贫困户中因病致贫、因病返贫的情况进行了全面复查,最后获得的数据是全国贫困群体中有 553 万户,共有 734 万人因病致贫、因病返贫。③ 这些数据反映了中国贫困群体的致贫,主要是因病和缺少发展的必要人力资源,其

---

① 参见杨瑚:《精准扶贫的贫困标准与对象瞄准研究》,《甘肃社会科学》2017 年第 1 期。

② 参见中国人民大学反贫困问题研究中心:《全国扶贫开发建档立卡数据分析报告》(2015 年)。

③ 参见白剑峰:《农村贫困人口患病"家底"摸清》,《人民日报》2017 年 6 月 7 日第 8 版。

中因病致贫成为首因。所以,在中国农村贫困治理时,建设完善的医疗卫生机构和有效的医疗保障体系,特别是针对大病和慢性病建立有效保障救济机制是重要手段。

五、致贫原因下的贫困分类

分类贫困治理是贫困治理时必须采用的机制。在贫困治理中,针对不同贫困群体开展针对性的反贫困支持,是整个贫困治理获得成功的关键。分析人类社会中贫困群体的致贫原因,基本可以分为发展资源不足型、内在人格缺陷型、个体生理缺失型三种。发展资源不足型贫困群体是指个体陷入贫困的原因是生存环境资源缺失、社会资源不足、发展机会不均衡等引起的贫困;内在人格缺陷型贫困群体是指某些个体在生理上、外在发展资源上都不存在缺陷,贫困发生是因为个体在社会人格上存在缺陷,如懒惰、好逸恶劳、好赌恶习等;个体生理缺失型贫困群体是指个体因为生理上的缺失,导致无法正常就业获得收入而贫困,如老幼病残等特殊群体。三类贫困群体在贫困治理上必须分别采用不同措施。发展资源不足型贫困群体主要是通过改变发展中的资源供给,让贫困者获得发展所需要的资金和资源,进而实现反贫困。这种贫困群体实施产业、信贷扶贫效果会很好。内在人格缺陷型贫困群体只能通过长期的、针对个体社会心理支持才能实现贫困治理。这种贫困治理只能由社会组织中的专业人员展开长期心理支持,才能实现反贫困。个体生理缺失型贫困群体只能采用救济型扶贫,因为他们形成贫困的原因是自身生理无法让他们在社会上获得相应的生存能力和资源,对他们采用支持发展产业和培育技能是不可能的。

第 二 章

中国扶贫的历史演进

对贫困进行有效治理、消除贫困,一直是中国共产党执政后,历届政府的工作中心,虽然在发展过程中存在过很多其他方面失败,但中国共产党从成立到夺取政权及之后获得统治的合法性一直是以解决民生、消除贫困作为基本来源。所以当前中国治理贫困既是其作为执政党应尽的义务,也是其执政的合法性基础。审视 1949 年到 2017 年中国贫困治理历程,若从历史视角分类,可以分为:体制变革和救济式扶贫时期(1949—1977 年)、体制改革推进型扶贫时期(1978—1985 年)、专项扶贫开发时期(1986—2011 年)、全面消除绝对贫困的精准扶贫时期(2012—2017 年)。这四个时期,若按扶贫措施的内在内容和特征,又可以分为两个时段:第一个时段是体制改革下的反贫困治理时期,时间是 1949—1985 年,这段时期主要是通过社会制度体制改革获得经济发展动力,在经济发展下实现减贫;第二个时段是有意识的、针对性的贫困治理时期,时间从 1986—2017 年,这段时期主要是针对不同群体和区域,采用特别发展支持措施、对策,促使特定群体和区域的经济获得高速发展,实现减贫,达到国家确定的贫困治理目标。所以学术界又把这两个时段称为救济式扶贫时期和开发式扶贫时期。这种分类是以主要扶贫措施为准,实质上两个时段中都存在这两种扶贫内容。

对 1949 年后中国扶贫演进历史分类现在有多种类型,其中较有特点的是五阶段说,即"单一性、救济式扶贫阶段"(1949—1977 年),"区域性、救济式扶贫阶段"(1978—1985 年),"全国性、经济开发式扶贫阶段"(1986—1993

年),"参与性、综合开发式扶贫阶段"(1994—2000 年),"多元性、可持续发展式扶贫阶段"(2001—2009 年)。① 按照这种分类标准,2011 年,特别是 2012 年后,中国扶贫应是"多元性、精准开发式扶贫阶段"。这样从 1949—2017 年共有六个不同特征的扶贫阶段。此外,还有四阶段说,即体制改革下的救济式扶贫(1978—1985 年)、开发式扶贫制度化和八七扶贫攻坚阶段(1994—2000 年)、"大扶贫"格局的形成和发展阶段(2001—2013 年)、脱贫攻坚和精准扶贫阶段(2014 年至今)。② 总之,对 1949—2017 年间的扶贫历史演进情况可以根据不同标准进行不同分类,但可以确定的是,中国政府在贫困治理上采用主动的、针对特定贫困对象实施特别扶贫措施始于 20 世纪 80 年代,其中扶贫模式上的根本转折点是 1986 年。

第一节　体制变革与救济式扶贫时期

1949 年,中国共产党成立新政权后,积极采取了一系列重构社会结构、体制改革、经济性质重构等重大措施,让传统中国的社会经济发展模式全面被打破,形成了全新的生产模式,为中国农村社会经济发展提供了制度动力。结构的重构释放出新的动力,让社会经济发展获得新的驱动力。虽然这个时期,由于频繁的政治运动,导致政策的稳定相对较差,甚至出现破坏社会正常发展的现象。然而,由于国家对资源的动员能力急剧增加,于是对农村和边疆民族地区的建设获得了前所未有的能力,让农村和边疆民族地区得到了比任何历史时期都多的国家资源支持。这样为边疆、民族、边远地区的经济发展提供了动力,在解决赤贫问题上产生了积极作用,如这个时期在农业科学技术推广、水利工程的建设上是任何历史时期都无法相比的。

一、体制变革与救济式扶贫时期的措施

1949—1977 年,中国经济以计划经济体制为主,国家在农村的扶贫是一

---

① 参见陈标平、胡传明:《建国 60 年中国农村反贫困模式演进与基本经验》,《求是》2009 年第 7 期。

② 参见申秋:《中国农村扶贫政策的历史演变和扶贫实践研究反思》,《江西财经大学学报》2017 年第 1 期。

种广义的扶贫,其中主要机制是集体经济下的五保户和集体福利两种模式。1950—1952 年,国家通过土地改革实现了农民均有土地的目标,为后来国家实施农村集体经济下的扶贫政策奠定了制度基础。这个时期,国家积极采取促进措施加快经济发展,让经济发展带来的"涓滴效应"和救济式扶贫结合实现贫困治理。这个时期,国家为促进农村经济发展,采取了一系列结构性的改革措施,其中最有影响的有:

1. 建立全国农田水利设施、交通运输等基础生产生活设施。1949 年以前,中国农村经济发展中,由于缺少有效的农田水利设施和交通运输条件,严重阻碍着农村经济发展。1949 年后随着农村经济体制改革的完成,特别是 1955 年后随着农村合作社的建立,在土地集体所有制下,国家对劳动力的支配能力剧增,在农村公共水利工程的建设、农田开垦等方面可以投入大量的劳动力,同时又没有个体利益的强力阻碍,为国家在农村开展基础设施建设提供了方便。如在 1949—1953 年间全国各地打井 80 余万眼,修建小型塘坝 600 多万处,安装抽水机 3 万多马力,扩大灌溉面积达 5600 多万亩,1957 年扩大灌溉面积约 21808 万亩,1977 年农田灌溉面积达 70000 万亩。① 农田水利的建设让全国农业发展获得了基本保障。

2. 建立覆盖全国乡镇的科技服务网络和农业技术推广服务网络系统,为全国农业发展提供全面的科技支持。1949 年后,国家通过体制改革,让国家对科技人员的管理发生根本性改变,为国家建立新型农村科技服务网络提供了保障。这个时期全国设立了 40000 个农技推广站,形成覆盖全国农村的新型农业科技推广服务网。② 这些为农村农业发展提供了保障,大量新型农业科学技术得到快速推广,让农村农业发展有了科学技术的支持,增加了农业发展的水平。

3. 建立新型农村金融服务机构。中国农村农业发展受到约束的一个重要原因是长期缺少金融信贷的支持。1949 年后国家为改变这种状况,开始在广大农村建立新型农村合作信用体系,以改善农村金融服务能力,让农村农业发

---

① 参见马亚磊:《农村公共产品的供给与治理研究——以农田水利设施建设为例》,西南财经大学硕士学位论文 2011 年。

② 参见张磊主编:《中国扶贫开发政策演变(1949—2005 年)》,中国财政经济出版社 2007 年版,第 4 页。

展获得金融信贷的支持。农村金融服务机构建设虽然在"文革"期间受到影响,但一直没有中断,仍然获得持续发展。1978 年,全国农村农业合作金融服务网建设上,已经建成 60000 个乡镇、县级农村合作信用营业机构和 350000 个基层网点的金融信贷服务体系。① 这一金融服务体系为中国农村农业发展提供了可靠的信贷支持,在广大农村地区是前所未有的。

4. 建立覆盖全国农村的基础教育和基本医疗卫生体系。这个时期,国家在农村通过实施免费教育、设立乡村卫生所和乡村合作医疗、赤脚医生等政策和措施,基本建立起全新的、自成体系的乡村教育和医疗卫生体系,为全国农村提供全面的教育和医疗保障。1978 年,全国农村地区建立起了县、公社、大队三级医疗机构,共有 600 万医务人员在农村从事医疗服务,其中赤脚医生有 180 万名,平均每个生产大队有 3 名,卫生员 350 万名,接生员 70 万名。这个数据远远超过当时卫生部管理下的全国卫生技术人员,因为同期全国卫生技术人员只有 220 万人。② 20 世纪 70 年代,农村医疗合作覆盖到 95% 的人口。1980 年,全国乡(公社)卫生院有 55412 所,床位 775413 张。国家提供大量医疗服务后,让中国人的预期平均寿命从 1949 年的 35 岁提升到 1981 年的 67.9 岁,婴儿出生死亡率从 200‰ 下降到 1981 年的 34.7‰。③ 这些数据说明,这个时期的农村医疗卫生体系产生了积极的作用。

5. 建立了"五保户"为中心的农村救济扶助机制。这个时期,在农村建立起了以社区为中心的"五保户"和农村特困人口救济机制,初步形成了一种新的社会救济扶助机制。五保户救济制度是对农村农民群体中,无法确定扶养人且无劳动能力、无可靠生活来源的老年人、残疾人和孤儿实施基本生活扶助的制度。"五保"是指对这些特别困难群体实施的以"保吃、保穿、保住、保医、保葬"为基础的救济制度的简称。"五保户"扶助救济制度成为这个时期在农村针对特定贫困群体创制的救济和养老为一体的特别帮扶制度,让中国农村没有亲属赡养的群体获得了基本生存保障,是中国在鳏寡、孤幼、残疾群体扶助制度上的新创造。这形成了中国特色的农村保障救济制度。此外,这个时

---

① 参见张磊主编:《中国扶贫开发政策演变(1949—2005 年)》,中国财政经济出版社 2007 年版,第 4 页。
② 参见张开宁:《从赤脚医生到乡村医生》,云南人民出版社 2002 年版,第 16 页。
③ 参见邹东涛:《中国道路与中国模式》,社会科学文献出版社 2009 年版。

期国家还经常对因自然灾害而受困的地区和群体实施特别物质救济。

这个时期,中国虽然在以上五个方面取得了显著成绩,但由于受到各种原因的影响,特别是在城乡二元制下形成对农村财富的不平等吸取,让全国农村呈现出全面性的赤贫,大量人口处在"绝对贫困"之中。这个时期,贫困治理从理论上属于经济发展型贫困治理模式。

二、体制变革与救济式扶贫时期的问题

这个时期,中国农村并没有严格意义上的扶贫政策和措施,国家的发展主要通过体制改革,释放出整个社会活力来实现贫困治理,国家在农村实施交通设施、水利设施的建设、农业科技的推广、农村信用合作社、农村供销社的建立等,对农村经济发展产生了积极的促进作用,在农村经济发展下实现减贫功能。这当中对贫困治理最有影响的是在少数民族地区建立新型供销社和农村信用合作社。这两种机制的建立促进了少数民族地区社会经济的发展,有效地减轻了很多少数民族的赤贫。当然,由于政治运行过于频繁,这个时期国家政策稳定性较差,加上一些不符合社会发展规律的政策和措施的实施,如"人民公社""文化大革命"等,导致中国政府在消除农村贫困上取得的成就十分有限,所建立的社会保障体系也较为落后。加之这个时期国家实施严格的、制度性的、刚性的城乡二元利益分配制度,把农村生产出来的大量利润强制转移到城镇中去,让农村通过改革和科技推广产生的经济增溢,无法对农村自身发展形成积累效应。根据统计,1952—1987 年间,中国农村向城市流走的资金总额是 7912 亿元。[①] 这在成为中国城市发展的动力的同时,让农村发展无法获得有效资本。此外,这个时期,中国人口高速增长,消耗了农村经济增长的效益,让农村在发展中陷入了纳尔逊的"低水平均衡陷阱"中。这一切造成中国在 20 世纪 70 年代成为世界上贫困人口最多的国家。

这个时期,虽然在各个方面取得了较大成就,然而 1978 年全国农村却处在整体性赤贫状态中。根据统计,1978 年按人均年纯收入 100 元以下为贫困线标准,全国农村贫困人口达 2.5 亿,贫困发生率为 30.7%,占全国总人口的

---

① 参见张磊主编:《中国扶贫开发政策演变(1949—2005 年)》,中国财政经济出版社 2007 年版,第 60 页。

25.97%,是当时世界贫困人口总数的 1/4。[1] 中国成为当时世界上贫困人口最多的国家。其中一些省(区、市)贫困十分严重,出现整体性赤贫,如 1982 年甘肃省农村贫困人口高达 1254 万,贫困发生率为 75%。[2] 20 世纪 70 年代,中国社会中贫困成为当时整个国家治理中最严重的社会问题,贫困已经达到让整个社会破产的临界点,消除贫困成为当时政府面临的首要问题。贫困压力促成了中国 20 世纪 80 年代的经济改革开放。改革开放在创造中国经济发展的奇迹同时,也让中国贫困治理获得了显著成效。

第二节　体制改革推进发展扶贫时期

1978 年,中国政府面对全面的、深度的全国性贫困问题,果断采取改革开放的措施,通过全面的体制改革促进经济高速发展,实现现代化建设。面对农村 2.5 亿庞大的贫困人口,国家选择的反贫困措施是对农村经济体制进行改革,释放农民生产积极性,促进农村经济发展,通过经济增长实现贫困治理。此外,这个时期,国家在贫困治理上的重要发展,是开始针对深度贫困地区实施区域性扶贫措施。具体有 1980 年中央政府设立了针对全国深度贫困地区发展的"支援经济不发达地区发展资金",1982 年中央政府针对当时全国最贫困的甘肃定西、河西和宁夏西海固的集中连片贫困地区设立的"三西"农业建设专项补助资金,这成为中国最早区域性贫困治理专项基金;1984 年国家识别出 18 个集中连片特困区作为区域性扶贫的重点对象。这个时期,反贫困的主要措施是通过农村经济体制改革,创造农村经济发展的动力;针对农村深度贫困地区,实施特别支持发展措施以缓解深度贫困地区的贫困,进而获得贫困治理难点上的突破。

一、促进经济高速增长下的贫困治理

整体性贫困的治理需要从结构和体制上进行改革,让经济发展获得新的

---

① 参见黄承伟:《中国扶贫开发道路研究:评述与展望》,《中国农业大学学报》2016 年第 5 期。

② 参见周艳:《脱贫攻坚看中国:甘肃让贫困远去》,《中国扶贫》2016 年第 22 期。

动力。为此,在1978—1985年中国政府实施了以经济体制改革为中心的减贫战略是当时正确的扶贫模式选择。当时,中国政府农村经济体制改革主要包括:实施以家庭承包经营为基础、统分结合的双层经营体制,提高农产品价格、发展农村商品经济,构建新型农村土地制度、市场制度、就业制度等。这样通过系列配套改革提供了农村经济超常规增长的动力,实现了经济高速增长下的"涓滴效应"为途径的减贫目标。这个时期,国家在农村经济体制改革上的主要措施有:

1. 推行家庭联产责任制,废除人民公社,改变农村经济体制。经过二十多年的发展,人民公社在农村经济发展中的制约作用十分明显,要让农村经济得到发展就必须改变人民公社体制。家庭联产承包责任制于1979年开始推行,经过1979年至1980年的试点,获得了显著成绩,1981年在全国全面推行,1982年全国农村80%实施了包产到户的改革,1984年全国农村完成了承包责任制改革。家庭联产责任制的推行,释放了农民生产积极性,让农村经济得到快速发展,改变了农村赤贫状态。

2. 改革农产品价格,建立以市场为主导的农产品市场流通体系。在计划经济下,农业产品被低价转移到城镇,让农村处在工农产品交流的不对等关系中。这是造成中国农村贫困的主要原因。纠正这种不对等的价格结构,成为农村贫困治理的首要任务。为此,1979年国家对粮食、棉花等18种主要农业产品的收购价格进行全面提价。自1982年起,中央政府连续五年在"一号文件"上都强调开放和改革农村商品流通问题。1985年国家取消了农副产品强购派购制度,开放农业产品价格,农业税由实物税转向货币税等。中国农业开始由自给半自给经济向商品化生产转变,农业产品商品化加快了农民增收的速度。1978年全国农村农民人均年纯收入为133.6元,1980年增至191.3元,1982年增至270.1元,1985年增至397.6元。[①] 农村农民的增收让很多农民从贫困中解脱出来,改善了农村农民的生活水平。

3. 改革农村金融支农体系。为了更好地促进农村经济发展,国家建立起专门针对农村、农业金融信贷的新型农村金融体系。1978年,中国人民银行

---

① 参见程丹峰:《中国反贫困——经济分析与机制设计》,经济科学出版社2000年版,第42页。

和农村信用社只对农业中生产费用进行贷款,同时发放少量生产设备贷款,农村经济发展中融资十分困难。为解决农村农业发展中的融资问题,1979年恢复了中国农业银行。根据《关于恢复农业银行的通知》规定,中国农业银行直属于国务院,自上而下设立遍及全国农村的各级机构,具体是县设支行,农村设营业所。农业银行开展的业务是承担涉及农村农业的开发性贷款、星火计划贷款、商品粮棉基地贷款、农业综合开发贷款、林业贷款、丰收计划贷款、山区综合开发贷款、扶贫贷款、节水灌溉贷款等以及与农村扶贫有关的业务。这样国家建立起以农业银行为中心的支持农村经济发展的金融体系,为农业发展提供有力的金融支持。1994年国家把人民银行、各专业银行办理的与国家扶贫贷款有关的业务全部转给中国农业发展银行。至此,中国农业发展银行成为全国性专业扶贫开发银行。

4.开放城镇就业市场,允许农村剩余劳动力转移到城镇就业和创业。1949年后,造成农村整体性贫困的主要原因之一,是国家实施严格的城乡二元管理制度,让农村大量剩余劳动力固定在农村,成为隐性失业者。大量农村成年劳动力出现严重的就业不足,无法获得发展机会,无法增加收入,于是成为贫困者。从1978—1985年间,国家对农村劳动力开始从控制流动转向允许流动。1981年国家在城市实行合同工、临时工、固定工相结合的多种就业形式;1984年国家允许农民自筹资金、自理口粮进城镇务工经商;1985年允许农民进城开店设坊、兴办服务业,提供各种劳务。这些政策措施即为城镇发展提供了充足的劳动力,又为农村过剩劳动力提供了就业市场,让全国城镇得到发展的同时,也让农民获得增收,摆脱贫困。

这个时期,国家通过一系列体制改革,让农村经济得到快速发展,使农村贫困人口得到迅速缓解,成为中国贫困治理中的重要事件。但是,随着体制改革带来的"红利"消失,农村致贫原因上开始从制度性制约转向生存地区的自然、历史、人力资本等因素上。这要求国家调整现有扶贫策略,实施具有针对性的扶贫政策和措施,开展深度贫困地区和群体的扶贫工作,支持经济发展明显落后、贫困人口较为密集地区的发展。[1]

---

[1]　参见黄承伟:《中国扶贫开发道路研究:评述与展望》,《中国农业大学学报》2016年第5期。

二、实施深度贫困地区专项发展扶持

国家在体制改革促进发展以解决农村整体性贫困问题的同时,发现一些区域由于历史、生态、资源等原因,很难在体制改革下获得有效发展,实现贫困治理。中国政府发现这些深度贫困地区体现出的特征是"老、少、边、穷",即革命老区、少数民族地区①、边疆地区、边远贫困山区。于是,中国政府开始针对这些深度贫困地区和群体开展专项扶贫工作。这个时期,中国政府专项扶贫政策主要由1984年9月29日国务院颁发的《关于帮助贫困地区尽快改变面貌的通知》和《国民经济和社会发展第七个五年计划》两个文件构成。它们成为这个时期中国政府专项扶贫的总纲,对深度贫困地区专项扶贫目标和支持措施作出了明确规定。这些措施和政策成为中国政府有目的、有计划地针对特定区域扶贫的开始。这种扶贫工作在贫困瞄准上属于区域瞄准。总结这个时期国家对深度贫困地区的扶贫措施主要有:

1. 成立特别专项发展基金。1980年中央政府针对革命老区、少数民族地区、边远山区和贫困地区设立了"支援经济不发达地区发展资金"。当时,特别拨出5亿元财政资金作为支持以上贫困地区发展的特别资金。这是中国政府最早针对特定区域扶贫的具体措施,是中国政府扶贫工作的开始。当然,这个时期,由于贫困面较大,所以在贫困瞄准上采用大区域瞄准。这种区域瞄准是适合当时扶贫工作的特点和需要的。

2. 开展以工代赈扶贫项目。中国很多贫困地区致贫原因是因为当地的基础设施差,造成无法获得发展需要的流通、技术等,所以改善贫困地区基础设施对促进当地经济发展起到了重要作用,有"若要富先修路"之说。1984年国家计划委员会开始针对贫困地区实施基础设施建设工程,目的是通过以工代赈,让贫困地区贫困人口参与基础建设,获得实物和资金收入,改善贫困,同时提升贫困地区基础设施条件,促进贫困地区经济发展。当时,在贫困地区实施的以工代赈工程主要有修筑道路、农村基础建设、水利工程、人畜饮水工程等。这种能提升贫困地区基础设施条件、增加贫困人口收入的扶贫项目,成为开发

---

① 中国政府特指的"少数民族地区"是五个民族区域自治区和云南、贵州、甘肃三个少数民族人口较多的省。

式扶贫的首选。1984年开始实施的以工代赈扶贫项目,在实现对贫困群体资金或物资救济时,还建设了大量公共工程,改善了贫困地区的基础设施,为贫困地区和贫困人口发展提供了条件。

3.实施"三西"定点专项扶贫。1984年国务院针对甘肃定西、河西和宁夏西海固三个深度贫困地区开展定点专项扶贫,是中国扶贫工作中的重要里程碑事件。甘肃定西、河西和宁夏西海固三个深度贫困地区后来在扶贫中被称为"三西"贫困地区。"三西"深度贫困区的区域扶贫成为国内最早区域扶贫工作的起点。国家在深入分析"三西"深度贫困地区的发展现状、生态环境等自然资源后,确定对"三西"地区实施综合性开发扶贫。为此,国家计划对"三西"深度贫困区投入20亿专项发展资金,实施为期10年的综合性建设,全面改变"三西"地区深度贫困状况。"三西"地区的10年发展规划中具体是前3年实现生态破坏停止,中间5年解决当地人民的温饱问题,最后2年实现巩固提高经济发展能力。"三西"定点专项扶贫计划的提出和实施,成为中国政府专项扶贫工作的试验场,创制出了很多扶贫上的新路径、新措施、新模式,如易地扶贫搬迁、劳动力转移培训、整村推进等,为中国开展开发式扶贫起到了重要的探索作用。

4.首创集中连片特困区扶贫瞄准机制。中国政府在贫困治理中发现全国不同地区存在有连片贫困的现象,并且每个集中连片贫困地区在贫困形成和扶贫需求上呈现出区域上的差异。为此,中国政府开始制定标准识别集中连片特困区,形成针对不同集中连片特困区的治理机制,其中最具代表性的是1986年集中连片区标准的制定。1986年中国政府把1985年人均年纯收入206元作为标准,在标准线以下的地区划为连片贫困地区。20世纪80年代,全国共识别出18个集中连片特困区。18个集中连片特困区的形成存在一个变化的过程。1984年国家识别出11个集中连片特困区,具体是努鲁儿虎山区、太行山地区、吕梁山区、秦岭大巴山地区、武陵山地区、乌蒙山地区、大别山地区、滇东南地区、横断山地区、桂西北地区、九万大山地区。1986年,国家根据新的识别标准,识别出14个片区。1988年国家把陕北老区、江西老区、福建老区和沂蒙山区四个革命老区识别为集中连片特困区。这样,20世纪80年代全国共识别出了18个集中连片特困区。18个集中连片特困区分别是沂蒙山区、努鲁儿虎山区、吕梁山区、太行山区、秦岭大巴山区、武陵山区、大别山区、定西干旱地区、西海固地区、陕北地区、井冈山和赣南地区、西藏地区、滇东南地区、横断山区、乌蒙山区、桂西北地区、九万大山地区、闽西南闽东北地区。全国识别出的18个集中连片特困区在社会经济上体现出"老、少、边、穷"四个方面的特征。国家对18个集中连片贫困地区的扶贫工作主要采取专项扶贫,具体有给予减免农业税,免交贫困地区开办开发性企业的所得税,减免贫困地区乡镇企业、家庭工厂、个体商贩所得税和对农、林、牧、副、土物产品不再统购、派购,改由自由购销等多种特别优惠政策。这样,中国政府在贫困治理上,采用了以集中连片特困区作为扶贫瞄准对象的主要扶贫模式。这与国外在区域扶贫中采用建设"增长极"是不同的,但在贫困治理功能上是一致的。

在1978—1985年间,针对农村整体性贫困问题,中国政府在实施系列体制改革和专项扶贫措施后,使农村经济得到了快速增长,让贫困人口大量减少。根据统计,1978—1985年间,全国农村居民人均年纯收入从133.6元上升到397.6元,年均增长率达17%。农村人均占有的主要食物、生活用品得到快速增长,其中粮食、棉花、油料、肉类产量分别增长了14%、73.9%、176.4%和87.8%。在8年的经济高速增长中,全国农村贫困人口减少到了1.25亿,消除了一半贫困人口,年均贫困人口减少达1786万人,贫困发生率由30.7%下降到14.8%。① 这些数据的变化,说明这个时期实施的经济增长下的"涓滴"效应与针对贫困集中地区实施的特别发展支持项目的扶贫政策是成功的。

第三节　特定贫困群体和区域专项开发扶贫时期

中国政府真正意义上的扶贫工作始于1986年。这一年中国政府实施公开的、正式的、系统的农村贫困专项扶贫,所以,1986年是当代中国扶贫工作上的关键年和转折年。这个时期,中国政府在扶贫性质上发生根本性转变,从此前以救济、救灾式为主的扶贫转向开发式扶贫,即从"输血"扶贫转向"造血"扶贫。"对先期的扶贫工作进行了根本性的改革与调整,实现了从救济式

① 数据来源于国务院新闻办公室的《中国的农村扶贫开发》白皮书(2001年)。

扶贫向开发式扶贫的转变"。① 这个时期,中国进入了有自己特色的反贫困模式,为消除贫困,国家实施了种类繁多的扶贫政策、措施,让中国成为世界上各种反贫困理论和模式的重要试验场。扶贫瞄准单元以区域为中心,具体有集中连片特困区、贫困县、贫困村,形成多层级的瞄准单元。在区域瞄准中,开始出现逐渐缩小的发展,即从连片区到贫困县,再到贫困乡或贫困村。

一、特定贫困群体和区域专项开发扶贫时期的措施

1986 年国家把扶贫工作作为整个社会治理的重要组成部分,从中央到地方设立专门负责扶贫工作的行政机构;实施更具针对性的扶贫政策和措施;扶贫瞄准以 18 个重点扶贫集中连片特困区和 592 个国家重点扶贫的贫困县为对象。

（一）成立国家专门扶贫机构

中国政府在扶贫工作中最重要的组织力量是成立从中央到地方的专门扶贫机构,构建完整的国家贫困治理行政体系。1986 年 8 月 16 日,国务院成立专门负责贫困地区经济发展和扶贫工作的贫困地区经济开发领导小组。1993年 12 月 28 日,国务院贫困地区经济开发领导小组更名为国务院扶贫开发领导小组,标志着这一机构在职责上更加专一。国务院扶贫开发领导小组是中国政府最高层次上的扶贫议事和协调机构,专门负责组织、领导、协调、监督、检查、交流经验等有关的扶贫工作。在地方,对那些承担具体扶贫工作的地区,分别在省(区、市)、地州市、县区等三级地方政府中设立专门负责的扶贫办公室,乡镇设立扶贫专干。这样从中央到基层政府中都成立了专门负责扶贫工作的机构和人员,为全国扶贫工作提供公共行政管理和服务,成为官方扶贫工作的制度保障。这是中国扶贫工作与国外扶贫工作上的重要区别,它保证了中国政府在贫困治理上的绝对主导地位,构成了中国扶贫模式中政府主导型扶贫模式的基础和支柱。

（二）制定全国扶贫工作的专项规划

这个时期,中国政府不仅设立了完善的扶贫行政机构,还在国家层次上制定并实施了两个重要的扶贫规划,即《国家八七扶贫攻坚计划(1994—2000

---

① 《国家八七扶贫攻坚计划(1994—2000 年)》。

年)》和《中国农村扶贫开发纲要(2001—2010 年)》。

《国家八七扶贫攻坚计划(1994—2000 年)》是中国政府制定的第一个专项扶贫规划,在中国扶贫发展中具有十分重要的历史地位。《国家八七扶贫攻坚计划(1994—2000 年)》提出把扶贫工作中心转向开发式扶贫,相应措施是:改进贫困户的生产条件和创造更多的非农业就业机会,增加贫困群体收入;提高贫困乡镇通路和通电率,解决贫困村人畜饮水困难;普及义务教育和健全医疗保健服务,增加对中西部贫困县的支持,加强扶贫资金管理和动员各种力量参与扶贫。计划以开发作为扶贫工作的核心措施,改变此前救济式扶贫模式,让中国扶贫工作走向开发式扶贫时代。1994 年《国家八七扶贫攻坚计划(1994—2000 年)》提出扶贫开发的目标是通过 7 年扶贫工作,基本解决农村 8000 万贫困人口的温饱问题;在扶贫方法上坚持开发式扶贫;在脱贫标准上采用人均年纯收入 500 元以上(按 1990 年不变价格)和贫困者获得相应发展条件。① 2001 年国家在制定的《中国农村扶贫开发纲要(2001—2010 年)》中,除继续把开发式扶贫作为扶贫工作的中心外,还提出以产业扶贫、科技扶贫、劳动力转移扶贫、易地扶贫搬迁、东西部协作、定点扶贫、西部大开发等扶贫模式,在扶贫瞄准对象上,以集中连片特困区、贫困县、贫困乡、贫困村作为对象,鼓励社会组织参与扶贫等。扶贫的目标是到 2010 年除生活在恶劣生态环境中的特困人群和残疾贫困群体外,其他农村贫困人口基本实现温饱。国家制定长期扶贫工作规划,让中国的扶贫工作更加明确和可操作。

(三) 扶贫对象识别机制的形成

这个时期,贫困对象识别上主要有贫困户和贫困县两种识别机制,其中贫困县识别机制是核心。1986 年,国家根据社会经济发展的水平,建立起中国的贫困线和贫困县识别标准,从而形成中国特色的贫困标准体系。其中,贫困县的标准是整个贫困识别的核心,因为这个时期扶贫瞄准单元主要采用贫困县作为对象。当时把全国贫困县识别标准分为三种:(1)一般县以 1985 年全县人均年纯收入低于 150 元的纳入国家贫困县;(2)民族区域自治县以 1985

---

① "扶贫贫困户创造稳定解决温饱的基础条件"是指:有条件的地方,人均建成半亩到一亩稳产高产的基本农田;户均一亩林果园,或一亩经济作物;户均向乡镇企业或发达地区转移一个劳动力;户均一项养殖业,或其他家庭副业。牧区户均一个围栏草场,或一个"草库伦"。详见《国家八七扶贫攻坚计划(1994—2000 年)》。

年人均年纯收入低于 200 元的纳入国家贫困县;(3)革命老区县①以 1985 年
人均年纯收入低于 300 元的纳入贫困县。依据以上三个标准,对全国三类贫
困县进行识别,最后共识别出 258 个国家贫困县。中国政府开始以 258 个国
家贫困县作为县域扶贫对象,开展农村贫困治理。1994 年在《国家八七扶贫
攻坚计划(1994—2000 年)》中,对贫困识别标准进行了调整。在新标准下,全
国共识别出 592 个国家级贫困县,分布在全国 27 个省(区、市)中。2011 年,
国家再次对贫困县进行调整,把东部发达省(市)的国家贫困县全部退出,这
样国家贫困县就只集中在中西部地区。于是,国家把贫困县作为政府扶贫工
作瞄准对象,展开国家层次上大规模的区域扶贫。贫困县作为扶贫瞄准单元,
一直是中国政府扶贫的机制。2013 年精准扶贫实施后仍然适用,2016 年"十
三五"扶贫工作开始后,国家扶贫工作的首要目标,就是实现建档立卡贫困户
和贫困县的脱贫。

(四)扶贫瞄准单元逐步缩小

从 1986—2000 年间,中国扶贫工作的重心都是贫困县。但随着贫困县扶
贫的推进,贫困县为单元的县域贫困问题得到较好解决,全国农村贫困人口大
量分散在非贫困县中,为了有效提高扶贫的瞄准,解决处在非贫困县中的贫困
人口。2001 年制定的《中国农村扶贫开发纲要(2001—2010 年)》在扶贫瞄准
单元上,最大变化是将扶贫开发的重点从贫困县转向贫困村,以整村推进作为
扶贫的基本单元。2001 年,国家制定贫困村识别标准,根据标准全国识别出
14.8 万个贫困村,成为国家扶贫工作的对象。2001 年,国家在把扶贫瞄准下
调至贫困村的同时,允许县级政府自己识别贫困乡。《中国农村扶贫开发纲
要(2001—2010 年)》中确定通过大规模产业扶贫,促进贫困地区社会经济发
展,同时加强劳动力转移培训和输出,推进自愿移民搬迁,鼓励各种社会组织
参与扶贫等,实现以开发式扶贫为中心的扶贫。为此,《中国农村扶贫开发纲
要(2001—2010 年)》把这种扶贫治理体系称为"一体两翼"模式,即以整村推
进为主体,称为"一体";以产业扶贫和劳动力转移培训为途径,称为"两翼"。
《中国农村扶贫开发纲要(2001—2010 年)》为中国扶贫工作提供了依据,成
为中国政府扶贫工作的纲领和目标,让中国扶贫工作更具政府主导性。

---

① 革命老区县是指在民主革命时期作出了重大贡献和在海外有较大影响的县。

二、特定贫困群体和区域专项开发扶贫时期的特点

这个时期,中国政府在总结前期扶贫工作的成效和不足时,在扶贫规划上从制度保障和目标规划两个方面着力,让中国的扶贫更具政府性。在制度保障上,从中央政府到基层设立了专门负责扶贫工作的机构和人员,保障了全国扶贫工作的有效推进。在扶贫进程中,根据工作需要不停调整贫困瞄准对象,让扶贫以贫困县为中心转向以贫困村为中心,让扶贫对象更加具体。在贫困消除渠道上,开发扶贫的措施越来越丰富,其中形成以产业扶贫和技能培育为中心的两大开发式扶贫机制,让贫困治理更具持续性。20 世纪 90 年代,以经济高速增长为中心的扶贫对中国消除农村贫困人口起到了积极作用。"经济增长是解决贫困问题的关键,根据测算,20 世纪 90 年代中国贫困人口减少与经济增长的弹性系数是-0.8,即 GDP 每增长一个百分点,农村贫困人口可减少 0.8%。"①这在 1986—1993 年国家扶贫工作中得到了充分的体现,在七年针对国家贫困县的系列开发式扶贫后取得了显著成绩。从 1986—1993 年,全国贫困县人均年纯收入从 206 元增加至 483.7 元;全国农村贫困人口由 1.25 亿减少到 8000 万,年减少 640 万;贫困人口在农村总人口中的比例从 14.8%下降至 8.7%。②

21 世纪前 10 年,是中国农村贫困治理上成效最为显著的时期。通过《中国农村扶贫开发纲要(2001—2010 年)》的实施,在 10 年农村贫困治理中取得了重大成就。从 2001—2010 年,全国农村贫困人口的贫困线标准从 865 元提升至 1274 元。在贫困标准发生相应变化下,2000—2010 年全国农村贫困人口从 9422 万减少至 2688 万,农村贫困人口所占比重从 10.2%下降至 2.8%。

这个时期,国家把扶贫工作的瞄准对象锁定在贫困县中,通过 2001—2010 年大规模扶贫工作,让全国贫困县在各个方面都获得了长足发展,具体体现在以下四个方面:

第一,国家贫困县内经济获得快速增长。从 2001—2010 年,全国 592 个国家贫困县人均生产总值从 2658 元增加至 11170 元,年均增长率是 17%;人

---

① 数据来源于国务院新闻办公室的《中国的农村扶贫开发》白皮书(2001 年)。
② 数据来源于国务院新闻办公室的《中国的农村扶贫开发》白皮书(2001 年)。

均地方财政一般预算收入从 123 元增加到 559 元,年均增长率是 18.3%;农民人均年纯收入从 1276 元增加到 3273 元,年均增长率 11%(未扣除物价因素)。

第二,国家贫困县基础设施建设和贫困地区生产生活条件得到实质性提高。从 2002—2010 年间 592 个国家贫困县新增基本农田 5245.6 万亩,新建及改扩建公路里程 95.2 万公里,新增教育卫生用房 3506.1 万平方米,解决了 5675.7 万人、4999.3 万头大牲畜的饮水困难。2010 年年底,贫困县农村饮用自来水、深水井农户达到 60.9%,自然村通公路比例为 88.1%、通电比例为 98%、通电话比例为 92.9%,农户人均住房面积为 24.9 平方米,农户使用旱厕和水冲式厕所比例达 88.4%。

第三,国家贫困县的社会事业获得快速发展。2002—2010 年年底,国家贫困县学龄儿童(7—15 岁)入学率达 97.7%,接近全国平均水平;青壮年平均受教育年限达 8 年,文盲率为 7%,比 2002 年下降了 5.4 个百分点。在医疗卫生事业上,国家对贫困县实施了大规模的改进,获得了明显改善。2010 年年底,国家贫困县农民参加新农合比例高达 93.3%,有病能及时就医比重达 91.4%。基本实现每个乡镇都有卫生院,绝大多数行政村有卫生室的基本医疗设施体系。

第四,国家贫困县的生态环境获得明显好转。从 2002—2010 年,全国国家贫困县退耕还林还草达 14923.5 万亩,新增经济林 22643.4 万亩;饮用水水源受污染农户比例从 15.5% 下降至 5.1%;获取燃料困难农户比例从 45% 下降到 31.4%。①

这个时期,扶贫工作上的最大问题是由于扶贫瞄准以区域为对象,导致大量扶贫资金无法流向特定贫困家庭和个体,让扶贫资金出现严重流失,失去扶贫的初始目标。

第四节　全面消除绝对贫困的精准扶贫时期

中国贫困治理在经过两个扶贫纲要后,区域性贫困问题得到了很好的治

---

① 数据来源于国务院新闻办公室的《中国农村扶贫开发的新进展(2011 年)》白皮书。

理。于是,全国农村贫困人口越来越分散,致贫原因也更加复杂多样。这样,全国贫困治理上进入了以"少、散、难"为特征的时期。这要求在贫困治理时,对贫困对象的识别、扶贫措施的选择上更加具体,实施对策更需针对性。为此,中国政府在总结前期扶贫工作的成绩和存在的问题后,于2013年提出精准扶贫。精准扶贫是中国政府针对农村贫困人口分布"散"的特点和致贫原因多样性的情况,提出的一种在扶贫对象瞄准和扶贫措施上更加具体和有针对性的扶贫模式。所谓精准扶贫是"国家基于片区瞄准和贫困个体瞄准相结合的精准扶贫要求,逐步建构了专项扶贫、行业扶贫和社会扶贫'三位一体'的扶贫治理结构体系"。① 精准扶贫的基本内容是扶贫对象识别与扶贫资源的使用。"精准扶贫主要由两部分内容构成,即贫困人口识别和扶贫资源(资金、项目)瞄准。贫困人口识别主要是通过一系列扶贫工作机制、程序、工具等,将具体的贫困人口准确辨别出来,并通过建立扶贫信息网络系统对贫困人口进行动态管理。扶贫资源瞄准则是在贫困人口有效识别的基础上,以一定方式投入扶贫资源,推动目标区域经济发展和目标人群脱贫致富。"②当然,随着精准扶贫的发展,精准扶贫模式在理论构建和要求上更加具体和成熟,形成了完善的扶贫机制。

一、新时期扶贫战略的确定

2010年随着《中国农村扶贫开发纲要(2001—2010年)》的完成,国家根据新时期扶贫工作的需要,在2011年制定了《中国农村扶贫开发纲要(2011—2020年)》。2011年《纲要》是在对前期扶贫工作经验进行全面总结和根据新时期扶贫工作需要的基础上制定的。2011年《中国农村扶贫开发纲要(2011—2020年)》的制定指导原则,是在2020年全国各族人民同期建成小康社会。

《中国农村扶贫开发纲要(2011—2020年)》的最大特点是在目标和任务上十分明确。《纲要》确定的扶贫目标是让贫困户实现"两不愁、三保障,即不

---

① 黄承伟、覃志敏:《论精准扶贫与国家扶贫治理体系建构》,《中国延安干部学院学报》2015年第1期。

② 黄承伟、覃志敏:《论精准扶贫与国家扶贫治理体系建构》,《中国延安干部学院学报》2015年第1期。

愁吃、不愁穿,义务教育、基本医疗和住房安全有保障"。为了保证这一扶贫目标实现后,脱贫农户仍然获得持续发展,而提出当前扶贫任务要做到:建设基本农业和水利,建设特色支柱产业,解决饮用水安全,全面解决用电问题,建制村通沥青或水泥路,村村通班车,消除农村贫困户危房,基本普及学前教育,均衡义务教育,贫困地区县乡村三级医疗卫生网全面建成,贫困县有图书馆、文化馆,乡镇有综合文化站,行政村有文化活动室,新型救济体系全面建成,生态环境,特别是森林覆盖率提升 5 个百分点。这些指标涉及贫困地区生产生活条件、教育文化、医疗卫生、生态环境等方面,实质上是一种综合性贫困治理工程。

为了实现以上目标,国家在 2013 年提出以贫困户为对象实施精准扶贫。2015 年 12 月,中共中央和国务院在《关于打赢脱贫攻坚战的决定》中,确定"到2020 年,稳定实现农村贫困人口不愁吃、不愁穿,义务教育、基本医疗和住房安全有保障"的扶贫目标。由于这一扶贫目标是针对贫困人口,所以扶贫时必须把瞄准对象锁定在贫困家庭和贫困个体上,为此提出以贫困户为对象实施建档立卡管理。

当前,在扶贫工作上,中国政府确定了以贫困户、贫困村、贫困县、集中连片特困区为瞄准对象。贫困户瞄准是作为全面消除绝对贫困的基础工作。为此,国家针对贫困户在识别和管理上采用建档立卡,在扶贫机制上采用开发式扶贫和救济保障相结合。在区域扶贫上,主要把 14 个集中连片特困地区作为区域扶贫的主战场,同时针对片区贫困县、贫困村、贫困户和国家贫困县展开针对性扶贫工作。当前,中国扶贫工作中的 14 个集中连片特困地区由六盘山区、秦巴山区、武陵山区、乌蒙山区、滇桂黔石漠化区、滇西边境山区、大兴安岭南麓山区、燕山—太行山区、吕梁山区、大别山区、罗霄山区等 11 个片区,加上西藏、四省藏区、新疆南疆三个实施特殊扶持政策的地区构成。2011 年后,中国扶贫工作的主战场分别是 14 个集中连片特困区、680 个贫困县、12.6 万个贫困村及建档立卡贫困户。

二、精准扶贫的提出与形成

精准扶贫是相对于以集中连片区、贫困县和贫困村为中心的扶贫瞄准模式而言,把扶贫瞄准单元锁定在"贫困户"上的一种扶贫模式。这是中国政府自 20 世纪 80 年代以来扶贫进程的一种必然结果。随着中国扶贫工作的推进,国家对集中连片区、贫困县、贫困村三个层级的区域扶贫目标基本实现后,要全面消除农村贫困人口就需要更加精确地识别出农村贫困对象,以消除贫困人口的致贫原因。2013 年 11 月,习近平在湖南湘西考察扶贫工作时,指出扶贫工作要做到"实事求是、因地制宜、分类指导、精准扶贫",这是首次明确提出"精准扶贫"的概念。2014 年 1 月,中央办公厅对精准扶贫模式进行了全面的顶层设计,让精准扶贫走向具体和可操作,促使精准扶贫从思想转成具体扶贫机制。2014 年 3 月,习近平在参加全国人民代表大会代表团审议时,指出实施精准扶贫的核心是改进扶贫对象的瞄准机制,找出致贫原因,进行重点施策。2015 年 5 月,习近平在贵州省考察时,指出为了确保贫困人口到 2020 年如期脱贫,在制定"十三五"时期扶贫开发工作时要坚持科学指导,并强调扶贫成败"贵在精准,重在精准,成败之举在于精准"。2015 年 10 月 16 日,习近平在 2015 年减贫与发展高层论坛上,全面阐述了精准扶贫的内容。精准扶贫被写入了同年召开的中国共产党十八届五中全会决议,让精准扶贫成为国家"十三五"期间扶贫工作的基本模式。这样精准扶贫从理论、原则发展成为一种完整的扶贫模式。精准扶贫作为一种扶贫模式是建立在精准识别、精准脱贫方略的基础上,具有内源扶贫、科学扶贫、精神脱贫、教育脱贫、生态脱贫、社会保障兜底脱贫等特征。

精准扶贫模式具体由"六个精准""五个一批""四个切实"三个方面的内容构成。其中,"六个精准"是指扶贫工作中扶贫主体、扶贫对象、扶贫措施、扶贫评估等,即是"扶持谁""怎么扶"和"谁来扶"的问题,具体由扶贫对象识别精准、因村派人精准、措施到户精准、项目安排精准、资金使用的精准、脱贫成效精准构成。"五个一批"是针对不同致贫原因的贫困群体在扶贫措施上,实施发展生产脱贫、易地搬迁脱贫、生态补偿脱贫、发展教育脱贫和社会保障兜底脱贫五种机制。"四个切实"是精准扶贫的保障机制,具体由切实落实领导责任、切实做到精准扶贫、切实强化社会合力、切实强化基层组织构成。此外,精准扶贫模式强调在发展上以特色产业为主导,获得可续性发展途径;加大贫困对象区域的生态保护,获得发展的生态保障;加强建设基础设施,获得发展需要的前提条件;改革贫困地区的产业结构性问题,获得发展的内生动力等。从扶贫模式演进史看,精准扶贫是中国 30 年扶贫工作中各种经验的集大成者,是集开发式扶贫和救济式扶贫为一体的综合性扶贫模式。

　　精准扶贫的核心是解决扶贫对象的精准识别问题,为此创立以"建档立卡"为中心的贫困户识别和管理制度。通过"建档立卡"管理扶贫对象始于2005 年。当时国家对贫困农户实施"建档立卡"管理的目的是,希望通过对贫困户的准确识别,改善扶贫瞄准机制上一直存在的错评和漏评问题。2013 年随着精准扶贫模式的提出,"建档立卡"成为精准扶贫中六个精准之一和实施精准扶贫的前提条件。这样"建档立卡"成为对贫困农户的精准识别、帮扶、管理、考核等扶贫工作的基础。然而,国家为了实现对贫困户的建档立卡管理进行了大规模投入,让各地扶贫工作中的建档立卡得到落实,但由于当时政策力度不够,工作机制不完善,在实施中并没有获得深入推进。此外,建档立卡成为一种社会标签导致一系列扶贫资源的相应配套,让立卡户获得系列利益和标识功能,产生了很多复杂的社会影响。加上地方政府希望扶贫工作能如期获得显著成绩,于是,在建档立卡贫困户识别上越来越多地受到非贫困因素的影响。如湘西州花垣县十八洞村在评定贫困户时采用"九不评",具体是对在城镇购有商品房的不评,违反计生政策的不评,打牌赌博成性的不评,不务正业的不评,不赡养老人的不评,阻挠公益事业建设的不评,全家外出打工的不评,家里有拿工资的不评,拥有经营性加工厂的不评。[①] 这当中第二至第六种人中的贫困户往往是农村贫困户中最难扶贫和急需扶贫的对象,但出于经济扶贫效果的需要却被排除在外。这种识别策略上的变化让扶贫工作转变成一种简单的道德评价和标签识别,对扶贫工作的本质产生难以估计的影响。为此,在 2016 年国家针对建档立卡户识别中存在的问题进行了全国性复核,对错漏贫困户进行取消和增补。

　　"建档立卡"制度作为我国目前规模最大的贫困个体瞄准机制,是实施精准扶贫的基础和前提,出发点是全面掌握贫困人口的特征、致贫原因以及对扶贫效果进行动态监测。正如一些学者指出的,精准扶贫实施后,往往会加剧贫困群体的分化、污名化、负向激励等,对长期有效的消除贫困会产生难以估计的影响。当前,不同途径的经验研究证明建档立卡管理贫困户对贫困对象产

----

　　① 参见郑流云、佘路:《武陵山片区农村精准扶贫的问题与对策探析——以花垣县十八洞村为例》,《山西高等学校社会科学学报》2016 年第 8 期。

生了不同程度的污名化影响。此外,由于建档立卡户成为扶贫资源的汇集对象,导致很多非贫困群体通过各种途径获取此种身份,以窃取各种扶贫资源。从实践看,建档立卡管理贫困群体,不仅对外界资源缺失和不足的贫困群体产生心理上的标签化和污名化作用,如导致社会、社区对贫困者产生社会排斥,还对人格缺陷型贫困群体产生负向激励作用,如出现养"懒汉""懒人"获益等现象,对整个贫困治理产生不利影响。这些问题在近两年的精准扶贫工作中越来越明显,受到批判也越来越多。

2015 年后随着精准扶贫全面推行,学术界对精准扶贫实践开展了大量实证研究后,发现此种模式存在的问题很多,没有达到预期的"精准"。其中,更为重要的是精准扶贫预先想要解决其他扶贫模式中存在的对贫困对象识别错漏、扶贫措施不准、扶贫资源精英俘获等问题,在精准扶贫上同样存在。如邓维杰发现在精准扶贫模式中不管在贫困对象的识别上,还是在帮扶机制过程中都会产生对贫困户的排斥,进而影响精准扶贫实施的效果。① 汪三贵和郭子豪发现精准扶贫在实施过程中最大问题是贫困对象识别无法获得预期的"精准",②因为很多贫困识别指标在统计上存在十分不稳定的现象。左停等人指出精准扶贫机制推出的目的是纠正此前扶贫工作中存在的瞄准目标偏离和精英俘获问题,但在实践中由于规模控制所引起的规模排斥、乡村内部平均主义思想、农村劳动力转移和市场化背景下的扶贫开发时有效手段的不足、村庄间贫困户实际识别标准的差异等,导致精准扶贫最初设定的目标无法实现。③ 李鹍和叶兴建指出精准扶贫在农村扶贫工作中面临"层级式"纵向识别与"水平式"横向识别的矛盾、政府主导与社会参与的矛盾、政府管理与村民自治的矛盾、"输血式"短期扶贫与"造血式"常态效应的矛盾、脱贫退出与返贫再生的矛盾等五大困境,④让精准扶贫在贫困治理中的有效性产生重大挫折。这里指出了精准扶贫在实践中存在的真实问题。葛志军和邢成举通过对地方精准扶贫实践进行考察后发现精准扶贫存在贫困户参与不足、扶贫工作

---

① 参见邓维杰:《精准扶贫的难点、对策与路径选择》,《农村经济》2014 年第 6 期。

② 参见汪三贵、郭子豪:《论中国的精准扶贫》,《贵州社会科学》2015 年第 5 期。

③ 参见左停、杨雨鑫、钟玲:《精准扶贫:技术靶向、理论解析和现实挑战》,《贵州社会科学》2015 年第 8 期。

④ 参见刘解龙:《经济新常态中的精准扶贫理论与机制创新》,《湖南社会科学》2015 年第 4 期。

遭遇上访困扰、帮扶政策缺乏差异性和灵活性、扶贫资金的有限、驻村扶贫工作队效果较差等问题,造成这些问题的主要原因是农民的流动、精准扶贫的内在矛盾、自利性和信息缺乏、结构性贫困挑战、维稳工作优势、驻村扶贫干部的双重身份、扶贫资金筹集渠道单一等。[①] 王国勇和邢溦指出精准扶贫的目标难以实现是由于精准扶贫机制存在贫困对象识别不准、干部驻村帮扶机制不健全、产业化扶贫内生动力不足、扶贫资金整合困难、扶贫资源配置不均衡等造成。[②] 唐丽霞等认为精准扶贫在实践中面临的严峻挑战是因为存在贫困农户识别的政策和技术困境、乡村治理现状、贫困农户思想观念的变化以及扶贫政策本身的制度缺陷,这些让精准扶贫的政策目标实现出现障碍。[③] 以上不同视角的批评,让把精准扶贫作为一种扶贫模式以解决以往其他扶贫模式中所存在问题的有效性受到强烈的质疑。当然,从扶贫进程看,精准扶贫作为消除农村个体性贫困和贫困乡、贫困村的发展是有积极作用的。

---

① 参见葛志军、邢成举:《精准扶贫:内涵、实践困境及其原因阐释——基于宁夏银川两个村庄的调查》,《贵州社会科学》2015 年第 5 期。

② 参见王国勇、邢溦:《我国精准扶贫工作机制问题探析》,《农村经济》2015 年第 9 期。

③ 参见唐丽霞、罗江月、李小云:《精准扶贫机制实施的政策和实践困境》,《贵州社会科学》2015 年第 5 期。

第 三 章

按扶贫措施对扶贫对象作用途径分类

考察当今世界各国种类繁多的扶贫模式,基本分为开发式扶贫模式和救济式扶贫模式。这两种扶贫模式在扶贫过程中,对扶贫对象产生的效果存在本质的区别。从实践看,作为贫困治理中的两种基本模式,各国在贫困治理时都无法完全接受和拒绝其中任何一种。对救济式贫困模式在扶贫中的必要性,只要分析贫困成因后就会发现它的不可替代地位。这是由于当一个国家公开治理贫困问题时,就意味着要承担国民中因个体生理、智力、技能缺陷而陷于贫困的生存保障,如老、弱、孤、寡、残等。因为这些群体无法采用开发式扶贫解决其面临的贫困,要消除他们的贫困只能由国家采取救济保障。救济式扶贫模式是国家通过特定机制,把资金、物资等财物直接转移到需要帮扶的贫困地区、贫困户、贫困个体中,让他们获得外来物资支持后摆脱贫困的一种扶贫模式。20 世纪 80 年代中期,中国在扶贫模式分类上开始把救济式扶贫称为"输血式"扶贫,开发式扶贫称为"造血式"扶贫。两种扶贫模式的转折时间是 1986 年。一般认为在扶贫模式上,1986 年前主要是救济式扶贫,1986 年后主要是开发式扶贫。2011 年后,中国政府在农村扶贫上虽然仍然坚持开发式扶贫为主,但重新加强救济式扶贫,形成以开发式扶贫为主、救济式扶贫为辅的双轨制扶贫模式。2015 年后,这种以开发式扶贫为主、救济式扶贫为辅的双轨制扶贫模式更加明显,只是在开发式扶贫时更加聚焦贫困者技能获得的支持。本章重点分析开发式扶贫模式下的各种二级扶贫模式,因为开发式扶贫模式在具体实施中会采用不同的途径和手段,形成具有鲜明特征的二级扶贫模式。

第一节　开发式扶贫模式

开发式扶贫模式是指国家通过有规划、有目的发展帮扶,充分结合和利用贫困地区、贫困群体自身拥有的资源禀赋,促进贫困地区和贫困群体的自我积累和自我发展,最终让他们获得可持续的发展能力,依靠自身力量解决贫困的扶贫模式。对什么是开发式扶贫模式,学术界并没有统一的定义,如认为开发式扶贫模式是"选定特定的贫困群体或贫困区域为扶贫对象,提供他们发展能力生成和获得所缺少的资本、技术等生产要素,结合当地的自然、人文资源优势,依靠贫困者自身技术改变,通过发展当地的经济来提高生活水平和摆脱贫困"①。或者认为"开发式扶贫模式指的是扶贫主体通过投入一定的扶贫要素(资源)扶持贫困地区和农户改善生产和生活条件、发展生产、提高教育和文化科技水平,以促使贫困地区和农户生产自救,逐步走上脱贫致富道路的扶贫行为方式,也称'造血'式扶贫模式"②。从各种定义看,开发式扶贫模式的核心是强调把扶贫对象发展能力的获得作为工作中心。对开发式扶贫在贫困治理中的重要性和地位,学术界是有共识的,认为它"是中国特色扶贫开发道路的基本经验,也是帮助广大农村贫困群体脱贫致富的'金钥匙'"③。这是学术界对开发式扶贫模式作用的基本认识。开发式扶贫模式在结构上由决策、传递、接受、监控四个子系统构成。④

中国开发式扶贫根据瞄准的对象不同,分为针对区域、群体和个体三类。区域性开发式扶贫主要有集中连片特困区、贫困县、贫困村三种。一般认为集中使用开发式扶贫是 40 年内中国政府在扶贫工作中取得重大成就的保障。中国政府在 1980—2003 年间,中央用于专项扶贫资金由 1980 年的 10 亿元增加到 2000 年的 248 亿元,累计达 1680 亿元,其中财政资金 800 多亿元(以工

---

① 曹洪民:《中国农村开发式扶贫模式研究》,中国农业大学博士学位论文 2003 年。这是国内对开发式扶贫进行全面研究的代表性成果,详细分析了开发式扶贫的特点、运行机制等。

② 赵昌文、郭晓鸣:《贫困地区扶贫模式:比较与选择》,《中国农村观察》2000 年第 6 期。

③ 田宪臣:《开发式扶贫的难点与对策》,《黄河科技大学学报》2017 年第 3 期。

④ 参见曹洪民:《中国农村开发式扶贫模式研究》,中国农业大学博士学位论文 2003 年,第17 页。

代赈资金 390 亿元),信贷扶贫资金 880 亿元。① 这些资金成为中国政府实施开发式扶贫的保障。

1984 年中国政府在《关于帮助贫困地区尽快改变面貌的通知》中,提出了开发式扶贫的工作思路,1986 年中国政府正式从国家层面上推行开发式扶贫。此后,开发式扶贫一直是中国政府扶贫工作的中心,被写入各种国家扶贫规划、计划中,如 1994 年制定的《国家八七扶贫攻坚计划(1994—2000 年)》,1996 年发布的《中共中央、国务院关于尽快解决农村贫困人口温饱问题的决定》,2001 年颁布的《中国农村扶贫开发纲要(2001—2010 年)》,2011 年颁布的《中国农村扶贫开发纲要(2011—2020 年)》,2016 年制定的《"十三五"脱贫攻坚规划》等重要扶贫纲领、规划和文件中都有明确规定。其中,1996 年 10 月 23 日,在中国政府发布的《中共中央、国务院关于尽快解决农村贫困人口温饱问题的决定》中,开始把开发式扶贫适用到贫困户的扶贫中,而不像之前那样仅适用在区域扶贫中。② 2001 年 10 月 15 日,在国务院新闻办公室发布的《中国的农村扶贫开发》白皮书中,认为开发式模式"是中国政府农村扶贫政策的核心和基础"③。

中国开发式扶贫模式拥有五个特点:(1)积极倡导和鼓励贫困户依靠自身努力消除贫困,克服贫困农户中普遍存在的"等、靠、要"思想;(2)大力推行农田、水利、公路等基础设施建设为对象的以工代赈项目,让贫困农民获得增收的同时改善贫困地区发展的条件;(3)培育和支持贫困地区、贫困农户发展以市场为导向的特色种植业、养殖业以及相应的加工业项目,形成支持发展的特色产业;(4)积极给予贫困农户农业先进实用技术培训,让他们获得自我发展的技能;(5)加大贫困地区水土、环境、生态等保护和建设,保障贫困地区和贫困户的持续发展。④ 有学者认为中国开发式扶贫模式的特点是政府主导、社会参与、自力更生、开发扶贫和全面协调发展;⑤有学者认为中国开发式扶

---

① 数据来源于国务院新闻办公室的《中国的农村扶贫开发》白皮书(2001 年)。
② 参见段世江、石春玲:《中国农村反贫困战略评价与视角选择》,《河北大学学报(哲学社会科学版)》2004 年第 6 期。
③ 数据来源于国务院新闻办公室的《中国的农村扶贫开发》白皮书(2001 年)。
④ 参见龚冰:《论我国开发式扶贫的拓展与完善》,《经济与社会发展》2007 年第 11 期。
⑤ 参见刘俊文:《中国开发式扶贫为什么值得称道》,《红旗文稿》2005 年第 2 期。

贫模式特点是以经济增长为主,政府、社会和贫困群体多方参与,村级强化对贫困群体自我积累和发展能力的培育。① 有学者认为中国开发式扶贫在扶贫机制上发生了重要变化,把扶贫工作"从按贫困人口平均分配资金向按项目效益分配资金方面转变,从单纯依靠行政系统向主要依靠经济组织转变,从资金单向输入向资金、技术、物资、培训相结合输入和配套服务转变"。② 这样,开发式扶贫在实现这三种机制的功能下,成为让贫困者获得发展能力的支持机制而不是简单的贫困救济机制。

在实践中,实务界和学术界发现中国开发式扶贫模式存在不少问题,其中主要有发展投入产生的扶贫效益存在明显递减、扶贫资源大量出现精英俘获、贫困群体参与不足、扶贫资源流向针对性差等。当前,随着中国贫困面的减少,很多贫困地区和群体在致贫原因上特殊性越来越突出,这需要贫困治理更加具有针对性和持续性。此外,开发式扶贫中,扶贫对象参与度不高对开发式扶贫的效果产生严重的障碍。③ 面对当前开发式扶贫效果不佳,有学者认为主要是贫困群体技能不足、受教育程度低下,导致贫困群体获取和利用发展资源能力不足和无法有效参与扶贫等。④ 针对开发式扶贫中存在的问题,有两种途径可以改变这种现状:首先,从政府完全主导的开发式扶贫转向参与式开发扶贫;其次,采用综合性开发扶贫模式,即扶贫开发中注重经济增长的同时,加大对贫困者技能的培养和提升。针对开发式扶贫过程中贫困群体参与性不足的问题,2001 年后,中国政府积极推行参与式扶贫,解决扶贫对象在扶贫过程中参与机制缺失的问题。在学术界,有学者提出采用"预防性、救济性、发展性"三位一体的综合性扶贫模式。这种扶贫模式的目的,是实现贫困者在获得生存权的同时,又获得发展能力和发展权。其中,预防性扶贫是建立完善的社会救助、社会保险和社会福利保障机制;救济性扶贫是以多维社会性领域为主,经济开发式为辅,全方位、多层次扶持贫困群体;发展性扶贫是通过建立公平的教育制度、实施人力资源开发计划、增加社会参与等措施,减少社会排

---

① 参见董晓波:《农村反贫困战略转向研究》,《社会保障研究》2017 年第 1 卷。

② 夏建军、郭飞、王学军、安宴菲:《冀西北坝上地区文化创意产业发展与扶贫开发战略研究》,《湖南农机》2013 年第 11 期。

③ 参见田宪臣:《开发式扶贫的难点与对策》,《黄河科技大学学报》2017 年第 3 期。

④ 参见李小勇:《能力贫困视域下中国农村开发式扶贫的困境与超越》,《理论导刊》2013 年第 2 期。

斥导致的贫困现象。① 这样,综合性开发式扶贫模式在扶贫机制上就由单一转向多维,由被动转向主动,由封闭转向开放,让扶贫工作更加多层次,实现扶贫过程中对贫困群体能力支持上的多样化。这种综合开发式扶贫模式的核心是在贫困治理时,不再把贫困者经济收入的增加作为扶贫的中心,而是强调通过各种培育机制让贫困者获得生存能力、劳动技能和社会参与能力,实现贫困者的自我生存能力和发展能力的提高,最终消除贫困的根源。

中国开发式扶贫模式可以细分成种类繁多的二级扶贫模式。本章根据开发式扶贫的主要途径和手段,进一步分为产业扶贫模式、教育扶贫模式、金融信贷扶贫模式、财税优惠扶贫模式、农村环境修复和保护扶贫模式、易地扶贫搬迁模式、旅游扶贫开发模式等,并对这些二级开发式扶贫模式进行深入考察,揭示当前中国开发式扶贫模式的内容和特点。

一、产业扶贫模式

产业扶贫模式是开发式扶贫中可持续性最强的扶贫模式,在整个开发扶贫中起到十分重要的作用,或者说不可或缺的作用。中国在实施开发式扶贫过程中发现产业扶贫是整个扶贫工作中最有效的机制。为此,扶贫管理部门较早就把产业扶贫作为国家扶贫中的重要模式进行推广。2015年,中国共产党在十八届五中全会中确定基本脱贫路径时,"产业扶贫脱贫一批"成为基本扶贫模式。2016年4月,习近平在安徽金寨考察时指出"要脱贫也要致富,产业扶贫至关重要,产业要适应发展需要,因地制宜、创新完善"。这些说明产业扶贫在中国扶贫中的重要地位是得到最高决策者的承认的。产业扶贫在贫困治理中的重要性,学术界和实务界都有共识,认为产业扶贫是脱贫之基、致富之源,没有产业支持的脱贫,是很难让贫困者实现脱贫和持续发展的。中共在十九大报告中确立"做到脱真贫、真脱贫"是当前扶贫工作的基本要求。于是,考察全国存在扶贫的地区,寻找产业、发展产业成为所有参与扶贫工作人的首要工作,特别是那些承担定点扶贫对象的扶贫参与者。产业扶贫模式是一种参与、分享的扶贫模式,要产生效果,必须让贫困者参与到产业培育和发展过程中,让贫困者成为产业发展的主体。

① 参见董晓波:《农村反贫困战略转向研究》,《社会保障研究》2017年第1卷。

学术界对"产业扶贫"研究主要集中在 2010 年以后,此前虽然有相关研究,但数量很少,特别是近三年才成为热点。从中国知网上看,以"产业扶贫"为题的论文发表数 2013 年有 35 篇,2014 年有 75 篇,2015 年有 97 篇,2016 年达 364 篇,2017 年 1—9 月就达 622 篇。有学者通过定量分析,认为当前产业扶贫研究主要集中在"产业扶贫的发展历程、内涵与理论基础、模式与机制、现实困境与对策,以及经济效应"[①]等五方面。从大量研究产业扶贫的论文看,绝大多数是对某一地区、某一领域内取得的产业扶贫成绩进行报道,很少对产业扶贫中存在的问题进行深入分析。

（一）产业扶贫形成与特点

产业扶贫模式是通过外在力量的输入,在贫困地区或贫困群体中培育出一种可持续的产业,通过产业发展让贫困者获得可持续发展机会的一种扶贫模式。产业扶贫模式是中国扶贫过程中,形成的一种最具活力的扶贫模式。进入 21 世纪后,中国政府在扶贫上开始强化以因地制宜发展区域特色产业为主要途径,推动贫困地区经济发展,实现脱贫目标的扶贫工作机制。2001 年在《中国农村扶贫开发纲要（2001—2010 年）》中正式提出"产业扶贫模式"。对产业扶贫有学者作出了定义,即"以市场为导向,以龙头企业为依托,利用贫困地区所拥有的资源优势,逐步形成'贸工农一体化、产加销一条龙'的产业化经营体系,持续稳定地带动贫困农民脱贫增收"[②]。此后,中国扶贫工作中产业扶贫成为国家扶贫的重要手段。

对产业扶贫在中国扶贫事业中的演变,有学者做过详细考证,[③]认为产业扶贫模式最早提出是在 1997 年《国家扶贫资金管理办法》中规定的"实施扶贫项目应当以有助于直接提高贫困户收入的产业作为主要内容"。2001 年在《中国农村扶贫开发纲要（2001—2010 年）》中正式提出"产业扶贫"的同时,还列举了"形成有特色的区域性主导产业""积极发展'公司加农户'和订单农业""引导和鼓励具有市场开拓能力的大中型农产品加工企业""加强贫困地

[①]　王春萍等:《21 世纪以来中国产业扶贫研究脉络与主题谱系》,《中国人口·资源与环境》2017 年第 6 期。

[②]　张咏梅:《我国农村扶贫模式及发展趋势分析》,《濮阳职业技术学院学报》2010 年第 1 期。

[③]　参见孙久文、唐泽地:《中国产业扶贫模式演变及其对"一带一路"国家的借鉴意义》,《西北师范大学学报》2017 年第 6 期。

区农产品批发市场建设"等措施作为开展产业扶贫的途径。2011 年在《中国农村扶贫开发纲要(2011—2020 年)》中,明确"构建特色支柱产业体系"的任务,并指出通过"培植壮大特色支柱产业,大力推进旅游扶贫""通过扶贫龙头企业、农民专业合作社和互助资金组织,带动和帮助贫困农户"等实现产业扶贫目标。2012 年在《关于集中连片特殊困难地区产业扶贫规划编制工作的指导意见》中,对产业扶贫在整个扶贫工作中的具体操作作出了详细规定,要求"相关地区编制产业扶贫规划",扶贫资金使用时"每个片区县 70%以上财政专项扶贫资金要集中用于产业发展"。这里要求把扶贫资金重点投向培育和支持产业发展。2014 年在《关于创新机制扎实推进农村扶贫开发工作的意见》中,提出"改善对农业产业化龙头企业、家庭农场、农民合作社、农村残疾人扶贫基地等经营组织的金融服务"。2015 年在《中共中央国务院关于打赢脱贫攻坚战的决定》中,对产业扶贫提出详细规划,"实施贫困村'一村一品'"的产业扶贫战略,为此要求"完善资源开发收益分配政策"和"设立贫困地区产业投资基金"来保障实施。2016 年在《中华人民共和国国民经济和社会发展第十三个五年规划纲要》中,列举出以"'互联网+'产业扶贫","电商扶贫、光伏扶贫、乡村旅游扶贫工程"等作为产业扶贫的机制。2016 年在《贫困地区发展特色产业促进精准脱贫指导意见》中,对产业扶贫在扶贫工作中的指标作出明确规定,要求力争到 2020 年,"贫困户掌握 1—2 项实用技术","建立产业扶贫县域考核指标体系"。这里在扶贫工作考核指标中明确增加了产业扶贫项目落实的指标,以保障产业扶贫在扶贫工作中的落实。2016 年在《"十三五"脱贫攻坚规划》中,对产业扶贫工作机制进一步明确,规定以"农林产业扶贫""旅游扶贫""电商扶贫""资产收益扶贫""科技扶贫"等作为扶贫机制,其中实施"农林种养产业扶贫工程""农村一二三产业融合发展试点示范工程""贫困地区培训工程"三个工程落实产业扶贫。"农林种养产业扶贫工程"要求对每个贫困村选择并培育一种特色产业,通称为"一村一品"产业发展战略;"农村一二三产业融合发展试点示范工程"是通过支持建成新型经济组织、经营主体、企业、合作社开展农业生产、加工、销售为一体的新型农业综合体,让产业发展有新型主体;"贫困地区培训工程"是通过培育和培训新型产业发展管理人、带头人、生产技术人员,提供贫困地区产业发展所需要的人才。此外,国家相关部门还制定了不少支持产业发展的规划、政策,如《全国林业扶贫攻坚规划(2013—2020 年)》对发展特色农牧业作出规定;《农业行业扶贫开发规划(2011—2020 年)》《特色产业增收工作实施方案》《全国优势特色经济林发展布局规划(2013—2020 年)》等对 14 个集中连片特困地区特色农林牧业布局和发展重点进行规划;在《特色农产品区域布局规划(2013—2020 年)》中,把贫困地区 96 个特色品种纳入产业发展和培育的对象,加大投入,实现特色产业发展。

从上面这些相关产业发展规划中可以看出,产业扶贫在党和国家的扶贫工作中地位得到不断加强,政府为实现产业扶贫纷纷出台各种政策和措施,同时对产业扶贫实施制定出很多措施、路径,使产业扶贫机制越来越明确、具体、多样。这些努力让中国产业扶贫获得长足发展,成为当前扶贫攻坚中的重要模式。

对产业扶贫具体运行模式,学术界有过很多总结,同时在全国各地扶贫实践中也形成各种各样的机制,如政府+龙头企业+合作社+贫困农户多方参与模式、资源产业扶贫模式、金融精准扶贫模式、特色旅游产业扶贫模式、跨区域联合体发展模式、互联网复合治理模式、移民搬迁进城进园模式等。[1] 此外,有学者在总结产业培养和发展措施后得出产业扶贫模式在形成上分为产业结构优化模式、新型产业培育模式、产业整体转型模式、特色产业带动模式等四种。[2] 这些实践和总结让中国产业扶贫有了丰富的内容和模式。

产业扶贫产生作用的关键是培育起来的主导产业要能够对贫困群体和地区产生扶贫功能。分析产业扶贫中培育形成的主导产业要产生扶贫功能需要有两个条件:"首先,贫困地区培育起来的主导产业必须有地区特色、市场竞争力、可持续发展的功能;其次,培育起来的产业必须能把贫困人口连接到产业链上,让他们成为主导产业的参与者和受益者"[3]。从实践看,产业扶贫最难的是让贫困群体镶嵌到扶贫形成的主导产业中,在产业发展时获得收益,脱贫致富。为解决贫困户镶嵌到扶贫产业中的问题,全国各地形成了种类繁多

---

[1] 参见王春萍等:《21 世纪以来中国产业扶贫研究脉络与主题谱系》,《中国人口·资源与环境》2017 年第 6 期。

[2] 参见李永东:《产业扶贫与环境扶贫:内涵、模式比较及公共政策》,《宁夏社会科学》2017 年第 4 期。

[3] 张咏梅、周巧玲:《我国农村扶贫模式及发展趋势分析》,《濮阳职业技术学院学报》2010 年第 1 期。

的镶嵌模式,如"公司+合作组织+农户"模式、"公司+农户"模式、"扶贫项目+合作社+贫困农户"模式、"公司+基地+农户"模式、"企业+合作社+基地+农户"模式、"政府引导+合作社带动+农户参与"模式、"村委会+合作社+基地+农户"模式、"政府主抓+企业或合作社或能人带动+贫困农户参与"模式、"政府+龙头企业+金融+合作社+农场主+贫困户"模式、"公司+合作社+金融机构+农户"模式、"政府扶持+能人带动+农户参与"模式、"地理标志+龙头企业+农户(农民专业合作组织)"模式、"协会+地理标志+企业+农户(农民专业合作组织)"模式等几十种。从这些种类繁多的扶贫产业镶嵌样式中,可以看出要解决的是:首先,让扶贫产业实现企业化、规模化,因为只有这样,才能让培育出来的扶贫产业实现效益外溢,促进地方经济发展;其次,设置制度化镶嵌机制,把贫困农户镶入培育起来的产业链中,分享产业发展带来的效益,获得发展增收,实现脱贫。

当前,中国产业扶贫模式在运行中,形成了龙头企业带动机制、合作社或产业大户(种养大户)带动机制、新型电子交易平台机制三种较有影响的产业发展机制。三者分别解决了农村产业发展中组织规模化生产、实施产品深加工和市场销售拓展的三个难题。当然,从当前扶贫产业发展看,越来越多的是把合作社或产业大户带动机制和龙头企业带动机制有机结合形成新型产业扶贫模式,目的是通过合作社对农户生产进行相对约束,实现规模化生产的需要;通过企业化运行获得产业发展的竞争力;通过个体农户自我约束保证产业发展的动力。最终,在贫困地区产业发展上形成一种兼顾约束和自治的双重性质的产业发展机制。[①] 为了解决农业产业发展中市场主体的形成问题,农业部在全国 100 个国家贫困县中开展以种养大户、家庭农场、农民合作社、农业企业等新型农业经营主体培育为目的的样本工程。同时,一些贫困人口集中的省份,为了解决培育农业龙头企业、农民合作社等新型农业主体的发展资金问题,专门设立脱贫攻坚产业扶贫子基金,如贵州省计划筹集 1200 亿元设立脱贫攻坚产业扶贫子基金,重点对贫困地区的农业龙头企业、农民合作社、农业专业培训机构进行投资支持。

[①] 参见杨振强:《精准扶贫视域下西部贫困地区农业产业发展模式研究》,《学术论坛》2017 年第 3 期。

　　产业扶贫龙头企业带动制度是国家通过培育和认证参与产业扶贫的龙头企业,给予龙头企业一定的资助、补贴、优惠,让它们带动贫困地区产业发展,促进贫困户发展产业经济,增加收入,实现脱贫。龙头企业带动机制是国家通过认定特定企业为扶贫龙头企业,让它们把自己的产业链延伸到扶贫地区和贫困户中,培育形成扶贫地区的新产业,实现扶贫目标。这是因为产业扶贫要产生作用必须让培育形成的产业达到一定规模才有竞争力。为此,2004年,国务院扶贫办制定了《关于申报国家扶贫龙头企业的通知》,对认定参与扶贫的龙头企业资格条件、认证程序、认证后管理、给予的特别优惠等进行了详细规定。在《关于申报国家扶贫龙头企业的通知》中规定"扶贫龙头企业"是指以农产品加工或流通为主业,或以贫困地区劳动力为就业主体的企业。国务院扶贫办公室承担对全国扶贫龙头企业的认证及认证后的管理、考核等工作。在管理上,国务院扶贫办公室对认证扶贫龙头企业实行动态管理,每两年考核评估一次。对获得认证的扶贫龙头企业给予各种政策支持、优惠、奖励等。在奖励上,龙头企业获得各种产品认证资格时,根据级别给予资金奖励,具体是获得省级名牌产品、国家名牌产品和国家驰名商标时给予5万、10万、20万元奖励;在税收优惠上,认证的扶贫龙头企业给予3年及以上的减免税优惠;在土地使用优惠上,龙头企业需要土地时给予优先安排、优先审批等。2004年、2008年国务院扶贫办组织全国申报了两批国家级扶贫龙头企业,最终认证了724家国家级扶贫龙头企业。龙头企业参与扶贫的工作机制是龙头企业把自己的产业延伸到扶贫地区和贫困农户中,让企业在运营自己业务时带动贫困户的产业发展,获得增收,实现脱贫。在实践中,龙头企业参与扶贫的机制很多,主要有"龙头企业+贫困户"模式、"龙头企业+基地+贫困户"模式、"地理标志+特产之乡+驰名商标+龙头企业+专业协会+贫困户"模式、"龙头企业+合作社+贫困户"模式、"龙头企业+基地+贫困户"模式等。根据相关部门统计,2016年年底,全国22个有扶贫任务的省份中,培育形成的农业龙头企业有8.8万家,其中省级以上的龙头企业有1.2万家。[1] 这些扶贫龙头企业成为全国产业扶贫的骨干,为贫困地区产业扶贫提供重要保障。

---

　　[1] 参见《我国扶贫成就显著 贫困农民腰包鼓起来》,http://www.china.com.cn/news/txt/2017-10/16/content_41739286.htm,发布时间:2017年10月16日 14:00:12,中国网,访问时间:2018年4月23日。

合作社或产业大户带动机制是在扶贫主体支持和帮助下,在扶贫对象中建立产业发展所需要的合作社或产业大户,让它们形成产业发展的动力源,促进扶贫地区产业的形成。这种产业发展机制可以分为"专业合作社+贫困户"模式、"产业大户+贫困户"模式、"合作社/农场+基地+贫困户"模式、"企业+合作社+基地+农户"模式、"政府引导+合作社带动+农户参与"模式、"村委会+合作社+基地+农户"模式、"扶贫项目+合作社+贫困农户"模式。根据统计,2016年年底,全国758个贫困县(不含西藏)中成立了44.2万家农民合作社,嵌入农户达1500多万户,成为当前贫困县产业发展中的新型产业主体。①

新型电子交易平台机制是通过在贫困地区建立新型商品交易电子平台,拓展扶贫对象产业发展中的商品销售渠道,扩大市场,让扶贫对象的产业发展有动力,实现经济增收,进而脱贫。严重阻碍中国农村产业扶贫中的产业发展因素就是产品销售市场不足,这是造成扶贫产业发展生产过剩或培育失败的基本原因。为此,随着中国电子商务平台的快速发展,建立电子商务平台成为扩展销售市场最有效的途径。于是,建立新型农产品电子商务平台成为首选。当前,新型电子商务平台主要有"互联网+""特色旅游+"等形式。但由于贫困地区多处偏远地区,交通不便,很多通过电子商务平台达到的信息让高成本的运输所抵消,在实践中对贫困地区产业发展的作用并没有获得预期的效果。

对产业扶贫在贫困治理中存在的问题,学术界通过大量定量和定性分析,认为主要有五个方面,即扶贫模式存在问题,扶贫对象存在问题,扶贫项目存在问题,扶贫实施过程存在问题,扶贫工具或手段存在问题。② 每个问题下面又存在若干个子问题。从理论上看,扶贫产业一旦培育成功,就会产生显性的效益。于是,产业扶贫成为扶贫主体的优选。但在实践中,产业扶贫一直存在扶贫主体只重产业培育的前端,轻视产品加工和销售的严重问题,这让产业扶贫的效果受到明显制约。在产业扶贫中存在的核心问题是产业要产生效益必

① 参见《我国扶贫成就显著　贫困农民腰包鼓起来》,http://www.china.com.cn/news/txt/2017-10/16/content_41739286.htm,发布时间:2017年10月16日14:00:12,中国网,访问时间:2018年4月23日。

② 参见王春萍等:《21世纪以来中国产业扶贫研究脉络与主题谱系》,《中国人口·资源与环境》2017年第6期。

须达到一定规模,而农户在生产上的分散性又无法保证这种规模效益的形成。此外,产业要发展所需要的是市场中的"强者",而贫困户在市场中又往往是"弱者"。于是,扶贫主体为了让扶贫产业能够形成并壮大,只好把扶贫资源投向"强者",进而导致扶贫资源配置上让"强者"受益,"弱者"无法受益,失去扶贫目的的问题。现在为了解决产业扶贫中规模效益和农户个体性间的冲突问题,一般是在两者之间增设"合作社""基地"等中介,同时增加政府在产业扶贫中的作用,而增加这些中间环节又会让产业形成的效益溢出受到削弱,减少贫困户在产业发展中的受益程度。为了全面反映当前扶贫工作中产业扶贫的具体运行机制,本书以全国高校的产业扶贫作为个案,对当前中国产业扶贫进行分析,揭示产业扶贫的全貌。

(二)中国产业扶贫的运行现状

全国高校作为社会扶贫力量中最大群体,有两千多所高校参与了全国定点扶贫,承担着县、乡、村三级不同扶贫对象的扶贫工作。高校在定点扶贫时,同样也把产业扶贫作为自己的首选。虽然,高校在产业扶贫上没有行政机关那种公权力的优势,但也有着其他扶贫机构所没有的技术和人才资源优势,这让高校产业扶贫体现出自己的风格和特点。从研究成果看,针对高校在产业扶贫上取得的成绩和存在的问题进行专题研究的还没有。这里以教育部学校规划建设发展中心编的《高校定点扶贫典型案例集(2012—2015年)》收集的全国200所不同层次的高校在参与精准扶贫时,涉及的产业扶贫资料及结合我们在对当前不同高校参与精准扶贫的调查资料的基础上开展讨论。高校在产业扶贫时的优势是拥有专业技术人员和科技资源,不足是缺少资金和市场渠道。从广义上看,200所参与扶贫的高校都不同程度地存在着产业扶贫,但本节重点选取61所具有代表性、典型性的高校作为分析对象。

1.高校扶贫中的产业扶贫现状

这里分析的200所参与扶贫高校包括有教育部直属重点大学、地方本科院校、地方专科院校、职业教育学校等不同类型。在分析61所高校产业扶贫时主要对它们选择的产业依据、措施、效果等进行分析,进而发现当前产业扶贫中存在的问题。

(1)高校产业扶贫在产业选择上的依据

针对扶贫对象拥有的资源和脱贫的需要,选择适当的产业进行培育和支持,进而形成扶贫产业,是整个产业扶贫的核心。当前,高校扶贫主体在对扶贫对象进行扶贫时,如何选择产业成为关键。通过对61所高校在选择具体产业的依据进行分析后,会发现产业选择依据有扶贫地资源优势型、扶贫学校技术优势型和扶贫需要产业发展型三种。扶贫地资源优势型是指扶贫对象自身拥有某种产业资源和基础,只是由于缺少技术、资金、市场等支持,无法发展成为支持当地经济发展的产业。如某地拥有某种水果种植产业,或者是某地有某种特色养殖产业等。扶贫学校技术优势型主要集中在专业性高校和一流的综合性大学,它们拥有某些方面的技术和人才优势,能够培养起一个新的产业。如农业大学、中医药大学等,它们对某种产品进行长期研究,很容易把自己的学校技术优势转化成产业发展的基础,培育出某种特色产业。扶贫需要产业发展型是指扶贫主体和扶贫对象两者都没有相应优势,选择发展某种产业是因为扶贫需要产业。于是,扶贫学校通过资金投入,以培养某产业。从我们考察的61所高校中,在三种扶贫选择依据上,扶贫地资源优势型的有26所,占42.62%,其中完全因为扶贫地资源优势的有12所,占19.67%;学校技术优势型的有24所,占39.34%,其中完全是因为学校技术优势仅有7所,占11.47%;因扶贫需要产业型的有24所,占39.34%;产业选择依据是扶贫地资源优势和扶贫学校技术优势两个因素的共有14所,占22.95%。从笔者对三种选择依据下的产业扶贫发展成效看,效果最好的是扶贫地资源优势与扶贫学校技术优势相结合的,最差的是因为扶贫需要而发展产业的。从实践看,学校技术优势型好像比扶贫地资源优势型更易产生成效。如某高校在扶贫地进行人工菌产业培育时,虽然当地此前并没有相关产业基础,但通过扶贫学校技术和人才支持,仍然获得成功。

(2)高校产业扶贫中的产业种类

高校在具体选择产业时,由于扶贫对象基本是农村,而且多是偏远、高寒、交通不便的山区。产业基本是"一类是以传统的农林种养殖为基础的产业扶贫,另外是以自然资源与人文资源为基础的旅游产业扶贫"①。这样,在产业扶贫种类上基本是种植业、养殖业和旅游业。从分析高校在产业扶贫时选择的

---

① 莫光辉:《精准扶贫视域下的产业扶贫实践与路径优化》,《云南大学学报》2017年第1期。

产业上看,也是以种植业和养殖业为首选,其次是对两者的加工业,最后是旅游业等其他产业。在61所高校中,选择种植业的共有50所,占高校的81.96%;其次是养殖业,共有32所,占52.45%。同时,选择种植业和养殖业的共有27所,占44.26%;仅选择种植业的有22所,占36.06%;仅选择养殖业的有8所,占20%;选择加工业的有20所,占32.79%。此外,选择纺织业的有1所,建立工业园区的有3所,发展旅游业的有3所。从分析看,选择产业的成功与否,与产业种类自身没有必然联系,主要取决于扶贫主体支持上的有效性。

(3)高校产业扶贫中的产业形成机制

分析高校实施产业扶贫让扶贫地形成某种有效甚至是支柱产业时,在形成机制上有三种基本形式,即技术提供和提升型、全新培育型和资源补充型。

第一,技术提供和提升型。此种类型主要是扶贫地已经拥有某种产业,但因为缺少特定资源或技术,让这种产业优势无法发挥,或产生应有的经济效果。而参与扶贫高校正拥有扶贫地产业发展需要的技术。这方面的不足主要有缺少产品销售市场;没有相关技术支持,导致产品老化;缺少深加工技术和平台,导致产品处在低端。针对以上三个产业发展中的问题,扶贫高校若找准对象,选择有效支持,是很易成功的。如华南理工大学在定点扶贫云南省临沧市云县时,学校的轻工与食品学院拥有对食品深加工方面的技术优势,而云县的骨干企业茅粮集团长期从事饮料等加工。加之,云县木瓜种植已经拥有很好的基础,但茅粮集团在加工方面还存在一些技术上的问题。于是,华南理工大学与茅粮集团共同开发白花木瓜种植和深加工技术合作,如开展"白花木瓜资源开发基础研究""木瓜醋及膳食纤维饮料开发"等联合研发项目,让当地木瓜种植业和加工有技术支持,促进产业发展。[1] 西南林业大学在定点扶贫云南省大关县时,由于大关县拥有丰富的筇竹资源,只是没有得到充分发展,而西南林业大学有教师长期研究此植物。于是,通过西南林业大学的技术支持,让大关县筇竹种植得到发展,最终让筇竹种植和加工成为大关县的重要产业。[2] 海南大学定点扶贫海南省昌江县时,虽然昌江县是全省芒果种植大

---

[1]　参见教育部学校规划建设发展中心编:《高校定点扶贫典型案例集》,云南人民出版社2017年版,第287页。

[2]　参见教育部学校规划建设发展中心编:《高校定点扶贫典型案例集》,云南人民出版社2017年版,第604页。

县,但存在品种老化、管理水平落后、采后贮藏技术低等问题。学校通过自己的科研力量,重点发展引进和培植新品种,减少和防止病虫害,增加防腐保鲜方面的技术支持,让芒果产业获得新的发展空间。如在防腐保鲜上,海南大学与中国科学院植物研究所、国家农产品保鲜工程中心(天津)合作开发了1—MCP(呼吸跃变型果实乙烯产生抑制剂),结合自己研发成功的气调包装保鲜技术,让芒果在采后延缓成熟与衰老上获得技术突破,让芒果保鲜期可达25—35天。①

第二,全新培育型。此种类型是扶贫地本身没有产业,甚至是没有发展某种产业的优势资源,但扶贫学校拥有特定的技术和市场,通过对扶贫地输送产业后,培育形成新产业。这方面较典型的是综合性大学、专业性强的大学,如以前985大学,农林、中医药大学等,由于它们拥有相当强的技术和市场,在选择发展某种产业后,会对培育的产业进行全方位技术支持,让扶贫地形成新产业。如陕西师范大学在定点扶贫云南省景谷县时,由于学校拥有"西北濒危药材资源开发国家工程实验室"技术优势,所派扶贫干部本身是研究珍稀药材种植的。到扶贫地后,结合当地环境特点,决定发展濒危名贵药材的规范化栽培和野生抚育及相关产业开发作为产业发展的途径。通过技术攻关,在国内首次实现白芨种子大规模繁育优质种苗相关专利技术,解决了白芨人工栽培的瓶颈问题。于是,在扶贫地组织当地药材企业和农民专业合作社建立白芨育苗基地100亩。此外,还种植了林下仿野生黄精2000余亩,种植白芨、重楼、铁皮石斛1000余亩,让中药种植产业规模效益达到4亿—6亿元。这样,通过技术输送培育出景谷县新的濒危名贵药材种植产业。

第三,资源补充型。扶贫对象拥有某种资源优势,但扶贫主体没有相关技术优势,产业扶贫时扶贫主体通过自己的其他资源优势,提供扶贫对象发展产业中需要的技术,进而培养起产业。如湖南工程学院在定点扶贫湖南新晃县太阳山村时,发现该村食用菌种植虽然已经有很多年,但因为缺乏技术、资金支持,无法得到有效发展。此外,新晃黄牛虽然属于湘西黄牛优良品种,但也因为技术和资金问题,没有获得发展。于是,学校通过联系和寻找省上其他技

---

① 参见教育部学校规划建设发展中心编:《高校定点扶贫典型案例集》,云南人民出版社2017年版,第326页。

术力量,给予扶贫对象相应的技术支持,让两个产业得到提升,最终成为扶贫产业。①

(4)高校产业扶贫的产业培育手段

高校在定点扶贫时,针对选定的产业,主要从五个方面进行培育,具体是提供技术支持,拓展和提供新的销售渠道,提供产品加工设备和技术,提供企业和扶贫对象联合的桥梁,开拓扶持农产品的销售市场。

第一,提供技术支持。扶贫高校针对定点扶贫地原有产业在发展中遇到的问题提供相关技术支持,让扶贫地原有产业获得"质"的发展。这是产业扶贫中最常用的培育手段。上海交通大学在定点扶贫云南大理时,派到扶贫点的干部正好是研究葡萄种植和培育方面专家,而大理州宾川县又是葡萄种植大县,通过扶贫干部提供的技术支持,解决了当地葡萄种植中急需解决的技术问题,让当地葡萄种植得到质的提升。华中农业大学在定点扶贫湖北省建始县时,针对建始县原有种植业中的特色产业种类,选取重点支持培育魔芋、甜柿、猕猴桃、景阳鸡、冷水鱼、高山蔬菜、茶叶、枸杞、农产品加工等9个产业。围绕选定的产业,开展了11个产业专项技术攻关。如通过实施"建始县茶叶(乌龙茶)技术体系的构建与示范"产业培育项目,让茶树成活率提高了25个百分点,从原先70%提高到95%;通过实施"景阳鸡保种群的建立、遗传多样性评估及其特色基因的挖掘"产业培育项目,极大提高了建始景阳鸡成活率,从实施前不足50%提高到现在的95%以上;通过实施"建始县现代甜柿产业关键技术研究与试验示范"产业培育项目,开发出控制生理落果、简化修剪、施肥、病虫害防控、肥料管理、果实长期保脆和甜柿栽培等一系列技术体系,快速扩大了甜柿的种植面积;通过实施"湖北省猕猴桃溃疡病发生调查及防治技术研究与示范推广""建始县猕猴桃果酒酿造关键技术研究与示范"产业培育项目等,对猕猴桃溃疡病进行了较好控制,同时开发成功对猕猴桃果酒、果汁饮料等深加工技术,提高加工产业的发展;通过实施"建始县富硒冷水鱼生态养殖研究"产业培育项目,引进了新种苗,改善了养殖环境和养殖技术;通过实施"魔芋高吸水性纤维及

① 参见教育部学校规划建设发展中心编:《高校定点扶贫典型案例集》,云南人民出版社2017年版,第517页。

应用"产业培育项目,对魔芋软腐病防控、新品种选育和推广、魔芋低硫烘烤技术研发、魔芋酸奶研制、魔芋飞粉综合利用等方面取得突破。① 这一系列产业培育项目的实施,通过学校的科技力量的支持,让扶贫对象在产业发展上获得技术提升和突破,促进了扶贫产业发展。西南科技大学在定点扶贫四川省松潘县时,针对当地传统产业中雪山梨的品种老化、藏香猪养殖时技术落后等制约发展问题,学校通过提供相应技术攻关,对松潘县雪山梨树新品种进行选育,形成新品种;对藏香猪养殖科学管理,提高养殖中的技术含量,让藏香猪养殖获得新发展。针对松潘高原气候特点,发展种植夏秋季草莓,形成草莓栽种上的反季节产品。这些让扶贫对象的传统产业和新产业在技术支持下获得发展,形成新的支柱产业。②

第二,拓展和提供新的销售渠道,实现销售上的扩展。很多贫困地区种植业和养殖业发展不是缺少潜力,而是产品销售市场不足,导致产业无法扩大。在研究中,我们发现,在很多贫困地区产业发展时,在种植和养殖环节上,只要有足够的利润,农民都会积极学习技术,扩张产业规模,但对市场的开拓和预测则是农民无法控制的。于是,高校在产业扶贫时,通过各种途径让扶贫对象的某些农产品能够有更好的销售市场成为重要扶贫手段。对此问题的解决,扶贫高校主要采用"互联网+",即通过建立电子商务交易平台,扩大产品的销售渠道。清华大学在定点扶贫云南省南涧县时,就通过学校校友会力量,把南涧特色农产品"红云核桃"和"凤凰沱茶"引入上海和东北市场。③ 南开大学在定点扶贫甘肃省庄浪县时,针对当地苹果种植中的销售问题,通过"苹果产业+果农大户+农村电商+大学生创业团队",建立庄浪苹果宣传网站及苹果产业综合服务平台来开拓市场。④ 天津大学在定点扶贫宕昌县时,为解决特色农产品销售问题,通过开通"大寨白龙湾土特产"微店、网店,利用微博、微信公众

① 参见教育部学校规划建设发展中心编:《高校定点扶贫典型案例集》,云南人民出版社2017年版,第232页。

② 参见教育部学校规划建设发展中心编:《高校定点扶贫典型案例集》,云南人民出版社2017年版,第564页。

③ 参见教育部学校规划建设发展中心编:《高校定点扶贫典型案例集》,云南人民出版社2017年版,第7页。

④ 参见教育部学校规划建设发展中心编:《高校定点扶贫典型案例集》,云南人民出版社2017年版,第70页。

号等新媒体平台宣传宕昌县的特色产品。① 复旦大学在定点扶贫永平县时,学校校友会每年通过校友网、校友会微博和微信公众号、校友朋友圈向海内外校友宣传推介永平核桃等特色农产品,以拓展永平县特色农产品的销售市场。② 东华大学定点扶贫云南省盐津县时,根据盐津县特色农产品销售的需求,学校让专业教育和科创团队针对盐津县开发出可视化系统、"云盐津"网上商城等平台,以扩大产品的销售市场。③ 吉林财经大学在定点扶贫汪清县鸡冠村时,针对该村出产的特色农产品依托批发商流入市场时收益率较低问题,④学校通过技术支持,成立独立营销网络,采取实体店和网店结合,开展"线上购物线下自提"和"线下门店代购线上商品"等O2O服务,来获得销售上的革命。⑤

　　第三,提供产品加工设备和技术。缺少深加工是农产品市场和价格竞争低下的重要原因。很多扶贫地区由于交通、信息等原因,农产品深加工环节往往不存在,或者水平低下,而农产品的深加工是提供产品竞争力和附加值最有效的途径。于是,高校在产业扶贫时建立和培育加工产业,让扶贫对象的某些产品发展有可持续能力成为高校扶贫的主要途径。分析的61所高校中有20所针对扶贫对象的农产品进行深加工支持。浙江工商大学在定点扶贫泰顺南院乡时,针对该乡的番薯种植优势,重点支持番薯深加工,帮助成立泰顺县三联番薯种植粉丝加工专业合作社。通过建立加工业,让原先只用作饲料的番薯经过深加工后,大大提升附加值。现在番薯加工的品种也越来越丰富,有番薯粉、番薯粉丝、番薯粉结、番薯粉片等,有效促进了当地番薯种植业的发展。⑥ 华南农业大学在定点扶贫河源市龙川县义都

---

① 参见教育部学校规划建设发展中心编:《高校定点扶贫典型案例集》,云南人民出版社2017年版,第77页。

② 参见教育部学校规划建设发展中心编:《高校定点扶贫典型案例集》,云南人民出版社2017年版,第138页。

③ 参见教育部学校规划建设发展中心编:《高校定点扶贫典型案例集》,云南人民出版社2017年版,第153页。

④ 如2015年代销商对松子收购价每斤不足20元、木耳每斤不足30元,只达市场售价的一半。

⑤ 参见教育部学校规划建设发展中心编:《高校定点扶贫典型案例集》,云南人民出版社2017年版,第432页。

⑥ 参见教育部学校规划建设发展中心编:《高校定点扶贫典型案例集》,云南人民出版社2017年版,第180页。

镇中心村时,针对当地茶业种植中存在的问题,通过引进南越王生态农业有限公司,联合本校技术力量,形成新的加工基地,解决了农民扩大种植茶业后带来的销售等问题,带动了整个茶叶产业的综合发展。① 南阳理工学院在定点扶贫南召县石门乡竹园村,因为学校有张仲景国医国药学院,针对扶贫对象的丘陵地貌,选择种植艾草,为了促进艾草产业的发展,成立了"南召县华艾堂艾业有限公司"解决种植至销售问题,让扶贫对象的艾草产业发展获得加工上的支持。②

第四,提供企业和扶贫对象联合的桥梁。扶贫高校通过自己的校友会力量、扶贫干部的关系、学校自身的影响力等,为扶贫对象产业发展提供与企业合作的桥梁,是当前高校产业扶贫的重要形式。浙江大学在定点扶贫云南省景东县时,通过学校各种关系,让浙江茶业企业和商人与当地茶农联合,形成新的加工和销售联合体。教育部直属部门的扶贫干部在西双版纳定点扶贫勐海时,通过自己的关系,让家乡企业到扶贫对象地进行投资建厂,提供产业发展的途径。③ 华南理工大学通过自己的关系,让广东元享集团与定点扶贫云县达成建立大型养牛场和屠宰场的合作项目。按项目规划,第三年要达到日宰牛2000头,产值达30个亿以上。整个项目完全实现,将对临沧市,乃至滇西地区畜牧业起到拉动作用,成为养殖业发展的核心力量。④ 南开大学在定点扶贫甘肃庄浪县时,通过南开大学和南开校友总会的平台,面向全球南开校友进行宣传,借助校友力量帮助庄浪县招商引资。⑤ 大连理工大学在定点帮扶云南龙陵县时,为了让当地产业得到发展,通过学校校友会作用,引入大连理工大学校友、河北跃迪新能源科技集团有限责任公司,投资日产300万Ah动力锂离子电池生产及配套项目和年产2万辆电动客车生产线建设项目;引

① 参见教育部学校规划建设发展中心编:《高校定点扶贫典型案例集》,云南人民出版社2017年版,第299页。
② 参见教育部学校规划建设发展中心编:《高校定点扶贫典型案例集》,云南人民出版社2017年版,第487页。
③ 参见教育部学校规划建设发展中心编:《高校定点扶贫典型案例集》,云南人民出版社2017年版,第163页。
④ 参见教育部学校规划建设发展中心编:《高校定点扶贫典型案例集》,云南人民出版社2017年版,第283页。
⑤ 参见教育部学校规划建设发展中心编:《高校定点扶贫典型案例集》,云南人民出版社2017年版,第73页。

入西安隆基硅材料有限公司带动实现工业硅、多晶硅、单晶硅、光伏组件、光伏发电的全产业链转型升级等,①让龙陵县在产业发展上获得新力量。东华大学在定点扶贫云南省盐津县时,通过自己的桥梁作用,让盐津人民政府与阿里巴巴集团、上海光明都市菜园有限公司、上海源之原味农业科技有限公司等签订合作协议,启动农村淘宝的"千县万村"计划,促进"网货下乡"和"农产品进城"的双向流通。② 华中农业大学在定点帮扶建始县时,利用校友平台,号召校友企业家积极参与学校的定点扶贫,帮助引进了魔芋飞粉酵母培养生产、蓝莓种植、乌龙茶加工和猕猴桃果酒加工等 11 个项目,累计吸引投资约 8060万元。③

第五,开拓农产品销售市场。要促进扶贫对象的发展,就必须创造新产业,而新产业要发展,就要有市场。于是,一些高校为帮助扶贫对象产业发展提供市场,把自己的需求转化成扶贫对象产品销售的市场,形成产业发展的动力。如长治医学院因为每年需要 5000 多只实验兔,于是,把定点扶贫对象产业发展定位成养殖实验兔,提供自己实验所需兔子。④ 有些高校为了让扶贫地种植出来的蔬菜、养殖出来的鸡鸭有销售市场,通过让扶贫对象与学校学生食堂签订购销合同。有些是让自己的职工购买扶贫对象种植和养殖出来的产品。如清华大学在云南省定点扶贫南涧县时,通过建立清华大学南涧县绿色食品基地,把南涧县特色农产品"红云核桃"和"凤凰沱茶"引入清华大学超市,提高扶贫地农产品的市场销售量,进而拉动扶贫对象的产业发展。⑤ 东北大学在定点扶贫昌宁县时,为扩大昌宁红茶销售市场,学校通过把昌宁红茶确定为"东北大学国际学术交流中心"指定用茶,让昌宁

① 参见教育部学校规划建设发展中心编:《高校定点扶贫典型案例集》,云南人民出版社 2017 年版,第 101 页。
② 参见教育部学校规划建设发展中心编:《高校定点扶贫典型案例集》,云南人民出版社 2017 年版,第 154 页。
③ 参见教育部学校规划建设发展中心编:《高校定点扶贫典型案例集》,云南人民出版社 2017 年版,第 233 页。
④ 参见教育部学校规划建设发展中心编:《高校定点扶贫典型案例集》,云南人民出版社 2017 年版,第 90 页。
⑤ 参见教育部学校规划建设发展中心编:《高校定点扶贫典型案例集》,云南人民出版社 2017 年版,第 5 页。

红茶获得了新市场,仅 2015 年学校就采购价值 8 万余元的茶叶。① 暨南大学在定点扶贫清远市阳山县黄坌镇高陂村时,成立了阳山县黄坌老区舜民农副产品贸易有限公司,以"公司+基地+农户"的模式形成生产销售综合体,而销售对象是暨南大学。② 湖南中医药大学在定点扶贫湖南省宁远县九疑山瑶族乡牛头江村时,2016 年把扶贫对象生产的 1000 多斤腊肉卖给学校职工。③

(5)高校产业扶贫成功的模式

产业扶贫作为开发式扶贫中的核心途径,是让扶贫对象能够获得可持续发展的基本途径。总结 61 所及我们在调查中发现高校产业扶贫的有效模式,基本可归为三种模式,具体是产业资源与技术结合型、技术带动下的产业资源补充型、技术优势转化下的产业培育型。

第一,产业资源与技术结合型。此种模式是扶贫对象已经有相对成熟的产业,只是缺少技术、资金、市场开拓方面的资源,没有让优势得到发展,在通过扶贫高校提供此方面支持后,解决发展中遇到的问题,让扶持产业得到发展。清华大学在定点扶贫云南省南涧县时,南涧县已经有很好的核桃和沱茶生产基础,但缺少加工和包装等方面的技术,清华大学通过相关技术支持,让两个农产品在品质上得到提升。④ 北京交通大学定点扶贫内蒙古科尔沁左翼后旗时,根据当地旅游资源特点,学校提供了整个地区旅游发展规划和开发资金,让当地旅游得到全面发展。⑤ 中央美术学院定点扶贫云南省剑川县时,针对当地原有的木雕技艺、白族刺绣等传统手工产业,在学校结合自己此方面的教学人才资源后,对剑川木雕和白族刺绣进行改造提升,让当地传统技艺得到发展。⑥ 浙江

---

① 参见教育部学校规划建设发展中心编:《高校定点扶贫典型案例集》,云南人民出版社 2017 年版,第 106 页。
② 参见教育部学校规划建设发展中心编:《高校定点扶贫典型案例集》,云南人民出版社 2017 年版,第 227 页。
③ 参见教育部学校规划建设发展中心编:《高校定点扶贫典型案例集》,云南人民出版社 2017 年版,第 516 页。
④ 参见教育部学校规划建设发展中心编:《高校定点扶贫典型案例集》,云南人民出版社 2017 年版,第 8 页。
⑤ 参见教育部学校规划建设发展中心编:《高校定点扶贫典型案例集》,云南人民出版社 2017 年版,第 10 页。
⑥ 参见教育部学校规划建设发展中心编:《高校定点扶贫典型案例集》,云南人民出版社 2017 年版,第 56 页。

中药大学在定点扶贫磐安县时,针对该县有家种和野生中草药1219种,种植面积8万余亩的现状,其中重点对白术、元胡、玄参、贝母、白芍为主的"磐五味",从技术支持和市场开拓两个方面支持该乡提升中草药材的种植、加工和销售。①

第二,技术带动下的产业资源补充型。此种模式是扶贫对象有某种特色农产品资源优势,但一直得不到发展,通过扶贫高校的技术支持和资源投入,让该农产品资源转化成产业发展的基础,最终形成特色产业。中国药科大学在定点扶贫镇坪县时,根据该县虽然拥有中药材资源十分丰富,适宜种植中药材达420余种,适宜种植土地达40余万亩的独特资源优势,但却受制于传统自然经济、缺乏科技、人才等因素,无法在中药材资源种植和开发利用上获得实质性突破问题。学校利用自己在中草药种植、加工和开发方面的技术优势,围绕镇坪县的黄连、葛根、杜仲、白芨等中药材,开展了20多项专题研究,解决了当地中草药发展中的技术难题。同时,学校通过中介作用,促成南京正大制药厂与镇坪县制药厂签订了长期的葛根素购销合同,金陵制药、康缘药业达成对镇坪县玄参、天麻等中药材收购协议。此外,在学校支持下重新盘活停产8年之久的镇坪县制药厂,建成中药材种养基地14个,产业大户200余户,带动药农4000余户,中药材留存面积达18.1万亩等。② 这样,学校通过技术支持、扶持当地中药企业,开拓市场,让镇坪县中药药材在种植、加工上得到发展,最终成为当地重要产业。

浙江大学在定点帮扶云南省景东县时,针对当地农业产品特点,确定重点支持发展蚕桑、林下资源开发、畜牧、乌骨鸡、茶叶五大产业。为此,学校选择相关研究人员作为首席专家,针对选定的特色产业提供一对一的技术服务。针对开发景东食用菌,选派陈再鸣作为景东食用菌首席专家,围绕"林下资源综合开发及利用和野生菌人工驯化栽培"开展研究。此外,为了解决生产、销售问题,学校联系浙大校友企业杭州雪禾生物科技有限公司、浙商企业龙泉瓯缘食用菌专业合作社等,与景东新会中药材专业合作社、景东富民食用菌种植

---

① 参见教育部学校规划建设发展中心编:《高校定点扶贫典型案例集》,云南人民出版社2017年版,第170页。

② 参见教育部学校规划建设发展中心编:《高校定点扶贫典型案例集》,云南人民出版社2017年版,第159页。

专业合作社共同组成联合体,建立了茯苓、灵芝、小香菌等6个示范基地,带动农户发展生态食用菌产业。通过引进香港滢宝生物科技有限公司,投资80万元建立20亩生态灵芝(孢子粉)栽培基地,并筹建"中华灵芝文化研究院景东分院"等,带动生态灵芝的种植。景东县无量山乌骨鸡作为当地养殖业中最具特色的产业,为了做大、做强无量山乌骨鸡养殖产业,解决产业发展中的技术问题,学校选派尹兆正为景东县乌骨鸡产业首席专家,对无量山乌骨鸡原种保护、品种选育等问题展开专题研究。在获得科技支持下,无量山乌骨鸡养殖产业得到快速发展,仅2015年全县无量山乌骨鸡存栏达250万只、出栏350万只,与2012年年末相比,分别提高108.3%、169.2%,实现产值2.8亿元,成为景东县养殖产业的支柱。①

西南大学在定点扶贫石柱县时,针对该县的辣椒、黄连、长毛兔、莼菜、蚕桑等优势特色农产品,在发展中由于没有科学技术的支撑,导致土地产出率、资源利用率、劳动生产率等低下,农产品附加值和商品率不高等问题,学校开展了相应的技术攻关,解决这些产业发展中的技术瓶颈。如在长毛兔养殖上,结合当地的中药材资源优势,引入中医"平衡疗法",成功解决了兔子养殖上夏季仔兔死亡率高、秋季母兔受孕率低、冬季存栏兔体弱的难题。通过专项技术攻关,首次实现了"黄连总生物碱"与"黄连性寒成分"的分离,克服了大剂量和长期服用黄连制品带来的副作用,新开发出黄连花茶、"味连须散"中兽药材新药和降糖医疗制剂的"平抑舒胶囊"等产品,为黄连产业发展提供了新动力。在辣椒等农产品加工开发上研发出系列加工产品,深化了辣椒等产品的加工。在魔芋品种上通过研发筛选出了适宜石柱县栽培的白魔芋新品种,减少病虫害的问题。针对黄连、莼菜、魔芋、生态蚕业等主导产业,构建起"大学+试验示范基地+科技示范户+农民"的科技研发、转化、推广新机制。学校积极利用自己的渠道,为石柱县成功引进了澳大利亚BGW集团,重庆小天鹅等龙头企业,开拓了农产品加工和市场的主体。这些技术和资源上的输送,为当地产业发展提供了动力。②

---

① 参见教育部学校规划建设发展中心编:《高校定点扶贫典型案例集》,云南人民出版社2017年版,第165页。

② 参见教育部学校规划建设发展中心编:《高校定点扶贫典型案例集》,云南人民出版社2017年版,第331页。

第三,技术优势转化下的产业培育型。此种模式是扶贫高校拥有某种技术资源,在扶贫过程中扶贫高校把自己的技术输送给扶贫对象,让扶贫对象获得相关技术资源后培育形成新产业,进而实现扶贫产业。山西农业大学在定点扶贫和顺县时,发现当地没有任何可以有效发展的优势资源,而学校食用菌科研团队是学校重要科研力量,在全省居于领先地位。于是,学校通过把自己的食用菌技术输送到牛川乡化南沟村,在扶贫村培育食用菌产业,形成一条成功的食用菌产业发展之路,带动当地食用菌产业的发展,创造了产业扶贫的新模式。① 天津中医药大学在定点扶贫昌都时,发现当地没有传统产业资源可以扶持。于是,结合学校技术优势和市场需求,决定把丹参作为帮扶村中药材种植发展的首选品种。学校通过引入丹参种植让当地形成新种植业,支持了当地产业发展。② 吉林农业大学在定点扶贫靖宇县花园口镇时,发现当地传统农业中没有可以扶持发展的产业,但学校园艺学院果树学教授吴林是蓝莓种植首席专家,中药材学院教授尹春梅 30 多年来潜心研究长白山地道药材栽培的基本理论和生产技能,动物科学技术学院教授车永顺是畜禽养殖专家。于是,学校根据这些科研力量和人才优势,选择在该镇发展蓝莓种植、中药材栽培和畜禽养殖三大产业。③ 通过学校技术输送,让这三大产业在扶贫对象中培育成功。

广州中医药大学在定点扶贫清远市阳山县大崀镇时,根据自己的技术人才优势及市场需要,在扶贫地培育发展玉竹种植,通过建立“广州中医药大学大崀玉竹种植示范基地”,派出中药学院教授前往当地指导玉竹种植及管理,并与省内两大医药集团联合设立营销合作,成立阳山县春晖堂中药专业合作社,使大崀玉竹建立起了从种植到销售的整个环节,促进了扶贫地产业发展。④

浙江理工大学在定点扶贫天台县坦头镇时,依据学校生科院梁宗锁教授

① 参见教育部学校规划建设发展中心编:《高校定点扶贫典型案例集》,云南人民出版社 2017 年版,第 415 页。

② 参见教育部学校规划建设发展中心编:《高校定点扶贫典型案例集》,云南人民出版社 2017 年版,第 83 页。

③ 参见教育部学校规划建设发展中心编:《高校定点扶贫典型案例集》,云南人民出版社 2017 年版,第 123 页。

④ 参见教育部学校规划建设发展中心编:《高校定点扶贫典型案例集》,云南人民出版社 2017 年版,第 309 页。

科研团队长期从事药用植物学的研究,团队有 20 种大宗药材的规范化生产技术体系,技术服务 20 个基地 80 余万亩,通过国家 GAP 认证 2 个,地理标志产品认证 4 个,编制 SOP20 个,承担着陕西省及西北地区 16 家中药制药企业 20个中药材规范化种植基地建设的技术指导任务等技术经验和积累。于是,学校选择在坦头镇培育三叶青种植。在进行技术输送时,还引进杭州三叶青农业科技有限公司和浙江著名医药企业胡庆余堂,以控股方式共同投资成立台州市天台县欢岙三叶青种植专业合作社,形成 350 多亩的三叶青种植基地,培育出新的扶贫产业。[1]

2. 高校产业扶贫中存在的问题

学术界对产业扶贫中存在的问题,主要认为有"产业扶贫背后隐藏着扶贫济困的社会道德逻辑与产业发展的市场化逻辑的矛盾"[2]。这是产业扶贫在实践中不成功的内在原因。考察高校当前产业扶贫的现状,普遍存在着培育产业选择困难,对产业加工关注不足、培育困难,产业优势转化成市场优势存在缺口,交通运输不发达制约产业发挥优势,创立的产品市场脆弱等问题。

(1)产业发展选择上的困难

产业扶贫中最大问题是如何选择扶持的产业。通过上面的分析,会发现在产业扶贫上,选择产业最佳的是扶贫地已经有一定基础,但缺少发展的技术、资金、市场时,扶贫高校通过补充相应资源,让传统产业得到发展,进而形成主导产业,带动经济发展,实现脱贫。但这种选择模式并不是每个扶贫对象都能如此。有时扶贫对象虽然拥有某种传统优势产业,但扶贫高校自身缺少相应的技术和资源,无法让传统产业得到发展。还有是扶贫高校拥有特定的技术和资源,但扶贫对象缺少相应的发展基础。所以,选择扶持和培育产业时,如何选择并没有绝对的模式,而是要根据产业发展中双方的特点、资源等因素来选择。现实中,由于产业发展选择需要深入分析,仔细扶持。于是,出现一些扶贫高校为了实现产业扶贫,采用简单给贫困户发放鸡苗和猪、牛、羊等幼崽,以培养贫困户通过养殖实现脱贫。这种产业扶贫看似针对性十分强,

① 参见教育部学校规划建设发展中心编:《高校定点扶贫典型案例集》,云南人民出版社2017 年版,第 453 页。
② 许汉泽、李小云:《精准扶贫背景下农村产业扶贫的实践困境——对华北李村产业扶贫项目的考察》,《西北农林科技大学学报》2017 年第 1 期。

但除非贫困对象因各种原因缺少此方面的资源,否则基本上是失败的。

（2）产业加工关注不足、培育困难

通过我们的考察,发现现在高校在定点扶贫时,在产业扶贫上都很注重农产品加工,但仍然存在加工业难以培育成功和严重不足的问题。由于在扶贫时培育和扶持某一种植业、养殖业很容易,但要把针对特定种植业和养殖业的相关加工业培育出来却十分难,于是在扶贫中普遍存在重种植、养殖而轻加工的问题。这样,导致种植、养殖发展成为产业后,出现产品无法有效销售,甚至让整个扶贫地经济发展受到严重破坏,陷入发展危机之中的问题。这是产业扶贫中最常见的问题,也是产业扶贫中必须解决的问题。当前,全国从南到北,从东到西,都出现扶贫地种植和养殖出来某一产品后无法销售,让当地经济受到严重打击的现象。如云南的玛咖、陕西的苹果等。

（3）产业优势转化成市场优势存在缺口

在扶贫产业发展时,把产业优势转化成市场优势存在很多其他方面的因素。而扶贫地往往存在产业发展数量不足、技术人才储备不够等问题。虽然当前针对产业发展,为了实现规范种植,通常会采用专业合作社来解决。然而,专业合作社要获得发展,必须有相关管理人才和技术人才,而这些在贫困地区是最缺的。此外,在整个加工和市场运行上,需要专业公司来运营。而食品加工公司又不喜欢把自己的公司建立到偏远的乡镇和村庄中,因为从各方面看成本都无法承担。所以说,在产业扶贫中,产业发展需要两个支柱:种植和养殖的专业化和加工销售的公司化,但这两个却是扶贫主体无法提供的。这些都会成为阻碍产业扶贫产生作用的原因。

（4）交通运输不发达制约产业优势发挥

当前,中国扶贫对象所在地区基本上属于偏远农村,交通十分不便,让很多产业扶贫支持和培育下形成的种植和养殖出来的农产品进入市场十分困难。于是,从当前扶贫实践看,不管从理论上还是操作上,最简单易行的办法是通过"互联网+",即建立电子交易平台解决市场不足的问题。从我们观察看,高校在扶贫时解决市场不足方法,基本采用此种途径。然而,从实践看,当前建立电子交易平台已经不存在技术上的障碍,但是很多扶贫地区由于地处偏远山区,交通十分落后。这样互联网下的电子交易平台虽然理论上解决了市场不足的问题,可是由于运输成本过高,完全抵消了产品在电子平台上获得的价格优势,让扶贫对象通过电子平台获得的市场优势在交易时完全消失。这是当前整个扶贫中,通过电子交易平台解决市场不成功的根本原因。此外,在当前中国物流业完全市场化、高速路全面收费制和扶贫地农产品数量整体偏少等因素制约下,让"互联网+"下形成的电子交易平台产生的市场优势消失,使中国偏远农村在获得交易信息上的优势时无法转化成交易空间上变化带来的好处。

(5)创立的产品市场脆弱

高校在产业扶贫中,虽然都在积极努力扩大和开拓产品销售市场,但由于受到扶贫时间的限制,加上扶贫需要短期内产生效果等因素,很多高校在面对偏远、高山地区,只好选择易产生效果的种植业和养殖业。产品产出后,在不能转化成商品时,只好采用自己收购,让学校食堂和教职工成为消费主体。如某学院在扶贫时支持扶贫对象种植玉米,后来玉米大丰收,出现销售问题,在没有其他途径下,学校只好让学校食堂和全校教职工购买扶贫玉米,以解决产品销售问题。这种现象在全国扶贫中较为普遍,很多机关部门在扶贫时,帮助和支持扶贫对象养殖鸡、羊、猪等,在没有销售市场时,为了让扶贫对象产品转化成商品,获得收入,于是由自己承担销售,或发动职工购买等。这样创造出来的市场十分脆弱,很容易因为没有支持让市场消失,进而让扶贫时培育出的产业失去发展的空间和可持续性。

(三)有效提高产业扶贫的途径及对策

通过上面的分析,我们对当前高校在产业扶贫中的基本情况和存在的问题有较全面的了解。总结获得成功的经验和存在、面临的问题,我们认为高校要有效进行产业扶贫必须从以下方面着力改进和加强。

1.通过技术提升促进产业发展

高校在选择产业扶贫时,若选择的产业是扶贫地已经拥有基础,特别已经有一定种植、养殖规模,但在发展上缺少技术支持的,高校通过输送技术支持往往最易成功。如北京科技大学在定点扶贫甘肃省六盘山区秦安县时,针对制约当地果林业发展的主要原因是技术不足。于是,学校通过提供相关技术来支持当地果林业发展。[1] 北京化工大学在定点扶贫内蒙古科尔沁左翼中旗

---

[1]　参见教育部学校规划建设发展中心编:《高校定点扶贫典型案例集》,云南人民出版社2017年版,第16页。

时,针对当地虽然有丰富的农作物秸秆资源,但没有相关技术和设备来转化这些资源。于是,北京化工大学根据学校已经拥有成熟的厌氧发酵技术和设备的特点,通过成立通辽元易生物燃气有限公司,让当地每年6.65万吨农作物秸秆,1.57万吨畜禽粪便得到有效处理,实现了"废弃物+清洁能源+有机肥料"的发展模式。① 西北农林科技大学定点扶贫合阳县时,根据该县是全国红提产业基地的特点,学校主要帮助葡萄品种的引进和良种选育、丰产栽培和葡萄酒产业化等研究与示范推广等,让合阳葡萄种植面积每年以2万亩的速度增加,形成整个县的支柱产业。② 重庆三峡医药高等专科学校在定点扶贫奉节县时,为了扶持当地中药种植和加工业发展,学校主要从中药材产业经营主体培育与运行、产业发展规划及基地建设、科技支撑平台建设和科技服务团队建设等方面给予支持。③

2. 实现资源优化促进产业发展

高校在产业扶贫时,针对扶贫对象的各种资源,必须有选择地结合自己学校的优势,形成扶贫对象的产业资源和自己学校的技术优势有效结合,这样才会在产业扶贫上产生效果,否则会出现"有些地区在精准扶贫的过程中片面强调产业扶贫的作用,出现产业配置与地方人力资本、产业政策与地区发展战略不协调甚至相脱节的现象"④。高校在产业扶贫时,若完全只选择扶贫对象的资源优势,不考虑自己的技术优势,在培育上也很难成功。高校在面对扶贫对象拥有多种优势资源时,也不能每样都同时培育和支持,必须选择其中某一种,或几种进行扶持,否则效果也很难产生。高校在选择扶贫产业时,若完全建立在扶贫资源优势上,而没有学校相关技术资源时,成功的可能性会很低。相反,学校若有相当成熟的技术和人才资源,就是扶贫对象没有相应的产业资源,通过有效的技术输送,选择适合当地发展的产业进行培育时反而更易成

---

① 参见教育部学校规划建设发展中心编:《高校定点扶贫典型案例集》,云南人民出版社2017年版,第24—25页。

② 参见教育部学校规划建设发展中心编:《高校定点扶贫典型案例集》,云南人民出版社2017年版,第369页。

③ 参见教育部学校规划建设发展中心编:《高校定点扶贫典型案例集》,云南人民出版社2017年版,第337页。

④ 黄承伟、邹英、刘杰:《产业精准扶贫:实践困境和深化路径——兼论产业精准扶贫的印江经验》,《贵州社会科学》2017年第9期。

功。天津大学在定点扶贫宕昌县时,针对宕昌县有中药材种类达 692 种,称为
"千年药乡"美誉的优势资源时,学校不是通过直接支持种植中草药,而是让
学校药学院高文远教授、周志江教授前往大寨村指导宕昌职业中等专科学校
中药材加工专业、食品检验室规划建设工作,并对中药材精深加工项目及科技
合作提供支持。① 这里天津大学就把自己的技术优势资源与当地产业优势资
源进行有选择的结合,支持当地产业发展。揭阳职业技术学院在定点扶贫普
宁市广太镇潮来港村时,虽然该村有茶叶等多种资源,但根据市场发展的前
途,重点支持村民发展壮大种植绿化苗木产业,学校通过让学院高级农艺师等
专业教师到潮来港村举办绿化苗木栽培、病虫害防治、农药安全使用等培训和
通过资金支持,让扶贫村绿化苗木种植业得到发展。②

3. 支持产业改造升级促进产业提升

针对扶贫对象原有产业进行技术支持,让原有产业获得技术支持后,进而
得到全新发展。中国农业大学在定点扶贫镇康县时,针对镇康县养殖业和种
植业发展中科技水平低、发展得不到提高的现状,结合自己的技术,对当地种
植业和养殖业进行技术提升改造。如针对云南康源农业发展公司的蚌孔肉牛
养殖场是一个沿边境高山养殖场,草场面积虽然达到 8 万多亩,养殖肉牛近万
头,但以传统放养为主,山高坡陡,管理困难,时常有肉牛走失,通过学校的技
术支持,帮助建立蚌孔智慧畜牧庄园物联网。针对镇康县的咖啡种植问题,帮
助临沧市建立咖啡种植庄园物联网等。③ 这样让镇康县的产业发展得到升
级。西南民族大学在定点扶贫红原县时,发现红原县虽然以高原生态畜牧
业为支柱产业,但普遍存在技术水平低的问题。于是,学校在红原县建立
"青藏高原生态保护与畜牧业高科技研究示范基地",从高原畜牧业、牧草
资源、特有生物资源保护与利用、生态环境保护与恢复、民族文化旅游和牧
民新村及新生活等五个方面展开研究科技支持。如,牦牛、藏绵羊、藏山羊、
藏猪、藏鸡、藏黄牛、河曲马、藏獒等青藏高原主要畜种遗传资源开发利用、

---

① 参见教育部学校规划建设发展中心编:《高校定点扶贫典型案例集》,云南人民出版社
2017 年版,第 75 页。
② 参见教育部学校规划建设发展中心编:《高校定点扶贫典型案例集》,云南人民出版社
2017 年版,第 541 页。
③ 参见教育部学校规划建设发展中心编:《高校定点扶贫典型案例集》,云南人民出版社
2017 年版,第 29 页。

品种选育与改良,动物疫病防治以及草地畜牧业可持续发展的研究和试点示范建设。研发创新牦牛乳肉、藏羊肉安全加工技术,研制牛羊肉屠宰分割、干制、酱卤、熏制以及牦牛酸奶、酥油和干酪等系列产品,为当地提供优质、高效牛羊肉屠宰精加工以及乳制品加工升级换代的实用技术和产品,规划和设计有机肉乳产品的种类、包装、营销和品牌等。① 通过以上综合性技术支持,让红原县原有产业获得新的发展动力,增加了产业发展中的动力和竞争力。

4.产业扶贫在选择单位上应存在限制

产业扶贫要产生效果,在选择产业发展的范围上应存在一定的限制。从我们分析看,选择范围最小应在行政村以上,最好在乡镇,或者县级,不宜以户为产业扶贫对象。虽然,现在产业扶贫上常提"一村一品""一人一策、一户一法"发展模式,但在现实中,考虑产业扶贫有效必须有一定规模,才能形成产业、开拓市场。此外,以户为单位发展产业扶贫,往往在两类贫困户上无法产生效果。若对贫困户致贫原因进行详细分类,会发现有资源不足型、生理缺陷型和人格缺陷型三种。对于这三种贫困户,并不都适用通过产业扶贫来解决贫困。其中,资源不足型贫困是指致贫是因为缺少资源,如资金、交通、信息、技术等,需要通过外在力量支持,让产业发展获得动力源。此类贫困只要针对贫困户的产业扶贫就会产生积极作用。生理缺陷型贫困是指致贫是因为遇到大病、天灾、孤儿、老残,此类贫困只能采用救济扶贫,无法通过产业扶贫获得脱贫。人格缺陷型贫困是指致贫是因为贫困主体自身存在人格品质上的缺陷,通过支持型和救济型扶贫都无法改变贫困。这类扶贫只能采用心理干预,甚至只能采用救济,让他们达到一定生活水平。此外,产业扶贫中的产业要有效,必须要达到一定数量才能实现,这也让针对个体或家庭的扶贫瞄准无效。

5.产业扶贫应在提升、培育产业的同时注重加工业和销售市场的开拓

成功的产业扶贫必须在扶持和培育某项种植业和养殖业的同时,就解决加工和市场开拓问题。我们在分析中发现,获得产业扶贫成功的高校,在产业扶持的同时,都进行了有效的深加工建设和市场开拓,而不是先扶持形成产业

---

① 参见教育部学校规划建设发展中心编:《高校定点扶贫典型案例集》,云南人民出版社2017年版,第341页。

后再寻找加工途径和销售市场。南方医科大学在定点扶贫揭阳市揭西县凤江镇阳南村时,针对该村邻近的普宁市是华南地区较大中药材批发及加工基地的特点,确定重点发展中草药种植。为解决种植和加工上的问题,通过学校支持,用招商引资的方式引入合作企业,由定点扶贫对象——阳南村出资的65万元由学校代为出资,开发商出资2000万元,成立广东源森泰药业公司,全面解决了扶贫村产业发展中建立中药材种植基地和中药材加工问题。① 湖北医药学院在定点扶贫湖北省丹江口市龙山镇土台村时,针对龙山镇土台村位于武当山区,生态环境良好,退耕还林后有大量山坡地非常适合种植中草药的特点,确定重点扶持种植珍稀濒危药用植物品种中的百合科重楼属滇重楼、七叶一枝花、南方山荷叶(江边一碗水)、铁皮石斛、金钗石斛、霍山米斛、霍山铁皮、霍山铜皮等50余种,与湖北济世药业有限责任公司联合解决中药材种植后的销售问题。②

二、教育扶贫模式

教育扶贫模式是指通过在贫困地区和贫困群体中建立针对性的普通国民教育和职业教育体系,建立健全技能培训机构,为贫困地区和贫困群体提供全面的、多样的、针对性的教育技能培训支持,改变贫困地区和贫困人口的人力资本结构,促进贫困人口获得发展技能,提高社会竞争力,增加收入,实现脱贫的扶贫模式。对此,有学者指出教育扶贫是"指针对贫困地区的贫困人口进行教育投入和教育资助服务,使贫困人口掌握脱贫致富的知识和技能,通过提高当地人口的科学文化素质以促进当地的经济和文化发展,并最终摆脱贫困的一种扶贫方式"③。教育扶贫是通过给贫困群体基础教育和技能培训的机会,让他们获得发展的知识和技能,参与社会发展,分享社会发展成果,消除贫困。教育扶贫在国家发展中具有改变国民人力资源水平和促进国民经济发展的双重作用。

---

① 参见教育部学校规划建设发展中心编:《高校定点扶贫典型案例集》,云南人民出版社2017年版,第536页。

② 参见教育部学校规划建设发展中心编:《高校定点扶贫典型案例集》,云南人民出版社2017年版,第504页。

③ 郑皓瑜:《论拉丁美洲国家教育扶贫政策在消除贫困代际传递中的作用》,《山东社会科学》2016年第4期。

教育扶贫是当前中国五大扶贫模式之一,对教育扶贫适用的范围在 2013 年教育部、发展改革委、财政部、扶贫办、人力资源社会保障部、公安部、农业部等联合制定的《关于实施教育扶贫工程的意见》中有明确规定。按照《意见》,当前教育扶贫实施的范围是集中连片特困扶贫攻坚地区和实施特殊政策的地区,具体有六盘山区、秦巴山区、燕山—太行山区、武陵山区、滇桂黔石漠化区、滇西边境山区、乌蒙山区、大兴安岭南麓山区、吕梁山区、大别山区、罗霄山区和西藏、四省藏区、新疆南疆三地州。这里所指出的教育扶贫适用范围是狭义上的,中国教育扶贫适用范围在广义上是所有贫困群体和扶贫瞄准的地区。在教育扶贫工作中,国家重点对集中连片特困区的基础教育、职业教育和高等教育实施全方位的支持和倾斜。在基础教育上,加大这些地区的学前教育、中小学教育的基础设施,改善村级小学和教学点的建设,给予贫困学生生活补助;在职业教育上,强化集中连片特困区职业教育设施建设的同时,支持东部和中部职业院校扩大对集中连片特困区贫困学生的招生,增加就业;在高等教育上,扩大集中连片特困区的招生人数,举办民族预科班、民族班等向片区内民族学生倾斜。

（一）教育扶贫的理论基础

教育扶贫在贫困治理中拥有扎实的理论基础,其中美国经济学家舒尔茨的人力资本理论构成了核心。舒尔茨提出一个国家"经济发展主要取决于人的质量,而不是自然资源的丰瘠或资本存量的多寡"[1]。同时,大量的国内外经验个案也支持了这种理论,因为当前世界上很多贫困国家和地区之所以贫困,不全是物质资源的匮乏,大多是人力资本水平的低下。于是,在人力资源理论支持下,世界各国在反贫困时都会把工作重心放在国民基础教育的普及和技能培训上。当前,中国教育扶贫的思想和目标是源自"让贫困家庭子女都能接受公平有质量的教育,阻断贫困代际传递"的理念。中国政府在 2013 年 7 月正式提出"教育扶贫工程"。当年国务院办公厅转发了教育部等部门联合制定的《关于实施教育扶贫工程意见的通知》,标志着中国政府把教育扶贫模式作为开发式扶贫模式中的重要二级扶贫模式全面推行。

---

① ［美］西奥多·舒尔茨:《人力资本投资》,载外国经济学说研究会编:《现代国外经济学论文集(第八辑)》,商务印书馆 1984 年版,第 38 页。

国内最早系统讨论教育扶贫问题的是林乘东。他在 1997 年发表的《教育扶贫论》一文中,首次对教育在扶贫中的作用进行了系统讨论,成为国内理论界讨论教育扶贫的开始。林乘东把"教育扶贫"定义为"主要是通过教育对贫困人口进行素质改造完成的,教育扶贫就是素质扶贫",并指出教育对扶贫的作用是因为它能改造和提高劳动者的素质,产生"提高贫困人口的劳动生产率,进而从两方面有助于减轻贫困:在宏观层次上,较高的劳动生产率可以提高整个国民经济的产出能力,增强反贫困的物质基础;在微观层次上,在分配制度一定的前提下,较高的劳动生产率将为劳动者带来较高的生产要素报酬,直接缓解个体的贫困"[1]。在分析了教育对扶贫作用的机制后,他提出中国的教育扶贫应从七个方面着手,即:(1)教育扶贫在本质上是以通过提供劳动者的素质换取就业后物质财富的提高;(2)教育在反贫困上的最大优势是可以斩断贫困的恶性循环链;(3)国家应把教育投资纳入扶贫资源的配置规划中;(4)把普通教育与职业教育从教育发展战略上的主次关系改为并列关系;(5)国家针对提高职业教育的地位进行系列改革;(6)采用多元化教育投资以保障教育发展;(7)结合其他条件保证教育在反贫困中的作用。[2] 这里他提出为了让教育扶贫能够发挥作用,国家必须改变在教育发展战略中"重"普通教育,"轻"职业教育的政策,把两者放在同等地位上,甚至是把职业教育放在优先发展位置,同时还详细论述了职业教育在扶贫中的作用。这些讨论对教育扶贫,特别是职业教育扶贫起到了开拓性的研究。

对教育程度和质量与贫困发生率之间的关系,国内外有大量定量分析,论证两者之间的关联性。中国贫困群体致贫原因分析上,同样获得了个体教育水平与个体贫困发生率之间存在高关联性的结果。有学者对中国贫困群体定量分析后发现在收入、教育、生活质量三个维度的贫困测度中,教育贫困居于首位,对多维贫困贡献率超过 47.27%,接近一半;而收入贫困与生活质量贫困的贡献率则分别是 32.69% 和 20.04%。[3] 这一研究揭示了中国当前致贫原因中,教育不足和收入低下构成了两大原因。其中,教育水平程度对中西部省

---

[1] 林乘东:《教育扶贫论》,《民族研究》1997 年第 3 期。

[2] 林乘东:《教育扶贫论》,《民族研究》1997 年第 3 期。

[3] 参见邹薇:《我国现阶段能力贫困状况及根源——基于多维度动态测度研究的分析》,《人民论坛·学术前沿》2012 年第 6 期。

（区、市）贫困群体形成上的影响更为明显。根据统计分析发现,中西部省（区、市）贫困人口学历集中在初中以下,整个贫困人口中有 90% 是初中以下水平,其中小学、半文盲、文盲比例超过 50%,远高于全国平均水平。① 这一数据证明了贫困发生率与低水平教育具有高度关联性。此外,在对不同教育程度的群体在生活中的创造性、创业精神等方面的关联性研究中发现,教育水平在个体日常生活中的创造性、创业精神等进取精神上起到正向作用。如 20 世纪 90 年代,在对江西省贫困地区 622 名农村居民的创业冲动、风险、计划性、改变取向、新经验、公共事务参与、见识、效率感等 8 个指标采用量化问卷调查后,发现受教育程度越低,个体的进取心方面的态度、价值和行为越低,相反,受教育程度越高,相关值也越高。② 这些研究证明,当个体存在严重的教育不足时,会造成他们陷入"经济贫困——低人口素质——低进取精神——进取行为不足——经济贫困"的恶性贫困循环之中。

教育水平与贫困发生的正向关联性,在国外发展中国家同样得到支持。如有学者对阿根廷、智利、秘鲁、哥伦比亚、墨西哥、巴西、多米尼加共和国、玻利维亚、萨尔瓦多、尼加拉瓜等国的教育年限与贫困发生率进行定量分析后,发现小学毕业、初中毕业和高中毕业三个点是贫困发生率上的变化质点。其中,初中毕业与小学毕业的贫困发生率是减半,高中毕业生则是更小,多数国家仅在 5% 以下,仅有少数国家的贫困发生率在 10%—20% 之间。③ 所以说受教育水平越低的家庭就越易陷入贫困,进而形成贫困在家庭之间的代际传递现象。

教育水平对贫困发生率的影响,同样在发达国家中得到支持,有学者通过定量分析,发现美国人口中,贫困发生率与其受教育程度的关系是,高中学历以下的在 30%,高中毕业的在 15%,社区学院毕业的在 11%,硕士及以上的在 5% 以下,其中高中毕业是一个平均点。④

---

① 参见《教育部直属高校全部参与扶贫中国教育报》,2016 年 1 月 23 日,http://www.xin-huanet.com/politics/2016-01/23/c_128659565.htm,访问时间：2018 年 4 月 23 日。

② 参见傅维利：《论区域经济发展的不平衡与欠发达地区的教育抉择》,《教育研究》1995 年第 4 期。

③ 参见郑皓瑜：《论拉丁美洲国家教育扶贫政策在消除贫困代际传递中的作用》,《山东社会科学》2016 年第 4 期。

④ 参见许锋华、王晨：《美国教育扶贫政策述评》,《教育探索》2017 年第 3 期。

　　在对受教育年限与贫困发生率之间进行定量分析后,发现存在贫困发生率与受教育年限长短成反比例关系。其中,12 年教育年限是贫困消除的临界点,即当某人接受的教育年限在 12 年以上时,就很少出现贫困,甚至不会产生贫困。在贫困发生率与受教育年限之间的具体关系上,世界银行在对各国教育水平与贫困发生率进行定量分析后发现:若一个家庭中劳动力接受教育年限在 6 年以下,贫困发生率就大于 16%;若接受教育的年限达 9 年时,贫困发生率下降至 7%;若接受教育年限达到 9—12 年间,贫困发生率下降至 2.5%;若接受教育年限超过 12 年的,就几乎不存在贫困。此外,教育年限变量与平均收入也存在正比例关系。若把劳动者接受 6 年教育年限的平均收入设为 100,那么当劳动者教育年限提升至 6—9 年、9—12 年,或者多于 12 年三档时,劳动者的平均收入指数就从 100 分别上升至 130、208、356。[1] 这些研究深入、细致地揭示了教育年限与贫困发生率上的高度关联性,为教育扶贫提供了有力的支持。

　　这在中国贫困人口受教育水平上同样得到支持。2013 年,特别是 2014 年后,随着国家对全国贫困人口采用严格的建档立卡管理后,获得了贫困人口的详细学历结构,在对贫困人口的教育水平与贫困发生率进行定量分析后发现在建档立卡贫困户中,50% 以下是小学学历及以下,即接受教育年限在 6 年以下,还有 22.3% 的贫困家庭明确表示因为缺少必要劳动技能而无法脱贫。[2] 这种数据与 2010 年全国人口普查中反映出的受教育水平与贫困发生率是一致的。根据 2013 年公布的全国人口普查资料,全国 20 岁以上的农民中,初中文化程度比例是 41.44%,文盲比例是 8.04%,大专及以上文化程度比例是 3.05%。其中,西部农民中,初中文化程度比例为 35.53%,大专及以上比例是 2.22%,低于中东部地区。[3] 这反映出全国农村农民受教育程度与全国农村贫困人口分布是高度一致的。这些说明教育在贫困治理中具有十分重要的作用。

---

　　① 参见世界银行、东亚及太平洋地区扶贫与经济管理局:《从贫困地区到贫困人群:中国扶贫议程的演进》,年鉴出版社 2009 年版。
　　② 参见朱爱国:《基于精准视阈的职业教育扶贫策略探究》,《学者论坛》2016 年第 1 期。
　　③ 参见徐勇、邓大才、任路:《中国农民状况发展报告 2013(社会文化卷)》,北京大学出版社 2014 年版。

由于教育水平、劳动技能培训程度与贫困发生率之间存在高度敏感的关联性,所以世界各国在贫困治理时都积极实施教育扶贫。如拉丁美洲 19 个国家出台并实施了促进贫困人口人力资本开发的"有条件的现金转移支付计划",其中最有影响的是墨西哥的"机会计划",巴西的"家庭救助计划""学校救助计划",智利的"智利团结计划",等等。① 这些教育扶贫计划实施后,对这些国家贫困治理产生了较好的效果,证明了教育扶贫在贫困治理中的有效性。

教育扶贫模式在实施中,分为提升综合素质的普通教育以及提高劳动技能的职业教育和培训两种。基础教育的目的是实现学前教育和中小学教育均衡发展,让贫困家庭孩子能接受公平的、有质量的教育,让每个公民都有必要的知识,能够获得发展的信息和自我发展的能力。职业教育和培训的目的是解决劳动者的技能,通过让贫困者获得劳动技能,实现就业,增加收入,摆脱贫困。

(二) 中国教育扶贫的相关政策

中国政府发现教育不足是中西部农村贫困发生率高的重要原因,为了解决贫困治理的可持续性,政府通过各种学校教育培训,对贫困地区和贫困人口输送知识,改变贫困地区人口素质、文化环境以及劳动技能,让贫困地区和贫困者获得发展的能力。为此,自 20 世纪 80 年代以来,中国教育管理部门制定了 22 项教育惠民政策,贯彻落实教育扶贫的目标。经过 40 年的努力,当前基本实现了对贫困地区和贫困人口的教育全覆盖,构建起了较为完善的教育扶贫政策体系,提供了贯穿个体发展每个阶段的教育支持措施和制度,②其中较有影响的是 1996 年颁布的《关于开展文化科技卫生"三下乡"活动的通知》和2006 年颁布的《关于组织开展高校毕业生到农村基层从事支教、支农、支医和扶贫工作的通知》。两个《通知》构建起了中国高校参与教育扶贫的"三下乡"和"三支一扶"两个机制。

中西部地区义务教育中,办学条件不足成为制约当地义务教育发展的重

① 郑皓瑜:《论拉丁美洲国家教育扶贫政策在消除贫困代际传递中的作用》,《山东社会科学》2016 年第 4 期。

② 参见吴霓、王学男:《教育扶贫政策体系的政策研究》,《清华大学教育研究》2017 年第3 期。

要瓶颈,为了全面改善中西部贫困地区义务教育的办学条件,2015 年 8 月,在中央深改组的第十五次会议上审议通过了《全面改善贫困地区义务教育薄弱学校基本办学条件工作专项督导办法》,对中西部贫困地区义务教育办学条件的提升进行了详细规划,提出了切实的保障机制。为了增加中西部民众接受良好高等教育的机会,解决中西部高等教育优质资源不足的问题,在 2016 年 6 月国务院办公厅颁发了《关于加快中西部教育发展的指导意见》,为了确保中西部贫困地区的高等教育发展,《意见》中规定进一步落实支援中西部地区招生协作计划、开展对口支援西部地区高等学校计划、推进省部共建地方高校工作、实施"三支一扶"计划、增加招生计划向中西部高等教育资源短缺地区倾斜计划等。出台这些教育政策和措施的目的是尽快改善中西部地区义务教育、高等教育办学条件和提供中西部地区民众接受优质高等教育的机会,提高中西部地区人口,特别是贫困人口的教育水平和素质。

为了解决贫困家庭学生接受教育中的学杂费和生活费用问题,国家制定了专门政策解决此问题。2015 年 8 月,财政部、教育部发布《关于免除普通高中建档立卡家庭经济困难学生学杂费的意见》,规定自 2016 年秋季学期开始,免除所有公办普通高中建档立卡户等家庭经济困难学生的学杂费。2016 年 10 月,国家在《职业教育东西协作行动计划(2016—2020 年)》中提出通过东西部职业教育协作加快贫困地区各类人才的培训,促进当地经济发展;在实施"现代职业教育质量提升计划"时给了贫困地区特别倾斜,增加高等职业院校生均拨款,支持贫困地区职业教育发展等。2016 年 11 月,教育部办公厅颁发了《关于进一步做好内地西藏班和新疆班学生学籍管理工作的通知》,规定西藏和新疆到内地学习的学生在学籍管理上遵循"人籍一致,籍随人走"原则,同时纳入全国学籍管理系统进行管理。在对口援助中,教育部为提高对西藏和四省藏区教育援助工作的针对性和实效性,在 2016 年专门制定了《关于加强"十三五"期间教育对口支援西藏和四省藏区工作的意见》。

为了在"十三五"期间全面落实教育扶贫的各项工作,2016 年年底,由教育部牵头、联合其他六个部委联合发布了《教育脱贫攻坚"十三五"规划》。《教育脱贫攻坚"十三五"规划》作为 2016—2020 年间教育扶贫工作的行动纲领,提出教育扶贫的目标是"实现建档立卡等贫困人口教育基本公共服务全覆盖,保障各教育阶段从入学到毕业的全程全部资助,保障贫困家庭孩子都可以上学,不让一个学生因家庭困难而失学"。此外,教育管理部门还针对教育扶贫中的专项问题制定了《国家贫困地区儿童发展规划(2014—2020 年)》《关于实施教育扶贫工程的意见》《乡村教师支持计划(2015—2020 年)》等。这些规划、计划为全国扶贫教育的开展提供了政策上的保障。可以说,当前中国教育扶贫已经拥有了完整的顶层设计,让教育扶贫在国家扶贫规划中成为完善的部分。

为了结合各省(区、市)教育扶贫中的具体情况,一些贫困人口较多的省(区、市)还制定了本省(区、市)内落实教育扶贫的规划和措施,如贵州省的《贵州省教育精准脱贫规划方案(2016—2020 年)》;甘肃省的《甘肃省精准扶贫乡村教师队伍专项支持计划》《甘肃省精准扶贫职业教育专项支持计划》《甘肃省教育厅支持革命老区教育跨越式发展行动计划》《甘肃省加快发展民族教育专项规划》;湖北省的《湖北省教育精准扶贫行动计划(2015—2019 年)》,规定实施"精准改造""精准招生""精准资助""精准就业"和"精准培训"的"五个精准"为中心的教育扶贫工程等。这些文件的制定细化了各地教育扶贫措施,增加了教育扶贫的精准性。

当前,中国教育扶贫上高等教育扶贫措施中,最有影响的是农村贫困地区定向招生专项计划(即国家专项计划)、农村学生单独招生(即高校专项计划)、地方重点高校招收农村学生专项计划(即地方专项计划),简称为"三大专项招生计划"。国家通过三大招生计划,每年让全国重点高校拿出一定数量的名额招收集中连片特困区的学生,特别是片区中的贫困家庭学生,增加贫困家庭学生接受优质高等教育的机会。根据统计,从 2012—2015 年间,全国重点高校给予集中连片特困地区招生指标人数已经从 1 万名增至 6 万名,4 年内在全国 832 个贫困县中累计录取了 18.3 万名大学生。[①] 这些招生计划让中国深度贫困地区的贫困学生能够接受优质高等教育,获得发展中的竞争力。

（三）教育扶贫的具体模式

教育扶贫中如何把文化知识教育与职业技术教育有效对接,一直是教育扶贫工作的中心和难点。为了解决以上问题,在教育扶贫实践中形成了形式

---

① 数据来源于国务院新闻办公室的《中国的减贫行动与人权进步(2016 年)》白皮书。

多样的二级教育扶贫模式,如"订单式"教育扶贫模式、"证书式"教育扶贫模式、"联动式"教育扶贫模式、"服务式"教育扶贫模式、"互联网+"教育扶贫模式等。这些二级教育扶贫模式从不同途径和机制上解决了贫困家庭学生在接受文化知识教育的同时,获得就业发展所需要的劳动技能。

1. "双证式"教育扶贫模式。这种教育扶贫的基本特征是把职业教育渗透到整个教学过程中。为达到以上目标,在办学机制上采用"课堂+基地+农户+实体+农校+高校",实现文化知识学习和职业技能培训相结合,不再把升学作为办学的目的。这种教育扶贫模式把提高学生文化素质与培养职业技术全面结合,以"不求人人升学,但求个个成才"为办学宗旨,形成新的教育扶贫模式。① 这种模式的优点是能够同时兼顾文化知识教育与职业技能培养,改变其他教育模式中只能实现某一种教育目的的缺陷。

2. "9+2"教育扶贫模式。这种教育扶贫模式是把文化知识教育与职业教育通过不同教学阶段实现镶嵌对接,解决贫困学生在教育中存在的"上学难、就业难"两个核心问题。这种教育扶贫模式通过把教育分成两个不同阶段,分别承担知识教育和技能培训,具体是让贫困学生接受九年义务教育后进入职业技术学校接受两年免费"订单式"职业教育。这种模式解决了贫困学生在教育中需要解决的三个问题:首先,让贫困学生获得足够适应社会发展和市场竞争的劳动技能;其次,保障贫困地区农村多余劳动力的有序转移;最后,让贫困家庭学生实现就业,获得收入摆脱贫困。② 这种教育扶贫模式的优点是既能让贫困学生获得系统完善的文化知识教育又能获得就业发展所需要的技能。

3. 清华远程网络教育扶贫模式。这种教育扶贫模式是通过现代网络技术平台,建立远程教学点,实现教学资源在空间上的共享,让贫困群体能够在家里就能接受到现代优质教育,获得发展技能。清华远程网络教育扶贫模式的特点是:首先,利用现代网络技术搭建新型教育平台,建成远程教学网点,消除教育上的空间阻隔,实现优质教育资源的共享;其次,利用清华大学拥有的优质师资资源,成立专业教师队伍,开展全国巡回支教,实施教育帮扶;最后,利用国内外社

---

① 参见朱德全:《"双证式"教育扶贫振兴行动研究》,《中国教育学刊》2005年第11期。

② 参见宋清华、杨云、张明星:《"9+2"教育扶贫模式的探索与实践》,《职业时空》2009年第3期。

会各界力量,提供运行物质保障。清华教育扶贫模式的创新点在于利用现代网络技术平台,把自身拥有的单点优势资源向不同扶贫对象"全方位"输送,实现共享。清华远程网络教育扶贫的帮扶对象是多层次,接受培训的有贫困地区的教师、学生、政府干部、医疗人员、职业技术人员、普通农民等。① 这种教育扶贫的重要特点是提供内容多样教学,受益群体广泛。这种教育扶贫模式实现了高等教育社会服务的职能,充分利用清华大学的优质教育资源,对全国贫困地区实施多层次教育培训支持,是高校参与教育扶贫的重要形式。

4."联动式"教育扶贫模式。这种教育扶贫模式是通过建立一种"全面规划、全面保障、全面参与、全面发展"的四位一体教育联动扶贫机制。其中,全面规划是先导,全面保障是基础,全面参与是载体,全面发展是目标。在这些原则下,对职业教育实施完善的顶层设计、优化区域布局、创新扶贫联动机制,实现教育扶贫目标。②

5."互联网+"教育扶贫模式。这种教育扶贫模式是利用现代网络技术,建立教育信息平台,实现教育资源共享。2016 年,在国家发布的《国家信息化发展战略纲要》中,提出"推进教育信息化"。利用现代移动互联网和移动终端平台,通过 MOOC、微课等在线教育,把教育发达地区的优质教学资源分享到教育程度偏低的贫困地区。这种教育扶贫模式的优点是既能解决贫困地区对优质教学质量的诉求,又能实现城乡教育均衡化发展的需要。目前这种教育扶贫模式可以进一步分为以网点建设和资源输送为特征的资源型教育扶贫模式、以提升信息技术能力为抓手的功能型教育扶贫模式、以信息技术与教学整合为导向的跨界协同教育扶贫模式等。③ 这种教育扶贫模式对解决贫困地区教学点分散、师资不足等起到了有效作用。

（四）基础教育扶贫措施

基础教育作为对贫困地区和贫困人口素质提升的基本保障机制,国家主要是对中小学教育实施各种专项资助和特别支持,让贫困地区基础教育办学条件

① 参见阎桂芝、何建宇、焦义菊:《教育扶贫的清华模式》,《北京教育（高教）》2014 年第 5 期。

② 参见袁利平、万江文:《我国教育扶贫研究热点的主题构成与前沿趋势》,《国家教育行政学院学报》2017 年第 5 期。

③ 参见袁利平、万江文:《我国教育扶贫研究热点的主题构成与前沿趋势》,《国家教育行政学院学报》2017 年第 5 期。

得到提升,教学资源得到优化,实现城乡教育均衡发展。通过30多年的努力,中国贫困地区小学教育获得了长足发展,近几年在基础教育扶贫中开始重点推进"一村一幼"的学前教育项目,实现贫困地区学前儿童能够接受相应教育。

中国政府针对贫困地区的基础教育开展专向扶贫投入始于1986年。1986年国家科委提出并组织实施科教扶贫战略,开始了中国教育扶贫之路,揭开了基础教育中的教育扶贫序幕。1996年《中共中央、国务院关于尽快解决农村贫困人口温饱问题的决定》中,确定"要把扶贫开发转移到依靠科技进步,提高农民素质的轨道上来"。这样中国政府在扶贫工作中,开始把教育作为扶贫的基本途径,改变之前以经济发展为中心的扶贫。

20世纪80年代,中国政府就针对贫困地区和贫困群体开展了一系列提升和改善基础教育的工程和项目,其中对提升贫困人口文化素质最有影响的是义务教育支持计划,代表是希望工程。"希望工程"是1989年团中央、中国青少年发展基金发起针对贫困地区和贫困儿童助学的工程。"希望工程"以救助贫困地区失学儿童少年为宗旨,通过建设希望小学改善贫困地区教学设施,帮助失学儿童重返校园。1995年国家针对贫困地区实行义务教育工程,即"国家贫困地区义务教育工程",工程以提升和改善国家贫困县和部分省级贫困县、革命老区和少数民族地区的九年义务教育为目的,政府投入资金达100亿元。2001年中国政府针对贫困家庭子女上学困难问题推行农村义务教育中"两免一补"政策,即对农村义务教育阶段的贫困家庭学生免除书本费和学杂费、补助寄宿学生生活费。

2000年为扶持西部和贫困地区普通教育发展,教育部启动实施了"两个工程",即"东部地区学校对口支援西部贫困地区学校工程"和"大中城市学校对口支援本省贫困地区学校工程"。"十二五"期间,国家为推进全国城乡义务教育均衡发展,缩小城乡义务教育差距,全面改善贫困地区中小学办学条件,实施了学前教育三年行动计划和乡村教师生活补助计划。在教育专项投入上,从2012—2015年,中央财政累计投入831亿元用于改造贫困地区义务教育的薄弱学校,为改善边远艰苦地区农村学校教师住宿条件,国家投入约140亿元建成24.4万套住房作为周转宿舍。[①] 通过三年学前教育行动计划实

---

① 数据来源于国务院新闻办公室的《中国的减贫行动与人权进步(2016年)》白皮书。

施,2011—2015 年,全国学前教育毛入园率由 62.3% 提高到 75%;中西部在园幼儿人数由 2153 万增加到 2789 万,增长了 30%。中国政府通过形式多样的教育特别资助支持项目,在 2010—2014 年间,累计给予了 4.1 亿人次的资助,覆盖了学前教育、义务教育、中职教育、普通高中、高等教育等各教育阶段的学生(幼儿),资助费用还不包括义务教育免费教科书项目,年平均资助人数高达 8201.26 万人次。① 这些普适性的教育资助让中国贫困学生能够接受从学前教育到高等教育等各个阶段的教育机会,保障了贫困学生获得知识和技能,对他们在社会中获得发展能力提供了条件。

进入 2012 年后,国家扶贫工作得到进一步发展,对贫困地区基础教育更加重视,为此制定了更加详细具体的支持贫困地区和农村地区基础教育的规划和措施。2014 年 12 月,国务院办公厅印发了《国家贫困地区儿童发展规划(2014—2020 年)》,规划以贫困地区儿童健康和教育为中心,建立多种机制关怀和保障他们的健康和教育,确定国家对贫困地区儿童扶贫目标是"到 2020 年,集中连片特殊困难地区儿童发展整体水平基本达到或接近全国平均水平","促进贫困地区儿童发展是切断贫困代际传递的根本途径"。2015 年 6 月,国务院在印发《乡村教师支持计划(2015—2020 年)》中,对未来五年乡村教师建设作出了全面部署,通过国家对乡村教育的支持,全面提升乡村教师水平,保证农村儿童获得优质教育资源,让每个儿童能够接受良好的基础教育。

"十三五"期间国家对基础教育支持更加深入和全面,在"十三五"扶贫工作中,国家针对教育扶贫作出了以下详细规定:重点支持中西部 1472 个区(县)农村幼儿园以保障贫困家庭适龄儿童接受学前教育,重点尽快改善集中连片特困地区县、国家扶贫开发工作重点县、革命老区贫困县等贫困地区的村小学和教学点,加大集中连片特困区普通高中和中等职业学校新建改扩,提高教学条件;为了保证贫困地区和乡村教师队伍的稳定和质量,国家计划通过强化师资培训、结对帮扶等方式落实集中连片特困地区和边远艰苦地区乡村教师生活补助政策,对边远艰苦地区农村学校教师周转宿舍开展建设等;为补充边远贫困地区、边疆民族地区和革命老区的教师不足,实施"三区"教师专项

---

① 参见张琦、史志乐:《我国教育扶贫政策创新及实践研究》,《贵州社会科学》2017 年第 4 期。

计划,每年向"三区"选派 3 万名支教教师;对建档立卡贫困家庭学生以及非建档立卡户家庭经济困难的残疾学生、农村低保家庭学生、农村特困救助供养学生等普通高中实施免除学杂费等。国家对农村贫困家庭学生和集中连片区贫困家庭学生的多维支持,保证了教育扶贫在贫困地区普通教育上能够有效进行。

（五）职业教育和技能培训扶贫措施

职业技能培训教育模式是通过提供形式多样的职业教育和劳动技能培训,提高贫困劳动者的技能,让他们获得就业机会和发展动力。让贫困者拥有社会发展需要的技能是扶贫中消除贫困最有效的途径。对此,国家进行了多项职业技能培训工程。教育扶贫中职业技能培训成为当前中国教育扶贫中的重要内容,越来越成为教育扶贫的重点。如教育部在滇西边境连片贫困区进行扶贫时就把职业教育作为中心,为此成立了滇西应用技术大学作为平台,采用本部加分校的结构,在滇西扶贫地区的不同州市中设立适应当地特色产业发展需要的各类职业学院,如西双版纳傣医学院、普洱市普洱茶学院、保山市珠宝学院等。2014 年 12 月,在全国扶贫开发工作会议上把职业技能培训工程确定为"十项"扶贫工程之一,是当前国家扶贫战略的重要组成部分。2013年到 2017 年 8 月全国共有 481 万贫困人口通过劳动转移就业实现脱贫。①

当前,中国教育扶贫在完成九年义务教育和学前教育均衡发展的前提下,中心转向职业教育和职业培训是整个教育扶贫趋势,也是当前教育管理部门和理论界重点解决的问题。这是因为各种经验和定量分析研究发现劳动技能不足是当前贫困人口无法有效脱贫的困难所在。2002 年,在对山东、河北、江西等 15 个省(市)中 2477 名城市打工的农民工开展一般教育收益率与技能培训收益率之间的关系调查后,发现在不考虑其他因素对收入的影响下,一般教育和技能培训对农村外出劳动力收入影响很大。其中,一般教育收益率仅为 3.66%,技能培训收益率高达 27.89%。② 这个数据揭示了职业教育培训对

---

① 参见周宏春:《这四年,精准扶贫结硕果　中国模式受称赞》,http://f.china.com.cn/2017-11/07/content_50053804.htm,发布时间:2017 年 11 月 7 日 10:22:58,中国网·中国扶贫在线,访问时间:2018 年 4 月 23 日。

② 参见侯风云:《农村外出劳动力收益与人力资本状况相关性研究》,《财经研究》2004 年第 4 期。

农村外出劳动力收入的影响巨大。与此同时,大量统计数据反映出当前中国农村绝大多数劳动力仍然没有获得有效的职业技能培训。2015 年在对 2013 年、2014 年农村转移就业劳动力统计分析后发现,在全部农村转移就业劳动力中接受过技能培训的只有 30%,超过 70%没有接受过任何专业技能培训。①2013 年年底,全国贫困村中不能继续升学的贫困家庭富余劳动力(两后生)②多达 398 万人,其中 352 万人没有参加过职业教育,同时全国每年还新增 100 万"两后生"。③ 根据国家统计局统计数据显示,农村劳动力转移到非农业部门后,绝大多数从事的是第二产业和第三产业。如 2013 年有超过 2.6 亿农村劳动力转移到非农业部门就业,其中 56.8%从事第二产业,42.6%的从事第三产业。④ 这些数据表明,在国家发展中,特别是产业升级时期,农村转移就业的劳动力的技能水平,将影响到整个国家经济发展的质量和水平。

职业教育在中国贫困治理中的重要性,还在于当前中国存在一个严重的社会现象,是中级和高级职业学校生源主要来自于农村家庭,其中又以贫困家庭学生为主。2015 年上海市教育科学研究院和麦可思研究院共同编制的《2015 中国高等职业教育质量年度报告》中指出,全国中等职业学校毕业生中有 95%以上来自农村家庭和城市经济困难家庭,高等职业院校中有 91%的毕业生是该生家庭中第一代大学生,52%的毕业生家庭背景是"农民与农民工"。《报告》还特别强调前两项比例在近四年中一直保持上升趋势。⑤ 这些说明提高职业教育对解决中国整个贫困问题,将起到十分关键的作用,是城乡贫困家庭和贫困子女获得发展、减少贫困的基本途径。

由于职业教育和技能培训在国家贫困治理中,承担着无比重要的作用,加大和改善职业教育和技能培训成为解决贫困和消除贫困的重要途径。为此,中国政府展开了大量针对性工程。其中,最有影响的是 2003 年农业部等六部

---

① 参见诸峰、沈凯、仲嘉霖:《基于政府培训视角的中国农村劳动力转移实证研究》,《农村教育》2015 年第 4 期。

② "两后生"即初中毕业后未能升入普通高中,或高中毕业后未能升入普通高校继续学习的应、往届毕业生。

③ 参见朱爱国:《基于精准视阈的职业教育扶贫策略探究》,《学者论坛》2016 年第 1 期。

④ 参见诸峰、沈凯、仲嘉霖:《基于政府培训视角的中国农村劳动力转移实证研究》,《农村教育》2015 年第 4 期。

⑤ 参见朱爱国:《基于精准视阈的职业教育扶贫策略探究》,《学者论坛》2016 年第 1 期。

委联合制定和下发的《2003—2010年全国农民工培训规划》。在《规划》中，国家为了解决贫困群体的职业教育和技能培训需要，推出针对贫困群体中初高中生和青壮年劳动力的"两后生培训""雨露计划""阳光工程"等三项职业教育和技能培训项目。2012年，国家为促进贫困地区贫困劳动力技能培训，实施了农村贫困劳动力的就业技能培训、岗位技能提升培训和创业培训为中心的"春潮行动"。2004年，农业部、财政部等五个部委共同组织实施了以促进农村贫困劳动力转移培训为目的的"阳光工程"。"阳光工程"通过对贫困地区劳动力的技能技术培训，把农村地区贫困劳动力转向非农业和城镇中就业，实现稳定就业，提高收入作为目标。在2016年制定的《"十三五"脱贫攻坚规划》中，为保证贫困群体职业教育培训，针对不同群体展开六大行动，分别是依托东西部扶贫协作机制和对口支援工作机制的"劳务协作对接行动"，针对贫困家庭子女、未升学初高中毕业生等免费职业培训的"重点群体免费职业培训行动"，使各类农村转移就业劳动者拥有一次职业培训的"春潮行动"。针对建档立卡贫困劳动力的技能培训和增加就业岗位开发的"促进建档立卡贫困劳动者就业"，针对农民工等人员返乡创业培训的"返乡农民工创业培训行动"，针对贫困家庭应、往届"两后生"中有就读技工院校意愿者的"技能脱贫千校行动"等。这样国家建立起全方位针对贫困群体的劳动技能教育和培训支持计划。

在中国教育扶贫中针对贫困者的劳动技能培训上最具影响的是"雨露计划"。2005年6月国务院扶贫办公室正式启动"雨露计划"，目的是针对农村贫困人口实施旨在提高贫困劳动力的技能，促进贫困家庭劳动力外出就业，增加收入实现脱贫的全国贫困地区技能培训工程。"雨露计划"成为21世纪中国政府针对农村，特别是贫困群体实施的职业培训计划，构成了国家教育扶贫的重要内容。

1. "雨露计划"是国家针对贫困群体实施的特别职业培训工程，具体是通过职业教育和实用技术培训，提高贫困群体劳动技能，增加他们的就业和发展能力。"雨露计划"技能培训由贫困家庭新生劳动力职业教育培训助学工程、贫困家庭青壮年劳动力转移就业培训工程、贫困家庭劳动力扶贫产业发展技能提升工程、贫困村产业发展带头人培养工程等四个子工程组成。"雨露计划"是当前中国职业教育扶贫中最完整的职业培训工程。

　　"雨露计划"从 2004 年开始正式实施。2004 年 6 月 7 日至 8 日,国务院扶贫办在河南信阳召开全国贫困地区劳动力转移就业培训工作座谈会,在会上提出在贫困地区分批认定一些职业培训基地,根据就业市场需求设定培训专业,开展针对贫困人口的技能培训。同时,为了让贫困人口能够接受技能培训,国家给予接受技能培训的贫困人口在培训期间合理补贴。这次会议标志着国务院扶贫办主导的贫困地区劳动力转移就业培训工程正式启动。经过一年的试点工作后,2005 年 6 月 25 日至 26 日,国务院扶贫办在湖北宜昌召开全国贫困地区劳动力转移就业培训工作现场经验交流会,在会上首次把贫困地区劳动力转移就业培训工程称为"雨露计划",并对"雨露计划"进行了战略构想。同时,决定在湖北、河南等省(区)进一步开展试点工作。

　　经过两年试点工作后,2006 年 8 月 24 日国务院扶贫办在河南郑州召开全国扶贫培训工作座谈会,会上对"雨露计划"实施的具体问题进行了研究和部署。"雨露计划"的核心措施是:根据就业市场需要确定培训专业、时间和补贴;培训以创造贫困地区农民拥有稳定非农业收入作为目标;培训资金投入以中央为主,地方省(区、市)配套资金不低于中央财政扶贫资金投入的 10%;整个培训围绕瞄准培训对象、实施培训工作、安排学员就业、加强维权服务展开;培训机构以市场化运作为主,但政府承担对培训机构的监管,防止出现对培训经费的挪用、套取、冒领等。这样对整个计划运行作出了完善的规划,成为国家教育扶贫中技能培训的主战场。2006 年 10 月 24 日,在北京举行了全国贫困农民培训学校成立暨"雨露计划"的启动仪式,正式标志着"雨露计划"在全国推开。

　　为了规范"雨露计划"的实施,2007 年 3 月 22 日,国务院扶贫办发布了《关于在贫困地区实施"雨露计划"的意见》。在《意见》中规定"雨露计划"适用对象是农村建档立卡户中青壮年农民(16—45 岁)、贫困户中复员退伍士兵(含技术军士)及重点贫困村中村干部和能带动贫困户脱贫致富的骨干;实施原则是"以人为本、注重开发,突出重点、分类实施,紧跟市场、按需施教,整合资源、创新机制,政府主导、共同参与";运行机制是"政府主导、部门配合、社会参与";培训形式有:职业技能培训、实用技术培训、创业本领培训。这样"雨露计划"形成了完整方案,增强了工程实施的操作性。

　　在 2010—2014 年国务院扶贫办针对"雨露计划"运行中出现的培训补贴

精准不足和很多贫困家庭劳动力由于无法承担技能培训期间生活费而放弃接受培训直接进入劳动力市场的问题,开展了针对两个问题的改革试点工作。2010 年 6 月 17 日,国务院扶贫办和财政部联合发布了《关于开展"雨露计划"实施方式改革试点工作的通知》,重点对培训补贴适用对象和补贴形式进行改革。当时,采用试点改革办法,根据扶贫工作中的特点,选择了河北省武强县、河南省宜阳县、湖北省罗田县、湖南省邵阳县、广西隆林县、重庆市武隆县、甘肃省临潭县、青海省泽库县、新疆吉木乃县等 9 个国家贫困县作为改革试点。具体是在培训补贴适用对象瞄准试点县的建档立卡贫困家庭中在 2010至 2011 学年接受中、高等职业教育和一年以上技能培训(进入顶岗实习阶段的学生除外)的学生,培训补助形式是在享受国家规定的其他补助政策的基础上,每生每年增加补助 1000 元,采取一卡(折)直接划拨到户的方式。改革的目的是提高工程瞄准的精准性和解决贫困家庭成员接受职业教育培训时期的生活费用问题。经过 2010 年改革试点工作后,在 2011 年 4 月 25 日国务院扶贫办和财政部联合发布了《关于完善雨露计划实施方式改革试点工作的通知》,决定在中西部地区选择 100 个完成了"两项制度"(农村扶贫开发政策制度与农村最低生活保障制度)衔接建档立卡工作的国家贫困县作为改革试点。同时,对试点县的试点目的、试点期限(2011—2012 学年)、补助对象、补助标准(提高到每生每年 1500 元)、试点县选择方法、试点资金安排和使用管理、试点工作要求等进行详细规定。2012 年再次扩大改革试点县的范围。为此,2012 年 9 月 25 日国务院扶贫办行政人事司和财政部办公厅联合发布《关于开展 2012—2013 学年雨露计划实施方式改革试点工作的通知》,决定把改革试点县在保留 2011—2012 学年 97 个县(不含西藏的 3 个县)的基础上,再在中西部集中连片特困区国家贫困县中增加 103 个试点县,共在中西部地区选择 200 个国家贫困县作为试点工作实施对象。为了继续扩大雨露计划实施改革试点工作,2014 年 9 月 26 日,国务院扶贫办行政人事司和财政部办公厅再次联合发布《关于开展 2013—2014 学年雨露计划实施方式改革试点工作的通知》,要求加强对试点工作的组织领导和宣传引导,积极创新试点工作模式和实施办法,严禁擅自扩大补助对象的范围。2010—2014 年改革试点的核心是增加"雨露计划"在扶贫工作中的精准性和有效性,让贫困家庭劳动力能够接受到有效的劳动技能培训。

2."雨露计划"的四大职业技能培训工程

(1)贫困家庭新生劳动力职业教育培训助学工程。工程以提高贫困家庭中新参加工作者的劳动技能为目的,具体内容是:适用对象为国家贫困县和片区县贫困家庭中的"两后生",年龄一般在 16 岁以上至 25 岁以下的劳动力;培训机构是省级扶贫部门选定的办学条件较好的职业教育机构和就业趋势较好的专业;教育培训方式是委托培训或联合办班;参与培训方式是自愿报名;培训形式有接受完整的中、高级职业教育,或一年以上预备技能培训;参与培训学生的待遇,在享受国家其他补助政策的同时,给予特别生活费用补贴。

(2)贫困家庭青壮年劳动力转移就业培训工程。工程以解决农村贫困青壮年劳动力的就业和提升收入为目的,具体内容是:适用对象为滞留农村的和外出就业中希望提升劳动技能的农村贫困青壮年劳动力;培训时间有 3 至 6 个月,最长不超过 1 年;培训形式以获得就业能力为目的的中级以上从业资格证书为方向的就业技能培训和提升从业资格等级为方向的岗位培训。

(3)贫困家庭劳动力扶贫产业发展技能提升工程。工程以解决贫困地区产业发展中需要的各类技术人才培训为目的,具体内容是:适用对象是各省(区、市)贫困村中种养业及其产品加工业的技术人员、农村经纪人、物流人员、服务当地产业发展的企业经营管理人员、农民专业合作组织的负责人等;培训方式由省、市、县各级扶贫管理部门共同组成,与高等院校、科研院所联合办学;培训形式根据各类产业和人才的需要,分门别类举行,如针对种养殖技术、农民专业合作组织、乡镇企业经营管理、农村经纪人等开展针对性培训。

(4)贫困村产业发展带头人培养工程。工程以解决贫困地区产业发展中所需要的各种带头人培训为目的,具体内容:适用对象是各省(区、市)贫困村的党支部、村委会负责人以及贫困村中能够带领贫困群体致富的带头人;培训组织形式是中央示范、省级组织、市县配合;具体机制是国务院扶贫办选定培训示范基地,省级扶贫部门每年编制年度培训计划和统筹安排培训资金,市、县两级扶贫部门选送培训对象;培训形式是扶贫部门与各级党校、行政学院、职业院校联合办学或委托培训。

3."雨露计划"的实施和效果

"雨露计划"实施后产生了良好的社会效果,得到社会各界和贫困地区政府的大力支持,很多社会组织和企业积极参与此项计划,创立了很多以此为目的的工程。2007 年 11 月 19 日,由国务院扶贫办与中国留学人才发展基金会主办、湖南长沙环球职业教育集团承办的"雨露计划·腾飞工程——中西部地区万名应用人才助学行动",2011 年中国留学人才发展资金会退出项目,其位置由全国妇联替代。2007 年 12 月 12 日,广东碧桂园控股有限公司启动建立全国退役军人培训示范基地,计划每年免费培训 1 万名退伍军人,并承诺在"十一五"期间每年捐资 2500 万元作为"雨露计划·碧桂园"项目的培训经费。2008 年 3 月 26 日,由国务院扶贫办主办、全国贫困地区干部培训中心和中泰华威国际投资有限公司承办启动的以提供贫困地区劳动力职业技能培训为对象的"雨露计划·中泰华威行动"项目,为保证项目实施,中泰华威国际投资有限公司承诺在未来 5 年捐资 5.1 亿元作为培训经费。2012 年 5 月 25 日,国务院扶贫办和共青团中央主办、湖南长沙环球职业教育集团和陕西振华培训学院承办开展"雨露计划·扬帆工程——中西部地区万名应用人才助学行动"项目。为了加快实施"雨露计划·扬帆工程",2012 年国务院扶贫办、共青团中央联合实施针对中西部"雨露计划"试点地区和集中连片特困区农村贫困家庭中子女直接生活费补助,以引导和鼓励农村贫困家庭子女接受正规的职业教育和中长期技能培训。"雨露计划·扬帆工程"推行后,贵州省在 2014 年下半年全面实施,项目通过选择贫困家庭的成年劳动力进行技能培训和对贫困家庭青少年实施针对性职业教育,让他们获得劳动技能,达到阻断贫困代际传递功能。这些具体项目让"雨露计划"在实施过程中更加具体、针对性更强,成为教育扶贫中职业技能培训的有力机制,为技能培训实施提供了保障。

全国贫困人口集中的省(区、市)针对各自扶贫工作的需要,对"雨露计划"实施进行创新,设立针对性更强的项目。如贵州省在"雨露计划"实施过程中积极改进和创新工作机制,创立了"雨露计划·圆梦行动""雨露计划·助学工程"等工程。其中"雨露计划·圆梦行动"针对农村贫困家庭中考取一本重点大学的新生给予交通、过渡期生活费补助;"雨露计划·助学工程"是省扶贫管理部门选择国家和省级重点职业学校中优势专业,面向农村贫困家庭中的初、高中毕业生招收"雨露班",提供 1—3 年职业教育和技能培训。

2004—2010 年间,"雨露计划"从培训机构、资金投入、劳动力培训上都取得了显著成绩。在培训机构上,2004—2009 年间国务院扶贫办、省级扶贫办和贫困县扶贫办在全国范围共认定了三个层级的"雨露计划"培训示范基地,其中,国家级的有 31 个,省级的有 600 个,县级的有 1700 多个,构成了覆盖全国贫困地区的职业技能培训网络。① 在资金投入和劳动力培训上,2004—2010 年间,中央政府累计投入 30 亿元财政扶贫专项资金用于"雨露计划",让 400 万人次贫困家庭劳动力接受了技能培训,有 80%以上接受培训者实现转移就业。根据抽样调查,接受技能培训的劳动力在收入上比没有接受过培训的劳动力每月平均工资高出 300 至 400 元。② 此外,根据有关部门统计,2006—2012 年全国各级财政扶贫资金中共有 135.55 亿元投入"雨露计划",具体是劳动力转移培训资金 49.99 亿元,培训 921.9 万人,其中 90%以上的实现了转移就业;实施方式改革补助资金有 6.25 亿元,共补助了 84.14 万人次贫困家庭中、高职在校生;村干部或致富带头人(含有创业培训)培训资金 3.84 亿元,培训 77.47 万人次;农业实用技术培训资金为 10.92 亿元,培训 1235.48 万人次;其他培训资金 5.16 亿元。③ 这些数据说明,中国政府自 2004 年实施"雨露计划"后,进行了大量投入,产生了积极作用,取得了职业技能扶贫的重要成就。

4. "雨露计划"运行中存在的问题

"雨露计划"在实施中主要存在以下问题:贫困农民参与培训积极性一直不高、培训基地质量低下且重复建设严重、培训中实用技术培训力度不够、劳动力转移培训经费不足等。④ 这些问题让整个"雨露计划"在实施中效果受到严重影响。当前,制约"雨露计划"有效推行的主要原因有:首先,项目锁定的目标群体缺少可以接受职业培训的人员;其次,就业市场对劳动力技能准入水平要求很低,甚至没有任何要求。这两个原因让技能培训没有适合的对象和失去对贫困者增加培训的吸引力。

"雨露计划"作为针对贫困群体脱贫而设立的职业技能培训工程,自然把贫困地区的建档立卡贫困户作为项目实施对象,然而现实是大量建档立卡贫困户根本没有可以接受培训的成员。如 2014 年"靖安县的贫困指标为 8860

---

① 参见国务院扶贫办:《中国扶贫开发年鉴》(2010 年),中国财政经济出版社 2010 年版,第 38 页。

② 数据来源于国务院新闻办公室的《中国农村扶贫开发的新进展(2001 年)》白皮书。

③ 参见王金艳:《雨露计划扶贫培训探析》,《理论学刊》2015 年第 8 期。

④ 参见江西省九江市扶贫办综合科:《"雨露计划"工作存在的问题及建议》,《老区建设》2009 年第 21 期。

余人,其中低保户 5000 多人,五保户 1000 多人,扶贫开发户仅 1300 余人。经过摸底,他们发现,低保和五保户中少有青壮年劳动力,扶贫开发户子女多选择读大学,没有参加'雨露计划'的合适人选"。[①] "雨露计划"最初设计是针对贫困县和贫困村中的贫困户劳动力展开,锁定培训对象是农村贫困户中的低保户和五保户,然而现实中是这两类贫困群体产生贫困的根本原因是家庭中缺少青壮年劳动力,而不是青壮年劳动力没有劳动技能而导致缺少收入。这样希望通过对青壮年劳动力进行技能培训,消除贫困的目标自然无法在这两个群体中实现。

当前,国内大量工厂在招录工人时对劳动者学历和技能要求很低,很多初中毕业生就可以直接就业。这样严重影响了需要花两三年时间进行技能培训的学校学习计划。于是,贫困家庭劳动力在就业上形成了恶性循环,即越是贫困家庭的初高中毕业生越需要尽快就业,以解决家庭经济压力。于是,需要耗时耗费的职业技术培训自然受到冷遇和排斥。这是因为很多贫困家庭的家长和孩子不能从长远考虑,为了解决家庭中的生活压力,只好采用最快的办法,直接进入低端就业市场。我们在调查中发现,许多农村贫困家庭中的孩子往往在初中还没有毕业就参加工作。在工作中对简单的计算都无法有效进行,如建筑、装修时对材料的计算都无法有效进行。这些孩子在结婚后,随着年龄增长,由于没有技术,体力衰弱后,又只能从事低收入工作,成为低收入群体,对自己孩子又无法提供学习支持,进而形成恶性循环。在解决此问题上,通过个案示范和数据向广大贫困家庭宣传没有参加职业培训就业和通过一定职业培训再就业在较长期内收入上存在明显差异是十分有效的办法。当前,中国政府为了解决贫困家庭孩子在接受职业教育时无法承担生活费问题,实施了针对性资助。根据国务院发布的《中国农村扶贫开发的新进展》数据,2001—2010 年,全国中等职业学校毕业学生有 4289 万人,其中绝大多数来自农村家庭和城市经济困难家庭。[②]《中国职业教育发展报告(2002—2012 年)》统计,大约有 85%的中等职业学校的学生来自农村和经济困难家庭。为此,"十一五"期间中央和地方财政共安排了 600 多亿元用于资助中等职业学校的学

---

① 易克勤、陈斌华:《"雨露计划"为何在基层遇尴尬?》,《江西日报》2015 年 8 月 19 日第 B04 版。

② 数据来源于国务院新闻办公室的《中国农村扶贫开发的新进展(2011 年)》白皮书。

生,让90%的中职在校学生享受到每年1500元的资助。2011年,中央和地方财政投入了135.9亿元,资助了906万名中职学生。①

在影响中国农村地区职业教育有效推进的原因上,还有一个是地方各级政府和教育部门对职业教育培训的认识不足。对职业教育在整个国民教育,特别是农村和贫困人口中的作用,中央和教育部等高层有十分清晰的认识,但省级以下地方政府和教育部门却呈现层层递减的现象。很多地方职业教育由于历史原因,加上地方政府一直把义务教育和高中教育作为中心,导致职业教育在学校设置、学校硬件设施上缺失,教师队伍严重不足;教师和教学手段无法发挥职业技术教育应有的作用。当前,全国大量中高职,特别是中等职业学校出现数量少、设施落后、教师不足且缺少技能等问题,让参与职业学习的学生无法获得相应技能。根据统计,2016年全国初中毕业生人数是1454.24万,进入中等职业学校学习的人数是593.34万人,相比2015年减少了7.91万人,减幅为1.3%。这样导致2016年进入中等职业学校学习的学生只占到整个高中教育阶段学生比例的42.49%,低于国家设定的50%目标。此外,全国初中毕业生中,除去进入中职、高中学习外,还有54.49万人直接进入社会,成为没有接受任何职业教育培训的新增劳动力。这一部分群体中,绝大多数是家庭贫困学生。同时,更加不利的是2016年全国中职学校和职业技术培训机构出现大量减少,相应的高职高专职业学校增长速度却十分缓慢,无法形成对冲。根据统计,2016年,全国中等职业学校较上年减少了309所,而同期全国高职高专院校则只增加了18所。此外,全国职业技术培训机构较上年减少了0.56万所,全国只有9.34万所。② 职业教育学校和培训机构的减少、不足对整个职业教育的影响是全面的、直接的,需要及时解决,才能实现让劳动者,特别是贫困劳动者获得应有的职业教育和培训。

中国职业教育培训在扶贫过程中,特别是贫困治理中的作用是不可替代的,国家要在贫困治理中消除绝对贫困,促进贫困群体获得内生发展动力,就必须让中央到地方政府的教育部门把职业教育作为贫困治理的中心工作来抓。职业教育得不到有效发展,就很难消除国家发展中城乡贫困群体产生的

---

① 参见豆小文、叶秀芬:《职业教育扶贫的几点思考》,《成人教育》2014年第7期。

② 参见李鹏、朱成晨、朱德全:《职业教育精准扶贫:作用机理与实践反思》,《教育与经济》2017年第6期。

制度性问题。

三、金融信贷扶贫模式

金融信贷扶贫模式是指国家通过特定金融机构和方式给予贫困地区、贫困群体、贫困家庭或贫困个人提供信贷资金支持,让它们获得发展生产的必要资本,促进生产和扩大再生产,增加收入,实现脱贫的扶贫模式。[①] 在生产发展中,贫困者由于缺少生产发展的必要资本,无法实现扩大再生产和产业更新,让自己获得财富增长,消除贫困,这成为很多贫困发生和难以消除的重要原因。所以在贫困治理中,给予贫困对象金融信贷上的支持,让他们获得发展所需要的资金是贫困治理的重要手段。中国金融信贷扶贫模式的主要机制是国家给予金融信贷机构利息补贴,让他们把信贷资金投向国家指定的扶贫对象中。中国在金融扶贫模式上创造出多种信贷形式,如小额信贷、社区发展基金、农村资金互助社、抵押创新品、贫困地区村级发展互助资金、供应链农村金融新型信贷产品等。西方国家较早就采用金融信贷扶贫,如美国在《社区再投资法》中规定参加保险的联邦银行和存款机构必须满足营业地社区的信贷需求,给予中低收入家庭贷款。这样通过对金融机构在业务上强制规定,实现金融扶贫目的。

金融信贷在贫困治理中的作用是通过及时、有效的信贷资金促进经济增长。这是因为金融信贷可以改变居民储蓄率和储蓄再分配而影响社会资本积累率,实现对经济增长的促进作用。金融机构给予贫困者提供信贷后,贫困者可以获得发展的资金和接受教育、提高劳动技能的机会,进而获得发展能力,实现发展。对于微型金融的反贫困作用,学术界认为有三种:"(1)微型金融有助于提高贫困农民的素质;(2)微型金融有助于增强贫困农民的信用水平;(3)微型金融有助于维护贫困农民的自尊心,及其提高在当地的社会地位。"[②]自 2003 年后,中国政府为了加强金融信贷在农村贫困治理中的作

---

① 国际金融扶贫模式主要以孟加拉"乡村银行"(Grameen Bank,GB)模式最为知名。此外,较有名的还有印度尼西亚人民银行乡村信贷部(BRI-UD)模式和玻利维亚阳光银行(BancoSol)模式等。

② 吕勇斌等:《我国农村金融发展与反贫困绩效:基于 2003—2010 年的经验证据》,《农业经济问题》2014 年第 1 期。

用,开始大规模启动针对农村扶贫需要的农村金融信贷改革和机制创新,形成了国家政策性银行、全国性商业银行、区域性商业银行、农村信用社、新型农村金融机构等多种提供扶贫信贷的金融机构。这些不同层次和目标的金融信贷机构为农村扶贫开发提供了形式多样、功能不一的金融服务,解决了贫困农民发展中急需的资金问题。中国金融信贷扶贫模式措施繁多,其中主要是国家设立专业性开发扶贫金融信贷机构作为承担此项扶贫工作的主体。

中国金融信贷扶贫模式的基本特征是政府主导、社会参与、类型多样。当前,在中国农村开展金融信贷服务的金融机构分为商业性金融机构、合作性金融机构和政策性金融机构三类。中国金融扶贫模式根据资金来源和运行特点,分为政府主导金融扶贫模式、金融机构主导金融扶贫模式、国际金融组织参与扶贫开发模式、社会扶贫组织金融扶贫模式、产业金融扶贫模式、互联网金融扶贫模式、"电商平台+金融"扶贫模式等7种,其中政府主导金融扶贫模式和金融机构主导金融扶贫模式是主体。政府主导金融扶贫模式通过以下四种机制给予扶贫对象信贷支持,即:(1)支农信贷款扶贫模式是中国人民银行以专项贷款形式向涉农金融机构发放支农贷款,再由金融机构向贫困户发放具体支持发展的小额贷款;(2)杠杆式金融扶贫模式是通过"银行+农牧户+风险补偿金"机制,把风险补偿金作为担保,让商业银行给予贫困农户提供信贷;(3)民生金融扶贫模式是贫困地区政府及中国人民银行给予地方金融机构针对特定扶贫和帮扶群体贷款支持,支持贫困地区特定群体脱贫致富,如妇女小额担保贷款、下岗失业贷款、大学生创业贷款等金融贷款指标;(4)扶贫贴息贷款模式是贫困地区政府及中国人民银行给予特定贫困地区、产业和贫困户提供贷款的金融机构一定数量的贷款贴息补助,让金融机构参与扶贫开发贷款。当前,金融机构主导金融扶贫模式主要采用以下机制:"金融机构+农村产权抵押+贫困户"贷款、"金融机构+互助资金+贫困户"贷款、"金融机构+公司担保/公务员担保/贫困户互保/基地担保/协会担保……+贫困户"贷款。① 此外,在金融扶贫模式中,根据可持续性特点可以再分为四种次模式,即基于农业价值链的信贷模式、风险小的产业项目+农民财产抵押+信用贷款模

---

① 参见王浩:《金融精准扶贫模式》,《中国金融》2016年第22期。

式、风险大的产业项目+乡镇村基层担保基金担保+农户互保+保险公司承保信贷模式、农村互助基金社信贷模式。① 现在学术界和实务界对中国金融扶贫模式进行了不同形式的总结,提出的种类和形式各不相同。

在全国各地扶贫实践中,地方政府在操作金融信贷扶贫时,创造出了很多具体模式,其中较有名的有广东省梅州市丰顺县北斗镇拾荷村的"拾荷模式",即"担保基金+农村金融机构+合作社+农业龙头公司+行业协会"模式,巨鹿县的"三级担保"信贷扶贫模式,临城县的"公司+农户+基地+扶贫贴息"信贷扶贫模式,广宗县的"以扶贫资金作抵押"信贷扶贫模式等。对于国内实践中的金融扶贫模式,学术界有过很多总结,中国人民银行张家口市中心支行课题组 2015 年在总结国内各种金融扶贫机制后提出:农业价值链融资模式、"征信+信贷"模式、土地流转扶贫模式、广东郁南模式等。这些金融信贷扶贫模式是基于全国各地金融信贷扶贫实践形成的,具有很强的实践性。从中可以看出,在中国扶贫工作中金融信贷作用十分重要。

20 世纪 80 年代,中国开始实施金融信贷扶贫,当时由中国农业银行承担具体工作。20 世纪 90 年代,国家为了更好促进金融信贷扶贫工作,成立了专门负责国家扶贫开发信贷工作的政策性专业银行——国家开发银行和国家农业发展银行。国家专业扶贫银行在信贷上拥有资金规模大、周期长、性质综合、效果稳固等特征,是其他非专业金融机构无法相比的。国家开发银行放贷形式是通过与地方政府签署大型扶贫项目合作协议后,给予大额的、长期的信贷。贷款对象主要是针对基础设施建设以及贫困农户和中小企业的融资。如国家开发银行通过与贵州省人民政府签订《开发性金融支持贵州省扶贫攻坚合作备忘录》,给予贵州省在"十二五"期间额度为 300 亿元的贷款承诺,以支持贵州省交通、电力、水利、城市环境、基础教育、农业产业化等领域的扶贫开发工作。国家开发银行通过与辽宁省人民政府联合实施"开发银行大额批发式贷款+中和农信小额零售式贷款"信贷形式,对辽宁省扶贫开发给予金融信贷扶持,具体运行是国家开发银行通过批发的方式给予中国扶贫基金会下属的中和农信小额贷款公司提供贷款,中和农信小额贷款公司再根据各类扶贫

---

① 参见刘张发:《可持续金融扶贫模式分类、差异和适用范围》,《金融发展研究》2016 年第 7 期。

项目的特点,建立农户自治小组后向具体贫困户提供额度在6000—10000元之间的小额扶贫贷款。这样通过中介专业扶贫组织,让小额扶贫信贷资金能够有效投向贫困户及相关产业中,支持贫困地区和贫困人口的产业发展,实现脱贫致富。进入2012年后,国家开发银行与中国农业发展银行为了更好支持全国贫困地区扶贫开发工作,在2016年4月两个银行分别成立了针对扶贫工作的扶贫金融事业部,以更加专业的形式深度参与国家扶贫,成为当前全国扶贫工作中金融扶贫的支柱。

中国金融信贷扶贫始于20世纪80年代中期"三农"特别金融信贷业务的开展。1985年,中国农业银行计划每年投入3亿元专项贷款额度支持贫困地区经济发展。1986年,中国农业银行每年安排10亿元作为支持全国国家贫困县和部分省级贫困县在农牧林业发展上的专项扶贫贴息贷款。这一实施标志着中国金融信贷扶贫工作的全面展开。1992年,国家设立康复扶贫专项贷款,给予农村残疾贫困户小额贷款,解决他们的温饱问题。为了规范和提高康复扶贫专项贷款,2011年,国家出台了《关于进一步完善康复扶贫贷款和贴息资金管理有关政策的通知》,把康复扶贫贷款总额提高至10.3亿元,贴息利率提高了2个百分点。2001年,中国农业银行在国家级贫困县和省级贫困县中累计发放贷款2644亿元,支持了1892个龙头企业,带动386万户农户增收。2014年,国务院扶贫办与中国农业银行签署"金融扶贫合作协议",中国农业银行承诺每年向贫困地区投放不低于1000亿元的专项扶贫贷款。国家专业银行的大额专项信贷资金成为金融扶贫资源的主要来源,有力解决了贫困地区和贫困人口发展中资金短缺和融资困难的问题。中国政府在金融扶贫上,从2001—2010年,中央财政累计安排的扶贫贷款财政贴息资金达54.15亿元、发放扶贫贷款近2000亿元。

当前,中国金融信贷扶贫的核心是给予贫困农户发放小额信贷,让他们获得发展所需要的资金。在金融机构给予贫困户发放小额信贷上,主要有直接贷给贫困农户和间接发放到贫困户两种机制。间接发放到贫困户是金融信贷机制先把扶贫贷款发给农业产业化龙头企业,龙头企业用贷款采购种苗或种子后直接提供给贫困户,贫困户生产产品后销售给龙头企业,龙头企业加工销售后归还银行贷款。直接贷款给贫困户是金融机构直接把扶贫贷款发放给贫困户,以支持农户介入优势主导产业和开展劳务输出等获得发展机会。①

（一）金融信贷扶贫的具体种类

在金融信贷市场上，很多专门商业金融机构不愿承担针对农户，特别是贫困农户的贷款业务，因为这类业务不仅资金量小，还存在很高的违约风险。于是，贫困户在发展中由于无法获得融资，成为制约他们扩大再生产的主要障碍。为此，世界各国针对此问题建成了形式多样的、不同于纯商业金融机构的扶贫金融组织。这一问题在中国同样存在。经过 40 年的发展，国内形成了很多有名的专业性金融扶贫信贷机构。学术界和实务界多数时候把针对农村贫困人口的扶贫金融机构称为农村微型金融机构。这类金融机构根据是否以营利为目的，分为公益性和商业性两种。这里重点讨论公益性农村微型金融机构。当前，中国参与扶贫的农村微型金融模式主要有小额信贷、社区发展基金、贫困地区村级发展互助资金、农民资金互助社等。

1. GSIF 模式，又称"基富"模式，是指通过政府、社会组织和企业的合作，给予基层贫困群体金融信贷支持，让他们获得发展资金，实现自我发展，消除贫困的微型金融扶贫模式。GSIF 模式中的"G 代表政府（Government），主要指财政资本的供给者；S 代表社会（Society），主要指社会资本的募集；I 代表产业（Industry），主要指通过产业方的参与带动贫困地区产业发展；F 代表金融（Finance），指金融资本的参与和金融模式的运用"。② GSIF 模式是一种在政府引导下、金融资本与社会资本共同参与、金融机构负责日常管理、多方协作下促进贫困地区产业发展的扶贫模式。GSIF 模式在融资上具有开放性，不仅有财政资本、金融资本、社会资本和产业资本等，还具有资源配置效率高、资本供给可持续等优势，成为当前金融扶贫中的基础模式，被广泛适用。

2. 农业价值链融资模式是指一个或几个金融机构以订单农业为基础，以农业产业链上实力最强的龙头企业和产品订单作为产业链上农户的信用担保，向农户提供贷款的扶贫模式。这种金融扶贫模式在结构上分为"公司+农户""公司+专业合作社+农户""公司+基地+农户"等不同类型。这种模式的

① 参见闫坤、于树一：《中国模式反贫困的理论框架与核心要素》，《华中师范大学学报》2013 年第 6 期。

② 车耳、董禹、汪臻、秦岭：《金融扶贫模式创新研究——中国国际经济咨询有限公司方案》，《农场经济管理》2015 年第 12 期。

本质是转移信贷担保主体,让贫困农户获得贷款,同时解决金融机构担保上的高信用要求。

3. "征信+信贷"模式是指通过对农户信用等级评估,根据不同信用等级向金融机构推荐客户,金融机构在农户信用等级基础上结合其他主体的联保、风险保证金等担保下,给予贫困农户发放贷款的扶贫模式。这种金融扶贫模式现在主要适用在浙江丽水、广东梅州、河北张家口等地。在具体运行时形成了"贫困农户五户联保小组担保+贫困村诚信联谊会担保+扶贫信贷担保志愿者组织担保"的"三级担保"机制。① 这种金融扶贫模式本质是通过转化和增加担保层级,提高贫困户获得资金的容易程度,消除金融机构的信贷风险。

4. 土地流转担保金融信贷扶贫模式是以农民承包的土地经营权作为信贷担保,获取贷款的扶贫模式。这种金融扶贫模式最早在贵州省湄潭县实施。当时的运行机制是"农户+地方政府+土地金融机构"。现在这种金融扶贫模式还有宁夏同心县的"农户+土地协会+金融机构"、山东省寿光市的"农户+村委会+金融机构"、辽宁省法库县的"农户+专业合作社+金融机构"等多种形式。这种融资信贷是用农户土地经营权作为担保,改变了农户拥有土地使用权却无法转化成财产权的融资困境。

5. 广东省郁南金融扶贫模式是通过设立专门金融扶贫基金作为担保,与当地金融机构合作,在担保杠杆作用下放大信贷额度,给予贫困户小额信贷的扶贫模式。这种模式是广东郁南县在首个"广东扶贫济困日"时获得了社会各界近1000万元捐款后,郁南县扶贫部门与当地农信社合作,成立郁南县"双到"(规划到户、责任到人)金融扶贫基金。在扶贫基金担保下,把放贷资金总额扩大5倍,让全县4497贫困户获得5000万元的信贷限额。在贫困户信贷利息上采用一对一的帮扶责任人按比例支付,保证信贷利息的偿付。这一制度主要是转化担保责任,改变贫困户承担风险带来的困境。

6. 小额信贷扶贫模式,又称为农村微型金融信贷模式,是专门为农村贫困人口提供贷款、储蓄和其他金融服务的特定金融机构。当前,中国农村微型金融机构主要有小额信贷、贫困地区村级发展互助资金、农村资金互助社、社区

---

① 金丽、张丽明:《河北省农村金融扶贫的成效、问题及建议》,《贵州农业科学》2014年第7期。

发展基金等四种。① 1996 年,中国扶贫基金会对农村具备一定生产经营能力的贫困群体实施小额信贷扶贫项目支持,给予这些金融机构税收上的减免优惠。1996 年全国投入到小额信贷上的资金达 30 亿元,受益贫困户达 240 多万。② 2006 年,中国扶贫基金会采用批贷分离贷款发放模式,即先把资金贷给专业小额信贷机构,再由它们向需要扶持的农户发放贷款。2013 年 9 月,中国扶贫基金会小额信贷项目累计发放 49 亿元,全国受益对象遍及 15 个省(区、市)89 个贫困县 150 多万农户。

当前,中国农村微型金融扶贫模式主要有以下二级金融扶贫模式:

(1)小额信贷。农村小额信贷根据资金来源和经办机构的类型,分为:第一,政策性小额扶贫信贷,资金来自国家财政资金和扶贫贴息贷款,经办机构是政府机构和正式金融机构;第二,民间组织或半官方组织开展的公益性小额扶贫信贷,资金来自国内外无偿资助,经办机构是民间组织或半官方组织。两者目标是一致的,都是给予扶贫对象发放小额发展资金,让它们获得发展资本,促进扩大再生产,增加收入,实现脱贫。现实中很多小额信贷主要以农村贫困妇女作为受益对象。此外,一些地区在扶贫中创制出不同的小额信贷机制,如安徽省六安市在金融信贷扶贫上创制出农村公共服务项目政府采购贷款、农民职业教育项目贷款、产业扶贫贷款、农户小微信用贷款、家庭农场投贷结合贷款、乡村民俗文化旅游贷款、生源地信用助学贷款等 7 类小额信贷机制。同时,为了使贫困户能够获得信贷资金,采用对建档立卡户中致富愿望、劳动能力、平时信誉记录等评估后,不再采用抵押和担保,直接给予需要发展资金的贫困户 5 万元的小额信贷。③ 从 20 世纪 90 年代到 2011 年 7 月底,全国累计针对贫困群体发放的贷款达 409.93 亿元,其中 259.23 亿元是发放给农村贫困妇女的,让农村贫困妇女成为小额信贷的主要获得者和直接受益者。④ 2014—2017 年 6 月底,全国小额信贷扶贫累计发放总额是 3381 亿元,

① 参见黄承伟、陆汉文、刘金海:《微型金融与农村扶贫开发——中国农村微型金融扶贫模式培训与研讨会综述》,《中国农村经济》2009 年第 9 期。
② 数据来源于国务院新闻办公室的《中国的农村扶贫开发》白皮书(2001 年)。
③ 参见张玉强、李祥:《我国集中连片特困地区精准扶贫模式的比较研究——基于大别山区、武陵山区、秦巴山区的实践》,《湖北社会科学》2017 年第 2 期。
④ 数据来源于国务院新闻办公室的《中国农村扶贫开发的新进展(2011 年)》白皮书。

受益贫困户 855 万。大量小额扶贫资金的投入,让贫困户获得小额信贷率大幅增加,从 2014 年年底的 2% 提高到 2016 年年底的 29%。①

(2)社区发展基金是通过利用外部资金(政府扶贫部门注入的资金、NGO资金、国外援助资金等)为基础,同时吸纳项目所在社区的农民入股资金后形成新型贫困治理发展基金。社区发展基金最早是贵州草海自然保护区成立的"村寨发展基金"。社区发展基金是当前中国农村自发性融资扶贫模式,不同地区有不同机制。当前,社区发展基金运行者中,较有名的有内蒙古阿拉善SEE 生态协会、香港乐施会昆明办公室等。社会发展基金在运行和管理上较为精细,在扶贫中瞄准精准度较高,是小额信贷扶贫中较有特色的模式。

(3)农村资金互助社,又称为贫困村村级发展互助资金,或扶贫互助资金,或互助资金等,是中国农村扶贫开发中形成的一种新型融资信贷扶贫模式。它是扶贫机构和财政部门为了解决贫困户"贷款难"的问题,而创新形成的金融扶贫模式。农村扶贫互助资金会是"指中央和省级财政拨款专项扶贫资金到落后地区作为扶贫型农村互助资金会启动资金,由地方财政部门、扶贫办根据实际情况选择合适的村,成立村互助资金管理委员会,扶贫村村民以自有资金入股扩大资金量,合作资金以信用方式借贷给农户从事农业生产,发展壮大农村经济,实现农民脱贫致富的一种新型农村金融模式"②。学术界多认为扶贫互助社创新了扶贫资金配置机制,具体体现在:"第一,提高了扶贫资金的利用效率和安全性;第二,将贫困人口瞄准对象设定在村和户之间的扶贫互助社这一中间层上,创新了贫困人口瞄准机制;第三,由农民主导政府扶贫资金的具体管理和借贷工作。"③

2004 年 7 月,国内首家农村资金互助合作社在吉林省梨树县榆树台镇闫家村成立,它以"信用社—资金互助合作社—合作社成员"为运行机制。2006年国务院扶贫办把这种金融模式作为农村扶贫工作中微型金融机构建设的重

---

① 参见周宏春:《这四年,精准扶贫结硕果　中国模式受称赞》,http://f.china.com.cn/2017-11/07/content_50053804.htm,发布时间:2017 年 11 月 7 日 10:22:58,中国网·中国扶贫在线,访问时间:2018 年 4 月 18 日。

② 朱显岳、陈旭堂:《浙江扶贫型农村互助资金会创新模式研究》,《浙江农业学报》2011 年第 5 期。

③ 曹洪民、陆汉文:《扶贫互助社与基层社区发展——四川省仪陇县试点案例研究》,《广西大学学报》2008 年第 6 期。

点。2006年5月,国务院扶贫办和财政部"以财政扶贫资金为引导,由村民自愿按一定比例缴纳互助金,在贫困村建立民有、民用、民管、民享、周转使用、滚动发展的生产发展资金,探索缓解贫困人口金融服务不足的新路径"为指导思想,在河北、山西、内蒙古、江西、河南、黑龙江、安徽、湖南、贵州、陕西、四川、甘肃、宁夏、新疆等14个省(区)开展村级扶贫互助资金试点建设工作。农村扶贫互助资金试点村选择是每省(区)中选1—2个国家贫困县,再在所选贫困县中选择10个行政村作为试点村。农村扶贫互助资金来源是每个村由中央财政扶贫资金和村内农户出资入股资金组成,国家对每个试点村给予15万元的扶贫资金作为补助。农村扶贫互助资金运行是入股村民通过借用获得发展资本。国家扶贫部门在农村扶贫互助资金试点工作中设定了四个目标:(1)建立贫困村扶贫互助资金,吸收村民入股,放大财政扶贫资金投入量,缓解贫困村产业发展中资金不足问题;(2)通过农村互助资金促进贫困村各种生产要素的整合,提高贫困农村生产经营水平和市场竞争能力;(3)通过让贫困村内贫困群体自我管理互助资金,提高贫困群体的自我管理、自我组织和发展能力,培育专业合作组织和新型农民;(4)为在全国推广村级扶贫互助资金模式提供经验和典型。村级扶贫互助资金扶贫模式得到中国政府扶贫主管部门的强有力支持,在全国范围内快速发展。

经过4年的试点实践后,国务院扶贫办和财政部在2008年决定扩大贫困村互助资金的试点范围。于是,联合发布了《关于做好2008年贫困村互助资金试点工作的通知》。在此次扩大范围名额分配上,中西部地区,除西藏外,在21个省(区、市)选择1—2个国家贫困县中选取20个试点村;西藏和东部6省(市)在1—2个有扶贫任务的县中各选取10个试点村;对前期试点工作基础较好的河南叶县、四川旺苍县分别安排60个和65个试点村;对前期试点工作开展较好的黑龙江、安徽、甘肃等省分别额外给予10个、30个、12个奖励名额。① 随着全国的推开,村级互助资金建设得到迅速推开,2008年年底全国有扶贫任务的28个省(区、市)中已经在4122个贫困村中建立了互助资金组织,规模达6.6亿元。在资金来源上,财政扶贫资金为4.3亿元,农户

---

① 参见黄承伟、陆汉文、宁夏:《贫困村村级发展互助资金的研究进展》,《农业经济问题》2009年第7期。

配套资金为 1 亿元,其他资金为 1.3 亿元。全国各地互助资金累计向 8.6 万人次发放了 3.1 亿元贷款,贷款回收率高达 98% 以上,有的市、县中贷款回收率达 100%。① 从 2006 年到 2010 年年底,全国 28 个省(区、市)中有 1013 个县参加贫困村互助资金试点工作,试点贫困村达 1.36 万个,中央给予每个试点村 15 万元的财政扶贫资金作为支持,总规模达 25 亿元,平均每个村资金规模在 20 万元左右。在资金来源上,中央财政扶贫资金占 78%,农户资金占 22%,入会农户达 112 万。② 此后,贫困村互助资金建设工作仍然得到国家的支持,2013 年年底全国有扶贫任务的 28 省(区、市)中设立贫困村互助资金的达 2.07 万个,覆盖了 194.54 万人,资金总额是 49.63 亿元。③

　　贫困村互助资金在运行模式上形成了具有不同特点的机制,其中最有代表性的是四川省的"仪陇模式"。四川省"仪陇模式"在选定试点村时,采用村民竞选方式,具体是村民根据贫困指导性标准,通过评议选出贫困户,全村不同户根据"给贫困户赠股、为一般户配股、由富裕户购股"④的原则,筹集组成扶贫互助基金。"仪陇模式"基本特点是资金构成采用股权式,且让入股村民股权大体平均,对每户参股数量有明确限制,富裕户中每户只能购 2 股,每股 1000 元,贫困户和一般户入股数是 1 股,目的是保证任何村民无法成为大股东,实现管理上的平权民主。在入股资金上,政府通过分档,对贫困户由政府补购参股,一般户由政府和农户各承担 50% 购股参与,富裕户采用家庭全资参股。在管理上,由所有参股农户以"海选"方式,选出主任、会计、出纳各 1 人,管理扶贫互助基金,村干部不参与基金管理。在基金运行上,通过村民"整借零还"方式借钱发展、筹钱还本进行融资信贷,获得发展需要的资金。另外,"仪陇模式"是股权结构、股权分散且基本平等、民主管理、排除公权,保

　　① 参见黄承伟、陆汉文、刘金海:《微型金融与农村扶贫开发——中国农村微型金融扶贫模式培训与研讨会综述》,《中国农村经济》2009 年第 9 期。
　　② 参见汪三贵、陈虹妃、杨龙:《村级互助金的贫困瞄准机制研究》,《贵州社会科学》2011 年第 9 期。
　　③ 参见岳要鹏:《生计、制度与扶贫合作组织的嬗变——以川东 Y 县扶贫互助社为例》,华东师范大学博士学位论文 2015 年。
　　④ 贫困户由政府财政扶贫资金按每户 1000 元赠股;一般低收入户每户由政府配股 500 元,农户自己再出 500 元,形成 1000 元股;家庭条件相对较好的农户则按 1000 元/股的标准自愿出资购股参加(最多可购买 2 股)。曹洪民、陆汉文:《扶贫互助社与基层社区发展——四川省仪陇县试点案例研究》,《广西大学学报》2008 年第 6 期。

证互助资金在中立、公开、民主中运行。

现在贫困村互助资金已经成为中国农村分布最广、影响最大的小额信贷扶贫资金,产生了积极的作用,但实践中也存在不少问题,其中最大问题是基金在运行中,出现贫困农户瞄准率低和较为严重的农村精英俘获问题,让基金失去了设立的初始目的。对贫困村互助资金在运行上存在的以上两个问题,学术界开展了较大范围的抽样监测评估。在监测评估时,为保证获得数据的公正性和全面性,首先,课题组选择了四川、湖南、河南、甘肃和山东5个省作为监测评估对象;其次,每个省的抽样评估县村先由项目试点省(区)推荐,具体是选择2个县,每个县再各选择5个项目村作为候选;再次,项目组在每个县的5个备选村中随机抽取3个项目村和2个对照村作为评估对象;最后,项目组在选点的项目村和对照村中随机抽取30个农户深入调查。评估调查内容有:(1)农户家庭人口特征、收入和家庭财产等;(2)贫困村人口、耕地等情况;(3)互助资金的组织运行情况。报告中的数据由2009年调研和2011年、2013年试点后调研所获得组成。这次监测评估成为国内较全面、代表性的贫困互助资金项目实践评估报告,最后成果以《贫困村互助资金存在精英俘获吗——基于5省30个贫困村互助资金试点村的经验证据》(2015年)为名公开发表。在对调查获得的数据分析后发现:(1)基金运行中确实存在精英俘获的现象,如户主或家庭成员是乡、村干部的及人均收入高的农户较其他农户,特别是贫困户更易获得互助资金的贷款机会;(2)互助资金运行中精英俘获度为0.31,属于较为明显;(3)互助资金精英俘获程度受到理事会和监事会成员中乡村干部比例、互助资金全体社员大会召开次数、贫困村与乡(镇)政府所在地距离、贫困村中高中文化程度劳动力人数等因素的影响。这种情况具体是基金理事会和监事会成员中,乡村干部比例越高、互助资金全体社员大会召开次数越少、贫困村与乡(镇)政府所在地距离越远、贫困村中高中文化程度劳动力人数越少,基金运行中精英俘获就越高,反之,基金运行中精英俘获就较低。① 这次监测评估成果验证了贫困村互助基金运行中精英俘获和瞄准错位的存在。

---

① 参见胡联、汪三贵、王娜:《贫困村互助资金存在精英俘获吗——基于5省30个贫困村互助资金试点村的经验证据》,《经济学家》2015年第9期。

这成为影响这种金融扶贫模式进一步推广的重要原因。

（二）金融信贷运行及存在问题

在农村贫困治理中,中国政府金融信贷支持力度是十分大的。从这几年中国农业发展银行和国家开发银行的放贷数额中可以看出。根据统计,2016年中国农业发展银行累计发放的精准扶贫贷款达4883亿元,余额为9012亿元,较年初增加了3361亿元,占全行贷款增量的51.2%,增幅达59.5%,是全行贷款平均增幅的3倍,受益贫困人口达9154万人次。中国农业发展银行在重点建设基金上,累计支持脱贫攻坚项目2127个,放贷达1132.7亿元。① 近几年国家扶贫信贷主要投向易地搬迁、农村危房改造、保障房建设等农村基础建设中,仅在易地扶贫搬迁项目上,2016年中国农业发展银行就累计发放了1201.9亿元,贷款余额1921.41亿元;承担了中央下达易地扶贫搬迁贴息专项贷款规模的58.4%,专项建设基金规模的55.7%;支持具体搬迁项目624个,受益搬迁人口668万人,其中62%是建档立卡贫困户。②

对金融信贷在农村贫困治理中的贡献,实践运行并没有理论预期那样好。当前,中国金融扶贫模式主要存在以下问题:利率提升引发信贷配给量少,小额信贷持续性差和违约率高,农村资金互助社在目标、产权、管理以及贷款方面出现严重异化,金融基础设施薄弱及风险分担机制不够健全等。这些问题让各种金融扶贫机制很难发挥应有作用。有学者通过对2002—2010年间,全国30个省(区、市)农村金融运行与发展关系进行定量分析后,发现信贷效果并没有预期的好。"2003—2010年农村金融发展规模有利于减缓农村地区的贫困程度,但是农村金融发展效率却对减缓农村地区的贫困有负向的影响。之所以会出现这样的结果,可能的原因是,在经济不发达的农村地区,农村居民的储蓄相对较少,且当地政府由于政绩压力,鼓励甚至强制要求当地涉农金融机构多发贷款,导致涉农贷款可能被用于没有经济效益的项目,或者有些名义上的农业贷款根本就没有投放到农村地区。相反,在一些经济发展较好的农村地区,农村居民储蓄存款的规模相对较大,而且当地政府没有较大反贫困

① 参见中国农业发展银行总行农村金融发展研究院:《中国农业发展银行金融扶贫报告(2016)》,《农业发展与金融》2017年第6期。

② 参见中国农业发展银行总行农村金融发展研究院:《中国农业发展银行金融扶贫报告(2016)》,《农业发展与金融》2017年第6期。

的压力,这样当地农村金融机构就可以将贷款应用到效益比较高,又能促进当地经济发展的项目上"①;"互助资金在试点地区使大量的农户受益,但最贫困的农户受益相对较小。"②这些研究让我们对金融扶贫中,以政府为主体的运行机制的精准性和有效性产生了怀疑。从实践看,小额金融信贷扶贫主要适用于那些存在大面积贫困群体的国家和地区,特别是多数贫困群体致贫是因为缺乏发展资金的时期。当一个国家和地区的贫困群体致贫原因越来越受制于外在自然资源、生态环境和个体人格缺陷、生理缺陷时,这种大规模的政府主导型金融信贷扶贫所产生的效益就会明显下降。

四、财税扶贫模式

财税扶贫是针对农村农业实施系列税收减免和财政支持促进农业生产发展,进而实现农村农民增收,消除贫困的扶贫模式。财税扶贫模式是中国政府较早就采用的扶贫模式,自20世纪80年代开始。这种模式由于实施面较广,与专门针对特定区域和群体实施的扶贫政策存在一定差异,具有较高的普惠性。当然,这种扶贫模式是对整个农村农民大量减免税费,同时给予种植农民各类补贴,让大量贫困农民直接增加收入,对消除贫困起到十分明显的效果,是中国政府扶贫的重要措施。财税政策作为一种扶贫工具时,主要是通过专项扶贫资金(专项转移支付)、税收优惠、财政体制改革等向贫困地区倾斜,支持贫困地区经济社会发展。

20世纪80年代后,中国政府设立了很多针对特定扶贫领域的专项财政扶贫资金,其中最有影响的有支援经济不发达地区发展资金、"三西"农业建设专项补助资金、新增财政扶贫资金、以工代赈资金、国有农场扶贫资金、国有贫困林场扶贫资金等。为了加强对各类扶贫资金的管理,1997年国务院制定了《国家扶贫资金管理办法》。在《管理办法》中,明确规定各项扶贫资金主要用于连片特困地区、贫困县、贫困村的基本农田、小型水利工程、人畜饮水、乡村道、科技培训、农业实用技术推广等;扶贫信贷资金主要用于贫困户的种植

---

① 吕勇斌等:《我国农村金融发展与反贫困绩效:基于2003—2010年的经验证据》,《农业经济问题》2014年第1期。

② 汪三贵、陈虹妃、杨龙:《村级互助金的贫困瞄准机制研究》,《贵州社会科学》2011年第9期。

业、养殖业以及以当地农副产品为原料的加工业项目的发展支持等。

（一）财政专项扶贫资金种类

设立支持特定贫困地区发展的专项发展基金是中国政府财税扶贫模式中最早采用的途径。1980年中国政府设立的"支援经济不发达地区发展资金"是最早的专项扶贫资金。此后随着扶贫工作的深入,各种专项扶贫基金越来越多,成为国家财政扶贫的主要形式。

20世纪80年代,国家开始大量设立专项扶贫基金,针对性地解决贫困地区和贫困群体的发展问题。1980年,国家设立的"支援经济不发达地区发展资金"主要用于支持革命老区、少数民族地区、边疆地区和集中连片特困区的经济社会发展。1983年,国家设立"三西地区农业建设专项资金"支持西北"三西"深度贫困地区经济社会发展。1984年,国家设立"以工代赈资金"改善贫困地区基础设施建设和提高贫困地区贫困人口的收入。1986年,国家在财政预算中增设"预算扶贫基金"作为国家主要扶贫资金。20世纪80年代中期设立的专项扶贫基金中还有"老少边穷地区开发贷款""支持不发达地区发展经济贷款""扶贫专项贴息贷款""牧区扶贫专项贴息贷款""县办企业贷款"等。20世纪90年代,国家又增设了不少专项扶贫资金,如1990年设立的"少数民族地区温饱基金";1994年国家设立的"少数民族发展资金"等。此外,国家设立的专项资金中,与扶贫有关的还有国有贫困林场扶贫资金、国有贫困农场扶贫资金、扶贫贷款贴息资金等。

20世纪80年代中期,国家每年通过8种40亿元专项扶贫资金,支持贫困地区解决"生产性"基础设施建设和种植业、畜牧业、林果业、农产品加工、采矿业等产业的发展。8种专项扶贫基金分别是:财政部无偿支持的8亿元"支援不发达地区发展资金"和2亿元"三西地区农业建设专项资金";6种不同银行贴息资金和专项贷款,分别是中国人民银行的10亿元利率为3.9%的"老少边穷地区开发贷款"和4亿元利率为3.9%的"县办企业贷款",中国农业银行的3亿元标准利率的"支持不发达地区发展经济贷款"、10亿元利率为2.4%的"扶贫专项贴息贷款"和5000万元利率为2.4%的"牧区扶贫专项贴息贷款",中国建设银行的3亿元利率优惠20%的"县办企业贷款"。[1]　以上8种专项扶贫发展基金

---

[1]　汪三贵:《反贫困与政府干预》,《管理世界》1994年第3期。

构成了 20 世纪 80 年代中后期国家财政扶贫资金的主要投入形式。

20 世纪八九十年代,专项扶贫资金中投入最多、时间最长的是"支援经济不发达地区发展资金"。该专项扶贫资金从 1980 年到 1998 年间,中央财政累计投入额是 166 亿元,其中 1980—1983 年间每年投入 5 亿元,1984—1985 年间每年投入 6 亿元,1986—1991 年间每年投入 8 亿元,此后每年都在增加,1996—1998 年间每年有 13.15 亿元。20 世纪 90 年代,国家把扶贫资金重点投向贫困地区和贫困县中,希望解决这些贫困地区发展上资金困难的问题。从 1994—2000 年,国家共向内蒙古、西藏、宁夏、新疆、广西 5 个自治区和贵州、云南、青海 3 个少数民族人口较多省份投入扶贫资金达 432.53 亿元,占全国扶贫资金总额的 38.4%。① 专项资金扶贫具有针对性强、资金集中等特点,对解决当时全国大面积贫困形成的致贫原因起到了很好的效果。20 世纪八九十年代,由于国家在扶贫上主要采用专项资金投入方式,所以这个时期又被称为专项扶贫时期。

中国政府一直十分注重对少数民族和民族地区的发展支持,在 2012—2015 年间,中央财政安排了 145.9 亿元作为少数民族发展资金,支持兴边富民行动、扶持人口较少民族发展以及少数民族特色村寨、少数民族传统手工艺品的保护与发展等。此外,中央预算财政投入上安排了 55 亿元帮助边境地区和人口较少民族聚居区改善、提升基础设施等。通过大量专项扶贫资金的支持,中国少数民族地区和边疆地区获得了长足的发展,有效缓解了少数民族和边疆地区贫困人口的压力。仅在"十二五"期间,内蒙古、广西、西藏、宁夏、新疆 5 个自治区和贵州、云南、青海 3 个少数民族集中省(区)的贫困人口就从 2011 年的 3917 万下降到 2015 年的 1813 万,减少了 2104 万人,减幅为 53.7%;贫困发生率由 27.2%下降至 12.4%,下降了 14.8 个百分点。②

2010 年后,中央财政中专项扶贫资金投放数额越来越大,根据 2016 年中国政府公布的《中国减贫行动和人权进展》报告,2010—2016 年间,每年投入到扶贫中的资金分别是:2010 年 222.68 亿元、2011 年 272 亿元、2012 年 332.05 亿元、2013 年 394 亿元、2014 年 432.87 亿元、2015 年 467.45 亿元、

---

① 数据来源于国务院新闻办公室的《中国的农村扶贫开发》白皮书(2001 年)。
② 数据来源于国务院新闻办公室的《中国的减贫行动与人权进步(2016 年)》白皮书。

2016 年 670 亿元。[①] 2013 年到 2017 年,中央财政专项扶贫资金从 394 亿元增至 861 亿元,累计投入 2822 亿元。其中,1200 亿元地方政府债务资金用于改善贫困地区生产生活条件;1494 亿元用于易地扶贫搬迁,其中地方政府债务资金是 994 亿元,专项建设基金是 500 亿元。此外,还有 50.25 亿元专项彩票公益金用于支持贫困革命老区的扶贫开发。[②] 从中可以看出,自 2012 年后,在扶贫资金上,国家财政专项扶贫资金投入数额越来越大,成为扶贫工作中的主要资金来源。

(二) 以工代赈资金

以工代赈资金扶贫是中国财税扶贫模式中应用较广的形式。此种扶贫形式由于具有直接增加贫困户收入和改善贫困地区发展条件的双重功能,所以在贫困治理中一直作为重要形式被适用。在中国扶贫工作中,以工代赈一直都作为解决贫困地区基础建设和促进贫困人口增收的机制。以工代赈扶贫适用的范围是:贫困县和集中连片特困区内的县乡村公路、农田水利、人畜饮水、基本农田、草场建设、小流域治理等以及贫困地区生态环境修复工程。为此,在 1997 年《国家扶贫资金管理办法》第五条中有明确规定,"以工代赈资金,重点用于修建县、乡公路(不含省道、国道)和为扶贫开发项目配套的道路,建设基本农田(含畜牧草场、果林地),兴修农田水利,解决人畜饮水问题等";《中国农村扶贫开发纲要(2011—2020 年)》中确定以工代赈主要解决贫困地区耕地(草场)质量和水利灌溉;乡村(组)道路和人畜饮水工程建设;开展水土保持、小流域治理、片区综合开发等项目。

对以工代赈在扶贫中的作用,一般认为有以下六个方面:(1)可以调节国家大宗农产品生产、流通上的市场问题;(2)改善贫困地区农村生产生活的基础设施建设和发展;(3)为农村剩余劳动力提供就业机会;(4)拉动贫困地区经济增长;(5)修复和改善贫困地区生态环境;(6)增加贫困人口收入。[③] 从

---

① 数据来源于国务院新闻办公室的《中国的减贫行动与人权进步(2016 年)》白皮书。

② 参见周宏春:《这四年,精准扶贫结硕果 中国模式受称赞》,http://f.china.com.cn/2017-11/07/content_50053804.htm,发布时间:2017 年 11 月 7 日 10:22:58,中国网·中国扶贫在线,访问时间:2018 年 4 月 18 日。

③ 参见王居仁、崔敏、李文静:《我国农村代赈政策的历史演变及其创新》,《甘肃农业》2003 年第 12 期。

中国扶贫实践看,以工代赈在扶贫中具有改善贫困地区基础建设、提供贫困人口就业实现增收、改善贫困地区生态环境、调节国家大宗农产品生产流通作用的。其中,能够同时实现改善贫困地区基础设施条件和促进贫困人口增收是这种扶贫项目独有的优势,也是这种扶贫模式作为主要扶贫措施的原因。

中国政府把以工代赈作为扶贫机制始于1984年。此后,以工代赈一直是中国政府针对贫困地区和贫困人口扶贫的重要机制。在1985—1998年间,国家财政累计安排的以工代赈资金达299亿元。[1] 中国农村贫困治理中以工代赈扶贫项目实施到现在可以分为四个阶段:第一阶段主要采用以物代赈,时间是20世纪50年代至80年代初,基本特点是采用以物代赈解决贫困农民所缺物资,其中主要采用以布代赈、以棉代赈等;第二阶段主要采用以工代赈,时间是20世纪80年代中期至20世纪90年代后期,基本特点是通过在贫困地区实施基础设施建设,组织贫困群体参与,让他们通过劳务获得报酬,增加收入;第三阶段主要采用以粮代赈,时间是20世纪90年代后期至2012年,基本特点是通过补助资金和粮食,对中西部实施退耕还林和退耕还草的农牧民进行补助补贴;第四阶段主要采用物资及金钱相结合的代赈,时间是2012年至今,基本特点是在贫困地区实施基础公共工程、生态修复工程等。

20世纪90年代后,中国政府对以工代赈项目进行了更多投放,目标和范围十分明确。在《国家八七扶贫攻坚计划(1994—2000年)》中规定自1994年起,每年再增加10亿元作为以工代赈资金,项目适用对象是修建县乡之间的公路和通往商品产地、集贸市场以及为扶贫开发项目配套的道路和解决贫困地区人畜饮水困难的各种大小型水利工程。1999年,国家在西部大开发后,为改善西部生态环境实施"退耕还林(草)、封山绿化、以粮代赈、个体承包"生态环境修复工程。在西部实施以粮代赈的生态环境修复项目时,国家制定的标准是长江上游地区每亩退耕地每年补助150公斤、黄河上中游地区每亩退耕地每年补助100公斤粮食(原粮);补助直接发放至退耕还林农户中。[2] 从

[1] 参见苏明:《我国财税扶贫政策运用的现状、问题与对策》,《湖北财税(理论版)》2001年第7期。
[2] 参见王居仁、崔敏、李文静:《我国农村代赈政策的历史演变及其创新》,《甘肃农业》2003年第12期。

2001—2010 年间,中央政府累计投入的以工代赈资金达 550 多亿。①

（三）财政转移支付

20 世纪 90 年代后,随着中国税收制度的改革,财税扶贫上开始采用转移支付。财政转移支付扶贫对贫困地区的支持作用直接且明显,对国家贫困地区提供了更加有效的支持。1994 年中国政府把国家扶贫资金集中在中西部贫困省（区、市）和贫困县中。2001—2010 年间,中央政财扶贫资金从 100.02 亿元增加到 222.7 亿元,年均增长 9.3%,10 年间累计投入了 1440.4 亿元;财政扶贫资金分配累计投向国家贫困县和省级贫困县 1457.2 亿元,占总投入的 71.3%,县均投入 1.36 亿元;22 个省（区、市）安排中央财政扶贫资金为 1356.2 亿元,其中西部 12 个省（区、市）877 亿元。②

通过财政转移支付,中央财政在国家贫困县的 241 个民族贫困县上,仅在 2001 年净转移财政支付总额就达 251.29 亿元,2009 年达 1671.39 亿元。从人均角度看,2001 年人均净转移支付总额是 388.69 元,2009 年达到 2388.04 元。③ 21 世纪后,中央政府对贫困县的财政转移支付越来越大,成为国家支持贫困地区发展的重要资金。如 2001 年中央对全国贫困县财政转移只有 608.35 亿元,到 2009 年增加到 4473.02 亿元,年均增长接近 30%。④ 这些数量巨大的财政转移支付成为投向贫困地区的发展资金,让全国贫困县在发展中,获得了中央财政的大力支持,成为中国财政扶贫的重要机制。

（四）税收优惠

税收优惠扶贫模式是国家给予贫困地区和贫困人口在税收、费用方面优惠和减免的同时,还对各类农业生产实施相应补贴的扶贫模式。中国政府从 20 世纪八九十年代,开始实施税收优惠政策,以支持贫困地区发展。1994 年后,随着国家税制改革,全国财政结构发生了重要变化,通过税收优惠实施扶贫成为财税扶贫的重要手段。

---

① 数据来源于国务院新闻办公室的《中国农村扶贫开发的新进展（2011 年）》白皮书。

② 数据来源于国务院新闻办公室的《中国农村扶贫开发的新进展（2011 年）》白皮书。

③ 参见李丹、刘小川:《政府间财政转移支付对民族扶贫县财政支出行为影响的实证研究》,《财经研究》2014 年第 1 期。

④ 参见李丹:《政府间转移支付对国定扶贫县财政收入行为研究——基于 592 个固定扶贫县的实证分析》,《上海财经大学学报》2013 年第 6 期。

　　1994 年在中国税收改革后,国家针对贫困地区的税收优惠主要有:(1)给予国家划定的"老少边穷"地区新办企业 3 年内所得税减免;(2)贫困地区资源税由地方政府独有;(3)给予贫困地区和温饱问题尚未解决的贫困户在农业税上的减免;给予贫困地区耕地占用税、边境贸易、民族贸易企业等税收政策上的适当优惠。[①]

　　21 世纪后,国家在农村地区大量实施普惠性财税减免补助政策,其中代表是 2000 年后实施的"两减免"为核心的农业税改革。2000 年后,中国政府在农业财税优惠上主要体现在实施"四个取消、两个调整、一项改革"的措施上。其中,"四个取消"是指取消乡统筹费和农村教育集资等面向农民征收的行政事业收费和政府性基金、集资,屠宰税和取消统一规定的劳动积累工和义务工;"两个调整"是调整农业税和农业特产税;"一项改革"是对农村提留征收使用进行改革。2004 年中国政府实施废除农业税改革,2005 年国家对全国 592 个国家贫困县全部免征农业税,让受益贫困地区农村农民人均税费减少至 5.7 元。[②] 2006 年 1 月 1 日,国家废除了 1958 年制定的《农业税条例》,实施全面废除农业税的改革。改革原计划 5 年完成,但在 2 年内就完成,比预期提前 3 年实现。这样,国家取消了牧业税、生猪屠宰税、农林特产税、农业税等针对农民的税收,同时实施农民生产直接补贴、良种补贴、农机具购置补贴和农资综合补贴、农村义务教育"两免一补"等各种补贴。这些改革减少了农村农民的税费负担,增加了农民收入,对农村贫困治理起到了积极作用。

　　21 世纪前 10 年,中国政府在对农村完成大规模税费减免的同时,开始转向给予农业生产者各种直接补贴,其中主要有粮食直补、良种补贴、农机补贴、农资综合补贴等。2002 年,粮食直接补贴首先在全国 3 个县试点实施,2003 年扩大到 13 个省(区、市),2004 年实现了对全国农业生产中粮食补贴的全覆盖。粮食补贴在实施中,采用按计税面积补贴、按粮食播种面积补贴、按农民出售商品粮数量补贴等不同机制。2005 年国家开始推行良种补贴政策,当年补贴数额达 38.7 亿元。农机补贴政策主要是给予大中型拖拉机、农田作业机具、粮食及农副产品的产后处理机械和秸秆、饲草加工处理及养殖机械等购买

[①]　参见苏明:《我国财税扶贫政策运用的现状、问题与对策》,《湖北财税(理论版)》2001 年第 7 期。

[②]　参见胡勇:《进一步完善我国易地搬迁扶贫政策》,《宏观经济管理》2009 年第 1 期。

时的补贴。这些农业补贴措施由于是针对农业生产中的相关农户,在扶贫功能上针对性并不强,但它让大量农民获得实惠,对增加贫困农户收入起到了积极作用。

五、农村环境修复和保护扶贫模式

农村环境修复和保护扶贫模式,又称生态扶贫模式,是在国家规划下,给予生活在特定生态区、环境区内的农户特别补贴,换取农户减少和停止对生存区域内环境资源的消耗,或改变使用生态资源的方式,促使生存生态环境资源得到恢复和保护,获得可持续发展能力的扶贫模式。这种扶贫模式具有区域性功能,对很多因为生态环境导致贫困的贫困群体能够起到积极作用。中国贫困群体中因生态环境恶化和不适宜居住导致贫困的群体数量较多。"生态扶贫,是以绿色发展理念为指导,以脱贫致富和生态改善为目标,以增强扶贫主体绿色扶贫能力为根本,以贫困区生产生活条件改善为基础,以市场为导向,以发展特色生态产业为依托,以科技进步和创新为动力,以制度建设和创新为保障的政府引导下的企业、社会组织和志愿者协同参与的绿色高效的新型扶贫方式。"①生态扶贫与开发扶贫相结合的扶贫工作最早是1988年国家在贵州省毕节市实施的扶贫开发和生态建设试验区。当前,中国很多贫困区往往是生态严重损坏的地区,同时又是中国整个生态系统的维持地区,所以生态扶贫不仅具有贫困治理的功能,还具有维护整个国家生态环境良性运行的作用。

强化生态扶贫的目的是实现脱贫致富和生态环境改善两者间的良性循环,进而实现可持续发展。生态环境恢复和保护措施主要有生态建设、生态修复、生态补偿、环境保护等。生态扶贫模式可以分为生态产业扶贫、生态资本扶贫、生态移民扶贫和生态补偿扶贫四种形式。生态扶贫的作用机制是通过将贫困区域现有生态资源直接或间接转化成生态产品,如有机农产品、生物能源、传统民间工艺品等的开发利用,依托良好生态环境形成生态产业,如生态旅游、林下产业等,带动贫困地区新型产业的形成。当然,不同学者对生态扶贫的分类是存在差异的,有的分为易地搬迁模式、环境治理模式、生态恢复模

---

① 骆方金、胡炜:《生态扶贫:文献梳理及简评》,《经济论坛》2017年第3期。

式、基础设施提升模式、环境美化模式;①有的分为生态建设型模式、生态产业发展型模式、制度保障型生态模式、生态移民型生态模式。② 这些分类上的不同,说明生态扶贫模式在运行机制上的多样性。

当前,在中国扶贫工作中,生态扶贫越来越成为整个扶贫开发的重点,这是因为当前中国贫困人口越来越集中在生态环境脆弱区。根据统计,全国592 个国家贫困县中有 425 个分布在生态脆弱带,占全部国家贫困县的 72%,全国农村贫困人口的 74%。此外,全国 95% 的绝对贫困人口生活地区属于生态环境极其脆弱区,占全国贫困人口 70% 的 14 个集中连片特困区在发展中受到约束的主要是生态环境脆弱和生存条件恶劣。对中国贫困人口分布区域与生态环境之间的相互关系,中国政府在贫困治理中早就认识到。所以,在1994 年制定的《国家八七扶贫攻坚计划(1994—2000 年)》时就有过准确分析,指出农村贫困人口"分布在中西部的深山区、石山区、荒漠区、高寒山区、黄土高原区、地方病高发区及水库区,而且多为革命老区和少数民族地区。共同特征是,地域偏远,交通不便,生态失调,经济发展缓慢,文化教育落后,人畜饮水困难,生产生活条件极为恶劣"③。这样导致贫困人口分布与生存生态环境形成一种恶性循环,即生态环境恶化导致贫穷发生加剧,为发展加快开发又进一步导致生态环境恶化,或为保护生态环境减少发展又加剧贫困。中国贫困地区生态环境的脆弱很多是由于长期存在对这些地区森林、植被、草原、牧场、土地、矿产、水体等自然资源不合理开发和利用所致。于是,建立有效的、可持续的生态环境成为中国贫困治理中最有效的途径,也是生态扶贫作为贫困治理的依据所在。

对生态环境与贫困形成的关系,学术界很早就发现两者之间存在很高的关联度,特别是在中西部贫困治理过程中这种关联性十分突出。西部地区生态环境的脆弱、退化与区域内严重贫困现象存在高度耦合;④生态环境恶化与

---

① 参见李永东:《产业扶贫与环境扶贫:内涵、模式比较及公共政策》,《宁夏社会科学》2017 年第 4 期。

② 参见骆方金、胡炜:《生态扶贫:文献梳理及简评》,《经济论坛》2017 年第 3 期。

③ 数据来自《国家八七扶贫攻坚计划(1994—2000 年)》。

④ 参见刘慧、叶尔肯·吾扎提:《中国西部地区生态扶贫策略研究》,《中国人口·资源与环境》2013 年第 10 期。

宁夏贫困形成构成恶性循环,让很多扶贫项目无法产生应有作用;①生态环境恶劣直接导致贫困;②贫困县与生态环境之间"生态脆弱县是贫困县的概率达到 69.9%,而贫困县同时也是生态脆弱县的概率更是高达 74.7%"等。③ 这些研究揭示了两者内在关系,让中国扶贫治理必须重点解决生态环境问题,才能保证脱贫和脱贫后的可持续发展。如 2011 年《中国农村扶贫开发纲要(2011—2020 年)》划定的 14 个集中连片特困区中有 11 个是水源区、山区或林区。2015 年全国农村建档立卡贫困人口共有 5630 万,在区域分布上,集中在全国主要河流的上游,不同程度存在贫困区域的"源头现象"。这些贫困高度集中的流域上游地区,虽然"环境承载力较弱,但在全国的生态平衡中承担重要功能,不合理的发展会影响全国更大区域的生态安全"④。国家要实现脱贫就必须推进贫困地区经济发展,经济发展又会对自然资源产生消耗,构成了发展中的两难。于是,要解决这一困境,只有开展生态环境保护与发展共进两重措施才能打破。

中国贫困地区生态资源贫困根据不同区域的具体情况可以分为:资源匮乏区,即当地生态极度脆弱区,不能基本满足区域内居住者生产生活的基本条件;一般生态脆弱贫困区,当地生态资源受到人为的严重破坏,但采取有效治理可以恢复,此类地区在中西部,特别是西部最为明显;资源富足地区,当地生态资源丰富,但由于城市性质、国家或区域生态功能定位的需要,国家对当地生态资源开发进行了限制,从而形成贫困;资源富足但由于不合理开发和有效利用而形成贫困区。对以上四种生态区,在扶贫时应采用不同扶贫策略,具体是针对第一种生态区只能采用移民搬迁,退耕还林、还湖、还草,以恢复森林、植被、草原、河湖、湿地等,促进生态恢复、改善和优化,实现生态环境的保护;对第二、第三种两种地区则需要改变原有生产生活方式,提高生产与生态协调发展,形成绿色经济、循环经济,实现脱贫致富;第四种主要是改变生产和发展

---

① 参见查燕、王惠荣、蔡典雄等:《宁夏生态扶贫现状与发展战略研究》,《中国农业资源与区划》2012 年第 1 期。

② 参见尚正永:《对甘肃农村贫困人口生态扶贫的思考》,《甘肃农业》2004 年第 2 期。

③ 参见刘燕华、李秀彬:《脆弱生态环境与可持续发展》,商务印书馆 2001 年版。

④ 耿翔燕、葛颜祥:《生态补偿式扶贫及其运行机制研究》,《贵州社会科学》2017 年第 4 期。

方式,形成适合于当地产业发展的模式。① 当前,在扶贫工作中,针对大量贫困地区的生态问题,采用的措施主要有生态农业产业化、发展贫困区特色产业、推广生态旅游或绿色旅游、推进生态移民、退耕还林、退牧还草、生态补偿、财政资金转移支付等。

中国政府在贫困治理中,发现不少农村地区贫困是由于生产生活中存在大量不合理的形式,过度消耗生态资源,导致生存环境破坏,失去进一步发展的生态基础。为此,国家针对农村地区生态环境的困境及对农村贫困人口致富的影响,自1999年开始,实施了农村环境恢复和保护措施促进农村经济社会发展。2016年国务院办公厅颁布了《关于健全生态保护补偿机制的意见》,提出到2020年,全国实现森林、草原、湿地、荒漠、海洋、水流、耕地等重点领域和禁止开发区域、重点生态功能区等地区生态保护补偿机制的全覆盖,让那些由于生态保护需要而放弃生存地资源开发的群体获得相应补偿。

中国生态扶贫在20世纪90年代,特别是进入21世纪后,主要是实施天然林资源保护、退耕还林、退牧还草、京津风沙源治理、石漠化综合治理、生物多样性保护、生态效益补偿、生态家园富民计划等工程和项目。2016年,国家加大对生态环境的保护,为了配合西部大开发以及14个集中连片特困地区、贫困县的扶贫工作,在《"十三五"脱贫攻坚规划》中,提出十一个重大生态建设扶贫工程和四个生态保护补充机制,构成新时期生态扶贫的基本内容。"十一个生态建设工程"分别是:以集中连片特困区、建档立卡贫困村、贫困人口为倾斜的"退耕还林还草工程";对内蒙古、辽宁、吉林、黑龙江、四川、贵州、云南、西藏、陕西、甘肃、青海、宁夏、新疆和新疆生产建设兵团等省(区)为实施对象的"退牧还草工程";以保护三江源草原、森林、荒漠、湿地与湖泊生态系统为中心的"青海三江源生态保护和建设二期工程";以燕山—太行山区、吕梁山区等贫困地区生态治理为对象的"京津风沙源治理工程";以保护天然林为对象的"天然林资源保护工程";以三北、长江、珠江、沿海、太行山等地区提升森林质量、草原综合植被覆盖度和整体生态功能的"三北等防护林体系

---

① 参见骆方金、刘联:《精准生态扶贫:战略意义及路径选择》,《农业经济》2017年第10期。

建设工程"；以长江和黄河上中游、西南岩溶区、东北黑土区等重点区域水土流失治理为对象的"水土保持重点工程"；以滇桂黔石漠化区、滇西边境山区、乌蒙山区和武陵山区等贫困地区石漠化治理为对象的"岩溶地区石漠化综合治理工程"；以内蒙古、西藏、陕西、甘肃、青海、宁夏、新疆等省(区)沙化土地封禁保护为对象的"沙化土地封禁保护区建设工程"；以东北生态保育区、长江经济带生态涵养带、京津冀生态协同圈、黄土高原—川滇生态修复带的国际重要湿地、湿地自然保护区和国家湿地公园及其周边退耕(牧)还湿、退养还滩为对象的"湿地保护与恢复工程"；以河北、山西、内蒙古、甘肃、宁夏、新疆等农牧交错带已垦撂荒地植被覆盖率和恢复草原为对象的"农牧交错带已垦草原综合治理工程"。"四个生态保护补偿机制"分别是：对全国各种公益林保护为对象的"森林生态效益补偿"；对内蒙古、新疆、西藏、青海、四川、甘肃、宁夏、云南、山西、河北、黑龙江、辽宁、吉林等13个省(区)和新疆生产建设兵团、黑龙江农垦总局的牧区半牧区县草原生态保护为对象实施"草原生态保护补助奖励"；对新安江、南水北调中线源头及沿线、京津冀水源涵养区、九洲江、汀江—韩江、东江、西江等地区为对象实施的"跨省流域生态保护补偿试点"；为增加建档立卡贫困户就业而在全国贫困县内的553处国家森林公园、湿地公园和国家级自然保护区中创设生态护林员、草管员、护渔员、护堤员等公益岗位为目标的"生态公益岗位脱贫行动"①。

　　在生态扶贫过程中，为改善贫困地区的生态环境，中央相关部委推行了一系列措施，其中较有影响的是农业部实施的退牧还草工程、农业生物综合利用工程，林业部实施的三北防护林工程、退耕还林工程、天然防护林工程，环保部实施的生态补偿试点工程等。这些工程涉及面广，对整个中国生态环境的修复和保护都起到重要作用。当前，中国实施规模大、面积广、种类最多的生态修复和保护工程是西部大开发中的相关生态工程，根据2016年制定实施的《西部大开发"十三五"规划》，提出在"十三五"西部大开发中，国家针对西部实施12个生态工程，具体是退耕还林还草工程、退牧还草工程、天然林保护工程、自然保护区体系建设工程、湿地保护和恢复工程、石漠化治理工程、水土保持工程、濒危野生动植物抢救性保护工程、三江源生态保护和建设二期工程、

---

① 详细参见《"十三五"脱贫攻坚规划》(2016年)。

祁连山生态保护与综合治理工程、柴达木地区生态环境综合治理工程、农牧交错带已垦草原治理工程等。

1. 退耕还林工程。退耕还林工程是"改善贫困地区生态环境的一个重要途径,是贫困地区坚持可持续发展,巩固温饱成果的一项重要措施"①。退耕还林工程开始于1999年的西部大开发。当年首先在陕西、甘肃和四川三省开展试点,目的是保护重要流域源头生态环境和改进贫困地区自然生态。2000年工程推广到长江上游和黄河中上游13个省(区)、174个县。2002年扩大到全国25个省(区、市),其中西部达20个省(区、市)、1897个县。2007年,国务院下发《关于完善退耕还林政策的通知》,进一步完善了退耕还林的政策,明确退耕还林的目标。在《通知》中对退耕还林的作用再次重申,指出"退耕还林工程在促进我国山区、丘陵与沙区的生态环境与农村经济的可持续发展中具有不可替代的作用"②。这样,退耕还林成为解决全国生态环境和贫困治理的重要措施,目的是局部改善生态环境的恶化,让贫困地区生产发展获得支持。

分析退耕还林工程实施以来,国家在操作标准上分为1999年和2007年两个时期。

1999年国家退耕还林的标准和措施是:(1)实施粮食直补。国家向参与退耕还林农户提供无偿的粮食补偿。在年限上:经济林是5年、生态林是8年;每亩补偿数量分别是:长江流域150千克,黄河流域100千克。(2)给予现金补助,国家按每亩每年20元标准补助退耕户,年限与粮食补助相同。(3)种苗补助,国家给予每亩50元的种苗补贴。(4)税收优惠,给予生态林草建设者税收减免。(5)权利保障,明确承包者的林权和承包权,承包权年限是50年。国家希望通过多重补助让农户积极参与到退耕还林的行动中,实现生态环境的恢复,同时通过较全面的补助让为保护生态付出代价的农户得到有效补偿,提高收入,解决贫困,实现可持续发展。

随着国家经济实力的增加以及对贫困地区生态环境治理的深入,为了进

---

① 梁超然:《建议把退耕还林作为贫困地区生态扶贫工程来抓》,《中国林业》2001年第3期。

② 王克发、方启军:《退耕还林——"扶贫工程"、"民心工程"》,《中国林业》2007年第29期。

一步提高贫困地区生态实施保护的力度,巩固生态环境修复和保护中取得的成绩。2007 年,根据前期工程实施取得经验及存在的问题,中央政府调整了退耕还林的补助措施,具体有:(1)改变补贴形式,国家对退耕户采用现金直补而不是粮食补偿。(2)调整退耕还林地补贴标准:长江流域及南方地区每亩每年 105 元,黄河流域及北方地区每亩每年 70 元。原先每亩每年 20 元生活补助费在继续的同时与管护任务挂钩。(3)补助期限:生态林 8 年、经济林 5 年、还草 2 年。(4)设立巩固退耕还林成果专项资金,对西部地区、京津风沙源治理区和享受西部政策的中部地区的退耕农户基本口粮田建设、农村能源建设、生态移民以及补植补造等所需费用给予支持,其中重点向特殊困难地区倾斜。

西部很多省(区、市)在退耕还林工程实施中受益明显,地方政府积极参与,其中四川省最为活跃。自 2000 年开始,四川省相继在 33 个国家贫困县开展科技扶贫试点示范工程,投入中央财政扶贫资金 3100 万元;在 10 个退耕还林(草)贫困县开展家庭牧场项目试点示范工程,投入中央财政扶贫资金 800 万元。① 同时,四川省在根据自身情况,制定并推行了很多适用于各个退耕还林地区的产业,以促进当地特色产业发展,实现生态保护和经济发展的双重目标。如在通江县实施退耕种草养牛养羊;苍溪县退耕种草规模化饲养长毛兔;北川县布朗李在退耕地上种植科技含量高、有市场竞争力的经济果林;黑水县在退耕还林地上种优质牧草,开办家庭牧场饲养牛羊;平武县的白马藏区、南部县的升钟水库在还林地发展家庭牧场与旅游观光相结合的产业等。② 这样,通过调整还林地产业,发展适应当地生态需要和适合新生态需要的项目,让贫困地区在退耕还林、还草工程实施中培养形成新产业,获得发展。

退耕还林工程在实践中得到很快推广,成绩十分明显。2009 年年底,工程在全国 25 个省(区、市)和新疆生产建设兵团中实施,涉及农户达 3200 多万、人口 1.24 亿;累计完成造林数量是退耕地 906.26 万公顷,配套荒山荒地 1413.72 万公顷,新封山育林 193.32 万公顷;在工程资金投入上,中央累计投

---

① 参见黄德益:《扶贫开发与退耕还林(草)工作相结合初探》,《四川林业科技》2001 年第 2 期。

② 参见黄德益:《扶贫开发与退耕还林(草)工作相结合初探》,《四川林业科技》2001 年第 2 期。

入 1961 亿元,加上巩固退耕还林成果规划专项中的地方配套资金、退耕户自筹资金等,工程总投入达到 5119 亿元。退耕还林工程实施 10 年后,让工程实施地森林覆盖率平均提升 3 个百分点以上,退耕农户平均获得的补助资金为 5113 元。工程在改善实施地生态环境的同时也有力地促进了工程实施地农民的收入。在 1999—2007 年间,退耕还林实施县农民人均纯收入年均增长率为 6.2%。[1] 从这些成绩看,整个工程获得了预期的效果,实现了生态环境改善和区域内农户增收的双重目标。2012—2017 年间,中央财政投入支持生态脱贫资金 1900 亿。其中,2016 年、2017 年中央向 832 个贫困县中林业投资年均高出"十二五"期间投入的 30 个百分点。[2]

2. 退牧还草工程。退牧还草工程是为专门解决西部牧区草原退化、生态恶化而实施的一项生态修复和保护工程。西部天然牧区在发展中,面临生态与贫困之间的恶性循环,即西部牧区牧民为了提高收入只好增加放牧量,而畜牧数量的增加又给草场生态造成压力,导致牧区草原生态破坏加剧。国家为了改善和修复西部牧区草原生态,从 2003 年启动实施退牧还草工程。工程实施范围是内蒙古、新疆、甘肃、青海、西藏、四川、宁夏、云南 8 省(区)和新疆生产建设兵团。工程原计划 5 年内在西部 11 个省(区)推开,但 2005 年就完全在西部 11 个省(区)提前实施。2011 年 8 月 22 日,根据工程前期实施的经验和存在的问题,国家发改委、财政部、农业部联合颁布了《关于完善退牧还草政策的意见》,提出从四个方面完善工程的实施,具体是:(1)计划在"十二五"时期,退牧还草围栏建设面积达 5 亿亩,退化草原补播改良面积 1.5 亿亩。(2)每户按 80 平方米标准配套建设舍饲棚圈。(3)提高中央投资补助比例和标准,具体是:在围栏建设补助比例上,中央由 70% 提至 80%,地方配套比例由 30% 降至 20%,取消县及县以下资金配套。不同地区围栏建设上的中央投资补助标准是:青藏高原地区每亩从 17.5 元提至 20 元,其他地区由 14 元提至 16 元;补播种草上中央投资补助费标准由每亩 10 元提至 20 元;人工饲料草地建设费上,中央投资补助标准是每亩 160 元,舍饲棚圈建设费上中央投资

---

① 参见吴涛等:《退耕还林政策 10 年评价》,《经济研究参考》2011 年第 67 期。
② 参见寇江泽:《十八大以来 1900 亿中央林业资金用于生态脱贫》,http://f.china.com.cn/2018-04/17/content_50897346.htm,发布时间:2018 年 4 月 17 日 09:43:13,《人民日报》,访问时间:2018 年 4 月 18 日。

补助标准是每户 3000 元。(4)推行草原生态保护补助奖励制度。把此前饲料粮补助改成草原生态保护补助奖励,区分为禁牧封育草原和休牧、轮牧草原两种,分别给予不同标准的奖励补助。禁牧封育草原的补助标准是中央财政按每亩每年 6 元,5 年一个周期给予补助;对禁牧区外实行休牧、轮牧草原的,中央财政按未超载牧民的每亩每年 1.5 元草畜平衡奖励补助给予补助。以上两种草原生态保护补助奖励计划从 2011 年开始实行。

国家为了促进退牧还草地区的牧民积极参与和提高他们的收入,2016 年再次提高补贴标准,具体是:在围栏建设上,青藏高原地区每亩补助由 20 元提至 30 元,其他地区由 16 元提至 25 元;在退化草原改良上,每亩补助从 20 元提至 60 元;在人工饲草地补助上,每亩由 160 元提至 200 元;在舍饲棚圈(舍储草棚、青贮窖)建设补助上,每户由 3000 元提至 6000 元;在黑土滩治理补助上,每亩由 150 元提至 180 元;在毒害草退化草地治理上,每亩补助由 100 元提至 140 元;在岩溶地区草地治理上,每亩补助由 100 元提至 160 元。这次调整区域涉及内蒙古、新疆、西藏、青海、四川、甘肃、宁夏、云南、山西、河北、黑龙江、辽宁、吉林等 13 个省(区)和新疆生产建设兵团、黑龙江农垦总局的牧区半牧区县。此外,在《"十三五"生态环境保护规划》中还对未来五年内退耕还林还草设定了明确指标,计划规划期内完成草原围栏 1000 万公顷、退化草原改良 267 万公顷,建设人工饲料草地 33 万公顷、舍饲棚圈(舍储草棚、青贮窖)30 万户、开展岩溶地区草地治理 33 万公顷、黑土滩涂治理 7 万公顷、毒害草地治理 12 万公顷。① 为"十三五"规划期内退耕还林还草工程实施提出了明确的目标。

退牧还草工程在 2003 年只在内蒙古、四川、青海等 8 省(区)和新疆生产建设兵团作为试点,2005 年扩大至 11 个省(区)及新疆生产建设兵团、黑龙江农垦总局的牧区半牧区县,遍及了全国所有涉及牧区保护的省份和地区,成为国内环境治理与贫困治理双重任务中最大的扶贫工程。2016 年,工程实现围栏建设 7.78 亿亩,重度退化草原补播 1.86 亿亩,中央投入资金 209 亿元,惠及 181 个县(团场)、90 多万农牧户。② 对全国牧区草原生态修复和保护起到

---

① 数据来源于《"十三五"生态环境保护规划》(2016 年)。

② 参见《我国退耕还林、退牧还草、退田还湖补助政策和最新消息》,https://www.tuliu.com/read-28387.html,访问时间:2018 年 5 月 9 日。

十分重要的作用。

3.森林生态效益补偿制度。为了保护全国森林资源,给予生活在林区的农户补偿,让其中的贫困人口在接受补偿时,停止对生活区的生态林侵害,进而保护森林资源和生态环境,促进贫困地区生态环境良性发展,这成为这一制度的基本目标。中国政府对实施全国森林资源保护的同时,2001年在中央财政预算中设立了"森林生态效益补助资金",对河北、辽宁、黑龙江、山东、浙江、安徽、江西、福建、湖南、广西、新疆11个省(区)658个县和24个国家级自然保护区实施森林生态效益补助资金试点工作。2004年,项目在全国全面推开,为此,中央财政每年拿出20个亿对全国4亿亩重点公益林实施森林生态效益补偿。为了让贫困地区实现生态环境保护与贫困治理的有机结合,2016年国家在全国贫困县域内553处国家森林公园、湿地公园、国家级自然保护区中设立生态护林员、草管员、护渔员、护堤员等各类生态公益岗位后,把这些公益岗位提供给所在地建档立卡贫困户中有劳动能力的人员就业,开拓和提高他们的收入,实现扶贫目标。

4.生态家园富民计划。1999年农业部为了实现农村地区生态环境保护和增加农民收入,把农民生活改善和生态环境保护有机结合,实现西部和中东部贫困地区扶贫工作与农村环境建设相结合的目的,制定了《全国生态家园富民工程规划》。计划正式于2000年实施。工程以农户为对象,以沼气池建设为中心,结合改厕、改圈、改厨、改院、改路、改水、推广高效生态农业技术等为手段,希望在解决农村生活能源的同时,改善农民生产、生活环境,增加农民收入,促进农村发展。2000年3月14日,"生态家园富民计划"开始在西部地区推行示范项目,首先选择甘肃、宁夏、青海、陕西、云南、贵州、四川7省(区)中有一定基础、地方积极性较高的10个村庄作为试点。2005年工程推广至全国2594个县、26383个村,受益农户达375万户,成为农村贫困治理和生态环境保护相结合的重要机制。

工程在实施过程中,一些省(区、市)还作出了积极探索,制定了详细的实施方案。如广西壮族自治区制定了《广西生态家园富民计划实施纲要》,明确规定工程的目的是"以农户家庭为基本单元,通过推广应用以沼气为重点的农村可再生能源技术和高效生态农业技术,引导农民对住房、厨房、厕所、猪牛禽栏、庭院、道路、文化娱乐设施等进行统一规划和配套建设,带动养殖业、种植业、环境卫生和精神文明的全面发展,形成农户基本生活、生产单元内部的生态良性循环,增加农民收入,改善生态环境,提高生活质量,实现庭院经济高效化、农业生产无害化、家居环境清洁美化的目标"①。工程目标是:(1)改善农村农民生活环境,实现经济与生态的良性循环;(2)提升和改变农村农民生活能源利用方式,把生活用能效率提高30%以上,优质能源占50%左右;(3)增加农民收入,在工程实施后让农民在原有收入上人均增收1000元以上。最终目标是实现农户基本生活、生产单元内部生态良性循环,家居温暖清洁化、庭院经济高效化、农业生产无害化等。

生态家园富民计划工程在实施中存在的问题主要是以户为单位的生态家园建设与整村发展规划存在矛盾。农户实施时常面临资金不足又难以解决的问题。工程不能解决个体户经营与市场规模化需求之间的矛盾,与工程相配套的技术推广体系不健全、难推广等。② 这些都让工程在实践中产生很多问题。

5.生态补偿扶贫。生态补偿扶贫是直接通过资金补偿等方式对保护生态资源、维持生物多样性作出贡献或减少损害生态环境的农户给予相应补偿,弥补他们在生态保护过程中造成的损失,在保障生态环境质量的同时促进经济增长,提高贫困农民收入。生态补偿扶贫具有两个基本功能:(1)保障和恢复贫困地区生态资源,(2)实现贫困地区经济脱贫发展。③ 当前,中国生态补偿问题在学术上涉及生态补偿的概念及范围、生态补偿制度的市场机理、生态补偿模式特点和内容、生态补偿监督和评估等多方面。

中国政府为了有效推进生态补偿工程的实施,在2016年国务院发布了《关于健全生态保护补偿机制的意见》,提出要把生态补偿机制与集中连片特困区扶贫进行深入和全面的结合,要求在生态补偿试点选择上,退耕还林、退牧还草、流域生态治理、天然林保护、湿地修复与保护等生态补偿资金投向更多向贫困地区倾斜,推进横向生态补偿机制的形成。全面推行流域生态补偿、

① 肖超:《广西生态家园富民计划实施纲要思考》,《广西节能》2002年第3期。
② 参见姜志德、柴洁放:《关于生态家园富民计划的观察与思考》,《农业经济》2005年第11期。
③ 参见耿翔燕、葛颜祥:《生态补偿式扶贫及其运行机制研究》,《贵州社会科学》2017年第4期。

草原奖补政策、海洋生态补偿等项目的实施,加强对生态补偿在扶贫过程中的扶贫对象瞄准、资金筹集管理、扶贫方式选择和监督评估等四个方面监管。

这些生态修复和保护措施的实施,对改变西部地区生态环境起到了十分重要的作用,如云南省就十分明显,仅在 2012—2016 年间,国家累计投入在云南省生态修复上的资金达 183.5 亿元。2014 年 1 月,治理面积更广、标准更严格的三江源生态保护二期工程在云南启动,仅 2017 年就完成 97 亿元的投资。自"十二五"以来,云南贫困县退耕还林还草达 421 万亩,面积相当于 11 个洱海。内蒙古自治区在实施项目后,荒漠化、沙化土地面积分别减少了 625 万亩和 515 万亩,森林面积、活立木蓄积量得到稳步增长,改善了整个自治区的草原生态和森林面积,①让这些省(区、市)的生态环境获得了有效保护,实现了生态质量提升的同时,对贫困治理中可持续发展产生支持作用。

六、易地扶贫搬迁模式

易地扶贫搬迁模式,又称生态移民扶贫模式,是对居住在自然条件和生态环境恶劣地区的贫困人口实施居住地转移,从根本上改变贫困群体生存和发展环境的一种开发式扶贫模式。国外较早就采用生态移民扶贫模式。易地扶贫搬迁模式是当前中国扶贫模式中的重要形式。易地扶贫搬迁模式在功能上具有让特定生态区内的民众获得发展资源的重构和消除特定生态区内人类活动产生压力的双重作用。这一扶贫模式在中国扶贫工作中具有十分重要的意义。这种扶贫模式的"理论主要是生态贫困理论、区位理论与'推—拉'理论",目的是打破"贫困→环境退化→进一步贫困"的恶性循环。中国易地扶贫搬迁始于 20 世纪 80 年代,最初在西北"三西"地区实施,后来在西北、西南等地区试点实践后,在 21 世纪成为重要扶贫模式,特别是 2015 年后成为中国扶贫工作中解决因生态环境恶劣而致贫的贫困群体的基本扶贫模式。易地扶贫搬迁模式与生态移民模式虽然两者存在差异,但很多时候是一致的。认真分析,易地扶贫搬迁模式主要解决的是贫困者发展的条件问题,是贫困治理的措施,生态移民搬迁除了解决贫困问题还有解决生态问题,如特定自然保护区

---

① 张永军:《西部大开发新格局——新时代·新思想·新征程》,《西部大开发》2017 年第 10 期。

内居住者并没有出现所居地生态无法承担的问题,但为了更好保护区域内生态而实施搬迁。

（一）易地扶贫搬迁适用的类型和对象

当前,中国易地扶贫搬迁有生存型、发展型和生态型三类,对象有建档立卡贫困户和易地建设随迁户两种。中国移民搬迁的原因有保护大江大河源头生态环境,防沙治沙和保护草原生态环境,防洪减灾、根治水患,兴修水利水电工程,生存环境无法提供生存发展需要,保护稀有动植物资源或风景名胜区生态系统,[1]地震、崩塌等严重自然灾害,采煤采矿采油造成地面塌陷、无法居住等。[2] 在上面8种广义生态移民中,与扶贫有关的移民有保护大江大河源头生态环境,防沙治沙和保护草原生态环境,生存环境无法提供生存需要,地震、崩塌等严重自然灾害,采煤采矿采油造成地面塌陷、无法居住。因为这四种搬迁在扶贫上属于"一方水土无法养活一方人"的生存资源不足型,要实现根本消除贫困需要移出现有生活区。

从实践看,当前中国扶贫工作中易地搬迁户,除了上面两种基本类型外,还有大量生态移民。如2006年漳县易地扶贫搬迁时在搬迁户类型上:改善生存条件型搬迁共有2364户、9327人;避免地质灾害型搬迁共有300户、1290人;生态移民类型搬迁共有296户、1273人。[3] 为了弄清当前建档立卡户中有多少人户需要易地扶贫搬迁,相关部门委托学者做了一个全面的调查。此次调查范围涉及武陵山片区、滇桂黔石漠化片区、秦巴山片区、乌蒙山片区、六盘山片区等5个集中连片特困区中15个片区县以及1个片区外的国家贫困县;调查对象是建档立卡搬迁户的户主或者能清楚知道家庭情况的家庭成员,调查人户共有2019户、7649人;调查方式采用一对一问卷调查。通过对调查获得的材料分析后得出:调查对象全部生活在丘陵、山地或高原地带,其中93.07%是山区,8.77%是受崩塌、滑坡、泥石流等威胁的地质灾害地区。2015年有44.77%的人户农作物遭受到自然灾害,每户平均损失在675.75元。调查对象中,住房条件差的所占比例为82.32%,看病难所占比例为46.51%,上

---

① 参见皮海峰:《小康社会与生态移民》,《农村经济》2004年第6期。

② 参见梁福庆:《中国生态移民研究》,《三峡大学学报》2011年第4期。

③ 参见王虎莲:《贫困县易地扶贫搬迁情况调查及融资困境研究》,《甘肃金融》2016年第9期。

学难的所占比例为30.71%。调查对象中属于"发展型"约束的约占88.01%，同时面临"生存型"和"发展型"约束的约占50.42%，"生存型"约束的约占4.66%，仅是"发展型"约束的约占37.59%，不受约束、暂时不需搬迁的农户约为7.33%。从调查对象中搬迁意愿上看，非常愿意和比较愿意搬迁的人户约占92.12%，不太愿意、非常不愿意和说不清楚的人户约占7.88%。调查对象中，搬迁户认为搬迁后带来的好处主要集中在交通便利、住房条件改善和上学方便上，其中交通便利的占48.57%，住房条件改善的占19.92%，上学更方便的占14.10%，看病更方便的占6.92%。调查对象在搬迁中遇到的主要问题是缺少资金，比重达到54.54%。① 这次调查对整个贫困治理中易地扶贫搬迁基本情况有了全面了解，与国家扶贫部门的分析和提出的对策是相符的，其中存在的问题也是真实的。这成为中国易地扶贫搬迁工作中难得的第一手资料。

（二）易地扶贫搬迁实践与发展

1983年中国在"三西"贫困地区实施"三西吊庄移民"扶贫，成为国内最早的易地扶贫搬迁。20世纪80年代，中国政府针对西北"三西"深度贫困区的专项扶贫后，探索出了很多新的扶贫措施和模式。其中，为消除贫困和保护生态环境并举而形成的易地扶贫搬迁成为易地扶贫搬迁模式的试点。在30多年的扶贫工作中，宁夏西海固累计完成了103.47万人的移民扶贫搬迁，占全国移民扶贫搬迁总量的1/8。2013年年底，宁夏全区在生态移民实施的同时推行退耕还林、封山禁牧等工程，让宁夏森林面积达1060万亩，森林覆盖率上升至13.6%；沙化土地减少至1774.5万亩，成为全国第一个实现沙漠化逆转的省（区）；湿地保护面积达310万亩，成为全国各省（区、市）中湿地面积不减反增的少数省（区、市）之一。"三西"易地扶贫搬迁形成了从"吊庄扶贫"到"生态扶贫"的发展之路。② 2001年易地扶贫搬迁试点工作开始在内蒙古、贵州、云南、宁夏4个省（区）启动，到2010年扩大至17个省（区、市），成为国内重要的扶贫模式。

国家公开把易地扶贫搬迁正式作为国家扶贫的重要模式，始于1994年的

---

① 参见曾小溪、汪三贵：《易地扶贫搬迁情况分析与思考》，《河海大学学报》2017年第2期。

② 参见《全国各地易地扶贫搬迁的主要做法》，《政协天地》2016年第5期。

《国家八七扶贫攻坚计划(1994—2000年)》。当时,在《国家八七扶贫攻坚计划(1994—2000年)》中提出对极少数生存和发展特别困难的村庄和农户实施开发式移民扶贫搬迁。但在2000年之前,虽然中国政府开始把移民扶贫搬迁作为贫困治理的探索和尝试,但实施范围小、投入少、影响有限,没有成为国家扶贫的主要模式。从2001年开始,国家发改委开始组织实施易地扶贫搬迁试点工程。自此,易地扶贫搬迁贫困治理模式地位得到提高。2007年,国家发改委编制了第一个易地扶贫搬迁规划——《易地扶贫搬迁"十一五"规划》。在《易地扶贫搬迁"十一五"规划》中,首次把易地扶贫搬迁作为专项规划,提出"易地扶贫搬迁"的概念并指出"易地扶贫搬迁",亦称生态移民,是指"通过对生活在不适宜人类生存地区的贫困人口实施搬迁,达到消除贫困和改善生态的双重目标"。确定易地扶贫搬迁是通过转移贫困群体居住的区域,以获得新的发展条件,实现脱贫目标。当时,确定在易地扶贫搬迁实施上要用"先行试点,逐步扩大"的原则。

2010年中国政府在完成第二轮扶贫规划后,全国贫困地区和贫困群体越来越集中在生态环境恶劣和脆弱的地区,要进一步治理不仅需要发展产业,更需要全面改进和提升贫困群体居住的生态环境,以获得可持续发展。2012年,在对建档立卡贫困户分布情况分析后,发现绝大多数贫困户都居住在相对偏远、基础设施较为落后、水土资源严重不匹配、生态环境极度脆弱和水、旱、泥石流等自然灾害频发的环境中。在分布区域上,主要集中在青藏高原地区、东部酸壤地区、西北黄土高原地区、高寒冷凉地区、西南石漠化地区等。国家根据贫困户所在的生态环境特点和贫困治理需要发展的自然条件,确定实施易地扶贫搬迁的建档立卡户分为:(1)"生存型"搬迁户,即贫困户生存的环境差且偏远,或者居住地属于地质灾害高发区,简称为"一方水土养不起一方人"的;(2)"发展型"搬迁户,即贫困户生活在住房条件差、看病难、上学难等严重影响发展的,需要改进和提升但又属于投入大、效果差的地区。如果贫困户不属于"生存型"或是"发展型"就不作为搬迁对象。依据以上两个标准,在对全国建档立卡户数据分析后,发现属于以上两类贫困户的数量在1000万左右,构成了国家易地扶贫搬迁中需要搬迁的贫困户。

2012年后国家加快易地扶贫搬迁工作,从2012—2015年间,中央财政累计安排易地扶贫搬迁经费达404亿元,带动各类投资近1412亿元,实现了591

余万贫困人口的扶贫搬迁。① 在搬迁户安置上形成了依托小城镇、国有农场、置换式、插花式、山上搬山下、有土安置等多种形式。这些试点探索为"十三五"期间大规模实施易地扶贫搬迁提供了丰富的经验。

2015 年国家大规模实施精准扶贫后,对全国农村低于贫困线标准的贫困户致贫原因有了全面把握。2015 年年底,在识别出的 5630 万建档立卡贫困人口中,进一步识别出 981 万需要实施易地搬迁才能实现贫困治理,同时,有 647 万非建档立卡贫困人口需要同步实施搬迁。全国需要搬迁群体主要集中在中西部的湖北、湖南、广西、四川、贵州、云南、陕西、甘肃 8 省(自治区)。这 8 个省(区)每个都有 50 万以上建档立卡户需要实施易地扶贫搬迁。② 面对分布在 22 个省(区、市)、1400 个县(市、区)的 1000 万建档立卡户,为保障移民扶贫搬迁目标的实现,国家在"十三五"扶贫攻坚规划中对此作出了详细规划,同时在 2016 年还制定并颁布了《全国"十三五"易地扶贫搬迁规划》,对五年内 1000 万人贫困人口的易地扶贫搬迁工作作出详细规划和安排。此外,2015 年 12 月,发改委、扶贫办、财政部、国土资源部、人民银行等部门还联合制定了《"十三五"时期易地扶贫搬迁工作方案》,提出在"十三五"期间完成 1000 万建档立卡贫困人口易地扶贫搬迁工作的具体工作程序。在易地扶贫搬迁对象上,确定为建档立卡贫困户中居住在深山、荒漠化、地方病多发等生存环境差、不具备基本发展条件的,生态环境脆弱、限制或禁止开发地区的,地震活跃带及受泥石流、滑坡等地质灾害威胁的二类贫困户。在搬迁户建设的住房和配套设施上作出明确规定,搬迁住房建设标准是人均不超过 25 平方米,安置区(点)同时配套建设基础设施和基本公共服务设施,对迁出区宅基地实施复垦和生态修复等。在搬迁费用投入上,每户建档立卡家庭人均投资 6 万元,搬迁户自筹资金每人平均 2000 元,其他补助 58000 元,自筹比为 3.3%。全国易地扶贫搬迁在"十三五"期间计划总投资约 6000 亿元,资金来源上中央预算财政内投资 800 亿元,地方政府债务投入约 1000 亿元,专项建设基金约 500 亿元,低成本长期贷款约 3500 亿元,农户自筹资金总计约

---

① 数据来源于《中国扶贫事业与人权进步(2016 年)》白皮书。
② 参见曾小溪、汪三贵:《易地扶贫搬迁情况分析与思考》,《河海大学学报》2017 年第 2 期。

为 200 亿元。① 其中计划在 2016—2018 年完成整个易地扶贫搬迁工程投资的 85%。②

（三）易地扶贫搬迁的实践与成绩

中国政府在 40 年的扶贫工作中，在易地扶贫搬迁实施过程中形成了各种不同的具体模式，其中较有代表性的有甘肃和宁夏的"三西"模式、广东北部喀斯特地区模式、广西的"公司＋农户"模式、贵州印江县的"政府＋企业＋银行＋贫困农户"模式等。这四种二级易地扶贫搬迁模式在措施、路径上存在着不同。

贵州印江县易地扶贫搬迁模式基本机制是"政府＋企业＋银行＋贫困农户"。该模式通过政府主导，房地产开发企业负责开发移民搬迁户的安置房，按照预定协议，将相匹配面积的商铺抵押给搬迁户做投资平台，投资平台根据预订协议预付部分建设资金给房地产开发商，以现有或即将建成的县城商品房存量集中安置易地扶贫搬迁户。③ 这种易地扶贫搬迁模式主要是有效地解决了搬迁户进入城镇后发展的保障问题。

福建宁德易地扶贫搬迁模式是把易地扶贫搬迁与旅游开发扶贫相结合，解决搬迁户搬迁后的发展问题。宁德赤溪村在移民搬迁后，利用安置地的生态资源、特色农产品等和当地太姥山、杨家溪等著名景区，打造以生态旅游、休闲观光农业两种支柱产业，实现农业增效、农民就业以及美丽乡村建设和城乡统筹发展等多重目标合一的新型开发扶贫。④

广西大化易地扶贫搬迁模式的基本特点是把易地扶贫搬迁与金融扶贫有机结合，实现了搬迁融资和创业发展的双重目的。2013 年大化县信用联社通过组团方式向县易地搬迁工程贷款 2 亿元，支持大化县易地扶贫搬迁，建设生态民族新城，同时采用小额信用贷款和农户联保贷款相结合，加大对搬迁户的信贷支持，为搬迁户创业提供资金。

---

① 数据来源于国家发展改革委《中国的易地扶贫搬迁政策（2018 年 3 月）》白皮书。

② 参见何畅、张昭：《"十三五"时期易地扶贫搬迁投融资模式研究》，《开发性金融研究》2017 年第 1 期。

③ 参见叶青等：《政策实践与资本重置：贵州易地扶贫搬迁的经验表达》，《中国农业大学学报》2016 年第 5 期。

④ 参见《全国各地易地扶贫搬迁的主要做法》，《政协天地》2016 年第 5 期。

中国易地扶贫搬迁自"十五"期间开始,实施到"十三五"期间计划完成的情况具体如下:[①]

时期	搬迁人口数（万人）	中央投资（亿元）	人均中央投资（元）	总投资（亿元）	人均总投资（元）
"十五"	122	56	4590	56	4590
"十一五"	163	76	4671	106	6515
"十二五"	394	231	5863	1031	26168
"十三五"	981	800	8155	5922	60367

在 30 多年易地扶贫搬迁中,完成 1700 万人口扶贫工作。根据统计,从 1983—2003 年,全国通过易地搬迁实现脱贫的贫困人口近 40 万。[②] 2001—2010 年,全国有 19 个省(区、市)共有 770 余万贫困人口实施了易地搬迁。[③] 其中,根据 2018 年 3 月国家发展改革委发布的《中国的易地扶贫搬迁政策》白皮书,在 2001—2015 年间易地扶贫搬迁中,中央财政补助为 363 亿元,受益搬迁贫困群众达 680 多万。在中国扶贫工作规划与五年国民经济发展规划相一致后,"十五"扶贫开发期间国家投资 56 个亿,实施了 122 万人易地扶贫搬迁;"十一五"期间国家投资 106 亿元,其中中央投入 76 亿元,地方投入 30 亿元,实施了 162.7 万人易地扶贫搬迁;"十二五"期间实现了 420 万人易地扶贫搬迁。[④] "十三五"期间,随着国家详细严格的易地扶贫搬迁工程的实施,2016 年 11 月底,全国开工建设的易地扶贫搬迁安置住房达 119 万套共 10237 万平方米,竣工 55 万套;配套建设的卫生院所(室)1746 个、安置区活动室 2880 个。[⑤] 2016 年 12 月底,国家开发银行承诺向全国有易地扶贫搬迁任务的 22

① 参见何畅、张昭:《"十三五"时期易地扶贫搬迁投融资模式研究》,《开发性金融研究》 2017 年第 1 期。

② 参见刘俊文:《中国开发式扶贫为什么值得称道》,《红旗文稿》2005 年第 2 期。

③ 数据引自国务院新闻办公室:《中国农村扶贫开发的新进展》(2011 年 11 月 16 日)。

④ 参见倪赤丹、苏敏:《英国社区发展经验及对当代中国的借鉴》,《理论界》2013 年第 1 期。

⑤ 参见何畅、张昭:《"十三五"时期易地扶贫搬迁投融资模式研究》,《开发性金融研究》 2017 年第 1 期。

个省(市、区)贷款总额达4461亿元,惠及约910万建档立卡贫困人口,250万同步搬迁人口,融资总量超过500亿元。① 2017年1至8月底,全国有扶贫任务的22个省(区、市)累计承接2016年、2017年易地扶贫搬迁资金约2914.6亿元。② 大量扶贫资金的投入,保障了全国有易地扶贫搬迁任务的22个省(区、市)易地扶贫搬迁工程的顺利实施。2016年后,按照党中央决策部署和国务院的要求,22个有易地扶贫搬迁任务的省(区、市)扎实推进易地扶贫搬迁工作,其中,2016年、2017两年中,全国完成易地扶贫搬迁为589万人,2018年计划完成280万人③,3年内完成869万人。

甘肃省是中国20世纪80年代实施贫困治理后,最早实施易地扶贫搬迁的省份。甘肃省在2010年到2015年间,全省71个县市12.72万户63.48万贫困人口实施了易地扶贫搬迁,总投入资金为164.57亿元④。这个时期,甘肃省易地扶贫搬迁上发生了新变化。"2010年以来,我省易地扶贫搬迁在实施方式上有了新的变化,主要采取集中连片、整体跨区域搬迁为主,部分搬迁安置为辅的方式。"⑤"十三五"期间,甘肃省计划11.96万户50万建档立卡贫困人口实施易地扶贫搬迁,同时有5.43万户23.14万非建档立卡户需要同时实施易地搬迁,投入易地扶贫搬迁资金396.7亿元。⑥ 从中可知,甘肃省在整个易地扶贫搬迁工作中的任务之大。

云南省在"十三五"期间,共有16个州(市)122个县(市、区)中有65万贫困人口需要易地搬迁,计划投入资金为1056亿元,其中中央财政专项投入227.5亿元,国开行云南省分行承诺贷款227.5亿元。

湖北省在"十三五"期间,共有30.63万户97.79万建档立卡贫困人口需

---

① 参见何畅、张昭:《"十三五"时期易地扶贫搬迁投融资模式研究》,《开发性金融研究》2017年第1期。

② 参见曹敏、于兴华:《我们有信心在2020年实现易地扶贫搬迁目标》,《中国经贸导报》2017年10月下。

③ 数据来源于国家发展改革委员会《中国的易地扶贫搬迁政策(2018年3月)》白皮书。

④ 参见陈源、王悦、魏奋子、史如霞:《2010年以来甘肃省易地扶贫搬迁的实施方式与基本经验》,《农业经济》2016年第22期。

⑤ 陈源、王悦、魏奋子、史如霞:《2010年以来甘肃省易地扶贫搬迁的实施方式与基本经验》,《农业经济》2016年第22期。

⑥ 参见《甘肃"十三五"易地扶贫搬迁总投资396.7亿元》,《建材发展导向》2016年第20期。

要易地搬迁,4年计划投入 613 亿元,平均每年需要搬迁 25 万贫困人口。①

广西壮族自治区在"十三五"期间,共有 100 万建档立卡贫困人口需要易地搬迁,同期还有 10 万非建档立卡户需要随之易地搬迁。2016 年完成了 33 万人易地搬迁任务,其中建档立卡贫困人口 30 万,占搬迁总人口的 90.9%。②

(四) 易地扶贫搬迁存在的问题

从易地扶贫搬迁实践看,如何选择搬迁安置点对整个工程成败起到非常关键的作用。从实施看,当前易地扶贫搬迁安置形式主要有村内就近安置、村内集中安置、跨村插花安置、城镇化无土安置等。有些省(区、市)在安置上较有特点,主要采用城镇化安置,具体是选择县市城区、重点乡镇、中心村、产业园区、旅游景区、交通便利的区域进行安置。这种城镇化安置的优点是一步到位,在解决贫困的同时解决了城镇化问题,缺点是很多移民由于生产生活快速的、全面的转型,无法适应新生产生活方式带来的挑战,很易陷入新的贫困。

易地扶贫搬迁在实践中,存在的主要问题是搬迁选址困难,具体体现在若搬迁到条件较好的地区会导致与原有居民产生争夺生存资源,出现社会冲突;搬迁到生活条件不好,或不配套地区,又无法实现搬迁目的。"移民会导致生计困难,甚至出现次生贫困或灾难转移,生态移民精准扶贫也难以逃出贫困的怪圈。"③所以,易地扶贫搬迁成功与否主要由选址决定。此外,当前易地扶贫搬迁还存在建筑成本上涨、腾地工作压力大、搬迁户面临致富"瓶颈"、公共配套设施不足、产业发展不够等 系列问题。" 是面临严峻的土地资源和环境承载压力;二是高昂的避灾移民搬迁安置成本与建设配套资金供给困境;三是产业支撑不足与移民生计脆弱的问题"④。这些让易地搬迁出现难迁出、迁出后难致富的问题。易地搬迁最大困难还存在搬迁后持续发展的问题。把贫困户搬迁到城镇,虽然生活、就业环境都得到改进,但需要搬迁者拥有相应就业技能,同时城镇生活会导致成本增加。在城镇化搬迁中还需要对搬迁者进

---

① 参见彭玮:《当前易地扶贫搬迁工作存在的问题及对策建议——基于湖北省的调研分析》,《农村经济》2017 年第 3 期。

② 参见《广西:创新易地扶贫搬迁模式》,《城市规划通讯》2016 年第 9 期。

③ 王娜、杨文健:《生态移民精准扶贫:现实困境、内在悖论与对策》,《开发研究》2016 年第 4 期。

④ 何得桂、党国英、杨彦宝:《集中连片特困地区精准扶贫的结构性制约及超越——基于陕南移民搬迁的实证分析》,《地方治理研究》2016 年第 1 期。

行产业培育、就业安排、劳动技能培训、教育、医疗、社保兜底等多方面持续支持,才能保证搬迁者在城镇中获得新的生活和发展,这些需要大量的投入和长期的帮扶。

中国很多需要易地扶贫搬迁的贫困地区本身存在着严重的土地资源不足的问题,在区域实施易地搬迁会造成移点破坏的问题。在很多生态恶劣地区采用移点式扶贫搬迁不仅达不到预期效果,反而会加剧居住点的生态压力。中国很多生态环境恶劣致贫地区的贫困治理中,最有效的手段不是变点移民,而是迁出生态区,减少生态区内的人口承载压力,或者完全移出,消除人类生产活动的影响,让生态区自然恢复。在当前中国人口出现快速减慢和强势城镇化下对生态环境恶劣区的贫困治理采用教育移民、转移就业移民作为主要途径,辅以积极就业、居住政策、社会保险等的支持,是能很好实现生态修复和扶贫治理的双重目标的。

在很多生态恶劣区域内,不管采用聚点移民,或换点移民,都无法实现贫困的有效治理。这在西北贫困治理上就十分明显。西北一些生态恶劣区,国家虽然自 20 世纪 80 年代就采用各种扶贫支持,进入 21 世纪后,前 10 年采用了以改善村庄基础设施为目标的整村推进扶贫。但这些扶贫措施实施后都无法有效消除贫困。如整村推进扶贫虽然能在较短时期内在贫困村庄内建立起完善的公共设施,但仍然无法让贫困村获得持续发展的能力。对此,有学者指出,在这样的生态区域内实施治理时"除非采取'外向转移人口压力'战略,否则再多的人力、物力、财力投入仍可能收效甚微。在这种意义上,在西部贫困暨生态恶化区采取生态移民措施,从解决该地区贫困问题来看完全有必要"。[①] 当前很多研究发现,随着城市化和国家经济发展水平的提升,一定数量的人口从生态脆弱区迁出,转移到城镇,特别是大中城市是一种发展的必然,也是对生态恶劣区贫困治理中的最佳选择。"事实上,在任何国家的城市化过程中,由于推拉力作用,生态脆弱区人口大量外迁都是一种历史的必然"。所以,中国在针对这类地区的贫困治理时,不应该采用"通过规模日益增加的内部搬迁,以日益不赀的花费,将他们迁移到政府勉强选定的地点,或

---

① 侯东民、张耀军、孟向京、蔡林、周祝平:《西部生态移民跟踪调查——兼对西部扶贫战略的再思考》,《人口与经济》2014 年第 3 期。

仅仅是就地重建住房而已"的扶贫方式,而应采用加快城镇化及户籍改革,引导和促进生态恶劣区农村人口加快向城镇移动就业后,能够在工作地沉淀下来的贫困治理机制。①

在现实中,一些生态脆弱区的贫困农民为了获得发展,也自发形成这种转移发展模式。如宁夏一些居住在生态脆弱区的农民自发采用"买地移民"以获得搬迁后的发展。"这种'买地移民'不是政府行为,而是宁夏山区农民到北部黄灌区'自发性买地'。"②这种移民形式对移民者和生态区的生态恢复都产生了较好的效果。国家在扶贫时,可以采用补贴和资助此类移民,实现生态移民扶贫的目标。

对需要易地扶贫搬迁贫困群体应区分为生态脆弱区贫困群体、分散而无法提供公共服务贫困群体,其中,对分散而无法提供公共服务的贫困群体采用集中安置、并移安置等措施;对生态脆弱而无法获得发展的贫困群体不采用生活区内并移、集移、选移,而是移出生存区进入城镇,以解决生存需要的基本条件。针对生态脆弱区的贫困治理,特别是那些生态环境已经无法承载生活在区域内的人口时,移民扶贫搬迁时应采用以下措施:

第一,教育移民搬迁。教育移民是当前针对生态脆弱区易地移民最有效的措施,整体看这种移民治理贫困虽然需要花较长时间,但效果却是十分有效的。这在宁夏和甘肃最为明显。根据相关统计发现,在宁夏和甘肃生态脆弱区内的人口中,只要接受过大专以上学历教育的,很多都会因为当地生存环境恶劣,纷纷外出到其他地区就业,形成自然迁移寻求发展。宁夏固原市教育局统计发现该市劳动力中,高学历者多外出就业,其中大专以上学历的有70%以上在外地就业。同样,甘肃省民勤县大专以上学历的接近90%在外地就业。③ 政府可以通过加大对生态脆弱区青少年的教育年限和职业教育,让他们成为有技能的劳动者,获得进入城镇生存的技能,自然移出生态恶劣区。所以积极推进西部贫困地区,特别是建档立卡贫困户和生态脆弱区学生的职业

---

① 侯东民、张耀军、孟向京、蔡林、周祝平:《西部生态移民跟踪调查——兼对西部扶贫战略的再思考》,《人口与经济》2014年第3期。

② 侯东民、张耀军、孟向京、蔡林、周祝平:《西部生态移民跟踪调查——兼对西部扶贫战略的再思考》,《人口与经济》2014年第3期。

③ 参见侯东民、张耀军、孟向京、蔡林、周祝平:《西部生态移民跟踪调查——兼对西部扶贫战略的再思考》,《人口与经济》2014年第3期。

教育支持力度是治理贫困最有效的办法。

第二，城镇打工移民搬迁。把生态脆弱区的贫困青壮劳动力通过信息联动，了解他们的就业现状，针对这些外出打工者，出台一系列支持在城镇就业、安居、上学、医疗、社会保障等方面的措施，让生态脆弱区人口加快移出，实现移民扶贫。如国家提供给农村建档立卡贫困户在城镇打工者享受廉租房待遇，对租金实行有年限、按比例的补贴措施。家庭成员随迁的，根据不同情况，给予享受相同待遇，或与城镇贫困人口一样的待遇。在当前中国人口结构中，全国贫困人口约有 5600 万。这些贫困人口中属于 35 岁以下劳动力的不到 2000 万，不到全部贫困人口的 1/3，其中需要转移就业的有 1000 多万。2005 年以来，全国年均转移就业的农业劳动力在 1000 万以上，其中很多是贫困地区的年轻农民。根据全国城镇化规划，未来 20 年中需要 2.9 亿农民进城就业充实发展。① 从上面的贫困人口数量、中国城镇化需求以及每年农业劳动力转移就业等数据看，政府完全可以采用鼓励和支持生态脆弱区农村劳动力到城镇就业时给予系列优惠政策促使他们在就业地居住下来，成为城镇人口，实现生态移民和易地扶贫。这种城镇就业移民对贫困人口来说，不仅解决了贫困者当前的贫困，还可以阻断贫困代际传递，同时还能实现国家对生态脆弱区环境的修复和保护。

第三，城镇化移民搬迁。国家在承担扶贫工作省（区、市）实施城镇化建设时，把移民搬迁与城镇化建设相结合，给予建档立卡户、生态脆弱区农户不同优惠政策，让他们能够很快适应城镇生活并获得发展，是当前易地扶贫搬迁工作的重要任务。如贵州省为了鼓励和吸引全省 630 万进城务工农村劳动力在就业城镇落户，实施了系列改革：首先，全省除贵阳市外全面放开落户，取消限制；其次，落户城镇农民工享受城镇居民住房和社会保障待遇；再次，允许在一定时期内保留他们在农村的权益；最后，允许他们"两栖"生活。这种非强制性的引导和鼓励政策，会加快生态脆弱区劳动力的迁出。为了吸引和解决贫困农民移出后的居住和就业问题，贵州省规划建设 100 个示范小城镇，建成一批产业型、旅游型、移民型、商贸型等特色小城镇。2017 年，要求每个县市

---

① 参见侯东民、张耀军、孟向京、蔡林、周祝平：《西部生态移民跟踪调查——兼对西部扶贫战略的再思考》，《人口与经济》2014 年第 3 期。

建成 3—5 个特色小城镇,新增 120 万城镇人口居住和就业条件。通过把生态扶贫搬迁与小城镇建设相结合,在"两个五年"内把 48 万户、204 万农村贫困人口搬迁到城镇和产业园区。其中,2014 年实现了 25 万人的搬迁任务。① 这种把小城镇建设与移民扶贫搬迁相结合,对生态脆弱区的贫困治理是最有效的。城镇化及贫困人口迁入城镇应在一种自发引导下开展,而不是人为建新城镇,强制把贫困群体迁移到城镇中。如鄂尔多斯市就有沉痛的教训。最初鄂尔多斯市及市辖准格尔旗由于拥有雄厚财政实力,于是政府花巨资建设新移民城镇,结果导致政府承担巨额财政负担,而移民又无法在新建城镇获得发展机会,于是导致失败。"在经济实力雄厚的鄂尔多斯以及鄂尔多斯市最具实力的准格尔旗,政府花巨资实施的这种移民反而成为政府难以摆脱的包袱,这说明在西部人为搞城镇化,搞无土化移民扩镇,难以达到满意效果。"②

易地扶贫搬迁虽然是针对中西部生存脆弱地区贫困治理上最理想的扶贫模式,但在如何选择有效搬迁机制上,却是一个十分复杂的问题。国家在易地扶贫搬迁上需要采取更加灵活多样的搬迁机制和进行较长时期的相关支持工作,而不是在几年内就想一蹴而就,获得成功,因为这涉及生态、发展和人的能力养成等各种问题。

七、旅游扶贫开发模式

旅游扶贫开发模式,或乡村旅游扶贫模式,是通过给予贫困地区或贫困农户特别支持,利用贫困群体所在地区的生态、民族、文化等方面的特色、区域资源,参与当地旅游开发,提供旅游服务,获得经济发展,以实现脱贫致富的扶贫模式。"旅游扶贫就是指拥有丰富旅游资源的贫困地区通过发展旅游带动当地的就业、产业的发展,推动当地的经济发展摆脱贫困的一种策略。"③当前,中国很多农村贫困地区属于拥有特别生态环境、人文资源、自然风貌、物产

---

① 参见吴承坤、赵克志:《贵州扶贫瞄准"新四式"》,《中国经济导报》2014 年 3 月 27 日第 A02 版。
② 侯东民、张耀军、孟向京、蔡林、周祝平:《西部生态移民跟踪调查——兼对西部扶贫战略的再思考》,《人口与经济》2014 年第 3 期。
③ 熊家珍、苏祖勤:《1996—2016 年我国旅游扶贫问题研究述评》,《安徽农业科学》2016 年第 18 期。

特色的地区。随着中国社会的发展,人们对生活追求越来越品质化、多样化、个性化、生态化,自然生态休闲旅游开始成为旅游发展的热点。于是,立足于贫困地区自然生态环境的乡村旅游成为农村扶贫开发中较可行的选择。旅游扶贫开发在积聚和利用社会各方力量进行旅游扶贫开发,让贫困乡村人口获得经济发展的同时,也推动了乡村环境治理,实现环境、经济和社会的和谐发展。在当前中国扶贫攻坚中,旅游扶贫开发成为西部贫困人口集中、生态环境脆弱及生态资源丰富的省(区、市)重点使用的模式,其中云南、陕西、四川、广西、甘肃等省(区)在这方面用力最深,成绩较为显著。

（一）　生态旅游扶贫理论基础

生态旅游扶贫具有能为贫困地区提供可持续发展的能力,能实现环境保护和经济发展相结合,贫困群体在旅游开发中形成发展能力,提高环保素质等特征。① 正因为如此,生态旅游扶贫在当前扶贫工作中,从官方到学术界都把它作为重点,也是很多贫困地区产业培育的有效途径。在当前世界上,旅游扶贫开发有两种模式,即 PPT 战略(Pro-Poor Tourism)与 ST-EP 战略(Sustainable Tourism as an effectivetool for Eliminating Poverty)。PPT 模式于 1999 年 4 月首次由英国国际发展局(DFID)在可持续发展委员会的报告中提出,强调在贫困地区开发旅游业时,让贫困人口能够从中获得产业发展带来的净利益是整个工作的核心。PPT 是指发展旅游时采用的一种机制,而不是指一种旅游产品或是旅游业的组成部分。PPT 把贫困地区旅游开发时,让贫困人口获得发展机会和分享到净收益作为工作成败的关键。② 英国国际发展局对 PPT 的总结是:“(1)在生态资源丰富的贫困地区进行旅游开发;(2)保护环境,坚持可持续发展;(3)社区参与,贫困人口受益并脱贫”。PPT 模式一经提出就受到世界各国欢迎,纷纷把它作为贫困地区旅游开发的首选。PPT 模式现在已经成为国际旅游开发扶贫的主要理念、原则和操作模式,成为世界各国在贫困地区开发旅游业实施反贫困的理论基础和指导原则。

把旅游开发与贫困治理结合起来的最早国际性研究成果,是 1987 年德国

---

① 参见罗盛锋、代新洋、黄燕玲:《生态旅游扶贫研究动态及展望》,《桂林理工大学学报》2015 年第 3 期。

② See Oliver B., Caroline A., Sustainable Tourismand Poverty Elimination Study：A Report to the Department for International Development,U.K：DFID,1999.

学者玛丽·兰德格里伯发表的《旅游开发新战略——摆脱贫困?》。在文章中她专门讨论了旅游开发在贫困治理中的作用。[①] 此后引起世界各国学者对此问题的关注和讨论,进而成为贫困治理的重要模式,对整个世界贫困治理中旅游开发产生了深远影响。分析中国从1996—2016年间,在扶贫与旅游开发的研究成果,主要集中在"旅游扶贫的含义、特定地区的旅游扶贫、旅游扶贫的绩效评估、旅游扶贫的模式、旅游扶贫的理论、旅游扶贫开发过程中存在的问题及对策"等六个方面。[②] 其中,生态旅游扶贫研究热点集中在如何保证和提高社区参与,社区参与主体是哪些,生态旅游扶贫如何开发,生态旅游扶贫的影响是什么、效用在哪些方面、绩效如何评价等方面。

（二）中国旅游扶贫开发的发展

中国把旅游开发作为贫困治理的手段出现时间较早,其中1988年贵州省在全省范围内选出8个自然民族村寨作为旅游接待地,被认为是国内最早的旅游扶贫开发。在实践中,贵州省发现这种模式对当地贫困治理效果十分明显,于是,在20世纪90年代,贵州在全省遴选了130多个典型的少数民族自然村实施旅游开发,形成规模化的旅游扶贫。在贵州的经验基础上,中国政府扶贫部门开始把发展贫困地区旅游业作为扶贫工作的组成部分,其中代表性事件是在1991年全国旅游局局长会议上,官方首次提出"旅游扶贫"的概念。这样,中国政府开始把旅游扶贫作为一项贫困治理的手段全面推广。1996年,在全国旅游扶贫工作会议中,对旅游扶贫进行了总结和研究,在旅游扶贫的推广上起到了十分关键的作用。2000年8月8日,中国政府在宁夏建立了六盘山旅游扶贫试验区,标志着中国首个旅游扶贫试验区正式形成。为了推动和完善中国旅游扶贫试验区的建设,2001年国家旅游局、国务院扶贫办、财政部、国家发展计划委员会、国务院西部开发办联合发布了《关于建设"国家旅游扶贫试验区"有关问题的通知》,提出国家加大在西部贫困地区"试办国家旅游扶贫试验区",推动西部旅游扶贫开发。在国家推动下,全国有扶贫任务的省(区、市)积极行动,2002年4月,广东省启动了"反贫困和改善弱势群

---

① See May-Landgrebe S. Tourism Development Strategies——ways out of Poverty? Peripherie, 1987,7(25/26):165-180.

② 熊家珍、苏祖勤:《1996—2016年我国旅游扶贫问题研究述评》,《安徽农业科学》2016年第18期。

体贫困状态"为目标的旅游扶贫工程,决定省政府每年安排一定数量的财政专项资金用于支持贫困地区旅游基础设施建设,推动省内贫困地区旅游开发工作。2001 年后,中国旅游扶贫开发成为国家针对贫困地区产业扶贫开发中的重要手段,构成了中国扶贫开发的重要机制。

　　2011 年后,中国政府进一步加大对贫困地区旅游扶贫开发的支持,原因是很多中西部贫困地区要在其他扶贫产业上获得突破越来越难。于是,利用中西部地区丰富的地理、文化、民族资源开发形式多样的乡村旅游业成为产业扶贫发展上最现实的选择。此后,旅游扶贫频繁出现在与扶贫规划发展有关的政策和文件中。2011 年,在国家颁布的扶贫纲要中确定在产业扶贫上"大力推进旅游扶贫",其中以乡村旅游、休闲农业、特色文化旅游为重要形式,同时实施"旅游基础设施提升工程""乡村旅游产品建设工程""休闲农业和乡村旅游提升工程""森林旅游扶贫工程""乡村旅游后备箱工程""乡村旅游扶贫培训宣传工程"等六大工程作为保障。2012 年 7 月 6 日,国家旅游局与国务院扶贫办签署启动了 11 个集中连片特困区的旅游扶贫发展规划和扩大旅游扶贫新模式的探索合作框架协议。2013 年 8 月,国务院扶贫办与国家旅游局联合发布《关于联合开展"旅游扶贫试验区"工作的指导意见》,对全国承担扶贫工作的省(区、市)在申报旅游扶贫实验区的流程上作出详细规定,希望通过旅游扶贫试验区的示范建设带动贫困地区的扶贫开发,为旅游扶贫新模式提供探索,形成适应不同需要的乡村旅游扶贫模式。随着扶贫工作向村级和贫困户推进,实施以村庄为中心的旅游开发成为解决贫困村和贫困户脱贫的最佳选择。2013 年 12 月 28 日,中共中央办公厅、国务院办公厅联合发布《关于创新机制扎实推进农村扶贫开发工作的意见》中,明确指出要发挥旅游业在贫困地区扶贫中的作用,加强贫困地区旅游资源的调查和保护,把扶贫资金重点投向有潜力的乡村旅游,并提出"到 2020 年,扶持约 6000 个贫困村开展乡村旅游,带动农村劳动力就业"。2014 年,国务院发布了《关于促进旅游业改革发展的若干意见》,指出旅游业对促进扶贫地区产业发展具有十分重要的作用,为此,在扶贫工作中要"加强乡村旅游精准扶贫,扎实推进乡村旅游富民工程,带动贫困地区脱贫致富"。2014 年,国家旅游局启动了乡村旅游富民工程,把乡村旅游开发作为扶贫工作的重点。为此,要求各省(区、市)旅游局(委)在国家贫困县和集中连片区贫困县中,挑选 6130 个拥有开发乡村旅游条件的贫困村作为重点扶持对象,开展乡村特色旅游,实现扶贫攻坚。同时,提出到 2020 年,全国建成 15 万个乡村旅游特色村,实现乡村旅游经营户达 300 万家,每年接待游客 20 亿人次,收入达 1 万亿元,使 5000 万贫困人口受益,每年带动 200 万贫困户脱贫。① 这样,把旅游开发作为国家扶贫攻坚中乡村产业发展中的基本途径大力推行,以保证 2020 年扶贫目标的实现。这些让中国乡村旅游扶贫开发承担了更多的政治任务。

(三) 乡村旅游在当前贫困治理中的作用

随着西部扶贫工作的深入,很多贫困村没有可供选择发展的产业,但往往拥有较丰富的生态人文资源。于是,开发乡村旅游成为产业扶贫的重要组成部分。同时,乡村旅游日益成为有效吸纳贫困人口就业的途径,这在中西部贫困地区扶贫工作中的作用十分突出。根据统计,2015 年,在全国扶贫试点村中乡村旅游对脱贫总人口的贡献率是 30.5%,全国建档立卡贫困村中有 264 万贫困人口通过乡村旅游实现脱贫,占 2015 年全部脱贫总人数的 18.3%。2016 年国家旅游局会同其他部门制定的《乡村旅游扶贫工程行动方案》中确定在“十三五”期间,全国 25 个有扶贫任务的省(区、市)中,将有 2.26 万个建档立卡贫困村 230 万贫困户 747 万贫困人口计划通过乡村旅游实现脱贫致富,其中山东、河南、湖北、湖南、四川、贵州、云南、西藏、陕西、甘肃等省(区)每年计划让 1000 个贫困村通过乡村旅游开发实现脱贫。在实施进度安排上,2016—2018 年完成 1.26 万个贫困村和 400 万贫困人口;2019—2020 年完成 1万个贫困村和 347 万贫困人口。②

乡村旅游扶贫在西部深度贫困的省(区、市)中作用更为明显,其中贵州、云南、广西、甘肃、宁夏最为突出。贵州是国内最早开展乡村旅游扶贫的省份,甘肃是国家最早针对集中连片特困区实施生态综合旅游开发扶贫的省份。贵州省从 1983 年在 8 个自然村寨中做旅游接待试点工作开始,在 20 世纪 90 年代发展到 30 多个自然村,从 2006 年开始,每年新增民族旅游村寨约在 200

---

① 参见《国家旅游局:2015 年到 2020 年旅游将带动 1200 万人脱贫》,http://society.people. com.cn/n/2015/0713/c1008-27292996.html,2015 年 7 月 13 日,人民网,访问时间:2018 年 5 月 15 日。

② 参见《“十三五”将有 2.26 万个贫困村通过乡村旅游致富》,http://f.china.com.cn/ 2016-08/21/content_39135391.htm,发布时间:2016 年 8 月 21 日 11:30:06,中国扶贫在线,访问时间:2018 年 5 月 15 日。

个,到 2013 年全省有 4500 多个民族村寨开展乡村旅游,占全省民族自然村寨(全省有 3 万多个)的 14%左右。① 2010 年,贵州民族村寨旅游业占全省旅游市场份额的 23%,接待游客 4536 万人次,占全省旅游接待总人数的 35.16%,总收入 178 亿元,占全省的 16.79%。2011 年,贵州民族乡村旅游接待游客为 5605.5 万人,占全省旅游接待总人数的 32.9%,收入 221.4 亿元,同比增长 23.5%和 24.3%,乡村旅游收入占全省旅游总收入的 15.5%;2012 年乡村旅游接待游客人数和收入同比增长 25%和 30%。这些数据说明贵州全省旅游市场中乡村旅游所占比重越来越大,在全省旅游市场上的作用更加明显。自"十一五"以来,贵州乡村旅游为少数民族地区解决了 105 万人的就业,旅游收入占全省农民年人均纯收入的 15%左右,42 万贫困人口通过乡村旅游开发实现稳定脱贫。② 这些数据说明,乡村旅游在贵州贫困治理中的作用十分突出。

云南省拥有丰富的生态、自然、民族资源,旅游业一直是全省发展中的重要产业,乡村旅游开发在扶贫上不仅有重要的贡献,而且也很有潜力。为了发挥乡村旅游在贫困治理中的作用,云南省在 2016 年制定了《云南省旅游扶贫专项规划(2016—2020 年)》,对未来 5 年乡村旅游扶贫提出了"123518"发展计划,具体是重点建设 1 个全域旅游扶贫示范州、20 个旅游扶贫示范县、30 个旅游扶贫示范乡镇、500 个特色旅游扶贫村、1 万户旅游扶贫示范户,带动 80 万以上贫困人口脱贫致富。工程目标是让全省乡村旅游开发与扶贫工作有机结合,实现在旅游发展的同时完成贫困治理目标。在全面开展旅游扶贫工作后取得了显著成绩,2016 年,云南省乡村旅游投资达 180.8 亿元,接待游客 1.34 亿人次,实现总收入 1308.6 亿元,累计直接从业人员 45.34 万人、间接就业 80.61 万人,带动 20 多万贫困人口脱贫,让 290 个乡村旅游扶贫重点村脱贫出列。2017 年 1—9 月,云南省乡村旅游投资 157 亿元,接待游客 1.35 亿人次,实现旅游总收入 1292.95 亿元,累计直接从业人员 43 万人、间接就业 130 万人,累计带动 15.4 万贫困人口脱贫。按现有发展速度,到 2020 年,全省乡村旅游接待游客总人数将突破 2 亿人次,乡村旅游总收入将突破 2500 亿元,

---

① 参见黄萍:《尴尬与出路:旅游扶贫视角下西南民族村寨文化遗产管理研究》,《青海民族研究》2015 年第 1 期。

② 参见蒋焕洲:《贵州民族地区旅游扶贫实践:成效、问题与对策思考》,《广西财经学院学报》2014 年第 1 期。

乡村旅游直接吸纳就业人数将达到 60 万人,间接带动就业人数在 210 万人以上,总就业人数达 270 万人以上,累计带动 20 万户农村贫困户和 80 万以上农村贫困人口实现脱贫致富。①

广西壮族自治区 2010—2014 年间,农村贫困人口从 1012 万下降至 538 万,其中有 13% 的脱贫人口是通过旅游扶贫实现。在"十三五"期间,广西六大贫困片区、54 个重点贫困县、550 个贫困村、80 万贫困人口将通过旅游开发实现脱贫致富。②

内蒙古自治区 2015 年在全区各盟市开展国家和自治区级休闲农业与乡村旅游示范县、示范点的建设工作,共有 440 个村开展了乡村旅游,其中 188 个村分属于 57 个国家贫困县、区贫困旗县,占开展旅游村的 42%,有超过 15 万人直接从事乡村旅游,带动了 13 万农牧民就业,其中近 10 万人属于贫困人口,2015 年全区脱贫人口约占 18 万人,其中通过旅游脱贫的 3.2 万人,占 17.8%。③

（四）中国旅游扶贫模式的种类及存在问题

当前,学术界和实务界对全国乡村旅游扶贫开展了总结和提炼,提出了很多模式和样式。如根据旅游扶贫中主导因素的不同,认为有政府主导型开发模式、企业主导型模式、市场主导型模式和社区参与型模式,并认为最佳模式是把政府、企业、市场、社区居民、旅游者协调统一起来开展的有限政府主导开发模式。④ 根据旅游开发中不同要素,认为有政府主导模式、先富助贫模式、易地安置模式、亦农亦旅模式、景区帮扶模式、城企相助模式、整体租赁模式、旅游扶贫试验区等。有学者总结陕西关中地区旅游扶贫开发特点后提出有"农户+农户""公司+农户""政府+社区(协会)+农户"和"政府+公司+农户"等。⑤ 贵州乡村旅游扶贫被称为"一基两翼一导向"模式,即"以山地特色旅游资源

① 参见《云南:实施精准旅游扶贫工程两年内带动 35 万余人脱贫》,http://yn.people.com.cn/n2/2017/1117/c378439-30933371.html,访问时间:2018 年 5 月 15 日。

② 参见鲍青青、郭传燕:《广西贫困地区乡村旅游扶贫攻坚新模式探讨》,《广西科技师范学院学报》2016 年第 6 期。

③ 参见魏国楠:《借力"十个全覆盖"探索旅游扶贫新模式》,《实施》2016 年第 6 期。

④ 参见龚艳、李如友:《有限政府主导型旅游扶贫开发模式研究》,《云南民族大学学报》2016 年第 6 期。

⑤ 参见杜忠潮、高霞、金萍:《关中地区乡村旅游的社区参与与妇女作用》,《安徽农业科学》2008 年第 36 期。

为基础,以政府主导和贫困人口参与为两翼,以市场为导向"的乡村旅游开发模式。① 胡锡茹在总结云南旅游扶贫开发特点后,认为有生态旅游扶贫模式、民族文化旅游扶贫模式和边境旅游扶贫模式等。② 李柏槐在总结四川旅游扶贫开发特点后认为可以分为农家乐开发模式、现代农业产业化开发模式、特色文化开发模式、景区依托开发模式等。③ 2000 年国家旅游局在宁夏推行旅游扶贫试验区的过程中,根据乡村旅游开发时依托的资源和特色,形成了原生态开发模式(生态旅游扶贫模式)、特色文化开发模式(宗教文化、民族风情旅游扶贫模式)、景区依托开发模式、特色农业与产业观光体验开发模式(现代农业产业化开发模式)、BOT 模式(私营机构参与、建立、经营、转让)、农家乐开发模式、RHB 模式(资源、人、效益一体化发展)等。广西在贫困地区乡村旅游扶贫开发上主要采用特色旅游名村(屯)建设模式和旅游产业融合模式两种。其中,特色旅游名村(屯)建设模式具体分为景区依托型、特色民族文化型、生态康养型、红色教育型和农旅复合型;乡村旅游特色产业融合是通过把乡村旅游与农业、林业、文化产业、养生健康业、体育产业、工业等融合在一起形成一种复合型的旅游扶贫开发产业。④ 这些种类复杂的模式、样式,反映出当前中国旅游扶贫中各地在实施中都积极创新,以求旅游扶贫能够有效。

此外,在对旅游扶贫模式的分类和总结中,有学者主要是基于旅游开发中的资源利用特点和发展理念特征,进行不同分类,提出不同建设模式。如提出全面与极简主义生态旅游模式、生态旅游扶贫模式、民族区域生态旅游开发模式、"生态农业"+"农家乐"型旅游扶贫、生态农业旅游扶贫模式、体验型生态旅游模式、文化型乡村旅游扶贫模式、生态文明村建设与旅游扶贫联动模式、文明村建设与旅游扶贫联动模式、社区参与模式、社区生态扶贫模式、可持续旅游扶贫模式等。⑤ 还有提出 BOT(Build-Operate-Transfer)模式、RHM(人

① 参见吴亚平、周江、潘珊:《对乡村旅游扶贫"贵州模式"的思考》,《理论与当代》2016 年第 6 期。
② 参见胡锡茹:《云南旅游扶贫三种模式》,《经济问题探索》2003 年第 5 期。
③ 参见李柏槐:《四川旅游扶贫开发模式研究》,《成都大学学报》2007 年第 6 期。
④ 参见鲍青青、郭传燕:《广西贫困地区乡村旅游扶贫攻坚新模式探讨》,《广西科技师范学院学报》2016 年第 6 期。
⑤ 参见罗盛锋、代新洋、黄燕玲:《生态旅游扶贫研究动态及展望》,《桂林理工大学学报》2015 年第 3 期。

性化管理)旅游模式、生态旅游模式、民族风情旅游模式、传统旅游模式、非大众旅游模式、社区旅游开发模式等。① 有学者提出政府主导模式、生态优先模式、城乡共融模式、景区带动模式、社区参与模式等。②

以上这些模式和类型,在针对贫困人口脱贫致富上都会存在"失效"和"漏靶"的现象。若从瞄准贫困地区、贫困村、贫困人口的旅游扶贫开发看,下列旅游扶贫开发在贫困治理上效果会更加直接和有效,如政府主导型旅游开发模式、旅游扶贫试验区模式、景区帮扶与带动模式、1+1 结对式和接力式乡村旅游扶贫模式、村民合资型乡村旅游扶贫模式、先富助贫模式、网络复合治理模式等。其中,政府主导型旅游开发模式虽然一直受到学术界批评,但仍然有不少学者认为它在中国当前扶贫工作中,具有其他旅游扶贫模式难以相比的优势,因为中国当前重点扶贫的 14 个集中连片特困区在旅游扶贫开发时,由于当地社会经济发展水平低下,生态环境脆弱,贫困群体在技术、资金、能力上十分有限制,采用参与旅游开发会导致无法有效参与和获得开发资金等问题,③若不采用政府主导的旅游开发,贫困群体无法获得旅游发展产生的好处,失去扶贫的目标。

当前,中国乡村旅游扶贫中存在不少问题,其中贫困人口参与度低,贫困村在旅游开发时存在产品高度同质、质量差,投入机制单一,缺少专业人才,扶贫绩效低下等问题。"目前制约我国旅游扶贫发展的主要因素包括政府观念落后、扶贫导向偏差、资金使用不当、区位条件不利、居民受益不均、旅游飞地、旅游漏损、乘数效应弱化、开发雷同、企业逐利经营、游客从众和生态破坏等。"④这些让整个乡村旅游开发期望产生的扶贫效果无法获得。整个乡村旅游扶贫开发作为扶贫的一种机制,最核心的问题是贫困人口参与和分享度低。可以说这个问题让人们对整个旅游扶贫模式的功能产生质疑。如 2007 年贵州省旅游局对乡村旅游典型村寨所在地农户参与旅游开发的情况进行调查后发现,在所调查的 32 个旅游典型村寨中,除郎德上寨、天龙屯堡、独山村、南

---

① 参见熊家珍、苏祖勤:《1996—2016 年我国旅游扶贫问题研究述评》,《安徽农业科学》2016 年第 18 期。

② 参见唐勇、张命军、秦宏瑶、梅燕:《国家集中连片特困地区旅游扶贫开发模式研究——以四川秦巴山区为例》,《资源开发与市场》2013 年第 29 期。

③ 参见黄国庆:《连片特困地区旅游扶贫模式研究》,《求索》2013 年第 5 期。

④ 李刚、徐虹:《影响我国可持续旅游扶贫效益的因子分析》,《旅游学刊》2006 年第 9 期。

花、音寨、下白岩、水各大寨等少数村寨外,其他旅游村寨所在地农户实质参与旅游经营率都在 15% 以下,其中贵阳市马头村的农户参与经营率仅为0.04%。① 这里的数据还没有把贫困人户单独分离出来进行分析。此次调查报告让乡村旅游在扶贫工作中的预期作用大打折扣。针对旅游扶贫开发中存在的这一问题,学术界与实务界都进行了多种努力,提出把社区旅游与扶贫开发有机结合来解决贫困群体有效参与和分享旅游开发带来的成果。针对乡村旅游扶贫中社区参与的机制问题,学界通过对国内外乡村旅游发展中社区参与的成功个案进行总结和分析后,提出社区参与旅游扶贫开发的机制有"公司+社区+农户""政府+公司+农村旅游协会+旅游社""农户+农户"、股份制、个体农庄、"企业+政府+旅行+农户""上级农村社区联合行动委员会+当地社区旅游发展规划委员会+当地社区居民""政府+企业+非政府组织+农户"等。② 从这些模式看,目的是想通过设制一种有效机制,把旅游开发地的贫困户镶嵌到旅游发展中,让他们获得发展和分享产生的收益。

第二节　救济式扶贫模式

救济式扶贫模式是指扶贫主体针对国家识别出的低收入和低生活水平的贫困者,给予直接的基本营养、基本卫生、基本教育保障以及其他生活补助,以满足贫困者基本生活需要的扶贫模式。有学者认为救济式扶贫模式是"扶贫主体直接向扶贫对象提供生产和生活所需的粮食、衣物等物资或现金,以帮助贫困人口渡过难关,又称'输血'式扶贫模式"。③ 在中国农村扶贫中,救济式扶贫又称为"输血式"扶贫,本质是"一种社会救助"行为。

第二次世界大战后,救济式扶贫在西方发达国家中被广泛使用,成为国家贫困治理的基础。这是因为第二次世界大战后西方发达国家由于经济实力雄厚,贫困人口在全国人口中所占比例相对较小,所以国家能够承担普惠式救

---

① 参见贵州省旅游局:《贵州省乡村旅游典型村寨调研分析报告》(2008 年)。

② 参见熊家珍、苏祖勤:《1996—2016 年我国旅游扶贫问题研究述评》,《安徽农业科学》2016 年第 18 期。

③ 赵昌文、郭晓鸣:《贫困地区扶贫模式:比较与选择》,《中国农村观察》2000 年第 6 期。

济,或说福利救济的财政负担,为社会中的弱者、失去劳动能力者和遭受意外困难的个体提供较为全面的生活保障。[①] 中国在贫困治理中,较早采用的是救济式扶贫,只是当时适用面十分有限。这种贫困治理的优点是成效快、针对性强,缺点是无法改善贫困者致贫原因和自身发展能力;同时,长期实施会对国家公共财政产生严重影响,甚至陷入严重财政负担之中。当前,救济式扶贫模式仍然是中国政府使用的五大扶贫模式之一。

一、中国救济式扶贫的演变

中国救济式扶贫典型时期是 1949—1985 年。这个时期,可以分为两个时段,第一个时段是 1949—1977 年,第二个时段是 1978—1985 年。这个时期,扶贫救济的内容有:救济对象是农村五保户、特困户和其他特困群体,救济形式是政府给予贫困者提供实物,[②]扶贫目的是缓解绝对贫困。这个时期,社会救济在农村是通过五保户制度和集体合作医疗制度为广大农民提供程度较低但却较为有效的基本生活和卫生保障;在城镇居民中,通过企业工会承担组织福利和提供职工救助的责任,加之社区对当地居民,特别是非就业人口提供各种救助和社会服务,创立了以单位为基本救济主体的救济体系。[③] 这些救济机制本质上是一种集体主义下的福利制度。这个时期,扶贫工作的特点是缓解绝对贫困,体现政府直接责任,福利保障的提供者是集体和单位,救济范围和程度有很大局限性。[①]

救济式扶贫模式于 20 世纪八九十年代在实施上存在覆盖率低、救济程度低等严重问题。根据学者估计,1992 年全国农村有 365 万"五保户"中,仅有 336 万获得救济,且每人每年平均救济金在 40 元左右,同期农村还有 9000 万左右的持续贫困而需要生活救济者得不到救助。在 1988 年,全国需要特别救济的 80 万农村居民中只有 35 万人获得中央政府 1.56 亿元和地方政府及集体 2.93 亿元的救济,人均获得救济是 13 元。然而,每年民政系统只要拿出

---

① 参见曹洪民:《中国农村开发式扶贫模式研究》,中国农业大学博士学位论文 2003 年。

② 参见林卡、范晓光:《贫困和反贫困——对中国贫困类型变迁及反贫困政策的研究》,《社会科学战线》2006 年第 1 期。

③ 参见林卡、范晓光:《贫困和反贫困——对中国贫困类型变迁及反贫困政策的研究》,《社会科学战线》2006 年第 1 期。

④ 董晓波:《农村反贫困战略转向研究》,《社会保障研究》2010 年第 1 期。

200 万吨救济粮免费分配就能满足 3000 万—4000 万绝对贫困人口的最低生活需要。① 总体而言,这个时期,国家通过民政系统对贫困者的救济是十分有限,但对控制农村贫困人口发生严重营养不良起到了抑制作用。

二、中国救济扶贫的对象与措施

当前中国救济式扶贫模式主要内容是:适用对象是农村五保供养对象、农村特困人员、各种自然灾害的受灾人员、临时贫困家庭;救济措施是建立最低生活保障制度、新型农村合作医疗、贫困人口医疗救助、流浪乞讨人口救助;救济方式是设立社会保险制度、给予直接物资救济等。在 20 世纪 90 年代中国政府开始重新建立新型贫困救济制度。21 世纪后,建立农村居民最低生活保障制度、农村新型合作医疗制度、农村五保供养制度、新型农村社会养老保险制度等四种救济保障体系,作为国家农村贫困治理的基本保障。为了规范救济式扶贫,中国政府制定了两部重要法规,即《农村五保供养工作条例》(2006年)和《社会救助暂行办法》(2014 年),作为国家救济扶贫的基本法律。

当前,农村救济扶贫中主要以五保供养制度为基础。五保供养对象根据《农村五保供养工作条例》②第六条规定是"老年、残疾或者未满 16 周岁的村民,无劳动能力、无生活来源又无法定赡养、抚养、扶养义务人,或者其法定赡养、抚养、扶养义务人无赡养、抚养、扶养能力的,享受农村五保供养待遇";五保供养的标准,根据第二条规定是指"在吃、穿、住、医、葬方面给予村民的生活照顾和物质帮助"。对未满 16 周岁或已经满 16 周岁的五保供养对象在接受义务教育时,保障他们接受义务教育的费用。农村五保供养制度的转型,由此前集体福利事业转成现代社会保障制度,资金从农民分摊转向由国家财政负担。2010 年,全国农村五保供养人数为 534 万户、556.3 万人,各级财政发放农村五保供养资金 96.4 亿元。③

2007 年,中国政府决定建立全国农村最低生活保障制度。在国家积极推动下,新型农村最低生活保障制度得到快速发展。2010 年,全国农村最低生活保障覆盖了 2528.7 万户、5214 万人;全年发放农村低保资金是 445 亿元,

---

① 汪三贵:《反贫困与政府干预》,《管理世界》1994 年第 3 期。
② 《农村五保供养工作条例》于 2006 年 1 月 21 日颁布,2006 年 3 月 1 日施行。
③ 数据来源于国务院新闻办公室的《中国农村扶贫开发的新进展(2011 年)》白皮书。

其中中央财政补助 269 亿元,平均每人每月 117 元。2003 年,国家在农村推行新型农村合作医疗制度,到 2010 年民政部资助参加新型农村合作医疗人次达 4615.4 万,资助资金达 14 亿元,人均资助 30.3 元。2016 年,国家卫计委、国务院扶贫办等 15 个部门联合实施农村贫困人口健康扶贫工程。2009 年中国政府决定实施社会养老保障制度试点工作,到 2011 年 7 月覆盖了全国 60%农村地区,共有 493 个国家贫困县纳入试点。新型农村社会养老保障实现个人缴费、集体补助、政府补贴相结合的养老制度体系。① 以上四种制度成为当前中国农村社会保障制度,为贫困人口提供基本生活保障,成为新时期社会救济扶贫的基础。

　　为了让农村扶贫与农村最低生活保障制度相衔接,2007 年中国政府开始建立社会最低生活保障体系和扶贫开发政策相衔接的政策体系。2010 年 5 月 7 日,国务院办公厅转发了国务院扶贫办、民政部、财政部、统计局、中国残联联合制定的《关于做好农村最低生活保障制度和扶贫开发政策有效衔接扩大试点工作的意见》。《意见》对实施农村最低生活保障和农村扶贫的识别标准和对象进行了规定,对两项制度相互衔接的基本目标、基本原则、试点范围、主要内容、保障措施等作出了全面规定,让两个制度在农村扶贫工作中相互配合和支持。《意见》指出"农村低保对象"是因病、因残、年老体弱、丧失劳动能力及生存条件恶劣等原因造成常年生活困难的农村居民,"扶贫对象"是收入低于农村贫困标准、有劳动能力或劳动意愿的农村居民。这样作为农村贫困治理中的两项救济制度得到了有效衔接,使农村贫困程度不同的群体都能获得国家有效的救济扶助。2016 年,为了做好两者衔接工作,国家再次颁布《关于做好农村最低生活保障制度和扶贫开发政策有效衔接的指导意见》,指出对农村贫困人口实行"应扶尽扶,应保尽保"的原则,要求"对符合低保标准的农村贫困人口实行政策性保障兜底"。在操作上要求对符合农村低保条件的建档立卡贫困户按程序纳入低保对象,对符合扶贫条件的农村低保家庭,按程序纳入建档立卡户并找出致贫原因给予扶贫支持。这样,中国农村贫困治理进入开发扶贫和社会救助相结合的"两轮驱动"时期,让农村贫困治理中救济式和开发式的各自优势得到有机结合,相互补助和支持。2018 年,民政部印

---

① 数据来源于国务院新闻办公室的《中国农村扶贫开发的新进展(2011 年)》白皮书。

发《关于推进深度贫困地区民政领域脱贫攻坚工作的意见》中,规定各地要确保农村低保标准不低于国家的扶贫标准。2018年2月底,全国农村低保对象有3940.6万人,农村低保标准为4301元/人/年,农村特困救助供养人员为460万人。① 2016年,中央财政预算安排给予贫困群众基本生活救助补助资金达1374.55亿元。② 这样,在中国农村贫困治理上实现了全面开发与救济结合,建立起新的农村救济保障制度,构成了国家新型救济扶贫的基本框架,作为一种兜底扶贫保障了所有国民实现了最低限度的"共享"社会发展成果。

通过上面四种不同目标的农村保障救济制度的支持,新型农村救济式扶贫获得了长足发展。2015年,全国农村低保人数是4903.6万人,农村低保救济人均每月标准从2011年143元提至265元;农村特困人口集中和分散供养对象年人均救济标准达到6026元和4490元,比2012年分别增长了48.4%和49.3%。2015年年底,参加新型农村社会养老保险的人数达5.05亿,领取待遇人数达1.48亿,其中95%是农村居民;全国农村敬老院共有27248所,床位249.3万张,日间照料服务设施覆盖了50%以上的农村社区。③ 这些数据反映了中国新型农村救济制度得到了全面的发展,成为新时期农村贫困治理中的重要机制。

三、救济式扶贫模式的批判

在实践中,中国农村"输血式"扶贫模式呈现出与西方救济式扶贫不同的特征。中国农村扶贫中的"输血式"救济特点是:(1)政府把衣物、粮食、肥料等生产生活物资免费给予贫困者;(2)为贫困户直接提供小额贷款;(3)通过农业生产补贴、财政支出、政策咨询等直接给予贫困者以帮扶资助。④ 这当中,有着很强的提高贫困者生产能力,进而增加收入的目的。只是由于这种扶

---

① 参见潘跃:《农村低保标准确保不低于国家扶贫标准》,《人民日报》2018年4月26日第13版。

② 参见汪奥娜、郁琼源:《中央财政今年已下达1300多亿元支持困难群众基本生活救助》,http://f.china.com.cn/2016-08/05/content_39032036.htm,发布时间:2016年8月5日14:53:43,新华社,访问时间:2018年5月15日。

③ 数据来源于国务院新闻办公室的《中国的减贫行动与人权进步(2016年)》白皮书。

④ 参见谭贤楚:《"输血"与"造血"的协同——中国农村扶贫模式的演进趋势》,《甘肃社会科学》2011年第3期。

贫主要是给贫困者资金和物资上的支持,让贫困治理很易产生"依赖性贫困"和"贫困陷阱"等现象,进而让贫困复杂化,消除贫困更加困难。当前,中国政府确定较短时间内快速消除贫困的政策冲动,是让这种扶贫模式在大面积范围重新使用的原因,同时让这种扶贫模式具有的弊病越加明显地呈现出来。

救济扶贫模式在实践和理论上长期受到批判的两个主要原因是:(1)易让贫困对象养成懒惰,出现"依赖性贫困",当前我国精准扶贫中越来越明显的等、要、看现象就属于此问题;(2)会造成国家沉重的财政负担。因为,大规模实施救济扶贫需要大量投入公共财政。这在西方发达国家福利救济的贫困治理中体现得十分明显。

学术界针对救济扶贫产生的"依赖性贫困"问题,提出了很多解决措施,其中,最重要的是进行严格识别适用对象,只适用因为自然灾害引起的暂时贫困群体和生理缺陷引起的贫困群体,其中生理缺陷群体主要是老、弱、病、残、鳏、寡、孤、独、呆、傻等丧失基本劳动能力的群体。我国贫困人群中这类特殊贫困群体总数较多,根据 2003 年民政部统计,全国没有劳动能力、需要依靠救助才能生存的贫困人口有 2524 万,其中痴呆、傻盲、聋哑、残疾、长期生病致贫的有 1972 万,五保供养户 552 万。中国残联认为全国残疾人员中有近千万属于贫困人口,需要特别救济。亚洲开发银行依据各种数据,认为当前中国贫困人口中需要采用救济扶贫的对象有五保供养、残疾贫困人口、生存环境无法提供生产生活条件、患慢性病或体弱多病而丧失劳动能力的贫困者等四类,其中五保供养人口有 560 万,残疾贫困人口有 979 万,生存环境无法提供生存条件的有 800 万,三者共有 2339 万。[①] 2016 年,根据相关部门统计,在农村贫困人口中,因为疾病导致贫困的比重超过 40%。对这些贫困群体采用开发式扶贫是无法实现有效脱贫,对他们扶贫只能采用"救济为主,开发为辅"的综合性扶贫才能获得成功。中国政府在当前贫困治理中,对这类贫困群体是有清楚认识的,为了保障他们的生活,把救济扶贫作为基本扶贫模式来适用。

---

① 参见陈卫平、申学锋:《农村绝对贫困人口:救助式扶贫还是开发式扶贫?》,《财政研究》2006 年第 5 期。

第 四 章

按扶贫瞄准单元范围分类

　　正确、有效地把贫困群体从农村大众中识别出来并找出致贫原因,是整个扶贫工作的前提和基础,也是保证扶贫工作有效的前提。贫困对象的识别涉及扶贫工作中扶贫瞄准单元的选择问题。正如有的学者指出,"扶贫资源瞄准机制一直是中国农村扶贫政策和实践关心和争议的核心问题"。① 因为扶贫瞄准的精准程度影响着扶贫资金和资源的投放准确度,进而关系到扶贫的整体绩效。② 所以说扶贫工作的有效性受制于扶贫瞄准单元的选择。扶贫瞄准单元是指扶贫工作中对扶贫对象的识别程度,是整个扶贫工作的前提。有学者认为"扶贫瞄准是指农村扶贫工作中选择扶贫对象和在扶贫对象确定后而实施资金和资源投放的过程"。扶贫目标瞄准机制是指针对区域、群体还是个体,扶贫对象确定后,扶贫资金和资源是如何分配的机制和途径,扶贫政策是如何制定和落实等系列扶贫环节的操作机制。扶贫瞄准是由多个要素构成的动态过程,根据扶贫瞄准的构成要素分为瞄准主体、瞄准对象、瞄准资金和资源、瞄准环节等。③

　　考察中外扶贫政策,在扶贫对象确定上基本分为普惠制和瞄准制两种。20 世纪六七十年代,扶贫对象瞄准偏向普惠制;20 世纪 80 年代后,无论是发

---

　　① 李小云、唐丽霞、许汉泽:《论我国的扶贫治理:基于扶贫资源瞄准和传递的分析》,《吉林大学社会科学学报》2015 年第 4 期。

　　② 参见许源源、江胜珍:《扶贫瞄准问题研究综述》,《生产力研究》2008 年第 17 期。

　　③ 参见许源源:《中国农村扶贫瞄准问题研究》,中山大学博士学位论文 2006 年。

达国家还是发展中国家,扶贫对象开始转向精准瞄准。① 两者存在的优劣是十分明显的,但无法完全克制,在适用时,主要由扶贫时选择哪种价值所决定。中国政府在扶贫中,一直坚持普惠政策与特惠政策相结合,在解决农村、农业发展的基础上,对农村贫困群体实施特别扶持政策。中国政府在总结自己的贫困治理时,曾公开宣称,"坚持普惠政策和特惠政策相结合,在加大对农村、农业、农民普惠政策支持的基础上,对贫困人口实施特惠政策"②是自己的扶贫特色。

从实践看,扶贫瞄准要解决的核心问题是"扶贫瞄准的衡量指标是什么?扶贫瞄准精度不高的制度性和体制性原因在哪? 贫困群体如何参与扶贫资金和资源的分配?"③在中国扶贫工作中,理论界和实务界一直存在把扶贫瞄准单元锁定在区域还是农户,或者是贫困个体的争议。因为在实践中,瞄准单元越精准,识别成本越高,当然,扶贫效果会随之增加;相反,瞄准单元越粗,识别成本越低,但扶贫效果会随之降低。在中国扶贫对象瞄准机制上,区域瞄准主要有西部地区、集中连片区、县、乡、村,群体或个体瞄准主要有妇女、残疾人、移民、贫困户、个体等。

从扶贫历史看,中国扶贫瞄准单元存在一个逐渐由区域向贫困户和个体变迁的过程。1996 年以前主要是区域瞄准,具体是集中连片特困区和贫困县,其中以贫困县为中心;1996 年后逐渐瞄准到贫困村和贫困户,但贫困县瞄准一直存在。2001 年,国家把扶贫瞄准主要集中在贫困县和贫困村中。2010 年在《中国的农村扶贫开发》白皮书中有"中国政府将按照集中连片的原则,把贫困人口集中的中西部少数民族地区、革命老区、边疆地区和特困地区作为 2001 年至 2010 年扶贫开发的重点,并确定扶贫开发工作重点县"④。2011 年在制定《中国农村扶贫开发纲要(2011—2020 年)》时扶贫瞄准有集中连片区、贫困县、贫困村和贫困户,其中最大变化是对贫困户采用建档立卡管理,把瞄准单元重心从贫困村转向贫困户,同时保留贫困村、贫困县和集中连片区。

① 参见叶初升、邹欣:《扶贫瞄准的绩效评估与机制设计》,《华中农业大学学报》2012 年第 1 期。
② 国务院新闻办公室的《中国的减贫行动与人权进步(2016 年)》白皮书。
③ 许源源、江胜珍:《扶贫瞄准问题研究综述》,《生产力研究》2008 年第 17 期。
④ 国务院新闻办公室的《中国的农村扶贫开发》白皮书(2001 年)。

　　中国扶贫瞄准单元变迁是:1986—2000 年以区域瞄准为主,分别有集中连片特困区和贫困县;2001—2012 年以贫困村为主;2005 年后,开始实施贫困户瞄准,同时采用贫困户建档立卡管理;2013 年后随着精准扶贫的提出,2014 年贫困户瞄准成为扶贫瞄准的基本单元。① 这种分类是根据不同时期扶贫瞄准上的主体,而不是具体瞄准单元。当前,中国扶贫瞄准机制同时存在集中连片特困区、贫困县、贫困村、贫困户四级。在扶贫资金分配上,以贫困县为基本单元,扶贫资金使用上以贫困村和贫困户为主体。在贫困户瞄准上,细分为一般性贫困户和特殊贫困人口。一般性贫困户是指按国家贫困线标准收入贫困线以下人户,特殊贫困人口是指妇女、残疾人、五保供养户、移民等特殊贫困群体。

　　当前,中国贫困瞄准基本特点是混合式,即采用区域瞄准和人户瞄准相结合。区域分为集中连片区、县、村三种,在大区域上有西部地区、东北三省,在小区域上有贫困乡镇,这两者在扶贫瞄准上并不构成基本分类。20 世纪 80 年代以来,中国扶贫开发瞄准单元机制变迁主要有三个方面:区域瞄准上由贫困县为主到贫困县与贫困村并重,再到集中连片特困区、贫困县、贫困村并举;在贫困群体和个体瞄准上由特定地区农村贫困人口为主到全国农村地区贫困标准下的所有人口;在瞄准路径上由自然资源开发为主到自然资源与人力资源开发并重。② 这种总结具有一定合理性,反映了中国在扶贫瞄准对象上的真实情况。中国贫困瞄准对象的变化体现出中国政府贫困治理上的变化,是中国贫困治理进程的体现。

　　中国扶贫模式若以扶贫对象瞄准单元为标准,可以分为户、村、县、集中连片区和区域五种,由此形成贫困户为中心的扶贫模式、整村推进的扶贫模式、贫困县为中心的扶贫模式、集中连片区为中心的扶贫模式和区域战略开发的扶贫模式。区域战略开发扶贫模式的典型是西部大开发和东北三省振兴计划。集中连片区扶贫模式的典型是 20 世纪 80 年代的 18 个集中连片特困区和 2011 年识别形成的 14 个集中连片区。贫困县为中心的扶贫模式是 1986

　　① 参见李小云等:《论我国的扶贫治理:基于扶贫资源瞄准和传递的分析》,《吉林大学社会科学学报》2015 年第 4 期。
　　② 参见韩广富、李万荣:《当代中国农村扶贫开发瞄准目标的调整》,《社会科学战线》2012 年第 10 期。

年后,认定的 592 个贫困县。整村推进扶贫模式是 2001 年国家认定的 14.8 万个贫困村。对农村贫困人口数量,不同时期因为贫困线标准不同,统计出来的数量存在不同。按照当前中国确定的贫困标准,2014 年全国有 2948.5 万户贫困户。五种扶贫模式在中国 40 年的扶贫工作中,不同时期各有侧重点,有些时期以几种瞄准单元为对象,如以集中连片区扶贫模式和贫困户为中心的扶贫模式为重点,同时兼有贫困县扶贫模式、整村推进扶贫模式等。

总体看,20 世纪 80 年代中后期至 20 世纪 90 年代以贫困县扶贫为中心,兼有其他不同区域瞄准;21 世纪前 10 年以整村推进扶贫为中心,保留区域和县域为瞄准对象;2012 年至今以贫困户扶贫为中心,同时兼顾区域和县域为瞄准对象。

第一节　贫困户为中心的扶贫模式

贫困户为中心的扶贫模式是当前中国扶贫模式中的基本模式。从扶贫对象瞄准看,当前中国精准扶贫模式是以贫困户为中心的扶贫。贫困户为对象的扶贫模式是国家制定贫困线标准,根据贫困标准识别出农村贫困户,找出贫困户存在的致贫原因,针对致贫原因开展扶贫工作,消除贫困。在当前精准扶贫下,以贫困户为中心的扶贫模式由三个步骤组成:首先,根据国家划定的贫困线标准,识别出农村贫困户;其次,找出贫困户致贫原因;最后,针对致贫原因开展针对性帮扶。

一、精准扶贫下的贫困户识别机制

中国贫困户识别标准在不同时期经历了相应调整。中国最早的贫困线标准是 1978 年制定的年纯收入 100 元。1986 年,中国政府在对 6.7 万户农村居民家庭消费支出进行调查后,确定 1985 年农村人均纯收入 206 元为贫困线标准。根据此标准,综合考虑物价和收入等变化,1990 年是 300 元,2000 年是 625 元。2010 年国家贫困线标准是年人均纯收入 2300 元。① 中国政府认定的贫困线标准是维持个体基本生存的最低费用,是一种绝对贫困线标准。

———————————

① 数据来源于国务院新闻办公室的《中国的农村扶贫开发》白皮书(2001 年)。

以贫困户为中心的扶贫模式改变了以区域为瞄准对象的扶贫模式在贫困瞄准上存在的错漏问题,让识别出的贫困群体针对性更强,同时实现了对全国农村贫困人口的全面覆盖,让全国农村贫困户得到国家的帮扶。从经验看,这种扶贫模式拥有以贫困县、贫困村等其他任何以区域为中心的瞄准机制都没有的优势。

2014 年国家提出精准扶贫后,为达到精准识别贫困户,国家制定了严格的贫困户确定程序和标准。在贫困户识别机制上,主要采用根据国家贫困线标准,由贫困户申请,村委评选,扶贫工作组复核与分析,扶贫主体帮扶的扶贫机制。为保证识别贫困户上的精准,国家制定了严格的贫困识别程序,要求在识别时通过群众评议、入户调查、公示公告、抽查检验、信息录入。整个精准识别有三个基本环节,分别是:(1)村组评选出贫困户。这个工作环节具体由以下步骤组成:第一,根据国家公布的贫困线标准,由村民提出申请,填报自己的经济情况;第二,村民小组召开户主会议,根据申请的情况评选出贫困户;第三,行政村"两委"召开村、组干部和村民代表会议再次对选报贫困户进行评选,形成拟定名单后张榜公示;第四,根据公示反馈获得意见,再召开村、组两级干部和村民代表组成的会议进行最后评选,同时把评出的结果再次公示;第五,公示期满,若无异议,根据乡镇分配给村内贫困户指标,把有劳动能力的贫困户确定为建档立卡贫困户。(2)扶贫工作干部对村民组织识别出的贫困户进村入户调查,获得贫困户的致贫原因。(3)针对建档立卡贫困实施动态扶贫管理。针对贫困户的致贫原因逐户落实帮扶责任人、帮扶项目和帮扶资金,实施扶贫攻坚。在精准扶贫识别中,扶贫工作组对贫困户调查制定扶贫对策和对建档立卡户实施动态扶贫管理,是整个扶贫的核心环节。整个贫困户识别过程和确定帮扶措施,需要投入大量人力、物力,但仍然存在识别上的各种问题。当然,这次识别出的贫困户是相对较为精准的。

中国政府提出"精准扶贫"战略后,首先解决的是提高贫困户识别的精准性。为了解决贫困户精确识别问题,2014 年 4 月,国务院制定《扶贫开发建档立卡工作方案》,希望通过建立完善严密的贫困户管理制度,实现对贫困户致贫原因、扶贫措施及扶贫过程的动态管理。全国承担贫困任务的省(区、市),根据各自省(区、市)存在的不同问题,在实践中制定和形成了不同的贫困户识别工作原则、程序、路径,制定相应的实施意见、方案、办法。如在贫困户识别方案上,有甘肃的《脱贫攻坚"853"挂图作业实施意见》,广西的《精准识别贫困户贫困村实施方案》;在贫困户识别工作机制上,有贵州的"四看法"、甘肃的"9871"、湖南的"五评法"、云南省的"七评法"、宁夏的"十步法"、安徽省的"六看六必问法"等。这些各种精准识别贫困户的工作机制是在基层实践中提炼形成,对提高贫困户识别上的精准性提供了制度和程序上的保障。其中,贵州省贫困户识别机制中的"四看法"是指实地参看贫困户的具体情况时,通过"一看房、二看粮、三看劳力强不强、四看有无读书郎"进行甄别,本质上是通过观察农户收入来源渠道和支出范围来识别贫困户。甘肃的"9871"识别机制中"9不准"是排除内容、"8"是问卷时的8项指标、"7"是7项定量指标综合积分排序法和1次民主评议。这种贫困户识别机制是通过把定性和定量分析结合,以解决单独采用其中任何一种都会有弊病的问题。宁夏的"十步法"是指在贫困户识别上严格遵守十步程序,具体是户申请、组提名、入户查、村初评、乡复核、县审批、三公示、一公告、系统管理、动态调整。这种识别机制是通过设定严格程序实现对贫困户识别过程的管控,保证贫困户识别的精准。云南的"七评法"是指在贫困户识别时通过对贫困对象的住房、生活、生产、劳力、健康、教育、负债等七个方面进行评估,了解贫困对象的收入条件、支出范围,进而获得贫困户的真实情况。分析云南省的识别机制是把过程管控和程序合理结合在一起,形成形式考察和实质确认的识别机制。四川省的"十步工作法"是指在贫困户识别上,通过宣传发动、普遍调查、规模控制、农户申请、初步公示、群众评议、听取意见、深度核查、民主评定、公示公告等十个环节,增加识别上的精确度。安徽省的"六看六必问法"识别机制中,"六看"是指看候选贫困户家里的住房、粮食、青壮劳动力、小孩是不是在读书、有没有卧床病人、家庭成员中有没有沾染恶习的;"六问"是指问土地,子女,收支,务工,意愿,党员干部、左邻右舍、能人大户等。这种识别机制是把程序管控、收入来源、支出范围等全面考察,把周围邻居评价和自我评估相结合,以实现精准识别。从以上这些省份的贫困户识别机制看,主要是通过识别过程管控、贫困户的形式与实质考察,收入与支出了解,形成对整个贫困户的经济情况的把握,让识别出的贫困户达到"精准"的目标。2014年全国共识别出8962万贫困人口、2948万贫困户、12.8万个贫困村,对全国贫困人口分布、致贫原因、帮扶需求等基本数据获得了全面了解;并规定每年12月31日,各地对建档立卡贫困人口进行动态调整,标出实现脱贫的人口,新建返贫人口等。①

　　从全国贫困户精准识别操作层面上看,地方政府和工作人员在实施贫困户识别时创制了很多机制和措施,保证了识别出来的贫困户的精确程度。当然,从实践看,精准识别仍然存在较为严重的错评、漏评问题。这在相关专项研究的数据中可以看出,如针对乌蒙山集中连片特困区中的贵州、云南和四川 3 省 6 县 60 个村 1200 户抽样调查后,发现在 2013 年识别出的建档立卡贫困户中有 40% 收入在贫困线之上,而没有纳入建档立卡贫困户的农户中有 58% 的人年均收入在贫困线之下。在对武陵山集中连片特困区中的贵州、重庆、湖南和湖北 4 省(市) 4 县 40 个村 1000 个建档立卡贫困户抽样调查时,发现有 49% 入档贫困户收入在贫困线之上。两地调查数据,反映通过民主评议识别出的贫困户错误率仍在 50% 左右。② 针对 2013—2015 年复核调查时发现的大量错评和漏评现象,有学者提出应通过整合农户,特别是贫困户的各种数据,消除信息不对称带来的识别问题,增加定量指标体系,其中在权重上加重经济指标比例,实行动态管理。③ 于是,2015 年 8 月至 2016 年 6 月,国家再次对全国建档立卡贫困户实施了严格的"回头看"重新识别复查工作。通过严格复核,在纠正之前识别中存在的问题后,共剔除了错评建档立卡贫困人口 929 万,新识别纳入建档立卡贫困人口 807 万。④ 在 2016 年严格的"回头看"复核后,全国基本实现了对农村贫困人口的"精准"识别目标。2017 年 2 月,全国各地采用自查自纠 2016 年脱贫不实问题,2017 年 6 月,全国各地实施动态调整,把已稳定的脱贫贫困户标出,确保"应扶尽扶"的扶贫原则全面实施。

---

　　① 参见周宏春:《这四年,精准扶贫结硕果　中国模式受称赞》,http://f.china.com.cn/2017-11/07/content_50053804.htm,发布时间:2017 年 11 月 7 日 10:22:58,中国网·中国扶贫在线,访问时间:2018 年 5 月 24 日。

　　② 参见汪三贵、郭子豪:《论中国的精准扶贫》,《贵州社会科学》2015 年第 5 期。

　　③ 参见汪磊、伍国勇:《精准扶贫视域下我国农村地区贫困人口识别机制研究》,《农村经济》2016 年第 7 期。

　　④ 参见周宏春:《这四年,精准扶贫结硕果　中国模式受称赞》,http://f.china.com.cn/2017-11/07/content_50053804.htm,发布时间:2017 年 11 月 7 日 10:22:58,中国网·中国扶贫在线,访问时间:2018 年 5 月 24 日。

二、建档立卡识别管理中存在的问题

当前,精准识别建档立卡贫困户管理中,存在的问题主要有:(1)在识别时,由于贫困定量指标过于复杂,带来识别中的两个问题,即获得各项指标需要大量的投入,让识别成本过高;各种经济指标过于细化,带来测算时稳定性较差,让贫困测量时出现不准;(2)识别过程中的反复评议和公示及确定后建档立卡管理导致贫困治理过程中,污名化和负向激励现象更加严重。

以贫困户为中心的扶贫模式在采用建档立卡识别时,仍然无法达到预期的"精准",究其原因是在识别时,存在扶贫主体对扶贫对象的贫困信息存在严重不对称。产生信息不对称的原因很多,如上下级之间在贫困识别过程中存在各种群体的不同利益交织。这体现在"面对上级,基层政府可以利用信息优势识别出符合自己意愿的'贫困户'并规避监管;面对政府,村干部同样可以利用信息优势识别出符合自己意愿的'贫困户'并规避监管"。① 此外,贫困虽然在贫困线标准上是确定的,但很多时候与农户收入有关的信息和计算却存在动态和难以准确测量的问题,特别在物价波动较大的情况下,农户生产中的农产品价格测算对导致贫困对象在贫困线上和线下都会产生十分明显的影响。由于这些原因,仍然会导致识别贫困户时产生"被脱贫"和"假贫困"两种现象。"被脱贫"是指部分贫困户由于未被识别成建档立卡贫困户,在统计上成为一般农户。"假贫困"是有些非贫困户由于被识别成贫困户纳入建档立卡管理中,成为贫困对象。针对农户各种信息的不对称,有学者提出:"信息公开和农户参与是减少信息不对称,遏制村干部及基层政府按照自身利益识别'贫困户',进而促进精准识别的有效途径。"②

贫困户为瞄准对象的扶贫在对贫困人口瞄准上起到了较为精准的识别作用,但由于这种识别机制存在高成本问题,一直是学者和实务人员对这一扶贫模式持保留态度和批评的原因。因为以贫困户为对象的精准识别机制在识别时,需要投入大量的人力、物力,有时让识别成本占到整个扶贫投入上的比例

---

① 陆汉文、李文君:《信息不对称条件下贫困户识别偏离的过程与逻辑——以豫西一个建档立卡贫困村为例》,《中国农村经济》2016 年第 7 期。

② 陆汉文、李文君:《信息不对称条件下贫困户识别偏离的过程与逻辑——以豫西一个建档立卡贫困村为例》,《中国农村经济》2016 年第 7 期。

很高,甚至达到难以承受的地步。此外,还导致识别过程中行政成本剧增。有学者发现在扶贫对象瞄准上,过于严格的识别意味着需要各种硬性量化指标,而要获得贫困对象这些量化指标的数据需要投入大量调查费用,进而推高识别成本。此外,严格区分贫困者会导致农村社区民众内部分化,以及贫困者加重对扶贫资源分配者的依赖度等现象的出现。① 同时,扶贫仅解决贫困户的贫困时,无法改变整个社区的发展环境,导致贫困户只能在超强的"输血式"帮扶下才能实现脱贫,无法获得可持续发展的动力。这是以贫困户为中心的扶贫必须在整村推进、贫困县等扶贫模式同时推进下才能获得成功的原因。

在扶贫工作中,把贫困瞄准到户或个体时会带来"贫困群体被污名化"和"对贫困对象产生负向激励"两种不良社会结果。② 所以有学者指出"户级瞄准需要选择符合当地习惯与农户实情的贫困指标。这也就意味着,自我瞄准法和以社区为基础的瞄准法可以发挥较大作用"③。"建档立卡"制度作为中国当前对贫困户瞄准的基本制度本意是想通过此准了解贫困人口的经济情况,以全面把握贫困户的致贫原因,同时能对整个扶贫过程和扶贫效果实现动态监测。但为了保证识别出来的贫困户的"真实"性时,需要对贫困户采用公开公示,建立公开的建档立卡管理制度,这在实践中加剧了贫困群体的分化、污名化,更加严重的是在贫困治理时产生大量负向激励。很多研究发现,当扶贫过程中对贫困群体实施高度的、公开的识别并采用公示确认时,会破坏贫困群体内部原有社会网络,降低群体间的互助性,造成社会冲突的几率增加;贫困群体严重"污名化"会让部分真实贫困人口放弃接受扶贫资源的机会,同时大量扶贫资源投入建档立卡户引起负向激励会抑制贫困人口中一些人通过自己努力实现脱贫的积极性。④ 对当前建档立卡管理是否存在对识别出来的贫困群体产生"污名化"社会影响的问题,相关经验调查表明确实存在此种现

① See Posner P.W.,Targeted Assistance and Social Capital:Housing Policy in Chile's Neoliberal Democracy.International Journal of Urban and Regional Research,2012,36(1):49~70.
② 罗江月等:《扶贫瞄准方法与反思的国际研究成果》,《中国农业大学学报》2014 年第4 期。
③ 罗江月等:《扶贫瞄准方法与反思的国际研究成果》,《中国农业大学学报》2014 年第4 期。
④ 参见罗江月等:《扶贫瞄准方法与反思的国际研究成果》,《中国农业大学学报》2014 年第4 期。

象。有学者对云南和贵州两省中 237 个建档立卡贫困户采取深入的样本抽样调查后,①从获得数据看是存在明显的"污名化"现象。"从调查结果来看,只有小部分贫困户(9.91%)对被认定为建档立卡贫困户感觉'无所谓'。大部分贫困户要么感觉'伤自尊'(40.50%),要么感觉'得帮扶'(49.59%)。大部分贫困户戴帽后的心理感受是矛盾的,既有'伤自尊'的屈辱感,也有对'得帮扶'的心理期盼。"②从调研数据看,建档立卡管理中对贫困群体的"污名化"影响受到贫困者年龄、性别、教育程度、家庭资源等方面的影响,具体是"户主年龄小、性别为女性、受教育程度高,家庭资源禀赋有优势和贫困程度浅的贫困户感觉'伤自尊'的比重高;户主年龄大、性别为男性、受教育程度低,家庭资源禀赋没有优势和贫困程度深的贫困户感觉'得帮扶'的比重高"。③当前,中国建档立卡管理贫困对象还存在一个严重的负向激励问题。这让整个扶贫工作陷入越扶贫越难让贫困对象脱贫的困境。这是因为当前建档立卡户一经被确认,就会有大量的各种社会扶贫资金和资源投入其中,让确认为此种身份的群体获得巨大社会利益,消解了贫困户自我发展摆脱贫困的主动性。污名化与负向激励的交织,形成了当前一些农村民众评价认为建档立卡贫困户是 20 世纪 50 年代土地改革时阶级划分中的"贫雇农"群体的现象。

第二节　整村推进扶贫模式

整村推进扶贫模式是指在国家制定的贫困村识别指标体系下识别出贫困村,把贫困村作为扶贫瞄准单元,在政府主导下通过村民参与制定整村扶贫开发的规划,以改善贫困村的基础设施、社区公益事业、村居环境作为扶贫目标,

---

① 云南省和贵州省各选择两个国家扶贫开发工作重点县(云南省选取盐津县和剑川县,贵州省选取威宁县和盘县),然后在每个县各选择 3 个行政村(分属不同乡镇,其中 2 个是建档立卡贫困村)开展贫困户入户调查。入户调查在每个行政村抽取 20 个建档立卡贫困户,由组员入户访谈和填写调查问卷。田野调查在 2015 年下半年进行,共发放问卷 240 份,获得有效问卷 237 份,问卷有效率 98.75%。
② 江淑斌、王敏、马玲玲:《精准扶贫下建档立卡对贫困户心理感受与脱贫动力的影响研究》,《商学研究》2017 年第 1 期。
③ 江淑斌、王敏、马玲玲:《精准扶贫下建档立卡对贫困户心理感受与脱贫动力的影响研究》,《商学研究》2017 年第 1 期。

在经济开发中实现村民增收,同时让村民在参与扶贫项目的规划、管理等工作中提高他们的基本素质和社区自我发展能力,综合消除贫困村发展上的阻碍,实现全面发展的一种综合性扶贫模式。这种扶贫模式的基本特点是扶贫中把对贫困村居住环境改造、村社组织建设、文化卫生提升、劳动技能培训和产业发展作为扶贫的对象,最终在提升和改善贫困村生存环境、社会环境和产业环境下实现脱贫致富和村级社区持续发展。① 整村推进扶贫模式是把现代社会治理中的社区治理模式融入扶贫工作后形成的一种新型扶贫模式。学术界对整村推进扶贫模式关注主要集中在 2005—2010 年间,这与国家在这个时期把扶贫集中在整村扶贫推进上有关。

整村推进扶贫模式十分强调扶贫过程中贫困群体的参与,所以又称为"参与式整村推进扶贫模式"。所谓"参与式"是指在扶贫目标上,坚持以赋权为首要目的,把扶贫工作锁定在培育、提升贫困村民发展能力和让贫困村获得可持续发展环境。在扶贫工作内容上,把贫困村产业培育、农田水利设施、社区公共设施和社区精神文明建设同时推进。在运行机制上,采用政府主导、农户主体、社会参与的机制。在实施过程中制定完善的村级发展规划和实施方案,使扶贫项目在规范化、制度化下运行。② 参与式整村推进扶贫模式是为改变此前扶贫工作中以扶贫主体绝对主导扶贫过程产生的问题而形成的,目标是让扶贫过程转向扶贫主体与扶贫对象之间相互影响、共同行为的扶贫中。整村推进扶贫模式中贫困群体"参与"扶贫主要是让贫困村民参与到贫困村内扶贫项目的选择、项目实施和项目效果评估三个环节之中。一般认为整村推进扶贫模式是把此前扶贫工作中形成的"项目管理"和"到村到户"两种扶贫机制结合而成的产物。整村推进扶贫模式通过吸收"项目管理"和"到村到户"两种扶贫机制的优点,形成一种"集中资源,分期分批重点解决贫困问题"的扶贫机制。整村推进扶贫模式把扶贫工作集中在贫困村的人居环境改造、生产设施建设、劳动者技能培训、产业发展培育、社区公共设施改进、文化卫生设施建设等方面,让贫困群体在发展过程中解决了贫困问题的同时,还获得发展能力和改善整个村庄生产生活条件。如青海省祁连县在培育养殖业作为脱

① 参见余昌淼、贾利贞:《扶贫要下沉到村扶持到户》,《人民论坛》2005 年第 8 期。
② 参见张永丽、王虎中:《新农村建设机制、内容与政策——甘肃省麻安村"参与式整村推进"扶贫模式及其启示》,《中国软科学》2007 年第 4 期。

贫产业时对养殖业所需要的水域、草地等生态环境加大保护,让养殖业可持续发展有保障。整村推进扶贫在运行中还有一个显著优势,那就是它能解决把扶贫资金和资源分散到贫困户后而导致没有开展村内公共事业建设资金的问题。整村推进可以相对集中人力、物力、财力,针对农村公共设施薄弱环节开展较大规模工程,解决贫困村整体发展上存在的问题。

一、整村推进扶贫的理论基础

整村推进扶贫模式作为贫困治理机制是建立在赋权理论、可持续发展理论、内源式发展理论、参与式发展理论等多种理论基础上。① 赋权理论认为贫困治理的本质是通过制度化建设,让扶贫群体参与到扶贫工作中,成为扶贫过程的主体。这种理论对扶贫的积极作用是,让贫困群体成为扶贫工作中的参与者,把扶贫中的外源扶贫转变成贫困村发展上的内源动力,给予贫困群体、贫困村发展的机会和权利,让他们成为扶贫工作中的决策者、扶贫资源的分配者以及获得收益分配的权利。② 对整村扶贫推进中赋权目标是否能实现,不同学者在个案分析时,得出的结论存在不同。有学者认为是能达到的,如在对湖南省沅陵县黔中郡整村推进扶贫考察时发现,在这种扶贫模式下,通过强化经济赋权让村民从产业发展和传统产业改造中获得了经济权利;通过对贫困者知识教育和技能培训提高了农民的综合能力,实现了心理赋权;通过扶贫项目搭建的平台,让农民在村庄事务管理中获得了参与权和决策权,实现了政治赋权;通过鼓励贫困村贫困群体参与贫困治理,培育出了村社组织的精英,实现了社会赋权。③ 可持续发展理论认为贫困治理不仅要解决当前贫困者的贫困问题,更为重要的是要让贫困者获得发展能力,阻断贫困代际传递。这是因为在很多贫困治理实践中,主要是实施扶贫资金直接输入,虽然在短期内可以让贫困群体很快脱贫,但无法培育形成贫困者持续性发展的能力,当外界支持力量一经退出,易造成大量返贫。如 2003 年,全国主要粮食生产区贫困人口

---

① 参见沈茂英:《"整村推进"综合扶贫模式的理论基础》,《郑州航空工业管理学院学报》2008 年第 2 期。

② 参见沈茂英:《"整村推进"综合扶贫模式的理论基础》,《郑州航空工业管理学院学报》2008 年第 2 期。

③ 参见黎娟:《"整村推进"扶贫开发模式的反思与完善》,《农村金融研究》2009 年第 9 期。

占全国贫困人口的 47.7%,这些贫困人口中 70% 是当年返贫的。此外,贵州省农村长期存在 10% 以上的返贫率,一些受到严重自然灾害影响的少数民族地区,返贫率高达 40%—50%。① 可以说,20 世纪 90 年代后,中国农村扶贫工作中,一直存在高脱贫率与高返贫率并存的问题,让国家扶贫工作一直无法获得实质性进展。究其原因是贫困者自身发展能力没有获得提升,以及贫困者居住的生产生活环境和条件没有获得改善。要打破这种困境必须改善贫困者生产生活环境,同时让他们获得发展能力,这成为整村推进扶贫模式形成的基本动因。

内源式发展理论认为贫困治理是解决贫困人口的真正需要和愿望,确保他们自身充分发展,按照他们发展需要协调人与自然、人与社会的关系。联合国教科文组织对"内源式发展"的定义是"既要实现发展,又不异化,更不可破坏或歪曲各国的文化特征,内源化既不意味着为现代化而抛弃内源文化和传统,也不意味着返回到原始的或已被抛弃的实践"。② 内源式发展在整村扶贫推进中强调在加大外部扶贫资源投入时,需要针对贫困村的文化属性、人口特征、资源禀赋等因素形成各具特色的发展之路,而不是单一的发展模式。

二、整村推进扶贫的特点及形成

中国整村推进扶贫模式自 2000 年开始大规模推行,中国政府经过 20 多年扶贫后,发现农村贫困的主要原因与很多农村公共基础设施水平低下有十分高的关联。如西部省(区、市)农村长期由于受制于行路难、饮水难、用电难、通讯难、看电视难等而无法获得发展,同时也让很多村庄长期处在脏、乱、差的环境中。如 2003 年年底,甘肃省在 17725 个行政村中不通电的村有 643 个,不通路的村 854 个,不通自来水的村 11515 个,不通电话的村 4997 个,不通广播的村 1439 个,不通电视的村 755 个。全省人均受教育年限只有 6.54 年,比全国平均水平低 1.12 年。全省农村人口中文盲、半文盲率达 22.38%;贫困地区劳动群体中文盲、半文盲率高达 34.6%,远高于全国平均水平。全省 25 个县中九年义务教育基本没有实现、青壮年文盲仍然没有基本扫除。全

---

① 参见沈茂英:《"整村推进"综合扶贫模式的理论基础》,《郑州航空工业管理学院学报》2008 年第 2 期。

② 联合国教科文组织:《参与式行政内源发展》,中国对外翻译出版社 1993 年版。

省 25 个乡镇没有卫生院,孕产妇死亡率为 0.82%,婴儿死亡率为 17.53%。[①] 这些现状需要重点对贫困村基础设施、公共产品进行改造提升,着力改善农村人居环境,才能让广大贫困农村获得发展的条件。

为此,中国在贫困村扶贫中把修路、通电、通水、建水利等基础设施建设作为提升贫困村发展的条件,把改水、改路、改沟、改厕、改圈、家园美化等作为改变贫困村人居环境的措施。针对贫困村发展中的问题,国家在 2011 年制定的《中国农村扶贫开发纲要(2011—2020 年)》中,确定整村推进工作时在解决贫困村的水、电、路、气、房和生态环境生产生活条件时,加大建设健全贫困村内公益设施、新型社区管理和社会服务体系,目的是通过对贫困村基础建设的全面改造和提升,让贫困村发展获得改进。整村推进扶贫模式是中国政府把贫困治理与农村人居环境提升两个目标结合在一起的新型扶贫模式,是中国农村发展进程中的新阶段。

甘肃省在扶贫工作中,发现仅针对贫困户和贫困个体的扶贫是很难让贫困者获得持续发展,就是在短期内脱贫后,由于发展没有相应条件保障,很容易返贫。为解决农村基础设施差给扶贫带来的问题,甘肃省在 1998 年推行整村推进扶贫试点。1998 年 6 月,甘肃在全省扶贫工作会议上提出整村推进扶贫模式,并计划在 10 个州市开展试点工作。由于整村推进扶贫能够有效解决当时扶贫中存在的问题,特别是以贫困县为瞄准扶贫上存在的问题,很快这种扶贫模式得到广泛推广。中国整村推进扶贫基本历程是:1998—2000 年是提出和试点工作阶段,2001—2002 年是模式创新和改进阶段,2003—2004 年是全面推行阶段,2005—2011 年是完善阶段。[②] 2012 年后,虽然贫困村扶贫瞄准仍然存在,但由于以贫困户为瞄准的精准扶贫大规模实施,整村推进扶贫模式受到了抑制,不再是国家扶贫的中心。云南省在 2001 年启动了 5000 个自然村"整村推进"扶贫开发工作,发展至 2010 年时,已经对 47800 个贫困自然村实施了整村推进扶贫开发工作。

2001 年,在《中国农村扶贫开发纲要(2001—2010 年)》中,把整村推进扶

---

① 参见任燕顺:《对整村推进扶贫开发模式的实践探索与理论思考——以甘肃省为例》,《农业经济问题》2007 年第 8 期。

② 参见任燕顺:《对整村推进扶贫开发模式的实践探索与理论思考——以甘肃省为例》,《农业经济问题》2007 年第 8 期。

贫确定为当时国家扶贫的主要形式。在经过五年实践后,2005 年,国务院扶贫办、农业部等 10 部委联合制定《关于共同做好整村推进扶贫开发构建和谐文明新村工作的意见》。在《工作的意见》中指出"整村推进"不仅作为解决贫困地区社会经济发展的基本途径,还是构建社会主义和谐社会的有效途径。这让整村推进扶贫模式在国家治理中的作用拥有了新的功能。2005 年年底,全国实施了"整村推进"开发扶贫的贫困村已经有 4.51 万个。2008 年 5 月,在对整村推进扶贫工作的 8 年实践和经验总结后,国务院扶贫办与农业部等 13 个部门联合发布《关于共同促进整村推进扶贫开发工作的意见》,决定加快对人口较少民族、48 个内陆边境国家贫困县中距边境线 25 公里范围内、307 个同属于国家贫困县和革命老区县等地区实施整村推进扶贫,并要求在 2010 年年底前完成这三个地区贫困村发展规划和"三个确保"建设。其中,针对 307 个贫困县与革命老区县重合的扶贫重点县上,要求在 2008—2010 年实施 24749 个贫困村整村推进扶贫开发工作。2009 年,国家在确定对 18800 个贫困村实施整村扶贫规划时,把 9000 个放在革命老区、人口较少民族聚居区和边境地区。此外,在《工作的意见》中,要求不同部委分别承担整村推进扶贫工作中的 9 个重点工作,分别是教育部门在"两基"攻坚中重点解决贫困县和贫困村的"普九"工作,加大对贫困劳动者的技能培训和扩大贫困村学生接受职业教育的规模;精神文明建设部门通过"西部开发助学工程"和"百县千乡宣传文化工程"加快生态文明村的建设;科技部门加大科技扶贫力度,促进先进适用技术进村入户和培养科技致富带头人的工作;交通部门加快贫困村乡村道路的建设;水利部门重点支持贫困农村饮水安全工程、水土保持工程和农田水利工程的建设;农业部门加大对贫困县和贫困村沼气建设项目的规划和退牧还草项目的实施,加强农业实用技术推广和劳动力转移培训工作;卫生部门做好贫困村的疾病控制体系、医疗救治体系和农村卫生服务体系的建设,加大对贫困村乡村医生的培训;广播影视部门加强对贫困村广播电视村村通工程和电影"2131 工程"的推进工作;林业部门提高和改善贫困村农业生产条件和农村环境,为提高农业综合生产能力提供保障。这样,国家把农村扶贫工作中心转向"整村推进"为对象的扶贫开发中。

在实践中,中国政府根据扶贫过程中获得的经验和发展中出现的问题,不停地调整整村推进扶贫的实施机制,以提高扶贫的精确性和实效性。2012

年,国务院在公布《扶贫开发整村推进"十五"规划》时,调整和完善了整村推进扶贫模式的工作机制。"十三五"期间整村推进在扶贫工作中,虽然没有在2001—2010年间那样重要的地位,但仍然是国家扶贫工作中的三个瞄准机制。国家在"十三五"期间的扶贫工作上,针对贫困村扶贫开发重点实施九大工程,分别是百万公里农村公路工程、小型水利扶贫工程、农村电网改造升级工程、网络通信扶贫工程、土地和环境整治工程、农村危房改造工程、农村社区服务体系建设工程、以工代赈工程和革命老区彩票公益金扶贫工程。其中,"百万公里农村公路工程"目标是全面改善贫困地区乡镇、行政村、自然村的道路,提出建设乡镇硬化路1万公里,行政村硬化路23万公里,自然村公路25万公里。在农村电网改造升级工程上要求到2020年全国农村电网供电可靠率达99.8%,综合电压合格率达97.9%。网络通信扶贫工程要求到2020年全国11.7万个建档立卡贫困村通宽带,宽带网络覆盖达90%以上的贫困村。在土地和环境整治工程上,重点解决农田基础设施、行政村公共卫生厕所、垃圾集中收集点、生活污水处理点、旅游停车场等建设。在农村危房改造上,到2020年完成建档立卡贫困户、低保户、分散供养特困人员、贫困残疾人家庭的存量危房改造。在农村社区服务体系建设工程上,要求到2020年年底农村社区综合服务设施覆盖易地扶贫搬迁安置区(点)和50%的建档立卡贫困村。在以工代赈工程计划上到2020年实现新增和改善基本农田500万亩,新增和改善灌溉面积1200万亩,新建和改扩建农村道路80000公里,治理水土流失面积11000平方公里,片区综合治理面积6000平方公里,建设草场600万亩。在革命老区彩票公益金扶贫工程上,要求到2020年全国396个革命老区贫困县的贫困村中100%通公路,道路硬化率达80%,农户饮水安全比重95%以上,100%有垃圾集中收集点,每个行政村设有文化广场和公共卫生厕所等。①从这些工程看,国家希望通过对贫困村的基础设施全面建设、提升和改造后,让贫困村获得发展条件,实现可持续发展。当然,这些贫困村的基础建设还把美丽乡村建设、提升农村人居环境等目标相结合,让整村推进扶贫有了新任务。

这个时期,在整村推进扶贫上,除中央政府不停加强和调整机制外,很多

---

① 数据引自《"十三五"脱贫攻坚规划》(2016年)。

省(区、市)都根据自己在整村推进扶贫工作中遇到的问题和获得经验制定不同工作方案,如四川省制定《四川省农村扶贫开发纲要(2011—2020年)》,并规定每个贫困村给予300万元的资金作为开发扶贫的保障。

三、整村推进扶贫的识别指标

整村推进扶贫工作在实施中,首先要解决的是如何把贫困村从一般村庄中识别出,所以制定贫困村标准成为首要工作。为此,国家制定了统一的贫困村标准。中国政府为了全面推行贫困村的整村推进扶贫工作,在2001年9月,根据亚洲开发银行专家提出的参与式贫困指数(PPI),在结合中国具体情况后形成了贫困村识别指标体系。中国政府制定的贫困村识别指标体系(即PPT)共有3个体系8个指标,其中3个体系是生活状况、生产生活条件、卫生教育状况;8个指标是人均年粮食产量、人均年现金收入和土坯房的农户比重、饮水有困难的家庭比重、农户的通电率、通机动车的自然村比重、女性长期患病率、中小学生辍学率。为了让地方政府在贫困村识别时能够根据自己的特点有效进行,中国政府在使用PPT识别贫困村时并没有严格执行8个指标,而是让各省(区、市)扶贫机构对8个指标进行适当调整。为了让识别指标体系具有可操作性,在识别指标上采用分层结构,分为主要指标、第二指标和其他指标三类。其中,主要指标有农民人均年收入、人均年现金收入、人均粮食占有量;第二指标有农民人均住房面积、自然村庄通公路率、医疗卫生条件、人均农村用电量、适龄儿童入学率、广播电视覆盖率、贫困人口数量;其他指标是以往扶贫开发工作的具体情况。除了这些指标体系外,贫困村识别还受到省(区、市)分配给每个县的贫困村数量,县所在乡镇之间平衡分配,是否属于少数民族地区、革命老区、边境地区、石漠化地区、高寒山区和特困地区等三个原则的制约。这样中国贫困村识别标准实质上由指标体系、区域特性、县区平衡等要素构成,让贫困村识别具有很强的政治、政策、区域等其他因素。

根据确定国家的贫困村识别指标体系,全国有扶贫任务的27个省(区、市)根据国家的指标体系,结合自己的贫困人口分布特点和工作需要,制定本省(区、市)的贫困村识别指标。如云南省在贫困村识别上采用三步法:第一步,把全省农村中农民年人均纯收入865元作为基本标准,对所有行政村实行全面筛选,选出在此之下的行政村;第二步,根据国家制定的贫困村识别的3

大类别 8 个指标进行权重设定和打分,计算出各行政村的指数;第三步,对选出的后备贫困村根据指标加权计算的分值进行排序后,再根据其他条件进行综合评估和验证,最后确定贫困村对象。通过以上三步贫困村识别程序后,全省共识别出 11343 个重点扶贫开发贫困村。广西壮族自治区在贫困村识别上,采用的是两步法:第一步,对全区农村村庄在农民人均纯收入(占指标权重的 34%)、农民人均产粮(占指标权重的 15%)、农民人均缴纳"四税"(即农业税、农业特产税、耕地占用税、契税,占指标权重的 8%)、农民人均住房面积(占指标权重的 8%)、未解决饮水困难人口(占指标权重的 6%)、人均农村用电量(占指标权重的 6%)、自然村(屯)通公路率(占指标权重的 8%)、适龄儿童入学率(占指标权重的 5%)、医疗卫生条件(占指标权重的 5%)、广播电视覆盖率(占指标权重的 5%)等 10 个指标进行加权筛选,选出备选贫困村名单;第二步,结合贫困人口数量、扶贫开发工作情况、石山面积、革命老区村、少数民族县(乡)、边境县(市)、库区移民等参考指数进行综合评估,最后确定贫困村。通过以上两步,全区共识别出的贫困村是 4060 个。① 从两个省(区)的识别流程看,基本特点是采用定量与定性结合。这种识别机制既是优点也是问题所在,因为定性考量会让贫困村确定上存在很多人为的、政策的因素,让贫困村瞄准机制与针对贫困人口扶贫的目标出现偏差。这也是后来导致贫困村瞄准在贫困人口覆盖率上较差的问题所在。

2001 年,全国 27 个省(区、市)根据国家制定的识别指标及自己情况,共识别出 148131 个国家重点扶贫开发的贫困村,形成 21 世纪前 10 年国家扶贫资源的受益单元和扶贫工作的对象,构成这 10 年国家扶贫的基础。全国识别出的 14.81 万个贫困村占全国 72.3 万个行政村 535.8 万个自然村的比例是较高的。贫困村瞄准最大优点是与贫困县瞄准相比,可以覆盖全国所有农村地区,解决了贫困县瞄准带来大量非贫困县贫困群体无法获得帮扶的问题。从全国识别出的贫困村分布看,除北京、天津、上海和西藏四个市区外,其他所有省(区、市)都有覆盖。14.81 万个贫困村分布在全国 1861 个县中,占到全国 68.8% 的县;贫困村占全国行政村的比例是 21%,覆盖了全国 83% 的农村

---

① 参见李小云、李周、唐丽霞、刘永功、王思斌、张春泰:《参与式贫困指数的开发与验证》,《中国农村经济》2006 年第 5 期。

贫困人口。同时,重点贫困县中贫困村数量是 82256 个,占全国贫困村总数的 55.6%。这样,贫困村扶贫瞄准与贫困县扶贫瞄准相比,对农村贫困人口覆盖率上提高了 22 个百分点,贫困县扶贫瞄准对全国农村贫困人口覆盖率只达到 61%。① 这些数据说明贫困村扶贫瞄准在当时是具有相当的优势的。此外,从贫困村在全国地区、省(区、市)分布看,与全国贫困人口分布是一致的,主要集中在西部和中部,具体是约有 30% 在中部省(区、市),29% 在西南省(区、市),21% 在西北省(区),14% 在沿海省(区),6% 在东北三省。在省份分布上,贵州、云南、山西、陕西、河南、四川、甘肃、湖北等 8 个省份占了全国贫困村的 59%,成为贫困村最集中的省份。其中,一些省份的贫困村所占全省行政村的比例在 50% 以上,最高的达 85%。贫困村占全省行政村比例在 50% 以上的省份有 4 个,分别是:云南第一,比例是 85%;青海第二,比例是 60%;贵州第三,比例是 54%;甘肃第四,比例是 50%。② 从识别出来的贫困村数量和分布看,与全国其他途径获得的贫困人口数量分布大体是一致的。

四、整村推进扶贫的主要内容

整村推进扶贫模式作为一种小型社区综合建设扶贫模式,在中国区域扶贫模式中具有十分显著的特点。我国整村推进扶贫具有以下内容:

1. 制定更加有效的脱贫发展规划,实现扶贫发展的针对性。整村推进扶贫在扶贫上采取"一次规划,分批实施,集中帮扶,整体脱贫"的扶贫原则,这是其他扶贫模式所没有的。首先,制定完善的扶贫工作规划是这种扶贫模式的突出特点。在识别确定扶贫的贫困村后,通过村民大会或村民代表大会,扶贫对象可以根据自己的需要与扶贫主体展开对话,形成有效的村级扶贫规划。为此,整村扶贫推进强调扶贫开发中应把村级组织建设、制度建设和公共产品服务提供作为重要工作。

2. 对贫困村的生产生活条件、村容村貌、生态环境进行全面建设。重点对贫困乡、贫困村的人畜饮水、用电问题进行建设,建设村级卫生机构。集中建

---

① 参见张磊编:《中国扶贫开发政策演变(1949—2005 年)》,中国财经出版社 2007 年版,第 173 页。

② 参见汪三贵、Park A、Shubham Chaudhuri 等:《中国新时期农村扶贫与村级贫困瞄准》,《管理世界》2007 年第 1 期。

设贫困村内的道路、饮水、学校、产业等,让村民获得发展条件和能力。整村推进扶贫注重扶贫村发展条件的整体建设和改善,有利于持续发展。整村推进对每个贫困村在实施扶贫开发时都要对村内基本农田、人畜饮水、道路、贫困农户收入、社会事业改善、村级领导班子等建设作出全面规划。其中,重点是对贫困村基础设施的全面建设,改善贫困村生产生活条件,提高抵御自然灾害的能力,获得发展条件。如湖北省建始县在 2002 年实施整村推进扶贫时就以针对贫困村中存在的行路难、饮水难、就医难、入学难、看电视难等问题开展"五改三建"工作,即改厕、改厨、改栏、改水、改路,建家、建池、建园。① 全面改造贫困村内的基础设施,提升人居环境成为整村推进扶贫模式的重要内容。

3.贫困村农户务农和非农收入渠道的拓展。整村推进扶贫在解决基础设施的同时,还针对村内培育的特色优势产业开展农业专业技术培训及根据村内剩余劳动力转移就业的需要开展各种技能培训。通过调整和培育贫困村内特色优势产业,保障贫困农民的增收。为了让产业发展获得规模化,重新建立新型合作社。如四川凉山州在产业基础较好地区重点培育产业以提高农民收入,同时,根据每个村的发展需要,实施适合当地发展的大型项目带动区域发展。② 这些项目是实施贫困户为瞄准的扶贫模式中无法进行的。

4.创建新的微型扶贫资金组织,提供易于获得和针对性强的村民发展资金。整村推进以村为基本单元,利用外来扶贫资金和内部共筹资金,设立新型金融组织,解决贫困村内部发展时村民资金不足和可持续性差的问题。

5.通过让贫困人口参与到整村发展规划和实施项目中,让他们获得发展需要的各种技能。整村推进扶贫强调村民参与扶贫发展的规划,让整个扶贫成为村民自己需要解决和发展的事情,改变其他扶贫模式中出现的村民"等、要、看"等问题。同时,让村民参与扶贫管理,可以防止扶贫基金被村级少数人挪用、贪污等现象的出现。

6.强化村内社区精神文明的建设。在整村推进扶贫中,不仅可以重点解决经济发展的条件,还可以通过村内整体发展开展社区教育、卫生服务、体育

---

① 参见严官金、余修志:《"整村推进"谱写扶贫——湖北建始县完成"整村推进"》,《决策与信息》2005 年第 11 期。

② 参见罗艳:《民族地区整村推进扶贫实施效果及政策建议——以凉山彝族自治州喜德县 H 村为例》,《湖北农业科学》2012 年第 20 期。

文化设施等建设,全面开展村内精神文明建设。

五、整村推进扶贫的优缺点

整村推进扶贫模式由于能够有效地解决贫困农村中的基础建设、公共服务、社会组织等存在的不足,在扶贫开发中体现出明显优势,总结整村推进扶贫的优点。具体如下:

1.实现农村扶贫全覆盖和扶贫对象瞄准的精确。贫困村扶贫瞄准与集中连片特困区和贫困县相比,它的最大优势是实现了对全国农村贫困群体的覆盖,解决了当时采用集中连片区和贫困县瞄准上非片区和贫困县外的农村贫困人口,无法获得帮扶的问题。此外,由于把瞄准对象下沉到村,在贫困对象瞄准上更加精准。

2.提高了贫困户在扶贫工作中的参与程度和主体作用。中国扶贫工作中,一直存在贫困户参与程度不高和主体作用不足的问题。究其原因,除了贫困者自身原因外,主要是缺少让贫困群体参与扶贫的机制,整村推进由于整个扶贫工作需要全村村民参与,有效地调动了贫困户参与扶贫开发的积极性。由于整村推进扶贫在扶贫项目决策、实施和监管上都由贫困群体参与,改变了贫困群体在扶贫中的被动地位,成为扶贫工作的主体。

3.集中有限扶贫资金和扶贫资源。把扶贫对象锁定在村时,可以把各种扶贫资源和资金集中到贫困村内,让有限的扶贫资源得到集中,能够重点解决制约贫困村发展的各种问题,实施村内大型公共工程的建设。①

整村推进扶贫开发自 2001 年启动,到 2010 年年底,全国识别确定的14.81 个贫困村中,已经有 12.6 万个实施了整村推进扶贫,占到识别出的贫困村总数的 84%。其中,革命老区中的国家贫困县、边疆地区人口较少的少数民族聚居区的贫困村完成了整村推进扶贫工作。10 年内,中央和地方财政扶贫资金投入达 789 亿元,每个贫困村财政扶贫资金投入达 63 万元。② 通过这种扶贫模式,全国贫困地区,特别是贫困村的各种基础设施、人居环境得到

---

① 参见杨军:《"整村推进"扶贫模式的问题与对策研究》,《重庆工商大学学报(西部论坛)》2006 年第 6 期。

② 参见战成秀、韩广富:《"兴边富民行动"开发式扶贫基本策略分析》,《黑龙江民族丛刊》2013 年第 3 期。

了明显提高和改善,改变了长期以来全国农村基础设施落后的状况,为建设美丽农村提供了支持。

从实施过程看,整村推进扶贫模式存在的不足是十分突出的,对整村推进扶贫的批评也越来越多。如有学者指出整村推进作为瞄准机制时,由于村内农户间贫富差异大,自然让以村作为扶贫开发的对象在目标上出现偏差。若贫困村中贫困人口比例较低,以此开发为基础的扶贫项目对贫困人口覆盖率自然会降低。很多针对贫困村发展开展的扶贫项目会与贫困农户的需求产生不一致。① 所以这种扶贫瞄准单元让其在有效性上出现多维度误差。总结整村推进扶贫模式存在的问题,主要有:

1. 在农村贫困人口瞄准上出现严重错漏。对整村推进扶贫的最大质疑是它对贫困人口覆盖率较低,让扶贫的核心是解决贫困个体和贫困家庭的目标无法实现。在对贫困人口覆盖率上,整村推进扶贫模式并没有出现提高,甚至与贫困县瞄准相比,反而出现降低。如2001年有人在调查中,发现"与县级瞄准相比,村级瞄准的错误率更高,2001年贫困县的瞄准错误率为25%,而贫困村的瞄准错误率为48%"。2001年很多没有纳入贫困村的村庄中,有71%—81%的农户收入低于绝对贫困线和低收入线,相反那些纳入贫困村的村庄中有76%—90%的村民人均年收入超过了绝对贫困线和低收入线。2004年,有76%—87%的贫困村没有纳入贫困村,经济状况好的村中,针对贫困户出现了87%—94%错误率。② 原因是在贫困村识别中大量使用了非收入指标,同时与县级贫困数据和资料获取相比,村级贫困经济数据和资料获得更加有限。于是,导致贫困村识别上误差率较高。从整村推进对贫困人口瞄准的错漏率看,是存在明显的区域差异。在对2001年相关数据分析后会发现,在贫困村瞄准机制下,西北、西南地区对贫困人口覆盖率达60%和76%,沿海、东北和中部地区只能达到35%、40%、33%。③ 此外,有学者在对广西、宁夏、江西和云南等地区调查时发现,村级瞄准扶贫项目对贫困人口覆盖率十分低,只达到

---

① 参见洪名勇:《开发扶贫瞄准机制的调整与完善》,《农业经济问题》2009年第5期。
② 参见汪三贵、Park A、Shubham Chaudhuri 等:《中国新时期农村扶贫与村级贫困瞄准》,《管理世界》2007年第1期。
③ 参见汪三贵、Park A、Shubham Chaudhuri 等:《中国新时期农村扶贫与村级贫困瞄准》,《管理世界》2007年第1期。

16%,大量扶贫资源流向了中等户和富裕户,两者分别达到51%和33%。① 这些研究成果让整村推进扶贫模式的有效性受到了质疑。整村推进扶贫开发由于扶贫工作中心是对贫困村的基础设施、产业扶贫、劳动力转移培训和移民扶贫,导致在贫困村内不管是贫困户还是富裕户,全村实施同样政策,失去了扶贫是针对贫困户的目的。这是 2011 年后国家转向以贫困户为瞄准对象的根本原因。从实践看,这种扶贫模式仍然只能作为农村区域发展中,促进贫困治理的机制,无法作为消除贫困人口的直接扶贫模式。

2. 国家扶贫能提供的资金与贫困村整村推进资金需求间存在较大差异。在整村推进扶贫工作中,为了解决发展条件、基础设施、公共服务需要投入巨额资金,但国家能够用于扶贫治理的资金却是有限的。两者的矛盾让整村推进扶贫在实施中产生很多问题。

3. 整村推进扶贫模式导致扶贫工作中资金使用出现不均衡,甚至出现投机现象。这主要体现在把资金使用集中在贫困村的基础设施和村容村貌建设上,而针对贫困村发展中需要解决的产业培育、技能获得以及增强群众的自我发展能力方面却往往被忽视。有人在调查中发现,在扶贫资金使用上,有70%以上的资金用于基础设施建设,只有不到 30%的扶贫资金用于产业发展。② 这让扶贫资金变成了基础建设资金,改变了扶贫的目标。

4. 针对贫困村基础设施建设并没有获得发展的预期动力。虽然整村推进扶贫模式能有效地解决贫困村内部的发展条件,但贫困村要获得发展仍然受制于所在区域的整个社会经济的发展状况。这样,让贫困村为瞄准对象的整村推进扶贫模式在运行中产生了效果制约。为此,要让整村推进扶贫下的贫困村发展条件获得改善,需要在更大区域内改进公共交通、基础设施等,如实行整乡推进、片区推进、流域治理等。对此,甘肃省定西、会宁、静宁等县就在坚持贫困村为基本贫困治理单元的同时开展"整乡推进"的贫困治理;陇南市的康县整村推进同时,实施"整片推进"和"整个流域推进"等新区域扶贫模式。③

---

① 参见李小云、张雪梅、唐丽霞:《我国中央财政扶贫资金的瞄准分析》,《中国农业大学学报》2005 年第 3 期。

② 参见毛向东:《对整村推进扶贫开发的调查》,《老区建设》2011 年第 11 期。

③ 参见杨军:《"整村推进"扶贫模式的问题与对策研究》,《重庆工商大学学报(西部论坛)》2006 年第 6 期。

从实践看,这种扶贫模式的有效性存在区域上的差异,如西南、西北,或偏远山区,有效性较为明显。因为在这些地区采用整村推进扶贫不管是对贫困人口的覆盖率还是让贫困人口获得发展上,都较为有效。所以,有学者认为在对整村推进扶贫模式效益分析时,不应仅从贫困人口覆盖率上考察,还应该同时考察它能解决在贫困县瞄准下,扶贫资源外溢和非贫困县的贫困农户被排出的问题;通过综合性贫困治理,消除多重致贫因素,提高贫困地区发展内生力;促进村民参与社区扶贫发展,有利于提高扶贫决策的针对性和有效性等。[①] 若把整村推进扶贫效益分析转向以上四个目标的实现时,对整村推进导致贫困户覆盖率低下的批判就会得到纠正,对其在扶贫中的效益评价会得到重新评估。

第三节　贫困县为中心的扶贫模式

以贫困县为中心的扶贫模式是指贫困瞄准锁定在县域,根据国家制定的人均年收入标准,对全国县域经济发展水平进行识别,当某县人均年收入低于全国划定标准时,确定为贫困县,国家把扶贫资金投向贫困县,通过资助贫困县县域经济发展实现贫困治理。中国以贫困县为扶贫瞄准单元始于1986年。20世纪80年代,中国在扶贫瞄准上主要采用县域为瞄准对象,是因为当时贫困存在明显的区域性,特别在县域上十分突出和集中。1986年根据1985年度人均国民收入,加上其他两个标准,全国共识别出258个贫困县,分布在27个省、区和直辖市中。1986年后,国家先后三次对贫困县进行了调整。1994年,进入全国性扶贫后,在《国家八七扶贫攻坚计划(1994—2000年)》中,共识别出592个国家级贫困县,此后国家贫困县的总数被保持在这个额度中。"这些贫困人口主要集中在国家重点扶持的592个贫困县"。[②] 2001年,为了实施《中国农村扶贫开发纲要(2001—2010年)》规划战略,国家取消沿海发达地区所有国家贫困县的同时,把取消后空出的名额转给中西部贫困地区,全国贫困县总数仍然保留在592个。此外,西藏作为特别支持发展地区,辖区内

---

① 参见吴国宝:《我国农村现行扶贫开发方式的有效性讨论》,《中国党政干部论坛》2008年第5期。

② 数据来源于《国家八七扶贫攻坚计划(1994—2000年)》。

所属县全部享受国家贫困县的待遇。根据 2015 年确定 2020 年贫困治理将要达到的目标,2020 年国家贫困县将全部退出,意味着国家不再把贫困县作为扶贫瞄准对象。当然,正如学者指出,2020 年后贫困县和贫困人口全面退出,并不意味着中国农村不再存在贫困,而是扶贫工作初战告捷——解决了农村绝对贫困问题,但"相对贫困将会永远存在,所以精准扶贫、精准脱贫永远在路上"①。当前,中国扶贫的贫困县除了国家认定的 592 个,还有划入 11 个集中连片特困区内的贫困县,又称为连片区贫困县,共有 240 个,所以,当前中国扶贫工作中作为扶贫瞄准对象的贫困县共有 832 个。②

一、贫困县识别历程

中国国家贫困县在识别认定的变迁过程中,在标准上有过两次调整,在贫困县数量上有过四次调整。

（一）1986 年国家贫困县扶贫瞄准的开始

20 世纪 80 年代,中国政府在贫困治理上面临着贫困面大、政府能投入的资源十分有限的难题。为了把有限的扶贫资源投入到最贫困的地区,解决深度贫困地区的贫困问题,国家采用对贫困地区进行分析,识别出较为急需解决的贫困区域作为贫困治理对象的方法。1986 年,中国政府开始建立区域性集中连片扶贫开发机制,由此产生了贫困县瞄准。1986 年贫困县的标准是以 1985 年县域内人均年收入低于 150 元的县,但有两个例外,分别是民族区域自治县和革命老区县的识别标准适当放宽。通过确定的标准,全国共识别出 273 个国家贫困县。后来国家为了更好实施特定深度贫困地区的扶持,又把牧区县、"三西"项目县纳入贫困县中,到 1988 年国家贫困县数量达到 328 个。1986 年全国国家贫困县人均拥有农业机械总动力仅为全国平均水平的 50%。③

1986 年,国务院贫困地区开发领导小组会议确定贫困县的标准是:1985

---

①　李瑞华等:《贫困县退出的识别方法与运行机制研究》,《农业现代化研究》2017 年第 6 期。

②　参见李瑞华等:《贫困县退出的识别方法与运行机制研究》,《农业现代化研究》2017 年第 6 期。

③　数据来源于国务院新闻办公室的《中国的农村扶贫开发》白皮书(2001 年)。

年全县人均年纯收入在 150 元以下的县;1985 年全县人均年纯收入在 150—200 元的革命老区县和民族区域自治县;井冈山、赣南、闽西南、武陵山、大巴山、大别山、太行山、沂蒙山等对革命贡献大、影响大的革命老区县中部分 1985 年全县人均年纯收入在 200—300 元的县,以及内蒙古、青海、新疆等少数民族贫困县。据此标准,国家识别出的第一批国家级贫困县有 273 个。1988 年,又把 1984—1986 年三年人均年纯收入 300 元以下的纯牧区县(旗)和 200 元以下的半牧区县(旗)列入国家重点扶持对象。于是,全国有 27 个牧区和半牧区县纳入国家级贫困县中。这样,国家贫困县增至 331 个,所以 20 世纪 80 年代全国识别出来的国家贫困县是 331 个。当然,以贫困县作为扶贫对象,在贫困治理中效果是十分有限的,因为从 2012 年国家对贫困县调整时看,20 世纪 80 年代确定的贫困县中绝大多数在这个时期仍然属于国家贫困县。从扶贫目的看,经过 30 多年的扶贫仍然无法让贫困县脱贫。

(二) 1994 年国家贫困县扶贫瞄准的调整和完善

1994 年,国务院扶贫办对国家贫困县识别标准进行了第一次实质性调整。根据《国家八七扶贫攻坚计划(1994—2000 年)》中规定:以县作为测算单元,全国所有县中 1992 年人均年纯收入在 400 元以下的都纳入国家贫困县;1992 年人均年纯收入高于 700 元的原有国家贫困县退出贫困县行列。同时,在具体识别时兼顾贫困县的贫困人口数量、农民收入水平、基本生产生活条件以及扶贫工作的实际情况等其他因素。贫困县识别标准本质上是一个以人均年纯收入为核心而兼顾其他要素的综合性指标。在全国县中共识别出 592 个国家贫困县,让国家贫困县从 1988 年的 331 个增加至 592 个。这个国家贫困县数量此后一直保持下来。1994 年识别出的 592 个国家贫困县,分布在全国 27 个省、自治区、直辖市中,其中有 82%分布在中西部地区,对农村贫困人口的覆盖率达 72%。从全国贫困县分布的区域特点看,不仅主要集中在中西部地区,而且还往往属于少数民族地区、革命老区、边疆地区、特困地区等。国家贫困县在民族性上十分显著,全国 348 个少数民族地区县和非少数民族地区的民族区域自治县中,有 257 个属于国家贫困县,占到此类县的 43.4%。在具体省(区、市)的分布上,数量最多的是云南(73 个)、陕西(50 个)、贵州(48 个)、四川(43 个)、甘肃(41 个)、新疆(27 个),较少的省(区)是广东(3 个)、浙江(3 个)、吉林(5 个)、海南(5 个)、西藏(5 个)。国家贫困县财政收入十分低,1993 年全国 592 个国家贫困县的人均年财政收入仅为 60 元,只达到全国平均水平的 30%。[①] 这样,592 个国家贫困县成为《国家八七扶贫攻坚计划(1994—2000 年)》和《中国农村扶贫开发纲要(2001—2010 年)》期间国家扶贫攻坚的主要对象。

(三) 2002 年国家贫困县标准和数量的调整

2002 年,国家第三次公布国家贫困县识别标准,此次在调整上把贫困县确认权下放到省级,国务院扶贫办只负责审核和备案。此次贫困县识别标准采用"631"指数法,具体由贫困人口数量、农民收入水平、基本生产生活条件以及扶贫开发工作情况,同时,适当兼顾人均国内生产总值、人均财政收入等综合指标构成要素。在具体识别时采用对这些指标进行加权计算,获得贫困县的贫困综合指数。各个指标在贫困综合指数中的权重是贫困人口(占全国比例)占 60%权重(其中绝对贫困人口与低收入人口各占 80%与 20%的比例),农民人均年纯收入较低的县数(占全国比例)占 30%权重,人均 GDP 低的县数、人均财政收入低的县数占 10%权重。其中:人均年纯收入以 1300 元为标准,革命老区、少数民族边疆地区以 1500 元为标准;人均 GDP 以 2700 元为标准;人均年财政收入以 120 元为标准。根据以上识别标准,在中西部 21 个省(区、市)中,重新确定了 592 个县(旗、市)作为国家扶贫开发工作重点县,即国家贫困县作为县域扶贫瞄准的对象。

(四) 2011 年国家贫困县调整及增加

2011 年,国务院扶贫办再次调整国家贫困县,此次调整时把名单的确定权力下放到省(区、市)中,按"高出低进,出一进一,严格程序,总量不变"的原则,允许各省(区、市)根据自己实际情况对辖区内贫困县进行调整。在这次调整中,调出和调入县分别都是 38 个县。这让国家贫困县的名单得以更新,但总数仍然保留在 592 个。2011 年国家在制定《中国农村扶贫开发纲要(2011—2020 年)》时,对全国贫困县进行新的调整,具体情况是:在保留 592 个国家贫困县总数不变的情况下,把原来的 38 个国家贫困县调出,把原来 38 个非国家贫困县调入;14 个集中连片特困地区中国家贫困县增加 9 个,由调整前的 431 个增至 440 个;非片区中的贫困县由 161 个减至 152 个,退出国家

---

① 数据来源于国务院新闻办公室的《中国的农村扶贫开发》白皮书(2001 年)。

贫困县 9 个。根据统计资料显示,2011 年,全国县级实力综合排名中最后 600 名的县中,有 521 个县属于贫困县,达到 86.8%。① 在这次国家贫困县调整中,全部取消沿海发达地区的国家贫困县,退出名额调入中西部地区。所以,当前以县为瞄准对象的扶贫机制中贫困县仍然是 592 个。

二、国家对贫困县的扶贫措施

在以贫困县为对象的扶贫中,国家针对贫困县采用的扶贫措施主要有给予中央财政专项投入、信贷扶贫资金支持、企业产业税收优惠、劳动职业教育和技能技术培训等。目的是通过系列的帮扶支持,促进贫困县产业经济发展,增加贫困家庭收入,实现对贫困县农村贫困人口的治理。

(一) 增加财政专项扶贫资金投入

20 世纪 80 年代,中国在扶贫工作中,政府对贫困对象的支持主要是各项专项扶贫资金投入。此后,随着国家经济的快速发展,中央政府在扶贫中设立的专项扶贫资金种类和金额不断增加。国家贫困县获得的扶贫发展资金主要有:各类专项扶贫资金、财政转移支付和彩票公益金中的扶贫资金。专项扶贫资金有中央财政专项扶贫资金、中央各部门的专项资金和地方政府配套扶贫资金三种。财政转移支付有中央政府给予贫困县的财政转移支付和省级财政一般性财政转移支付。彩票公益金中用于扶贫开发的部分。此外,国家贫困县在产业发展、基础设施建设、重大项目实施上可以获得各种扶贫资金的支持。根据国务院制定的《财政扶贫资金管理办法》,国家贫困县享受财政扶贫资金中,全部以工代赈资金和大部分发展资金。为了加强对用于贫困县的各类扶贫资金的有效管理,国务院出台的《国家扶贫资金管理办法》中,规定了扶贫资金的扶持对象及条件,强调各类扶贫资金配套使用时要依据扶贫攻坚的总体目标和要求,从提高整体效益出发进行合理使用。相关部门要对扶贫资金的管理和使用加强检查和监督,审计部门要严格实施审计,及时查处存在的问题。进入 21 世纪后,中国政府用于扶贫的资金越来越多,2010 年中央用于扶贫的财政综合资金是 1618 亿元;2011 年是 2272 亿元,比 2010 年增加了

---

① 参见刘牧:《集中连片特殊困难地区扶贫攻坚面临问题及对策》,《理论月刊》2014 年第 12 期。

40.4%;2012 年是 2996 亿元,比 2011 年增加 30% 以上。2012 年,全国承担扶贫任务的 28 个省份用于专项扶贫资金达 164.5 亿元,同比增长 62.4%。2013 年,中央财政专项扶贫资金是 394 亿元,2017 年达到 860.95 亿元。此外,还有 12 亿元彩票公益专项资金用于贫困地区开发。从中可以看出,全国用于扶贫的各类专项扶贫资金数额十分巨大。

（二）给予全面金融信贷扶贫上支持

国家对贫困县的扶贫支持上,最重要的手段是给予贫困县信贷上的各种优惠和支持。在《中国农村扶贫开发纲要（2011—2020 年）》中,国家制定很多拓宽贫困地区融资渠道,促进信贷扶贫资金流向农业产业化项目的措施。首先,国家给予民间资本到国家贫困县中,设立金融机构的优先安排;其次,国家鼓励贫困县中的金融机构在增加贷款时,把新增数额的 70% 放在当地;再次,国家支持金融机构优先给新型农业经营主体信贷支持;最后,国家支持保险企业在农村开拓保险业务,创新农业保险险种,中央财政给予农业保险费上的补贴。

（三）给予产业企业税收优惠

为了促进贫困县的经济发展,国家制定了一系列税收优惠政策,支持和鼓励贫困县产业发展和企业到贫困县中投资设厂。如在《中国农村扶贫开发纲要（2011—2020 年）》中规定,国家贫困县可以享受以下税收优惠政策:(1)各类企业和投资者在国家贫困县中创办企业免除三年企业所得税;(2)在国家贫困县投资项目或者发展优势产业时,进口自用设备等物品时给予关税减免;(3)企业在税法规定范围内,对国家贫困县捐赠扶贫资金时,给予所得税税前扣除。这些税收优惠政策的目的就是,鼓励贫困县发展产业和吸收各类企业到贫困县中投资设厂,促进贫困县的经济发展,带动贫困群体就业,增加收入,实现脱贫致富。

（四）扩大教育支持和劳动技能培训

为了增加国家贫困县的就业,国家对贫困县开发矿产资源时,只要不破坏生态环境,多给予政策支持。为了提高贫困县中的劳动力转移,国家在贫困县中大力开展“雨露计划”的培训,让农村贫困家庭劳动力获得技能技术。为了让贫困家庭的学生能够接受职业教育和技能培训,国家给予贫困家庭中接受职业教育的学生和参加技能培训的劳动力提供生活费补贴、交通费等。支持学校、大型企业和公益组织在贫困地区开展免费技能培训。在普通教育上,国家给予贫困县在义务教育、初高中教育和大学教育上各种项目支持,提高贫困县的教育设施,增加接受教育的机会。

三、贫困县为中心扶贫中存在的问题

以县域作为扶贫瞄准单元进行的扶贫开发的扶贫模式,在实践中受到的批判主要集中在:(1)对贫困人口瞄准率低;(2)扶贫资金和资源在贫困治理上,对贫困人口脱贫产生的效率低下。

20 世纪 90 年代,特别是进入 21 世纪后,中国政府采用贫困县作为瞄准对象的贫困治理中,对贫困人口瞄准率低下成为这种模式受到批判的主要原因。以贫困县作为瞄准对象的扶贫,导致贫困人口瞄准准确率低下,体现在两个方面:(1)让国家对非贫困县中的贫困人口无法帮扶,出现全国农村贫困治理时的缺漏。根据统计,在以贫困县作为瞄准机制下,全国 592 个贫困县对农村贫困人口的覆盖率仅为 70%,全国还有 30%的农村贫困人口分散在非贫困县中,导致农村贫困人口存在国家扶贫上的漏除。根据学者估计,2000 年在以县域作为扶贫瞄准单元下对全国农村贫困人口的覆盖率只有 54.3%,其他近一半贫困人口在非贫困县中。[①] 这样处在非贫困县的贫困人口就无法获得国家扶贫资源的支持,出现国家农村贫困人口治理上的漏失。(2)把扶贫资金与资源投向贫困县时,造成大量非贫困群体受益,失去扶贫的目的。根据调查分析,全国 592 个国家贫困县中只有 27.8%的农村人口属于贫困人口,其他 72.2%属于非贫困人口。[②] 这样,投向贫困县的扶贫资金和资源的受益者大部分不是贫困群体,而需要国家扶贫资金和资源支持的贫困群体又无法获得有效的扶贫资金和资源的支持。这样,以贫困县作为瞄准对象时,存在大量非贫困县贫困人口得不到扶贫和贫困县中大量非贫困人口受益的两个严重问题,导致与国家扶贫是以全面消除农村贫困人口为基本目的出现不相适应。于是,重新调整扶贫瞄准对象成为当时扶贫工作中必须要解决的问题。这是

---

① 参见汪三贵、Park A、Shubham Chaudhuri 等:《中国新时期农村扶贫与村级贫困瞄准》,《管理世界》2007 年第 1 期。

② 参见张新伟:《扶贫政策低效性与市场化反贫困思路探寻》,《中国农村经济》1999 年第 2 期。

21世纪后国家把扶贫瞄准对象转向贫困村和贫困户的根本原因。

当然,从扶贫历史看,以县域作为扶贫瞄准对象在贫困瞄准效率上是存在不同的。20世纪80年代和90年代,贫困县在贫困人口瞄准率上是较高的,只是进入21世纪后才出现急剧下降的问题。如1998年吴国宝、汪三贵对1992年国家识别出的8000万农村贫困人口进行分析时,发现有5700万在贫困县内,占全国总贫困人口的71%。这说明当时采用贫困县作为瞄准对象进行扶贫是具有相当作用的。2000年,根据国家贫困线识别出来的3000万贫困人口中,就只有不到60%的贫困人口分布在国家贫困县,有40%多的农村贫困人口生活在非贫困县中。① 2005—2010年,在贫困县实施的扶贫项目中,对贫困户瞄准精度出现快速下降,分别是45%、37.71%、32.97%、32%,最高年份仍然没有超过一半,仅为42.45%。同时,国家贫困县扶贫项目的受益者中,有81.26%属于非贫困户。② 这些数据说明,在以县域作为扶贫瞄准时,早期由于我国贫困人口数量大,且高度集中在以县域为中心的特定区域中,这种以县域为瞄准对象的扶贫模式效果较好。但经过20多年的改革开发,扶贫支持,贫困县经济得到发展后,县域中的贫困人口出现减少,于是,中国农村贫困人口在分布上转变成分散分布、相对区域集中后,这种县域为瞄准单元的扶贫机制就不再适应我国的扶贫需要,需要在扶贫瞄准上采用更加针对性的瞄准机制。

第四节　集中连片特困区开发扶贫模式

集中连片特困区开发扶贫模式是中国扶贫开发史上创制的较有特色的扶贫模式。集中连片特困区开发扶贫模式是根据国家制定的识别标准,识别出全国贫困集中的区域,根据制约连片贫困区社会经济发展的因素,在政府扶贫部门的主导下,针对集中连片特困区贫困治理需要制定发展规划,通过对集中连片地区基础设施和公共事业建设、农业产业组织和产业能力培育等扶贫措

---

① 参见李小云、李周、唐丽霞、刘永功、王思斌、张春泰:《参与式贫困指数的开发与验证》,《中国农村经济》2006年第5期。

② 参见庄天慧、陈光燕、蓝红星:《农村扶贫瞄准度评估与机制设计——以西部A省34个国家扶贫工作重点县为例》,《青海民族研究》2016年第1期。

施的综合使用,推动贫困区融入市场,形成竞争力的一种综合型扶贫开发模式。集中连片特困区扶贫模式有多个理论支持,其中新区域主义、人力资本理论、空间贫困理论、生计资本理论、多元发展理论等都是这种区域扶贫模式的理论来源。① 这让集中连片特困区扶贫模式有丰富的理论基础。

集中连片特困区扶贫开发实质上,是通过对资源整合、产业发展、基础设施改善、市场引导、公共服务水平的提高,促使贫困地区获得有效和可持续的发展。它具有政府主导、市场调节、扶贫主体参与等特点。集中连片特困区开发扶贫模式在贫困治理上具有可持续发展、内源式发展、参与式发展等贫困治理特征,它的核心理念是"区域发展带动扶贫攻坚,扶贫攻坚促进区域发展"②。集中连片特困区开发扶贫模式,不仅具有解决贫困区发展的功能,还具有解决国家经济发展中区域不平衡的作用,在协调整个国家区域间经济社会发展上具有十分重要的作用,是解决贫困人口和区域经济协调发展的有效途径。

中国以片区作为扶贫瞄准对象的,除了国家根据相应标准识别出来的集中连片区外,还根据不同区域发展上的难点和问题,区分为革命老区、民族地区、边疆地区、西藏自治区、四省藏区、新疆南疆四地州、"三西"深度贫困区等。对于后七类贫困地区,中国政府在发展上多给予特别支持,很多时候作为区域扶贫的对象,但是在贫困瞄准上不作为基本类型。2017 年,中央根据当前扶贫工作中表现出来的深度贫困特点,形成了"三区三州"深度贫困区。"三区三州"深度贫困区中,"三区"是西藏、新疆南疆四地州和四省藏区,"三州"是甘肃的临夏州、四川凉山州和云南怒江州。为此,2017 年 6 月,中办和国办联合发布了《关于支持深度贫困地区脱贫攻坚的实施意见》,对"三区三州"深度贫困区的扶贫工作作出了新的部署,并加大投入力度。

一、集中连片特困区扶贫的提出和演变

集中连片特困区开发扶贫始于 1986 年。1986 年国家根据全国贫困地区

① 参见邢成举、葛志军:《集中连片扶贫开发:宏观状况、理论基础与现实选择——基于中国农村贫困监测及相关成果的分析与思考》,《贵州社会科学》2013 年第 5 期。
② 黄承伟、向家宇:《科学发展观视野下的连片特困地区扶贫攻坚战略研究》,《社会主义研究》2013 年第 1 期。

的特点、致贫因素等共识别出 18 个集中连片特困区,18 个集中连片特困区包括了 514 个县级行政区,但当时没有把集中连片特困区作为扶贫瞄准的基本机制。2001 年《中国农村扶贫开发纲要(2001—2010 年)》规划时曾划出 25 个集中连片特困区,但由于各种原因,并没有把"集中连片特困区"作为扶贫瞄准机制正式使用。2011 年在制定《中国农村扶贫开发纲要(2011—2020 年)》时,正式把"集中连片贫困地区"作为扶贫攻坚的对象,即扶贫瞄准单元。2011 年在制定《中国农村扶贫开发纲要》时,首次确立了识别集中连片特困区的标准要素,具体是自然生态区划、灾害分布、农林牧渔业产业区划,此外还综合考虑民族、宗教和文化等因素。根据以上标准,全国共识别出岩溶地区、秦巴山区、黄土高原、蒙新草原、横断山脉、高寒山区、中部山地、中部平原等 8 个具有自身特点的集中连片区。在此基础上,根据贫困区的地理位置,形成了 11 个集中贫困连片地区,分别是大兴安岭南麓山区、燕山—太行山区、吕梁山区、六盘山区、大别山区、秦巴山区、武陵山区、乌蒙山区、滇桂黔石漠化区、滇西边境山区、罗霄山区。此外,加上实施集中连片特困区扶贫政策的西藏地区、四省藏区和新疆南疆三个市级州,全国共有 14 个集中连片贫困地区。这样 14 个集中连片特困区作为中国扶贫中大区域瞄准的基本单元。

全国 14 个集中连片特困区中,共有 680 个县级行政单位,其中少数民族县有 370 个,限制开发区或禁止开发生态脆弱区共有 269 个。这样,14 个集中连片特困区的划分与中国贫困集中区域呈现高度重合。国家根据识别出来的集中连片特困区发展上主要的制约因素,由中央相关部委分别承担帮扶上的主要工作,针对性地采取综合性扶贫开发。

二、集中连片特困区的识别及特点

2011 年中国政府把集中连片特困区作为扶贫瞄准中的重要对象并展开集中扶贫。2011 年国家把 14 个集中连片特困区确定为未来 10 年扶贫工作的重点,让集中连片特困区扶贫得以大规模开展。2010 年 2 月 4 日,时任国家总理的温家宝指出,"扶贫开发工作的重点是贫困程度较深的集中连片贫困地区和特殊类型导致的贫困地区"[①]。接着,国务院扶贫办主任范小建指

---

① 温家宝:《关于发展社会事业和改善民生的几个问题》,《求是》2010 年第 7 期。

出:"'十二五'期间,将深入贯彻落实科学发展观,把基本消除绝对贫困现象作为首要任务,把集中连片特殊困难地区作为主战场。"①这些讲话和谈话,标志着国家扶贫工作中集中连片特困区成为扶贫的重要模式。

2010 年,集中连片特困区的识别标准是以县域人均 GDP、县域人均财政一般预算收入、县域农民人均纯收入等为基数,具体采用的数据是 2007—2009 年间的数据,此外参考加强和提升老少边穷地区经济社会发展需要的因素,结合形成贫困区识别标准。在 14 个集中连片特困区的经济水平上,若采用人均生产总值(GDP)标准看,水平最低的是乌蒙山区、南疆三地州、滇黔桂石漠化区;若采用人均财政收入标准,最低的是六盘山区、大别山区和吕梁山区;若采用农村人均年纯收入标准,最低的是吕梁山区、滇西边境山区和六盘山区。由此可见,14 个集中连片特困区在扶贫攻坚上存在的问题和难度是不同的,如地方财政收入低下的连片区会对地方政府在贫困治理上的财政投入产生影响,进而影响扶贫工作上的路径选择和效果。

全国 14 个集中连片特困区分别属于民族地区、革命老区、贫困山区、边境地区、生态脆弱区等,把全国经济、生态、民族等严重制约社会经济发展的特别困难地区全纳入其中。其中,有 11 个片区处于少数民族地区,8 个片区属于革命老区,3 个片区属于边境地区。此外,14 个连片区还属于生态功能区或者生态脆弱区。如吕梁山片区是黄河流域水土流失最为严重的生态脆弱区,滇黔桂石漠化片区是全国贫困面最广、程度最深、发生率最高的石漠化生态脆弱区,秦巴山片区是洪涝、泥石流等自然灾害频发区等。②

从各个片区包括的县级行政区、民族县、革命老区县上看,14 个集中连片特困区中六盘山区有 61 个县,其中民族县有 20 个,同时还是革命老区县集中地;大兴安岭南麓山区有 19 个县,其中民族县 5 个;燕山—太行山区有 33 个县;秦巴山区有 75 个县,属于革命老区县集中地;武陵山区有 64 个县,其中民族县有 34 个,同时还是革命老区县集中地;乌蒙山区有 38 个县,其中民族县有 13 个;滇黔桂石漠化区有 80 个县,其中民族县 73 个;滇西边境山区有 56

---

① 许建启、范小建:《集中连片特殊困难地区作为新一轮扶贫主战场》,《中国老区建设》2011 年第 2 期。

② 参见汪磊:《精准扶贫视域下我国集中连片特困地区致贫成因与扶贫对策》,《贵阳市委党校学报》2016 年第 4 期。

个县,其中民族县 46 个;吕梁山区有 20 个县,同时还是革命老区集中地;大别山区有 36 个县,同时还是革命老区集中地;罗霄山区有 23 个县,同时还是革命老区集中地;南疆三地州有 24 个县,其中边境县 8 个;四省藏区有 77 个县,全部是民族县;西藏地区有 74 个。14 个集中连片特困区中既是国家贫困县,又是片区县的共有 440 个;属于片区县,但不属于国家贫困县的有 240 个。14 个集中连片特困区共有 680 个片区县,其中片区县中是民族区域自治县有 371 个,是革命老区县的有 252 个,是陆地边境县的有 57 个。

从国土面积、人口数量、年人均纯收入、贫困人口数量、贫困发生率上看,14 个集中连片特困区共有国土面积 369.5 万平方公里,占全国国土面积的 1/3 以上;片区内人口是 2.4264 亿,其中农村人口约占 60%—70%;片区内农民人均纯收入 3331 元,仅是全国平均水平的 50% 左右;片区中 521 个在全国综合排名上在后 600 个县中,占到 86.8%。14 个集中连片特困区在 2014 年,农村贫困人口有 3518 万,片区内贫困发生率为 17.1%,比全国平均水平高 9.9 个百分点;人均可支配收入是 6724 元,仅是全国平均水平的 67.97%。其中,乌蒙山区、秦巴山区、武陵山区、滇黔桂石漠化区的农村贫困人口均在 400 万人以上,而且滇黔桂石漠化区、乌蒙山区、六盘山区的贫困发生率皆在 18% 以上。① 总之,从 14 个集中连片区所包括的贫困县和人口看,都属于中国贫困群体集中地。

从生态环境上看,14 个集中连片特困区都处在国家划定的重点生态保护区范围内,其中六盘山区和南疆三地州属于西北草原荒漠化防治区;乌蒙山区和滇黔桂石漠化区属于西南石漠化防治区;秦巴山区、武陵山区、滇西边境山区、大兴安岭南麓山区、大别山区、罗霄山区属于森林生态功能区;四省藏区和西藏地区中部分属于或是青藏高原江河水源涵养区。14 个集中连片特困区不管是哪种生态功能区,都面临着生态系统脆弱、土地贫瘠、地质灾害高发、水土流失严重、水旱灾害频发等严重的生态环境问题。14 个集中连片特困区中存在生态环境的脆弱性和限制开发等约束,增加了这些连片贫困区脱贫上的难度。

---

① 数据引自国家统计局住户调查办公室:《中国农村贫困监测报告》,中国统计出版社 2015 年版。

从多维贫困结构看,2010 年 14 个集中连片特困区中 19.16%的贫困县属于重度多维贫困县,其中西藏、乌蒙山区、六盘山区和滇桂黔石漠化区的重度多维贫困县在各片区内比重最高,分别为 36.11%、37.84%、33.90% 和24.05%。在近年大规模扶贫下,14 个集中连片特困区中的重度贫困县的变化表现出很大的不同。其中,六盘山区和乌蒙山区重度多维贫困县占各自片区中重度贫困县的比重上升最明显,从 2001—2013 年间,分别从 10.14%和9.30%上升到 2013 年的 19.35%;滇桂黔石漠化区、武陵山区和西藏地区重度贫困县比重下降最为明显,从 2001—2013 年间,分别从 17.75%、7.04%、16.34%下降至 9.68%、0%、9.68%。① 武陵山片区包括湖北、湖南、重庆、贵州四省(市)交界地区的 71 个县,2010 年,片区内总人数是 3645 万人,其中城镇人口 853 万人,乡村人口 2792 万人。武陵山区属于省际结合的"老少边穷"地区,即是革命老区、少数民族地区、边远地区和贫穷地区,在中国区域经济上还属于分水岭和西部大开发的前沿地带,是连接中原与西南地区的重要纽带。在贫困形成上,"武陵山区的贫困是自然环境的'富饶性贫困'、历史认同的'偏差性贫困'、经济条件的'结构性贫困'、人文条件的'沉积性贫困'的综合体"②。2013 年片区内有建档立卡贫困户的贫困县是 161 个、4159 个乡镇、43919 个行政村,贫困户 211.01 万户,贫困人口有 624.6 万人,贫困发生率为 9.61%。③

三、集中连片特困区的扶贫措施及成就

集中连片特困区的扶贫基本原则是"整合力量、连片开发,集中攻坚、综合治理"。在扶贫过程中,首先根据各个片区的情况制定片区区域发展与扶贫攻坚规划,形成完善的扶贫工作计划和措施;其次根据各个片区发展中的致贫因素和需要解决的主要问题,分别安排能够有效支持,解决它们发展中需要解决问题的部委负责主导片区内的扶贫工作,如滇西边境连片贫困

----

① 参见郑长德、单德朋:《集中连片特困地区多维贫困测度与时空演进》,《南开大学学报》2016 年第 3 期。

② 胡勇:《集中连片特困地区发展现状与贫困的根源探究——以武陵山区为例》,《湖南农业科学》2013 年第 19 期。

③ 参见郑长德:《贫困陷阱、发展援助与集中连片特困地区的减贫与发展》,《西南民族大学学报》2017 年第 1 期。

区由教育部牵头、滇桂黔石漠化片区由国家林业局和水利部牵头等。在集中连片特困区扶贫措施上根据《中国农村扶贫开发纲要（2011—2020 年）》的规定，主要采用增加片区基础设施建设、生态环境和民生工程数量，国家大型项目、重点工程和新兴产业优先安排符合连片区发展，提供覆盖连片区所有乡镇的金融服务，新增社会保障投入向连片区农村倾斜，农村义务教育学生营养改善计划首先在片区县实施等。"十二五"期间，国家向 14 个集中连片特困区投入的各种扶贫资金达 2380 亿元，其中仅农业基础设施建设和财政专项资金就多达 1220 亿元，此外，还有 1160 多亿元的林业基本建设资金和财政专项资金。[①]

　　各个集中连片特困区在扶贫时针对自己区域内的特点，形成了不同的主要扶贫措施。为此，在 2011 年前后 11 个集中连片特困区根据致贫原因及发展中的障碍制定了从 2011—2020 年间的扶贫开发规划，具体是《武陵山片区区域发展与扶贫攻坚规划》《乌蒙山片区区域发展与扶贫攻坚规划》《秦巴山片区区域发展与扶贫攻坚规划》《滇桂黔石漠化片区区域发展与扶贫攻坚规划》《六盘山片区区域发展与扶贫攻坚规划》《滇西边境片区区域发展与扶贫攻坚规划》《大兴安岭南麓片区区域发展与扶贫攻坚规划》《燕山—太行山片区区域发展与扶贫攻坚规划》《吕梁山片区区域发展与扶贫攻坚规划》《大别山片区区域发展与扶贫攻坚规划》《罗霄山片区区域发展与扶贫攻坚规划》。各片区在具体扶贫工作中形成了不同特色的扶贫模式和机制，如大别山区安徽省六安市采用旅游精准扶贫、武陵山区湖南省张家界市采用金融精准扶贫、秦巴山区四川省苍溪县采用易地搬迁精准扶贫等。其中，大别山区安徽省六安市在实施精准扶贫时，依据本地丰富旅游资源，通过采用政府主导型、市场主导型、邻里互助型、景区帮扶型四种旅游扶贫模式，全面促进全市旅游扶贫的开发；秦巴山区四川省苍溪县在扶贫中全县需要易地扶贫搬迁的贫困户 6053 户 19927 人，同时还有需要同时搬迁的 27247 户 91873 人，通过确定"政策—责任—管理—扶贫"的搬迁路径，明确政府部门责任，对搬迁过程实时监控与管理，建成 148 个"生态型、组团式、功能齐"的安置区（点）和 212.7 万平方米的"经济、适用、配套"型安居房，使得搬迁户获得居住条件，在地理位置、

---

① 数据来自国务院新闻办公室的《中国的减贫行动与人权进步（2016 年）》白皮书。

抗灾能力、人居环境等方面都有极大改善。①

第五节　区域战略开发扶贫模式

区域战略开发扶贫模式是中国政府根据国家发展中,呈现出来的全国范围内区域间发展的不同差异,针对区域发展中存在的阻碍发展的因素而实施特别发展支持政策,通过大区域的发展支持,实现区域内贫困人口整体性脱贫的扶贫模式。中国区域发展中存在严重障碍的区域,往往是贫困人口集中地,而要解决这些区域内的贫困问题必须从有效改变区域整体发展条件入手。这构成了中国区域战略开发扶贫模式的基础。对这些区域给予特别发展,在本质上是一种特别扶贫开发模式。当前,中国这种扶贫模式中主要有"西部大开发战略"和"东北三省振兴计划"。这两种区域性开发战略分别在 1999 年和 2003 年提出并实施,是国内区域发展战略中最大的发展支持计划,同时与扶贫工作形成紧密支持。

一、西部大开发战略

西部大开发战略是中国政府在 20 世纪末提出的区域发展支持中最大的区域发展战略。由于西部地区是中国贫困人口集中地区,对中国扶贫工作产生了重大影响。

（一）西部大开发战略的提出

20 世纪 80 年代后,随着国家改革开放的推进,全国社会经济发展中区域性间的不平衡越来越明显。其中,东部和西部的差异成为国家经济发展中区域问题上的核心,严重影响了全国社会经济的均衡发展。同时,这种区域性经济发展上的差距,还让西部成为贫困人口的集中地,而西部又是少数民族集中地区、边境地区等,为此带来了很多社会问题。为解决这种区域间发展上的不平衡问题,1999 年中国共产党在十五届四中全会上正式提出"西部大开发战略",并于 2000 年 1 月在国务院成立了西部地区开发领导小组,专门负责规

---

① 参见张玉强、李祥:《我国集中连片特困地区精准扶贫模式的比较研究——基于大别山区、武陵山区、秦巴山区的实践》,《湖北社会科学》2017 年第 2 期。

划、协调西部大开发工作。西部大开发战略的区域范围有重庆、四川、贵州、云南、西藏、新疆、宁夏、青海、广西以及吉林省延边朝鲜自治州、湖北省恩施土家族苗族自治州、湖南湘西土家族苗族自治州等,不全是地理上的概念,还包括有经济文化等因素。所以"西部大开发战略"中的"西部"是一个经国家特别认定的区域,而不是一个简单的"地理区域"概念。"西部大开发战略"中的"西部"具有四个特征:(1)与全国东部和中西部相比,西部经济整体发展滞后,对国家整体发展产生制约;(2)西部具有民族众多、宗教复杂、边境线长等多重属性,对国家安全、民族团结等有重要影响;(3)西部是全国重要河流的发源地,其生态环境对全国生态、环境安全具有决定性的影响;①(4)西部是全国农村贫困人口的集中区域。这四个地位和影响决定着西部社会经济的良好发展,将对中国区域均衡发展、民族团结和贫困治理成败产生关键性影响。

2000年,中国政府实施西部大开发战略,标志着国家层次上重点解决区域均衡发展的开始。西部地区不仅经济发展整体滞后,而且还是少数民族聚居的地区。西部若在长期发展中,与东部和中部地区差距越来越大,将对全国民族团结、国家安全产生不利影响。因为西部地区集中居住着50个少数民族,占全国少数民族总人口的80%。全国155个民族区域自治行政区中,有118个在西部范围中,分别有5个自治区、30个自治州、83个自治县(旗)。此外,国家还对37个西部之外的民族区域自治县,比照西部民族自治地方给予同样的支持。西部大开发从经济发展上看,本质是因为市场化改革和不平衡发展战略造成的结果,对这一区域进行特别支持就是对这一成本的补偿。

西部大开发作为国家针对西部欠发达地区的一种制度性发展支持战略,中央政府主要通过增加公共财政投入,加大中央财政转移支付和加强文化卫生服务建设,重点解决和支持经济发展中具有重大影响的基础项目建设,促进西部地区社会经济发展。如2002—2005年,国家在西部地区针对交通、能源、水利等基础实施了青藏铁路、西电东送、西气东输、退耕还林还草、天然林保护等48项重大工程,以解决西部地区经济社会发展中的难点和关键点。这些重大工程的实施对提高和改善西部基础设施,促进区域经济发展提供了重要条

---

① 参见刘忠、牛文涛、廖冰玲:《我国"西部大开发战略"研究综述及反思》,《经济学动态》2012年第6期。

件和保障。

（二）西部大开发的制度和政策保障

国家在提出西部大开发战略后，为了落实和贯彻这一战略，创制和制定了很多制度和政策。

在制度保障上，从国务院到纳入西部范围的各级地方政府都成立"西部地区开发领导小组"，作为负责西部大开发工作的专门协调机构。2000年1月，国务院为全面推进西部大开发战略的实施成立了西部地区开发领导小组，负责、协调西部大开发中的各项工作，在领导小组下设西部开发办公室，作为日常事务机构，负责日常工作。同时，全国纳入西部开发范围的各级地方政府成立相应的西部开发领导小组。这些从中央到西部范围的各级政府的西部地区开发领导小组，为西部大开发战略的实施提供了组织保障。

在政策保障上，2000年12月27日，国务院颁布了《关于实施西部大开发若干政策措施的通知》，指出"实施西部大开发战略，加快中西部地区发展，是我国现代化战略的重要组成部分，是党中央高瞻远瞩、总揽全局、面向新世纪作出的重大决策，具有十分重大的经济和政治意义。为体现国家对西部地区的重点支持，国务院制定了实施西部大开发的若干政策措施"。这不仅对西部大开发的战略意义作出明确规定，同时还制定了国家支持西部开发的相关政策和措施。2001年8月28日，国务院西部开发办制定了《关于西部大开发若干政策措施的实施意见》，对2000年国务院制定的《关于实施西部大开发若干政策措施的通知》中的政策和措施进行细化。2004年3月11日，国务院制定了《国务院进一步推进西部大开发的若干意见》，再次强调"实施西部大开发，是关系国家经济社会发展大局，关系民族团结和边疆稳定的重大战略部署"，要求中央各部门和相关省（区、市）要把西部大开发放到中心工作上来。

为了把西部大开发与国家经济发展规划相协调，2002年起国家在制定全国五年期社会经济发展规划时，制定同期西部大开发五年规划。从2002—2016年间，国务院制定了4个西部大开发五年规划。2002年2月25日，国务院批准并实施了第一个西部大开发的五年规划——《"十五"西部开发总体规划》。《规划》中详细规定了"十五"期间及到2010年国家在西部大开发上的指导方针、战略目标、主要任务和政策措施等。2007年1月23日，国务院批准实施第二个西部大开发五年规划——《西部大开发"十一五"规划》。规划中认为"发展"是西部大开发中第一要务,西部大开发就是要实现西部地区经济又好又快的发展。为此,要对西部地区基础设施和生态环境建设实现新突破,让重点区域和重点产业发展达到新水平,使教育、卫生等基本公共服务均等化获得新成效,西部地区人民生活水平获得持续稳定的提高。2012 年 2月,国务院批准并实施第三个西部大开发五年规划——《西部大开发"十二五"规划》,提出在规划期内要在西部地区重点开展铁路、公路、民航、水运、水利、能源通道、信息化等建设。随着国家针对西部地区大规模基础设施的建设投资,全面改善了西部地区的交通水平。2016 年 12 月,国务院批准并实施第四个西部大开发五年规划——《西部大开发"十三五"规划》,"十三五"规划根据西部开发的进展及国家扶贫开发的需要,对西部大开发作出了重大部署,把基础设施建设、生态环境修复和保护作为增强西部地区社会经济可持续发展的支撑关键点,提出在经济发展、创新能力、产业转型、基础设施、生态环境、公共服务能力等 6 个方面获得实质性发展和提高。4 个西部地区五年发展规划是西部大开发中国家层面的实施方案,让西部大开发获得了长期发展上的延续,同时也实现了根据发展作出相应调整的需要。

西部大开发除了上面专门开发规划外,为了配套西部大开发,国家还制定实施了各种不同的政策措施,其中较有影响的有《关于进一步完善退耕还林政策措施的若干意见》(2002 年)、《关于进一步推进西部大开发若干意见》(2004 年)、《关于促进西部地区特色优势产业发展的意见》(2006 年)、《关于加强东西互动深入推进西部大开发的意见》(2007 年)、《中西部地区外商投资优势产业目录(2008 年修订)》、《关中—天水经济区发展规划》(2009 年)、《关于应对国际金融危机保持西部地区经济平稳较快发展的意见》(2009年)、《关于深入实施西部大开发战略的若干意见》(2010 年)、《关于中西部地区承接产业转移的指导意见》(2010 年)、《关于深入实施西部大开发战略有关税收政策问题的通知》(2011 年)、《科技助推西部地区转型发展行动计划(2013—2020 年)》(2013 年)、《中西部地区外商投资优势产业目录》(2013 年修订)、《西部地区鼓励类产业目录》(2014 年)等。这些政策措施成为西部大开发中的重要保障体系,有力地推动了西部地区重大项目的实施,让西部地区获得快速发展。

国家一些部委还针对西部地区发展中的特别需要,开展了一些专项发展工程,对西部大开发起到了重要支持作用,其中最具代表的有 2000 年国家民委发起的"兴边富民行动"和"人口较少民族专项支持计划"。"兴边富民行动"工程以加快边境民族地区经济建设作为重点,以实现兴边、富民、强国、睦邻为目标的一项国家特别发展支持计划。"兴边富民行动"实施对象是边境民族地区和少数民族地区,工作中心是支持这些地区的基础设施建设、边境小额贸易等,目标是通过工程让两个地区获得社会经济的发展。工程实施后,从 2000—2010 年间共投入财政资金 22.1 亿元。"人口较少民族专项支持计划"是针对全国 55 个少数民族中人口在 10 万人以下的 22 个少数民族发展上的特别支持计划。全国 22 个人口较少民族全部居住在西部地区。这些少数民族属于人口数量少、居住分散等,多数在经济发展上相对滞后、贫困严重的群体。2005 年国家民委制定实施了《扶持人口较少民族发展规划(2005—2010年)》,规划提出工作中心是对 22 个人口较少民族的人畜饮水、交通、安居、农田等基础设施和各项社会事业开展支持。通过五年特别支持,促使他们的发展水平达到当地中等或中等以上。在五年的实施期内,共投入的各项扶持资金达 37.51 亿元,实施的扶持项目为 8065 个。[①] 通过专项工程,明显改善了人口较少民族的居住环境,如 2008 年全国 640 个人口较少民族聚居的村庄中,有安全饮用水的有 523 个、通公路的有 576 个、通电的有 610 个,相比工程实施前分别提高了 12.7%、9.4%、39.2%。[②] 这些工程由于针对性强,对促进西部大开发战略目标的实现起到了重要作用。

(三) 西部大开发获得的成绩

西部大开发战略自 1999 年启动实施以来,在发展上分为三个时期:1999—2010 年、2011—2015 年以及 2016 年后。三个时期国家对西部地区投入的数量存在不同,产生的效果也存在差异。

1999—2010 年,通过西部大开发的实施,给所属省(区、市)州发展有力的支持,取得显著成绩。对这个时期取得的成绩,主要反映在《西部蓝皮书:中国西部经济发展报告(2009)》中。西部地区经济体量获得快速增加,各种增长指标均超过全国平均水平。如西部地区 1998—2008 年间,GDP 从

---

① 数据来自国务院新闻办公室的《中国农村扶贫开发的新进展(2001 年)》白皮书。

② 参见朱玉福:《西部大开发 10 周年:成就、经验及对策》,《贵州民族研究》2010 年第 3 期。

14647.38 亿元增长至 58256.58 亿元,年平均增长 11.42%,高于全国年平均水平 9.64%的速度,西部省(区、市)GDP 占全国 GDP 比重增至 17.8%。西部省(区、市)农村农民收入得到很快提高,从 1999 年到 2008 年人均纯收入从 1622 元增加到 3481 元;贫困人口从 2001 年的 5535.3 万人减少到 2008 年的 2648.8 万人,贫困发生率从 19.8%下降到 9.3%,降幅超过全国平均水平的 4.5 个百分点。"十二五"期间,西部地区城镇居民可支配收入年均增长率 10.5%,农村居民纯收入年均增长率 11.2%,两者皆高于全国平均水平。西部省(区、市)基础设施建设取得重大突破,10 年间国家在西部启动了以西气东输、西电东送、水利枢纽、通信网络等为中心的 102 项重点工程的建设,投资总规模超过 2 万亿。新增公路 88.8 万公里,铁路 19617 公里,民用机场 79 个。2010 年年底,西部民族地区公路总里程达 91 万公里,乡镇通公路比重达 98%,建制村通公路比重达 88%,9437 万人农村人口解决了饮水困难和安全不达标问题。①

2011 年后,国家对西部大开发投入更多,开建的基础重点工程也在增长。在"十二五"期间,国家在西部地区实施了 127 项重点工程,投资总额为 2.72 万亿元,新建铁路和公路分别是 1.2 万公里和 21.5 万公里。"十三五"期间国家为了进一步提升西部省(区、市)的交通条件,计划在西部实施高速公路联网畅通工程、普通国道省道干线升级改造工程、农村公路畅通安全工程、枢纽站场建设推进工程、专项建设巩固扩展工程等 5 个不同的西部交通提升工程。2016 年在"西部大开发'十三五'规划"的第一年中,以铁路、公路等为中心的新开工重点工程达 30 项,投资规模为 7438 亿元。2016 年随着西部大开发"'十三五'规划"的实施,2016 年内国家在西部地区集中在铁路、公路、大型水利枢纽和能源等重大基础设施方面的投资,新开工的重点工程有 30 项,投资规模为 7438 亿元。这些以提升西部省(区、市)交通的工程实施,对改善西部省(区、市)的交通运行能力起到十分重要的作用,为西部贫困地区社会经济发展提供了条件,成为西部省(区、市)贫困治理中的重要措施。

西部省(区、市)发展中,最为关键的就是生态环境。西部省(区、市)的

---

① 参见谭振义、赵凌云:《2000—2010 年西部民族地区开发进程的历史审视——基于西部大开发战略实施的视角》,《中央民族大学学报》2013 年第 6 期。

生态环境对西部贫困治理起到了十分重要的支持作用,改善和保障西部生态环境是西部贫困地区贫困治理的重要途径。西部大开发中,国家自2000年就开始在西部地区启动实施了退耕还林、退牧还草、天然林保护、水污染治理、三江源保护等系列大型重点生态保护工程。仅在"十五"期间,中央财政针对西部省(区、市)生态环境工程累计投入了2000多亿元,完成造林6亿多亩,新建自然保护区3972万公顷,综合防治水土流失54万平方公里,退耕还林1.35亿亩,退牧还草2.9亿亩。2016年,国家计划在"十三五"期间,将在西部地区实施12个与生态环境保护和提升有关的工程,进一步提升西部省(区、市)的生态环境质量,让西部省(区、市)社会经济发展有良好的生态环境的支持。

西部省(区、市)教育、医疗卫生相较于东部省(区、市)的落后,是影响西部省(区、市)发展的重要因素。在西部大开发启动后,国家加大对西部省(区、市)的教育、社会保障、医疗等社会事业上的投入。经过20年的支持,西部省(区、市)的教育、医疗卫生等社会事业获得了长足的发展。2004年国家针对西部地区基础教育薄弱的现状,实施以"基本实施九年义务教育和基本扫除青壮年文盲"为对象的"两基"教育攻坚计划。2007年,在西部省(区、市)实施针对贫困学生的"两免一补""远程教育"等优惠政策。"十三五"期间,针对西部地区教育实施乡村教师支持计划(2015—2020年)、中西部中小学首席教师岗位计划、幼儿园和中小学教师国家级培训计划、中西部高等教育振兴计划等3个重点支持工程。针对西部贫困地区计划实施鼓励集中连片特困地区普惠性幼儿园发展,改善贫困地区义务教育办学条件,集中连片特困地区农村义务教育学生营养改善计划,高中阶段教育普及攻坚计划、职业教育扶持计划等4个教育扶贫项目。

西部大开发实施后,国家对西部地区的医疗卫生和社会保障等都加大投入。2007年西部12个省(区、市)在养老、失业、工伤、生育保险等新型社会保障覆盖面得到扩大。1998—2007年,国家给予西部省(区、市)基本养老保险基金的投入是2201.5亿元。在医疗卫生上,中央在卫生专项经费投入上从2000年的1.5亿元增至2008年的240.8亿元,增长了161倍。2009年9月,西部省(区、市)所有县(市、区)都建立了新型农村合作医疗制度,西部省(区、市)有2.6亿农村人口参加了新型农村合作医疗,占该地区全部农村人口的93%。①

（四）西部大开发中存在的问题

西部大开发作为国家区域性开发战略,虽然获得了巨大成绩,但在实施过程中,表现出了很多问题:(1)西部地区在发展中,呈现出一方面有着丰富的自然资源可以开发利用,但另一方面又存在着发展资源不足的问题。(2)西部大开发中国家通过各种渠道增加西部发展中的资本投入,让西部地区发展获得资本的投入,但同时西部地区民间资本却出现大量流向中东部地区的问题。(3)西部在发展中,很多产业获得了明显的规模扩张,但却存在整个产业质量低下的问题,严重阻碍了西部地区产业持续发展。(4)国家给予西部发展上的政策支持越来越多,但政府政策的效益却存在递减的问题。② 这些问题对西部大开发中,实现国家确立的发展目标产生了严重影响。

二、东北三省振兴计划

东北三省(黑龙江、吉林、辽宁)是20世纪50年代至20世纪90年代间中国重要的经济中心,特别是重工业的集中地。但随着改革开放,东北三省在经济发展中却越来越不适应市场经济发展的步伐,成为国家经济发展中区域性发展障碍严重的地区。这种变化体现在东北三省在全国GDP的比重变化上。根据统计,东北三省的GDP在1978年占到全国的14%,2003年降至9.14%,2014年只占全国的8.4%。③ 为了专门解决东北三省经济发展的困难,2003年12月,国务院成立了振兴东北地区等老工业基地领导小组,简称"东北办"。振兴东北地区等老工业基地领导小组成为中央政府专门负责东北三省经济发展问题的机构。东北三省振兴计划从2003年实施至今,大体经历了两个阶段,分别是2003—2015年的第一阶段和2016年至今的第二阶段。

（一）第一阶段(2003—2015年)

根据影响东北三省经济发展的主要因素,国家在"东北三省振兴计划"中

---

① 参见朱玉福:《西部大开发10周年:成就、经验及对策》,《贵州民族研究》2010年第3期。

② 参见程瑜、李瑞娥:《西部大开发:制度背反与哲思》,《财贸研究》2013年第3期。

③ 参见《东北三省新一轮振兴计划启动:3年将投资1.6万亿》,《华夏时报》2016年5月14日,http://www.cs.com.cn/xwzx/hg/201605/t20160514_4969146.html,访问时间:2018年5月23日。

主要采用如下措施:(1)给予东北三省农业税和粮种补助。东北三省作为全国主要粮食产区,农业发展对支持东北三省经济发展起到重要的作用。为此,中央政府在实施振兴计划后,首先是全面免征黑龙江、吉林两省的农业税,增加粮种补贴范围和规模。如中央财政给予东北三省农业税免除和粮食直补、良种补贴达53.1亿元。(2)针对国有企业改制导致的下岗潮,在东北三省加快建设和完善城镇社会保障体系。(3)增加对破产企业的补贴。国家希望通过系列的优惠、补助政策,促使东北三省获得新的发展动力。

2003年,针对东北三省振兴计划实施后,对东北三省经济发展产生了明显的作用,其中国有重大装备研制企业竞争力得到增强,粮食综合生产能力显著提高。从2003—2015年,东北三省GDP由1.27万亿元增至5.8万亿元,人均生产总值由2000美元增至8000美元。

(二) 第二阶段(2016年至今)

2013年后东北三省经济发展再次放缓,且呈现出严重的发展动力不足的问题。根据统计,辽、吉、黑三省在全国31个省份中的GDP增长率排名上,2013年均处在10位;2014年三省GDP增速是5.8%、6.5%、5.6%;2015年三省GDP增速是3%、5.7%、6.5%,其中辽宁在全国排名中位居末位。为此,中央政府在2016年4月26日,制定发布了《中共中央国务院关于全面振兴东北地区等老工业基地的若干意见》,同年5月10日,国家发展改革委员会详细向外界说明了新一轮中国东北振兴战略的目标和措施。从2016年的《若干意见》中看,这次发展支持的目的是"希望通过顶层设计,统筹各方力量,推动东北经济爬坡过坎,脱困振兴";发展目标是在10年支持后,让东北三省形成"具有国际竞争力的先进装备制造业基地和重大技术装备战略基地,国家新型原材料基地、现代农业生产基地和重要技术创新与研发基地"。在具体措施上,国家计划在未来3年,围绕振兴东三省启动实施以基础设施、水利项目等为主的130多个重大项目,投资16000多亿,全面提升和改善东三省的发展基础条件和环境。

当前,中国政府实施的两个大区域发展战略中与扶贫工作紧密相关的是西部大开发,东北振兴计划主要是解决区域经济发展中的失衡问题,而不是区域内的贫困问题。当然,从中国政府的扶贫瞄准种类及变迁看,中国扶贫瞄准机制在扶贫过程中不停地进行及时调整,目的是让扶贫对象识别更加有效,使扶贫工作对贫困人口的帮扶更具针对性。

| 第 五 章 |

按扶贫主体对扶贫对象扶持形式分类

　　20世纪80年代后,在中国扶贫模式中,若按扶贫主体对扶贫对象帮扶的机制和特点,可以分为东西部扶贫协作模式(或称东部经济发达省份对口帮扶西部经济欠发达省份的扶贫模式)、国家机关定点扶贫模式、结对帮扶扶贫模式。在实践中,这三种扶贫模式又总称为"定点帮扶扶贫模式"。三种扶贫模式体现了全国不同组织机构和个人在不同层次扶贫对象范围上的不同。有学者把这三种扶贫模式总称为"对口帮扶扶贫模式",并认为"是指由中央政府倡导、各级政府率先垂范、全社会广泛参与的一种扶贫模式"。当然,对中国对口帮扶模式还有一种分类是东西部扶贫协作、定点扶贫模式、民间或社会结对帮扶模式。其中东西部扶贫协作,是指东部发达省(市)县等定点帮扶西部贫困省(区、市)州市县等的扶贫模式,基本特征是在中央政府统一协调安排下,地方对口协作政府主导扶贫过程;定点扶贫模式是指国家各级机关、企事业单位定点帮扶贫困县乡村等的扶贫模式;民间帮扶或社会帮扶是指社会各界、个体自愿捐赠结对帮扶贫困个体的扶贫模式。① 从广义上,对口帮扶扶贫模式由东西部省(区、市)间结对支援扶贫模式、机关定点帮扶扶贫模式和个体(单位)间结对帮扶扶贫模式三种组成。在中国扶贫事业中,这三种扶贫模式体现的是全社会参与扶贫,整个社会相互支持发展,共享经济发展成果的

---

　　① 参见张咏梅、周巧玲:《我国农村扶贫模式及发展趋势分析》,《濮阳职业技术学院学报》2010年第1期。

社会价值,是中国扶贫实践中较具特色的扶贫种类,也是中国在扶贫工作上的重要创新。

在中国扶贫模式中,特定扶贫主体针对特定贫困对象进行定点的、长期的帮助、支持发展的扶贫模式根据参与扶贫主体的不同,可以分为中央机关定点扶贫、省内机关定点扶贫、东西部省(区、市)扶贫协作、国际政府组织定点扶贫四种。中央机关定点扶贫是指中央直属机关及其附属单位对特定国家贫困县实施定点帮扶,始于1984年;省内机关定点扶贫是指省内党政机关对区域内一些具体贫困县乡村进行定点帮扶,始于1986年;东西部省(区、市)间定点扶贫协作是指东部发达省(市)对西部欠发达省(区、市)定点帮扶,始于1996年;国外政府组织或国际组织定点扶贫特定贫困地区,始于1982年。本章在定点扶贫分析上,重点对东西部扶贫协作扶贫模式、机关定点扶贫模式和结对定点扶贫模式三种进行深入考察。

第一节　东西部扶贫协作模式

东西部扶贫协作模式,又称东西部省份间定点对口帮扶扶贫模式,或东部发达省(市)定点帮扶西部贫困省(区、市)扶贫模式,具体是中国东部发达地区的省(市)与西部欠发达地区的省(区、市)形成固定帮扶关系,通过资源优势互补,在发达省(市)的支持和带动下,使欠发达省(区、市)获得发展所需的资金、技术、人才等的支持,获得发展的动力和资源,实现脱贫致富的一种扶贫模式。这种扶贫模式主要是结对省(区、市)政府通过协作,鼓励和支持东部省(区、市)内的企业、民众参与定点帮扶对象开展基础设施建设、贫困劳动力技能培训、培育贫困地区和对象发展特色产业、支持贫困地区教育卫生事业的发展、引导东部省(区、市)企业到贫困地区独立投资或合作办企业等。这种扶贫模式包括扶贫协作和对口支援两种不同形式的工作机制。

对这种扶贫模式,有学者认为,"东西扶贫协作政策是指改革开放以来党和国家动员组织东部经济较发达省(区)市对西部欠发达地区或部门提供经济援助和技术人才援助,目的是促进贫困地区发展和贫困人口脱贫致富的一种扶贫政策,是改革开放以来党中央、国务院依据邓小平关于共同富裕理论所制定的一项重大战略决策和扶贫政策"①。东西部扶贫协作扶贫模式在通过20多年的实践后,形成了很多有特点的帮扶样式,其中较为有名的有"沪滇模式""闽宁模式""浙川模式""甬黔模式""两广模式"等。在东西部扶贫协作扶贫模式下东部发达省(市)定点对西部欠发展地区省(区、市)给予发展资金、物资、人才等多方面援助,具体措施有企业合作、项目援助、人才培训、干部交流、援建学校、修筑公路、建设基本农田、修建人畜饮水工程等基础设施建设。据有关部门统计,东西部扶贫协作从1996年至2014年间,东部参与扶贫省(市)共向西部地区给予了118.2亿元财政资金援助,引导东部企业到西部实际投资1.2万亿元,实施合作项目8万余个,帮助输出劳务人员664.3万人次,实现劳务收入538.3亿元。在交流合作方面,东西部扶贫协作的省(区、市)领导互访考察多达8.8万人次,其中省级5160人次;为西部地区培训各类人才55.7万人次,引进实用科学技术3072项。② 通过东西部扶贫协作,为西部贫困地区发展提供了大量急需的资金和人才,补充了国家专项扶贫上的不足。

一、东西部扶贫协作模式的历程

中国东西部扶贫协作模式启动于1996年,在20年发展中,国家在2010年和2015年进行了两次重要调整,重点是根据扶贫发展的需要,对参与东西部协作的东部省(市)政府、西部扶贫对象及帮扶内容进行调整。

(一) 初步形成和探索时期(1979—1995年)

虽然东西部扶贫协作模式正式提出是1996年,但这种扶贫模式最早可以追溯到1979年。1979年4月,中共中央召开全国边防工作会议时,乌兰夫提出加快边疆地区经济建设和文化建设,以支持边疆地区经济文化的发展。然而,当时国家能够拿出专项支持边疆地区发展的资金很少。为此,在1979年7月31日,中共中央批发乌兰夫的报告,要求"组织内地省、市,实行对口支援边境地区和少数民族地区"经济文化建设。这里提出由内地省(市)支援边疆地区和少数民族地区经济发展成为东西部扶贫协作模式的前身。中央政府根

---

① 李勇:《中国东西扶贫协作的政策背景及效果分析》,《老区建设》2011年第14期。

② 参见《东西扶贫协作:双向互动实现共赢》,http://www.cpad.gov.cn/art/2015/11/28/art_42_41904.html,访问时间:2018年5月23日。

据全国各省(区、市)经济发展的情况,确定由东部经济发达的 5 个省(市)支援西部 5 个自治区和 3 个少数民族集中的云南、贵州、青海三省的社会经济发展。东部 5 个省(市)与西部民族地区 5 区 3 省实施对口帮扶分配是:北京帮扶内蒙古,河北帮扶贵州,江苏帮扶广西、新疆,山东帮扶青海,天津帮扶甘肃,上海帮扶云南、宁夏,全国支援西藏。这种由经济发达省(市)支持经济欠发达省(区)成为东西部扶贫协作的前身。当时采用这种定点对口支援是为了让这 8 个省(区)在社会经济文化建设上,获得更多的支持,而不是针对 8 个省(区)的贫困治理。当然,通过社会经济发展实现贫困治理是整个扶贫工作的基础,这种区域间发展支援成为国家贫困治理的重要机制。

东西省(区、市)间对口支援实践 4 年后,国家在 1983 年召开总结大会,认为此种机制是解决全国区域间发展问题的最好机制。于是,进一步提出东西部对口支援社会经济文化建设的新要求,最后形成《经济发达省、市同少数民族地区对口支援和经济技术协作工作座谈会纪要》,对东西部省(区、市)间对口支援的工作原则、重点和任务等问题作出全面规定。这个时期,东西部省(区、市)间对口支援主要采用资金救助和生活物资支持,属于典型的"输血式"发展支持。

随着改革开放的推进,东西部之间社会经济发展水平差距越来越大,为了改变西部省(区、市)存在的大面积贫困和解决发展中资金、资源等不足问题,1984 年 9 月,中共中央、国务院发布了《关于帮助贫困地区尽快改善面貌的通知》。《通知》颁布标志着东西部省(区、市)间的经济文化建设援助在目标上发生根本性转变。此后,国家提倡和引导东西部省(区、市)间的对口定点援助的目的是解决西部地区贫困问题。在《通知》中指出,改变贫困地区面貌的根本途径是促进贫困地区经济快速发展。为此,东部省(市)在支持西部省(区、市)发展时应以提升贫困地区社会经济发展的能力为中心,即从"输血"转向"造血"。1984 年 12 月,中共十二届三中全会通过《中共中央关于经济体制改革的决定》。在《决定》中强调,"经济比较发达地区和比较不发达的地区,沿海、内地和边疆,城市和农村,以及各行业各企业之间,都要打破封锁,打开门户,按照扬长避短、形式多样、互利互惠、共同发展的原则,大力促进横向经济联系,促进资金、设备、技术和人才的合理交流,发展各种经济技术合作,联合举办各种经济事业,促进经济结构和地区布局的合理化,加速我国现代化建设的进程。"①这为东部发达省(市)对西部欠发达省(区、市)间实施对口帮扶重新确定了方向和目标,即从之前的"输血"式帮扶转向"造血"式帮扶,体现了中国政府希望通过发展解决贫困,而不是简单的资金、物资等的投入。

1979—1991 年是东部经济发达省(市)对口支援西部欠发达省(区、市)的形成时期。这个时期,东西部省(市)对口支援主要从零星物资财物支持到联合开发资源,由单纯技术支援到双方联合组建企业等。在这个时期内,东西部通过支援协作,在西部地区实施了 1.2 万多个经济技术合作项目,开展了 2.4 万人次的人才交流,支援了 20 多亿元的资金。② 东部省(市)给予西部省(区、市)的资金、人才、项目上的支援,为西部省(区、市)发展提供了难得的资源和资金。

(二) 正式形成和成效呈现时期(1996—2000 年)

20 世纪 90 年代,中国政府对贫困治理越来越成熟,在扶贫工作上积累的经验越来越丰富,目标越来越明确。同时,中国政府开始通过制定系统的扶贫开发规划指导全国中长期贫困治理工作。其中首个《国家八七扶贫攻坚计划(1994—2000 年)》专项扶贫规划在 1994 年由国务院制定并实施。它是中国 20 世纪 80 年代以来贫困治理上的首个专项扶贫规划,在中国扶贫开发史上具有十分重要的作用和历史意义。《国家八七扶贫攻坚计划(1994—2000 年)》中,指出"从 1994 年到 2000 年,集中人力、物力、财力,动员社会各界力量,力争用 7 年左右的时间,基本解决目前全国农村 8000 万贫困人口的温饱问题。"③在 1994 年 4 月 15 日《国家八七扶贫攻坚计划》中,把东西部扶贫协作作为整个扶贫工作机制的重要组成部分,明确要求"北京、天津、上海等大城市,广东、江苏、浙江、山东、辽宁、福建等沿海较为发达的省,都要对口帮助西部的一两个贫困省、区发展经济"④。这样东西部省(区、市)间对口定点帮扶成为国家扶贫事业上的重要力量,让这种扶贫模式得到国家的确认。

1995 年 9 月,中共十四届五中全会通过了《中共中央关于制定国民经济

①　《中共中央关于经济体制改革的决定》(1984 年 10 月 20 日),《人民日报》1984 年 10 月 21 日第 1 版。

②　参见李勇:《改革开放以来东西扶贫协作政策的历史演进及其特点》,《党史研究与教学》2012 年第 2 期。

③　数据来自《国家八七扶贫攻坚计划(1994—2000 年)》。

④　数据来自《国家八七扶贫攻坚计划(1994—2000 年)》。

和社会发展"九五"计划和 2010 年远景目标的建议》,为了很好解决东西部省份之间的发展差距,国家采用让东部沿海发达省份对中西部 10 个欠发达省份实行定点对口帮扶,启动东西部省(区、市)间的定点扶贫协作机制。为了落实"九五"规划中东西部对口扶贫协作工作,1996 年国务院专门制定了《关于组织经济发达地区与经济欠发展地区开展扶贫协作的报告》,规定东部 6 个省、3 个直辖市和 4 个计划单列市对中西部 10 个省(区、市)实施对口扶贫协作。东部 13 个省(市)对中西部 10 个省(区、市)对口帮扶分配是:北京帮扶内蒙古,上海帮扶云南,天津支持甘肃,山东帮扶新疆,辽宁帮扶青海,江苏帮扶陕西,浙江帮扶四川,福建帮扶宁夏,广东帮扶广西,大连、青岛、深圳、宁波 4 个计划单列市共同帮扶贵州。这次东西部省(区、市)间对口扶贫协作涉及 23 个省(区、市),是 1979 年后东部对西部支援发展中的第二次调整。这次调整发生了一个重大转变是东西部支援发展关系的核心功能转成扶贫,而不是以前的经济社会发展。中国扶贫工作中,东西部扶贫协作机制在 1994 年的《国家八七扶贫攻坚计划(1994—2000 年)》、1995 年的《"九五"计划和 2010 年远景目标的建议》、1996 年《关于组织经济发达地区与经济欠发展地区开展扶贫协作的报告》等扶贫发展规划中被写入,其中 1996 年的《关于组织经济较发达地区与经济欠发达地区开展扶贫协作的报告》标志着东西部扶贫协作模式在国家扶贫上被正式确定为一种扶贫模式。

东西部扶贫协作模式实施后,在"九五"期间取得了明显成绩。根据统计,在"九五"期间,东西部对口扶贫协作的省(区、市)间通过双方互派交流干部、给予人才培训、援助建设贫困地区的学校、建设基本农田水利设施、帮助修筑贫困地区的公路、解决贫困地区人畜饮水困难等方法开展贫困治理。"九五"期间,东部参与对口扶贫协作的省(市)给予西部受帮扶的省(区、市)大量资金、资源上的支持,其中捐款和捐物折款后,两者达 21.4 亿元,签订了 5745 个项目合作协议,协议投资资金达 280 多亿元,实现投资金额达 40 多亿元,转移西部贫困地区劳动力 51.7 万人。① 这个时期,东部参与扶贫省(市)派出大量挂职干部,给定点扶贫省(区、市)带来了大量资金、人才、项目上的支持。

---

① 参见李勇:《改革开放以来东西协作政策的历史演进及其特点》,《党史研究和教学》2012 年第 2 期。

根据统计,在1995—1999年间,共有4.6万干部到西部定点帮扶省(区、市)的贫困县、贫困村中挂职,他们为挂职的贫困地区带来87.62亿元的直接投入和物资,帮助引进扶贫资金103亿元,实施扶贫项目2万余个,帮助引进技术人才1.3万余名,引进技术近7000项。① 这些对西部贫困省(区、市)的扶贫开发产生了有力的支持。

这个时期,除支援经济社会发展外,还开展东西部省(区、市)教育定点帮扶。其中,1993年11月27日,在教育部召开的"全国教育对口支援协作工作会议"上,启动了东西部之间基础教育、高等教育和高校间对口帮扶工作。当时规定东部教育发达地区对青海、西藏、新疆、云南等地区实行定点帮扶,东部高校定点对口支援西部高校。从1994—2000年,东部省(市)对口支援了西部省(区、市)的民族、贫困地区新建、改建中小学1400所,救助失学儿童近4万人,培养和培训了中小学教师1.4万人次。②

（三）稳定发展时期(2001—2015年)

2000年后,国家根据东西部扶贫协作在20世纪90年代取得的成绩及运行中存在的问题,开始调整扶贫协作的措施。2001年国务院在制定《中国农村扶贫开发纲要(2001—2010年)》时,对《国家八七扶贫攻坚计划(1994—2000年)》实践过程中取得的成绩和存在的问题进行总结,在此基础上,对东西部扶贫协作提出了新目标,明确"进一步扩大协作规模,提高工作水平,增强帮扶力度","鼓励和引导各种层次、不同形式的民间交流与合作。特别是要注意在互利互惠的基础上,推进企业间的相互合作和共同发展。"③为了落实2001年《中国农村扶贫开发纲要(2001—2010年)》中确定的东西部省(区、市)间扶贫协作目标,特别是对重庆市贫困县的帮扶,2002年1月,国务院扶贫开发领导小组把珠海、厦门两市调整成定点帮扶重庆市。2008年2月20日,国务院扶贫办在制定并颁布的《2008年东西扶贫协作工作指导意见》中强调,在不改变现有东西部扶贫协作关系下,把对口扶贫协作向县区和西部集中连片特困区州市县转移。这样2008年在东西部扶贫协作上发生了新的变化,那就是国家希望把东西部扶贫协作从省级向州级和县级下沉,让扶贫瞄

---

① 数据来自国务院新闻办公室的《中国的农村扶贫开发》白皮书(2001年)。
② 数据来自国务院新闻办公室的《中国的农村扶贫开发》白皮书(2001年)。
③ 《中国农村扶贫开发纲要(2001—2010年)》。

准更加精准,适应整个扶贫工作发展的需要。2008 年,中共十七届三中全会通过《中共中央关于推进农村改革发展若干重大问题的决定》,其中对新阶段扶贫开发的工作方针、政策、标准、重点都提出了新的要求和规划,其中提出要"加大对革命老区、民族地区、边疆地区、贫困地区发展扶持力度。继续开展党政机关定点扶贫和东西扶贫协作,充分发挥企业、学校、科研院所、军队和社会各界在扶贫开发中的积极作用"①。这里把定点扶贫主体扩大到党政机关、东部发达省(市)、企业事业、军队等,增加了参与定点扶贫的主体。

为了落实 2008 年十七届三中全会的决定中对东西部扶贫协作上的新目标,2009 年 3 月国务院扶贫办制定并颁布了《2009—2010 年东西扶贫协作工作指导意见》②,指出在扶贫上把工作中心转向"提高贫困人口自我发展能力和培植贫困地区主导产业"②上。这样,在东西部扶贫协作上要求东部省(市)重点帮助西部贫困省(区、市)形成发展能力和培育产业发展,即重点解决西部受支持(区、市)的自我发展能力。2010 年 6 月,国务院重新调整东部参与扶贫的省(市)及确定东西部对口扶贫协作省(区、市)的关系。经调整后,东部有 9 省(市)、5 个计划单列市和 4 个较大城市,共 18 个省(市)参与对东部定点扶贫,西部共有 12 个省(区、市)接受定点援助。东部 18 个省(市)是北京、天津、辽宁、上海、江苏、浙江、福建、山东、广东和大连、苏州、杭州、宁波、厦门、青岛、广州、深圳、珠海;西部 12 个省(区、市)是内蒙古、广西、重庆、四川、贵州、云南、西藏、陕西、甘肃、青海、宁夏、新疆等。此外,国家调整了东西部扶贫协作的定点对象,主要把定点协作对象调整至西部民族区域自治州和国家贫困县中,具体调整情况是山东省帮扶重庆市国家贫困县,厦门帮扶甘肃临夏回族自治州,珠海帮扶四川凉山彝族自治州,浙江定点帮扶四川甘孜藏族自治州、阿坝藏族羌族自治州、凉山州木里藏族自治县,天津定点帮扶甘肃省甘南藏族自治州、武威市天祝藏族自治县,辽宁定点帮扶西宁市和海东地区。从这次调整看,是让东部省(市)从以前集中在省级帮扶改成在保持省级不变的前提下,增加民族自治州和国家贫困县的定点帮扶力度。2013 年国务院扶贫办

---

① 《中共中央关于推进农村改革发展若干问题的决定》(2008 年 10 月 12 日),《人民日报》2008 年 10 月 20 日第 1 版。

② 国务院扶贫办:《关于印发〈2009—2010 年东西扶贫协作工作指导意见〉的通知》,2009 年 3 月 12 日。

把上海、广州、苏州和杭州在承担原有的省(区)帮扶外,增加对贵州的共同帮扶,增加对贵州帮扶的东部省(市)数量。

这个时期,东西部扶贫协作取得了显著成绩。根据统计,在2003—2010年间,定点帮扶双方互派干部交流学习得到快速发展,其中东部到西部挂职干部达2592人次,西部到东部挂职干部达3610人次;东部省(市)向西部省(区、市)提供的政府扶贫援助资金达44.4亿元、参与协作扶贫企业达5684个,实际投资资金2497.6亿元、社会捐助资金14.2亿元,东部为西部培训了各种专业技术人才22.6万人次,组织西部贫困地区劳务输出467.2万人次。[1] 这个时期,东部省(市)对西部省(区、市)在帮扶上最大变化是人才培训和劳务输出取得长足发展,对带动西部贫困人口脱贫起到了十分重要的作用。

(四) 新时期东西部扶贫协作(2015年至今)

2015年随着国家精准扶贫的全面展开,为适用新时期扶贫工作的需要,中央在2016年7月20日召开了东西部扶贫协作座谈会,再次认可了东西部扶贫协作模式在国家扶贫工作的重要性,同时要求把东西部扶贫协作工作机制下沉至县、乡、村之间。"完善省际结对关系。在此基础上,实施'携手奔小康'行动,着力推动县与县精准对接,还可以探索乡镇、行政村之间结对帮扶。"[2]为了贯彻落实协作座谈会中提出的精神,2016年10月27日,中办和国办联合印发了《关于进一步加强东西部扶贫协作工作的指导意见》提出,新时期东西部扶贫协作将围绕东西部间的产业合作、劳务转移协作、人才培养和支援、扶贫资金支持、动员社会参与等五个方面进行。为了提高东西部扶贫协作对贫困人口扶贫的效果,要求帮扶资金和项目瞄准对象调整至贫困村和贫困户中,其中重点以建档立卡贫困户为对象。这样把东西部扶贫协作的帮扶对象调整为省级、市级、县级、村级和贫困户五个层级。

2017年,国家对东西部扶贫协作从原则到协作对象再次调整。在东西部扶贫协作原则上要求以全面建成小康社会作为指导,以产业转移与创新作为

---

[1]　数据来源于国务院新闻办公室的《中国农村扶贫开发的新进展(2001年)》白皮书。

[2]　《习近平在东西部扶贫协作座谈会上讲话》,http://cn.chinagate.cn/photonews/2016-07/22/content_38936852.htm,访问时间:2018年5月23日。

工作内容,以技术转移和创新作为工作关键,以社会文化事业建设作为新领域。① 在协作定点对象调整上,实现对全国民族区域自治州和西部深度贫困州市的全覆盖。2017 年 1 月,国家针对全国 30 个民族区域自治州和云南、四川、甘肃、青海等省(区)中重点贫困市州实现一对一的定点帮扶工作需要,实行了全面调整,最后形成的结对帮扶关系是:北京市帮扶内蒙古、张家口市和保定市;天津市帮扶甘肃省、承德市;大连市帮扶六盘水市;上海市帮扶云南省、遵义市;江苏省帮扶陕西省、西宁市和海东市,苏州市帮扶铜仁市;浙江省帮扶四川省,杭州市帮扶恩施州、黔东南州,宁波市帮扶延边州、黔西南州;福建省帮扶宁夏,福州市帮扶定西市,厦门市帮扶临夏州;山东省帮扶重庆市,济南市帮扶湘西州,青岛市帮扶安顺市、陇南市;广东省帮扶广西、甘孜州,广州市帮扶黔南州和毕节市,佛山市帮扶四川省凉山自治州,中山市和东莞市帮扶云南省昭通市,珠海市帮扶云南省怒江州。② 此外,国家还增加了京津冀协同发展对口帮扶河北省的张家口、承德、保定三市。经过调整,东部 9 省(市)、13 个城市定点对口帮扶西部 10 个省(区、市),吉林、湖北、湖南的 3 个民族区域自治州,河北省张家口、承德、保定 3 市。

国家为了让东部发达县乡村参与对西部贫困县乡村的定点帮扶工作,实施东西部扶贫协作省(区)间的县市乡镇村间的"携手奔小康行动"定点扶贫工程。"携手奔小康行动"是指东部参与东西部扶贫协作的省(市)中经济较发达的县乡村与对口省(市)帮扶的西部省(区、市)中的贫困县、乡镇、行政村之间形成一对一的结对帮扶,提供精准支持。实施"携手奔小康行动"后,东部共有 267 个经济较发达县(市、区)与西部地区 390 个国家贫困县结成一对一的定点帮扶。西部地区的 390 个国家贫困县中有 70%是少数民族区域自治县。③ 此次东西部扶贫协作调整的重点是把对口帮扶瞄准对象下移至贫困乡镇和贫困村。这样贫困乡镇和贫困村的对接成为东西部扶贫协作的新机制。此外,在对口支援上,对西藏、新疆和四省藏区作出了调整,把扶贫瞄准降至建档立卡贫困户中。

---

① 参见李小云:《东西部扶贫协作和对口支援的四维考量》,《改革》2017 年第 8 期。
② 数据来源于中共中央办公厅、国务院办公厅的《关于进一步加强东西部扶贫协作工作的指导意见》(2017 年)。
③ 参见李小云:《东西部扶贫协作和对口支援的四维考量》,《改革》2017 年第 8 期。

2017年,对东西部扶贫协作中的扶贫对象调整的目标是为保障国家确定的2020年全面消除贫困县的贫困治理目标的实现,这让东西部扶贫协作有了新的内容。

二、东西部扶贫协作模式的机制

东西部扶贫协作模式是中国扶贫模式中较为特殊的一种,体现了中国政府在发展中为实现区域均衡发展而作出的努力,是中国扶贫模式和发展模式中的一种特殊机制。东西部省(区、市)间对口支援中扶贫主体是东部经济发达地区的省(市)和重要城市,扶贫对象是西部欠发达的省(区、市)。东西部扶贫协作模式瞄准单元是20世纪八九十年代省级行政区,21世纪前十年开始下调至州市级,2017年把瞄准单元调整至县级,甚至是乡镇村一级。从扶贫瞄准单元看,呈现出一个逐渐下沉的过程,与全国扶贫瞄准单元的变迁是一致的。如2010年6月,国务院扶贫办调整厦门和珠海对口帮扶甘肃临夏回族自治州、四川凉山彝族自治州。2013年2月4日,国务院办公厅颁布了《关于开展对口帮扶贵州工作的指导意见》时,对贵州省8个州市确定了定点帮扶,具体是大连市帮扶六盘水市、上海市帮扶遵义市、苏州市帮扶铜仁市、杭州市帮扶黔东南州、宁波市帮扶黔西南州、青岛市帮扶安顺市、广州市帮扶黔南州、深圳市帮扶毕节市等。2017年,调整时确定东部267个经济较发达县(市、区)对口支援西部地区390个贫困县。这种对口帮扶对象的下调,让东西部扶贫协作更加具体和明确。

东西部扶贫协作模式主要采用的措施有政府援助、企业协作、社会帮扶、产业发展、干部交流、人才培训、劳务输出等。政府援助是东部帮扶主体对扶贫对象给予资金支持,资助帮扶省(市)县修建学校、卫生院(所)、乡村公路、基本农田、人畜饮水工程等,改进基础设施,提高经济发展的条件。企业协作是指帮扶主体所在地的优质企业对帮扶对象地的企业通过并购、资产重组等方式促进扶贫地企业的发展。社会帮扶是帮扶主体动员和组织自己所在地的社会各界力量,为扶贫对象捐赠资金、衣被、药品、医疗器械、文化教育用品、其他生活用品等,组织支持志愿者到扶贫对象地从事医疗服务、义务支教等。产业扶持是双方通过政策引导、资金支持等多种方式鼓励帮扶主体地的企业到扶贫对象地进行开办企业、发展产业,促进当地产业发展。劳务输出是帮扶主体针对帮扶对象地展开劳务协作,吸收扶贫对象地剩余劳动力到本地区从业就业,增加收入。针对东西部扶贫协作中存在的问题,提出东西部扶贫协作在实施上应转向把合作和协作拓展到科教、文化、社会等各个领域;通过企业合作、项目援助、人才交流等方面开展多层次、全方位协作;帮扶超越政府间单一模式,转向由政府援助、企业合作、社会帮扶、人力资源建设等多元帮扶。① 从2017年调整的情况看,东西部扶贫协作体现了这种要求。

三、东西部扶贫协作模式的成效

东西部扶贫协作机制运行了20年,通过此种扶贫模式,东部发达省(市)为西部欠发达省(区、市)发展提供了大量急需的资金和人才支持,解决了西部欠发达省(区、市)发展中的困难。东部参与援助的发达省(市)向西部12个受援省(区、市)给予的财政资金支持高达160亿元,社会捐赠款物达27.6亿元,引导企业实际投资1.5万亿元;互派党政干部交流学习8023人次、专业技术人才1.6万人次;帮助西部贫困地区培训贫困劳动力621.4万人次,输出贫困劳务707.5万人次;援建学校7325所,卫生院(所)1690个,资助贫困学生42.6万名;帮助西部贫困农村修建公路2.15万公里。② 在合作发展方面,东西部扶贫协作在引导东部省份企业到西部投资设厂上,仅在2009年就有1151家企业签订合作协议,新增112家;合作投资项目1912个,新增1754个,实施1796个;协议合作投资1172.5亿元,实际投资424.35亿元。③ 从中可以看出,东西部扶贫协作对西部贫困省份扶贫开发中的重要作用。

这种合作的效果从具体协作市区中同样得到体现,如山东省济南等14个市对重庆市14个国家重点贫困县采取"一对一"的对口帮扶后,实现了对重庆市国家贫困县的全覆盖。根据重庆市统计,从2010年到2015年,山东与重庆实施合作项目达2644个,已经完成投资741亿元。山东省很多大型企业纷

---

① 参见凤凰国际智库:《宣战2020——中国扶贫报告》,"六、中国的社会参与扶贫(上)1.定点扶贫"。http://pit.ifeng.com/report/special/zgfpbg/,发布时间:2016年10月17日,访问时间:2018年5月23日。

② 参见易水:《东西部扶贫协作:从单向帮扶到互利共赢》,《创造》2016年第8期。

③ 参见吴涛:《2009年我国东西扶贫协议合作投资比上年增长11倍》,http://news.xinhua-net.com/fortune/2010-06/24/c_12259527.Htm,访问时间:2018年5月23日。

纷到重庆帮助培育支柱产业,如山东省的如意集团、鲁能集团、潍柴集团、海尔集团等大型龙头企业都参与扶贫协作。此外,浙江省在定点对口扶贫四川省青川县时,大力支持青川县发展农业产业,其中茶叶产业获得了显著发展,种植面积在 2000—2014 年间,从 10 万亩发展到 23.5 万亩,促使茶农年人均收入从 552 元增加到 2750 元。北京市在 2011—2015 年间,在内蒙古达成投资合作 2700 多项,实际投资 5400 多亿元。① 在医疗教育等社会事业方面,近年在东西部扶贫协作中得到加强,成为这种扶贫协作的重要内容,如 2016 年 5 月,上海市 28 家三级医院与云南 28 个国家贫困县的县级医院签订了为期 5 年的援助协议。宁波市资助贵州省贫困地区 100 多所医院改善医疗条件。宁波市援助改善 1430 所贵州贫困地区学校办学条件,资助了 6 万多名贫困大中小学学生上学。② 2016 年起,广东省对定点帮扶的西部 71 个贫困县,每年按平均每县 1000 万元给予资金支援。③

东西部扶贫协作模式由于最初瞄准的对象是省(区、市)州市,让扶贫作用更多在区域层次上,针对西部贫困人口的效果相对有限。虽然 2017 年后,国家在东西部扶贫协作上由省级和州市级调整至县级,但扶贫作用范围仍然属于较大区域。东西部扶贫协作由于是政府间的行为,在实践中一直存在对口扶贫的两个政府之间考察频繁,实际作用较小的弊病,体现出把两个结对帮扶政府间的交流作为帮扶成效的问题。在东西部扶贫协作机制运行中,存在双方领导干部考察交流多、签订合作项目协作多、承诺投入资金多,但实际执行合作项目少,承诺投资资金到位少等严重问题。如贵州省现在有四个东部省(市)对其实施定点帮扶,三年间东部的四个省(市)党政和各部门(县区)领导频繁到贵州相关扶贫点调研指导,贵州省各级党政领导多次到四个省(市)学习考察,达成 240 多个协作项目,协作资金 40 多亿元,涉及工业、农业、商贸、旅游、文卫等方方面面,然而真正实施的却很少,仅有 68 项获得实施,到位资金仅有 3.6 亿多元。④ 这种现象让整个东西部扶贫协作在区域扶贫援助上的实效大打折扣。

---

① 参见王芳:《东西部扶贫协作,二十载春华秋实》,《经济》2017 年第 2 期。
② 参见王芳:《东西部扶贫协作,二十载春华秋实》,《经济》2017 年第 2 期。
③ 参见王芳:《东西部扶贫协作,二十载春华秋实》,《经济》2017 年第 2 期。
④ 参见周奉良:《从贵州的实践看东西扶贫协作的发展》,《中国贫困地区》1999 年第 5 期。

第二节　机关定点扶贫模式

机关定点扶贫模式是指各级党政国家机关、国有企业事业单位、民主党派组织、官方或半官方人民团体通过组织化、制度化的机制，有计划地统筹安排各项财政扶贫资金，对特定贫困区域（包括集中连片特困区、贫困县、贫困乡、贫困村）和贫困群体给予长期定点帮扶，让扶贫对象获得发展所需的资金、技术、人才后获得发展的贫困治理模式。机关定点扶贫模式中的"机关"在这一扶贫模式中具有特点含义，指各级党政机关、国有企事业单位、民主党派、官方或半官方人民团体组织等具有特定国家性质的组织机构。在级别上可以分为中央级、省部级、州市级、县区级、乡镇级。"定点扶贫是指各级党政机关、企事业单位、人民团体下派干部组成工作队驻村定点参与扶贫工作的一项组织行动。"①当前，全国参与定点扶贫的机关十分多，从中央到乡镇，所有国家财政支持机构和国有企业、事业单位等。参与帮扶的"机关"根据自身能力的大小，承担着从集中连片特困区、贫困县、贫困乡、贫困村、贫困户五个层级上的定点帮扶，实现对全国不同级别上的扶贫对象的全覆盖。机关定点扶贫模式根据定点帮扶中扶贫主体与扶贫关系所属的行政性质，有行政区内的定点扶贫和行政区间的定点扶贫两种。按扶贫对象的性质可以分为区域定点扶贫和贫困户定点扶贫两种。

当前，中国机关定点扶贫模式出现以下变化：在扶贫内容上，从最初以物资、设备、材料等为中心的"硬件"资源援助向人才、技术、管理等为中心的"软件"支持和协作；在援助战略上，从初期以财政资金援助转向运用市场机制。这些变化与全国扶贫工作的发展和国家对扶贫目的要求是一致的。

一、机关定点扶贫模式的演变

机关定点扶贫模式是当前中国政府认可的三大扶贫模式②之一，是社会扶贫的重要力量。2015 年 12 月 8 日，中国政府认为在扶贫事业中党政军机

---

① 周恩宇：《定点扶贫的历史溯源与实践困境——贵州的个案分析》，《西南民族大学学报》2017 年第 3 期。

② "三大扶贫模式"是定点扶贫、专项扶贫、行业扶贫。

关、企事业单位参与扶贫是"中国特色扶贫开发事业的重要组成部分,是中国政治优势和制度优势的重要体现"。

（一）机关定点扶贫模式的探索时期

中国政府开展机关定点扶贫最早可以追溯到1984年。1984年9月,中共中央、国务院发布了《关于帮助贫困地区尽快改变面貌的通知》。在《通知》中呼吁各级党政机关干部、事业单位技术骨干到贫困地区去支援它们的经济建设。于是,中国开始了机关单位参与定点扶贫的新篇章。1986年1月,中共中央、国务院在《关于一九八六年农村工作的部署》中,提出从中央、省、地(市)三级机关中抽调优秀干部和组织志愿服务者到国家贫困地区去支援贫困地区社会经济建设。两个文件对中国机关定点扶贫的形成起到了重要作用。

在中央以倡导形式呼吁各级党政机关支援贫困地区社会经济建设的同时,一些省(市)开始采取行动,进行真正意义上机关定点扶贫实践,其中代表是贵州省和福建省。1986年3月1日,贵州省委省政府制定了《贵州省委、省人民政府关于加强贫困地区工作的指示》,提出从全省党政机关中选派3300人组成扶贫工作队,分赴省内极贫地区支持当地发展。贵州省对选派扶贫机关干部的工作任务进行了界定,核心是扶贫,具体是协助贫困地区在深入调研的基础上,帮助贫困地区理清思路,形成科学扶贫发展的规划,帮助地方政府推进基层组织建设,对帮扶工作中"以跑要项目"的模式进行批评和纠正。这样,20世纪80年代贵州省实施了大规模的党政机关派工作队到贫困地区定点帮扶的活动,成为机关定点帮扶的试点。同期,福建省南平市实行选派机关干部驻村指导农村工作,形成"南平经验",成为机关定点扶贫模式的另一试点。贵州和福建的实践为后来全国性机关定点扶贫提供了经验,成为机关定点扶贫的前身。

（二）机关定点扶贫模式的确定时期

1994年全国扶贫工作中"定点挂帮"的全面推行,标志着机关定点扶贫模式的正式形成。1994年在《国家八七扶贫攻坚计划(1994—2000年)》中的"社会动员"上提出"中央和地方党政机关及有条件的企事业单位,都应积极与贫困县定点挂钩扶贫,一定几年不变,不脱贫不脱钩"①。这里要求党政机

---

① 《国家八七扶贫攻坚计划(1994—2000年)》。

关、企业事业单位参与对国家贫困县的扶贫工作。1994 年提出的"定点挂帮"政策成为全国各级党政机关和企事业单位参与地方扶贫的措施,也是贵州省党政机关定点扶贫探索获得国家认可的标志。在参与定点扶贫的主体上,除中央和地方各级党政机关外,还包括民主党派、工商联、工会、共青团、妇联、科协、大专院校、科研单位、军队、武警等。所以国家机关定点扶贫模式中的"机关"是一个十分广义的术语,不全是行政术语中的"机关"。

为了实现全国贫困县都有相应的机关定点帮扶,1994 年 11 月 23 日,国务院扶贫开发领导小组颁布了《关于中央党政机关及有关单位和人民团体定点帮扶贫困县的通知》。这样对机关定点扶贫有了更进一步的规定和要求。1996 年 10 月 23 日,中共中央、国务院在发布的《关于尽快解决农村贫困人口温饱问题的决定》中,提出加强全国定点扶贫,做到"中央党政机关要定点帮扶到县,省、地、县机关要定点帮扶到贫困乡、村,……不脱贫不脱钩,并逐步做到制度化、规范化"。这些规定和要求让机关定点扶贫最终形成,成为中国社会扶贫中的重要力量,让全国党政机关干部参与到扶贫工作中来,增加了他们对基层社会的了解,成为新时期干部培养的重要机制。

(三) 机关定点扶贫模式的全面发展时期

21 世纪,机关定点扶贫工作得到进一步加强,定点扶贫模式开始在全国不同级别的机关中推行。在 2001—2010 年间,全国参与定点扶贫的机关越来越多,根据 2011 年国务院新闻办发布的《中国农村扶贫开发的新进展》报告,这个时期,参与定点扶贫的机关有中央和国家机关中各部委单位、人民团体、参照公务员法管理的事业单位、国有大型骨干企业、国有控股金融机构、各民主党派中央及全国工商联、国家重点科研院校等;定点帮扶对象是国家贫困县;定点帮扶工作机制主要是派出干部到扶贫点挂职、基础设施建设、产业化扶贫、劳务培训和输出、文化教育扶贫、科技扶贫、引资扶贫、生态建设扶贫、医疗卫生扶贫、救灾送温暖等。2010 年国家机关中参与定点扶贫的有 272 个,定点帮扶的国家贫困县有 481 个。在 2002—2010 年间,国家机关派出的挂职干部有 3559 人次,直接投入资金(含物资折款)90.9 亿元,帮助引进资金 339.1 亿元,培训各类人员 168.4 万人次。①

---

① 国务院新闻办公室的《中国农村扶贫开发的新进展(2011 年)》白皮书。

对机关定点扶贫发展产生较大影响的是 2010 年制定的《中国农村扶贫开发纲要(2011—2020 年)》。2011 年的《纲要》在机关定点扶贫上规定:(1)把机关定点扶贫纳入社会扶贫范围;(2)扩大参与定点扶贫的"机关"范围。2011 年《纲要》在"社会扶贫"中把"定点扶贫"归入其下,让"定点帮扶"成为"社会扶贫"的范畴。《纲要》在界定参与定点扶贫的主体时,除此前的国家党政机关外,还把各民主党派及团体和各类非公有制企业、社会组织等都纳入其中。对此,《纲要》规定"积极鼓励、引导、支持和帮助各类非公有制企业、社会组织承担定点扶贫任务"。这样,2010 年的《纲要》不仅把"定点扶贫"确定为社会扶贫,还界定了参与定点扶贫机关对象。为了落实《纲要》提出的定点扶贫工作,中共中央办公厅、国务院办公厅在 2010 年 7 月 8 日,制定了《关于进一步做好定点扶贫工作的通知》,对这种扶贫模式做了详细规定。在通知中对参与定点扶贫的"机关"进行了界定,指出机关定点扶贫中的"机关"有中央和国家机关各部门、各单位、人民团体、参照公务员法管理的事业单位、国有大型骨干企业、国有控股金融机构、国家重点科研院校、军队和武警部队等。这些机构是法定的、必须参与定点扶贫,要成为"党政机关和企事业单位定点扶贫,东西扶贫协作,军队和武警部队支援"[①]的新局面。此外,支持、鼓励各民主党派中央、全国工商联,各类大型民营企业、社会组织参与定点扶贫。为了规范军队和武警参与扶贫工作,还专门制定了《印发〈关于进一步加强全军和武警部队参与扶贫开发工作的意见〉的通知》,鼓励军队和武警部队参与全国贫困县的定点扶贫。《通知》中指出定点扶贫的对象是革命老区、民族地区、边疆地区、贫困地区等国家贫困县。同时,指出参与定点扶贫是国家党政机关、企事业单位走进基层、了解民情、培养干部、转变作风、密切党群干群关系的途径。这样机关定点扶贫不仅是解决贫困地区的贫困问题,还是各级领导干部培养、作风建设的重要机制。

根据以上文件,2012 年,国家部署了新一轮的定点扶贫工作,从中央到地方各级、各类党政、企业、社会组织积极参与定点扶贫。如中央机关到 2015 年,参与定点扶贫的单位达 310 个,对 592 个国家贫困县实现了定点帮扶全覆

---

① 国务院新闻办公室的《中国农村扶贫开发的新进展(2011 年)》白皮书。

盖;军队和武警部队对 63 个国家贫困县、547 个贫困乡镇、2856 个贫困村结成定点扶贫;68 家中央企业在 108 个革命老区贫困县开展"百县万村"活动,实施定点帮扶。其中,89 个中央国家机关部门和单位全部参与定点扶贫,定点帮扶 173 个贫困县;在 2012—2016 年间,累计帮助定点扶贫贫困县协调到的资金、物资约 67 亿元;89 个参与扶贫机关部门和单位都选派了挂职干部到定点扶贫县挂职。[①] 全国有扶贫任务的各省(区、市)的省级机关全面参与到本省的定点扶贫中,如云南省 2016 年省级机关参与"挂包帮"定点扶贫的由 257 家增至 300 家。[②]

（四） 机关定点扶贫的新发展

2012 年,中国扶贫工作上由于受到国家确定的 2020 年基本消除绝对贫困目标的约束,为了实现新确立的扶贫目标,国家对定点扶贫机制进行了完善。2015 年 8 月,国务院扶贫开发办公室发布了《关于进一步完善定点扶贫工作的通知》。《通知》中对中央、国家机关、单位参与定点扶贫的"机关"进行了调整,参与"机关"由 300 个增加至 320 个,实现了对全国 592 个国家贫困县的全覆盖;对军队和武警部队要求继续推进对贫困县、贫困乡镇、贫困村的定点帮扶的深度和广度。《通知》对参与定点扶贫的"机关"选派干部到扶贫点的挂职进行了新规定,要求选派的挂职干部到扶贫县任县委或县政府副职,时间为 1—3 年,定期轮换;每个单位至少选派 1 名优秀干部到定点扶贫县的贫困村中任第一书记,并明确规定挂职扶贫是参与"机关"的干部培养锻炼机制。在定点扶贫措施上要求以技能培训、转移就业等为手段,以增强贫困地区干部群众自身能力为目标。

"十二五"期间,中央机关共向定点扶贫的 592 个国家贫困县选派的挂职干部达 1670 人次,帮助获得扶贫资金(含物资折款)118.6 亿元,引进各类资金 695.8 亿元,劳务输出 31 万人次。军队和武警建立的定点扶贫点有 2.6 万多个,其中国家贫困县 35 个、贫困乡镇 401 个、贫困村 3618 个。[③]

① 杨光:《中央国家机关 5 年投入资金物资 67 亿元帮扶定点扶贫县》,http://www.cpad.gov.cn/art/2017/5/4/art_40_62631.html,访问时间:2018 年 6 月 10 日。

② 《云南省不断完善社会扶贫工作体系》,http://yn.yunnan.cn/html/2016-05/15/content_4337357.htm,访问时间:2018 年 6 月 10 日。

③ 数据来源于国务院新闻办公室的《中国的减贫行动与人权进步(2016 年)》白皮书。

地方有扶贫任务的省(区、市)中各级机关全面参与定点扶贫。2014 年 6月之前,全国 28 个有扶贫任务的省份中有 25 个实施了驻村扶贫工作队的派出工作机制。省、市、县三级政府共派出扶贫工作队 9.83 万个,驻村帮扶干部近 40 万人。[1] 2015 年后,此种扶贫工作机制得到加快,根据 2017 年最新统计,全国参与驻村帮扶的干部共有 77.5 万名,任贫困村和基层组织薄弱村第一书记的有 18.8 万人,实现对全国 12.6 万个贫困村全覆盖。[2] 其中贫困大省——贵州在机关定点扶贫上投入的人力和物力是空前的。根据统计,在2011—2015 年间,贵州全省县级以上机关事业单位每年有 3000 人投入党建扶贫。2013 年全省参与定点扶贫的公务人员近 57000 人。扶贫工作队数量也成倍增加。2015 年,贵州省派出了 9498 名干部到贫困村出任驻村"第一书记"[3]。据不完全统计,2017 年,全国累计选派驻村干部达 277.8万人。[4]

二、机关定点扶贫的工作机制

机关定点扶贫及驻村工作队扶贫机制,被公认为在扶贫工作中具有"帮助贫困群众理清发展思路、夯实扶贫的组织基础、提高自身发展能力,参与扶贫攻坚"的功能。[5] 机关定点扶贫主要机制是:促进经济发展、改善基础设施、提高教育水平、加强基层党建、引领文明新风尚等五个方面。总结机关定点扶贫模式的机制,可以分为:选派干部到扶贫对象中支持发展,具体又分为派扶贫挂职干部、组建扶贫工作队、派驻贫困村第一书记三种形式;帮助协调各种扶贫资源投入扶贫对象;帮助和增加各种扶贫工作中需要的技能培训。挂职干部和驻村第一书记主要职责是宣传党的政策、发动贫困群众、实施扶贫项

---

① 参见李海涛:《每村都有工作队　每户都有责任人　40 万干部驻村精准扶贫》,ht-tp://www.agri.cn/V20/ZX/nyyw/201407/t20140711_3965376.htm,访问时间:2017 年 6 月 10 日。

② 参见王晓毅:《十八大以来驻村帮扶机制创新实践研究》,《中国扶贫》2017 年第 20 期。

③ 周恩宇:《定点扶贫的历史溯源与实践困境——贵州的个案分析》,《西南民族大学学报》2017 年第 3 期。

④ 参见刘永富:《从严从实,坚决打赢脱贫攻坚战》,http://finance.people.com.cn/n1/2018/0211/c1004-29817352.html,访问时间:2018 年 5 月 23 日。

⑤ 参见周恩宇、聂开敏:《定点扶贫的结构性实践困境——以滇、黔、桂特困区 X 县减贫实践为例》,《北方民族大学学报》2017 年第 1 期。

目、监管扶贫资金、推动政府改革等。① 挂职干部和扶贫工作队在扶贫工作中的作用是引导、指导扶贫对象获得发展能力。②

机关定点扶贫在国家级上,主要是针对全国贫困县和集中连片区,省级主要集中在乡镇,市县级主要集中在村级。这种扶贫模式是中国扶贫事业中最大创新,成效显著,保证了国家扶贫政策和措施得到强有力的实施。机关定点扶贫模式的优点是扶贫主体明确、责任清晰、可操作性强。在实践中,机关定点扶贫是最见效、最实际、最稳定的扶贫方式,是社会扶贫力量中的核心。

机关定点扶贫具体机制是选派干部到扶贫点挂职,如中央机关定点扶贫对象是贫困县,在选择扶贫挂职干部上有挂职扶贫县的副职和贫困村第一书记两种。2012—2016 年 7 月,中央国家机关向定点扶贫的国家贫困县选派了 155 名挂职干部,参与挂职的干部中,司局级干部 10 人,处级干部 98 人,科级干部 33 人,其余 14 人是高级工程师和技术人员。在驻贫困村第一书记上,共选派了 93 名,其中司局级干部 3 人,处级干部 31 人,科级干部 59 人。③ 在 2012 年到 2017 年间,中央国家机关工委牵头联系的 89 个部门和单位对 21 个省(区、市)的 173 个贫困县定点扶贫,覆盖了除西藏外的 13 个集中连片特困区和实施特殊政策的区域。自 2014 年以来,已经帮助 560 万建档立卡贫困人口实现脱贫。④ 这种挂职扶贫,在地方扶贫任务重的省(区、市)中数量更多,如云南省在 2016 年 8 月,在各级参与定点扶贫的机关中就选派了 37379 名驻村扶贫工作人员,组成驻村扶贫工作队 6770 支,实现了对全省 4277 个贫困村的全覆盖。⑤

省级机关参与定点扶贫时承担的对象是贫困县和贫困村,其中贫困村是省级机关定点扶贫的重点。2016 年 1 月,根据国务院扶贫办统计,全国 12.8

---

① 参见《中央国家机关:定点扶贫"各显神通"》,《紫光阁》2016 年第 12 期。

② 参见周恩宇:《定点扶贫的历史溯源与实践困境——贵州的个案分析》,《西南民族大学学报》2017 年第 3 期。

③ 参见《中央国家机关:定点扶贫"各显神通"》,《紫光阁》2016 年第 12 期。

④ 参见肖静芳:《中央国家机关定点扶贫工作成果在京展示》,《中国民族报》2017 年 10 月 13 日第 01 版。

⑤ 参见瞿姝宁:《云南省"结对帮扶""驻村扶贫"覆盖 4277 个贫困村》,https://www.yndaily.com/html/2016/yaowenyunnan_0822/103894.html,访问时间:2018 年 5 月 23 日。

万个贫困村中已经有 12.5 万个驻村扶贫工作队,43 万派驻村干部对贫困村实施定点扶贫,基本实现了对贫困村的全覆盖。[①] 如四川省 2016 年 1 月在制定的《关于做好 2016—2020 年定点扶贫工作的通知》中规定参与省级定点扶贫的单位有省直各部门(单位)、部分中央驻川单位、省内大中型骨干企业、高等学校和部分经济较发达市、县(市、区)等共计 249 个单位组成,定点扶贫对象是"四大片区"中的 88 个贫困县,其中省内经济较发达的 7 个市负责对省内 20 个藏区县实施定点扶贫。从《通知》看,四川的省级机关在定点扶贫上实现了对全省贫困县的全覆盖。[②]

机关定点扶贫通过定点帮扶机制给予扶贫对象获得发展中需要的资金、人才等各种资源。如辽宁省机关定点扶贫在 1998—2008 年间,参与机关由 114 个增加至 198 个,干部 2989 人,引进资金 14 亿,实施工农业项目 3825 项,资助贫困生 29518 人。[③] 从实践看,参与定点扶贫的"机关"由于在级别和性质上存在不同,在实施帮扶中,对扶贫对象的作用也存在不同,这让定点扶贫效果十分复杂。从行政层级上看,参与定点扶贫的"机关"层级越高,能够整合的资源越多;在同一级别的"机关"中,拥有决策权和财政支配权的"机关"能提供的扶贫资源较其他机关更多。如贵州省 R 省直属机关从 1994 年开始定点帮扶 X 县,在 22 年的帮扶中,帮扶涵盖了全县所有乡镇,为帮扶县协调争取到了各种扶贫资金 50 多亿元。[④] 通过机关定点扶贫,该贫困县获得了巨额的发展资金。如国家、省级和市级机关由于资源整合能力强,与县乡镇在定点扶贫上效果就更加明显。其中县乡镇由于是政策执行的末端,虽然参与定点扶贫人数最多,但多是执行具体扶贫工作,在设定的扶贫功能上多是形式。[⑤] 所以机关定点扶贫对扶贫点的扶贫作用呈现出很大的差异,还有很多

---

① 参见傅鹏娜、龙文华、罗琦、陈蓉:《结对扶贫政策实施的效果评估——基于对山西省 J 县的调查发现》,《老区建设》2017 年第 8 期。

② 参见《关于做好 2016—2020 年定点扶贫工作的通知》,http://jzfp.swpu.edu.cn/info/1010/1051.htm,访问时间:2018 年 5 月 23 日。

③ 参见珂文:《定点扶贫新举措:工作到村,措施到户》,《新农业》2008 年第 7 期。

④ 参见周恩宇:《定点扶贫的历史溯源与实践困境——贵州的个案分析》,《西南民族大学学报》2017 年第 3 期。

⑤ 参见周恩宇、聂开敏:《定点扶贫的结构性实践困境——以滇、黔、桂特困区 X 县减贫实践为例》,《北方民族大学学报》2017 年第 1 期。

机关由于职责原因,参与定点扶贫反而对自己本职工作产生不利影响,让参与扶贫流于形式。

第三节　结对帮扶扶贫模式

结对帮扶扶贫模式,又称为"挂包帮"扶贫模式,是指国家动员党政机关、国有企业、事业机关中的特定部门或个人参与扶贫时,根据扶贫部门识别出来的贫困地区中特定部门的特别需要,或者贫困户、贫困个体脱贫发展中的特别需要,由参与扶贫的部门或个人针对贫困地区的特定部门或贫困户、贫困个体的特殊需要给予相应资源、资金支持,让贫困地区的特定部门或贫困户、贫困个体获得发展动力,实现脱贫的扶贫模式。结对帮扶扶贫模式瞄准对象是贫困地区的特定部门或者贫困户和贫困个体;扶贫主体是党政国家机关、国有企业、事业机构中的特定部门或工作人员,特别是各级领导干部,扶贫措施十分具体,具有较强针对性。结对帮扶扶贫模式属于中国社会扶贫模式中的二级扶贫模式。结对帮扶扶贫模式可以分为针对贫困户的结对帮扶和针对教育、卫生等的特定领域的结对帮扶两种机制。当前,在结对帮扶上还有由中国工商联、国务院扶贫办和中国光彩会在全国推行的"万企帮万村"行动,现在已经有22000多家民营企业与21000多个贫困村通过投资项目、安置就业等形式形成结对帮扶。

结对帮扶扶贫模式,在具体措施上有对特定部门,如医疗和教育部门,给予相关对象设备、技术、人员上的支持;对贫困户或贫困个体,根据不同情况,对有劳动能力的贫困家庭和个人,根据致贫原因给予资金支持、项目开发、技能培训、就业转移等帮扶,让扶贫对象获得发展的资源和能力,提高收入,实现脱贫。结对帮扶扶贫模式的核心机制是对贫困户实施一对一的帮扶。对因子女上学致贫家庭,资助和解决上学中需要的费用,完成学业。对无劳动能力、无生活自理能力的特困家庭,给予资金支持,改善生活条件,提高生活质量。此外,还承担贫困地区新道德风尚、社会精神文明方面的帮助和支持。

一、贫困户为对象的结对帮扶

针对贫困户的结对帮扶,是当前国家精准扶贫实施中的基本制度保障。

2012年,国家开始推行针对贫困户的结对帮扶扶贫,2015年在全国有扶贫任务的省(区、市)全面推行。结对帮扶扶贫在措施上有"一对一结对"帮扶、"一对多结对"帮扶、"多对一结对"帮扶等形式。"一对一结对"帮扶是一个扶贫主体结对一个扶贫对象给予扶贫支持;"多对一结对"帮扶是指几个扶贫主体结对一个扶贫对象给予扶贫支持;"一对多结对"帮扶是指一个扶贫主体结对几个扶贫对象给予扶贫支持。如贵州推行"5321"结对帮扶活动,即厅级领导结对帮扶5户,县级领导结对帮扶3户,科级领导结对帮扶2户,一般干部结对帮扶1户。云南省为了实现对全省4个集中连片特困区、93个贫困县(包括国家贫困县和片区贫困县)、476个建档立卡贫困乡(镇)、4277个建档立卡贫困村中的194.5万贫困户、574万贫困人口结对帮扶,全省通过省(市)县乡四级联动,到2016年10月动员了全省300家省级、2087家州级、10948家县级单位中的63.46万名干部参与针对贫困户的结对帮扶扶贫机制,实现了对全省194.5万贫困户的结对帮扶覆盖。① 2012年2月,甘肃在全省58个贫困县、8790个贫困村中实施40余万干部参与的40多万贫困户的结对帮扶。② 现在,全国各个承担扶贫任务的省(区、市)都全面实施这种一对一的针对贫困户的结对帮扶扶贫机制。

二、教育结对帮扶

西部贫困地区在教育和医疗上长期处于落后状态中。为了提高贫困地区的教育和卫生服务质量,国家通过结对扶贫机制提高这两个方面的质量。在教育结对帮扶上,2001年4月11日,中办、国办发布了《关于推动东西部地区学校对口支援工作的通知》,决定实施东西部高校间一对一的结对教育援助。为此,设立了"东部地区学校对口支援西部贫困地区学校工程"和"西部大中城市学校对口支援本省(自治区、直辖市)贫困地区学校工程"两个高校专项教育扶贫工程,具体由东部参与扶贫的省(市)选择扶贫协作地区需要帮扶的高校形成"一帮一"的结对帮扶关系。2001年6月13日,教育部在《对口支援

---

① 参见李丹丹:《云南63.46万名干部结对帮扶贫困户》,《昆明日报》2016年10月15日,http://yn.yunnan.cn/html/2016-10/15/content_4576912.htm,访问时间:2018年5月23日。

② 参见冯志军:《兰州4万余干部进村结对扶贫考核未过者被问责》,《决策探索》2014年第7期。

西部地区高等学校计划的通知》中,正式确定东部地区的北京大学、清华大学等13所高校对西部13所高校实施"一对一"结对帮扶。2010年教育部颁布了《关于进一步推进对口支援西部地区高等学校工作的意见》,从九个方面进一步加强东西部结对教育帮扶的工作,形成东部64所高校对西部38所高校结对帮扶。2017年4月10日,教育部颁布《关于对口支援兰州城市学院等高校工作的通知》,决定在东西部高校结对帮扶中增加华东师范大学支援兰州城市学院、中国政法大学支援甘肃政法学院、中南大学支援江西理工大学、兰州大学支援青海师范大学、厦门大学支援青海民族大学以及中国人民大学、北京理工大学组团支援延安大学。此外,针对新疆和西藏两个地区,实施"援疆学科建设计划""对口支援新疆高等师范学校工作"和"内地高校对口支援西藏高校"等专项结对教育帮扶工程。东西部高校结对帮扶实施后,仅在2001年到2009年,东部援助高校就选派了1300名教师到西部受援高校实施支教,西部受援高校选派4000多名教师到东部援助高校接受进修学习。此外,东部援助高校还支援或与受援高校合作,承担省部级以上各类科研项目200多项。

三、医疗卫生结对帮扶

为了推进医疗卫生上的结对帮扶,1997年1月15日《中共中央、国务院关于卫生改革与发展的决定》中提出"建立城市卫生机构对口支援农村的制度,采取人员培训、技术指导、巡回医疗、设备支持等方式,帮助农村卫生机构提高服务能力"扶贫机制,其中在结对医疗扶贫上实施"万名医师支援农村卫生工程""城市三级医院医务人员对口支援县级医院""二级以上医疗卫生机构对口支援乡镇卫生院"工程等。为了让军队和武警部队的医疗卫生机构更好参与西部贫困县的医院建设,2001年卫生部、总后卫生部联合启动了"百所军队医院对口支援105所西部地区县医院"工程。2002年1月,中共中央、国务院发布《关于进一步加强农村卫生工作的决定》要求,"组织城市和军队的大中型医疗机构开展'一帮一'活动,采取援赠医疗设备、人员培训、技术指导、巡回医疗、双向转诊、学科建设、合作管理等方式,对口重点支援县级医疗卫生机构和乡镇卫生院建设。"①这些政策和工程的实施构成了医疗卫生结对

---

① 钟开斌:《对口支援起源、形成及其演化》,《甘肃行政学院学报》2013年第4期。

帮扶的基本机制。

　　全国各个有扶贫任务的省(区、市)在扶贫工作中,大规模实施结对帮扶扶贫,构成了当前精准扶贫的主要工作机制。2017 年 10 月,云南省为了落实结对帮扶扶贫,制定了 50 多个政策文件或实施方案,选派了 59 万名干部职工与 159 万贫困户结成"一对一"的精准"挂包帮"扶贫,选派近 4 万名驻村扶贫工作队员,实现对全省贫困村和贫困户"挂包帮"扶贫全覆盖。通过全面实施结对帮扶,让云南省扶贫工作取得了长足发展。在 2012—2017 年间,全省投入扶贫资金达 400 多亿元,发放小额信贷 305 亿元,让 77 万建档立卡贫困户受益。在 2012—2016 年间,云南省农村贫困人口从 804 万降到 363 万,贫困发生率从 21.6% 下降到 9.8%,农民人均可支配收入从 4365 元增加到 7847元,全省 88 个贫困县全部实现了通电、通电话等。①

―――――――――――

① 　张永军:《西部大开发新格局——新时代·新思想·新征程》,《西部大开发》2017 年第10 期。

| 第 六 章 |

按扶贫主体性质分类

在中国扶贫模式分类上,若按扶贫主体的性质、特点,特别是扶贫过程中扶贫主体参与扶贫的程度,分为政府主导型扶贫模式、市场主导型扶贫模式、社会主导型扶贫模式三种。这三种扶贫模式具有不同的功能和特征,在当今世界各国的贫困治理中,起到的作用各不相同。其中政府主导型扶贫模式主要适用在发展中国家解决贫困群体巨大和区域性贫困突出时期;市场主导型扶贫模式主要适用于发达国家中贫困人口数量较少、分布分散、贫困差异复杂的贫困治理。政府主导型扶贫模式通过政府的动员能力和资源的集中控制,能够有效解决大面积、集中性的贫困;社会主导型扶贫模式通过专业扶贫群体的参与,针对特定贫困对象实施专业性扶贫。对当前中国的扶贫模式,中国政府总结认为:"在专项扶贫方面,重点实施扶贫易地搬迁、整村推进、以工代赈、产业扶贫、就业促进、扶贫试点、老区建设等七个方面工作。在行业扶贫方面,明确部门职责,在发展特色产业,开展科技扶贫、完善基础设施、发展文教事业、改善公共卫生和人口服务、提高社会保障水平、重视能源生态环境建设等七个方面加大支持倾斜力度。在社会扶贫和国际交流合作方面,继续加强党政机关和企事业单位定点扶贫、推进东西扶贫协作、进一步发挥军队和武警部队作用、动员企业和社会各界参与扶贫工作,积极开展国际交流合作。"[1]这

---

① 许建启、范小建:《集中连片特殊困难地区作为新一轮扶贫主战场》,《中国老区建设》2011年第2期。

是中国政府对当前适用扶贫模式的分类,从中可以看出,中国政府十分注重政府主导型和社会主导型两种扶贫模式结合而成的综合性扶贫模式的构建。

第一节　政府主导型扶贫模式

政府主导型扶贫模式是指在特定国家和地区的扶贫中,政府垄断各种扶贫资源及组织整个扶贫过程的扶贫模式。在这种扶贫模式中,政府不仅是扶贫过程中各种资源要素的提供者和配置者,而且还是整个扶贫活动的组织者。20 世纪 80 年代以来,在中国扶贫模式中起到主导地位的是政府主导型扶贫模式。这是中国扶贫的特色所在,也是优势和问题所在。

20 世纪 80 年代,中国扶贫的基本特征是实施政府主导下的开发式扶贫。对此,中国政府在总结自己的扶贫模式时,也公开认为基本原则是“政府主导、社会参与、自力更生、开发扶贫”。中国政府在贫困治理上,从开始就把扶贫开发当作国民经济发展的组成部分。为此,国家一直把扶贫工作列入国民经济和社会发展的中长期规划中,制定扶贫开发的中长期规划,协调国家经济发展与扶贫开发的进程,形成一种较具特色的政府主导、依靠行政力量、自上而下的国家贫困治理结构。中国扶贫工作在结构上是一种从中央到地方,层层负责的行政权力结构机制。

当前,对中国扶贫模式,有学者总结出 10 种,其中 8 种属于政府扶贫模式,如发展生产型模式、区域开发型模式、劳务输出型模式、基础建设型模式、科技扶贫型模式、发展特色经济型模式、易地搬迁开发型模式、小额信贷型模式等。① 所以说在中国扶贫工作中,政府是核心力量。

一、政府主导型扶贫模式的特点和优点

政府主导型扶贫模式在扶贫上对解决区域性深度贫困和高贫困发生率下的贫困治理拥有其他任何扶贫模式都没有的优势,这与它的特点紧密相关。

（一）政府主导型扶贫模式的特点

现在学术界在对政府主导型扶贫模式的特征理解上,是具有较高共识的,

① 参见张岩松:《以促进农民增收为目标　调整和完善农业财政支持政策》,《中国财政》2002 年第 7 期。

认为政府主导型扶贫模式的基本特征是政府对整个扶贫过程实施全面管控，如"政府承担扶贫政策的制定、扶贫重点的确立、扶贫资金的筹集、扶贫方向的把握以及扶贫过程和效果的督察与评价"[1]；"政府是扶贫资金来源、扶贫政策的制定者和执行者，是扶贫资金、项目等扶贫资源的决策权、使用权和控制权者"[2]。政府主导型扶贫模式具有扶贫战略上的稳定性和连续性，资金投入上稳定且持续，项目运作有程序和制度保障等。[3] 这些特征让政府主导型扶贫模式在运行中成为首选。

中国政府主导型扶贫最典型的是中国扶贫资金主要来自政府财政投入。自 1994 年《国家八七扶贫攻坚计划(1994—2000 年)》实施后，国家向贫困地区的投入大幅增加，并要求各省(区、市)依据自己不同的财政状况不断加大扶贫投入。这样整个扶贫资金都以政府财政资金作为基础开展。[4] 在 40 年的扶贫中，每个时期，政府的专项财政扶贫资金都是整个扶贫资金的主要来源，虽然在不同时期略有不同。其中，在 1978—1986 年间，全国扶贫资金绝大多数来自中央政府财政专项投入；1986—2000 年间中央和地方政府投入的扶贫财政专项资金达 1743 亿元，占全部扶贫资金的 75%；2000—2007 年间中央和地方政府投入财政和信贷扶贫资金合计 1364.74 亿元，占全部扶贫资金的 72%。自 1996 年起，随着国家扶贫攻坚的全面展开，每年财政投入的扶贫专项资金得到快速发展。如 2016 年中央和地方政府财政专项扶贫资金投入达 1000 多亿元。从这些数据看，中国扶贫资金绝大多数来自财政投入。此外，在社会扶贫资金来源上，由于社会扶贫的主体主要是各级政府、国有企业、事业单位等，它们投入的扶贫资金从本质上也是国有资金，甚至是财政资金。若把两者投入的资金结合起来，财政或国家性质的扶贫资金在整个扶贫资金上居于绝对主导地位。

在组织扶贫工作上，各级政府一直是中国农村扶贫的核心力量。全国扶贫工作是由贫困地区各级政府的扶贫部门推动实施。中国政府在中央政府和

---

[1] 岳佐华：《政府主导下的市场化运作扶贫模式研究》，《农村经济与科技》2007 年第 1 期。

[2] 陕立勤：《对我国政府主导型扶贫模式效率的思考》，《开发研究》2009 年第 1 期。

[3] 参见李周：《社会扶贫的经验、问题与进路》，《求索》2016 年第 11 期。

[4] 参见韩建华：《中国农村政府主导型扶贫运作模式的缺陷及其改进》，《经济研究导刊》2010 年第 36 期。

有扶贫任务的省(区、市)中,设立直到乡镇基层政府中的专门负责扶贫开发工作的机构,成为让全国扶贫工作能够有效运行的组织保障。政府主导扶贫除了设立专门负责扶贫工作的行政机构外,还在中央到地方参与定点扶贫的工作机关中选派挂职干部、工作人员到贫困县、贫困乡镇、贫困村中组织实施扶贫开发工作和帮助建设基层组织。① 这样中国在扶贫上具有很强的组织性,扶贫工作成为有组织的政府行为,而非一项社会事业。为了让全国贫困农村尽快摆脱贫困,实现贫困人口迅速缓解的目标,政府在扶贫上制定了很多政策措施。可以肯定地说,在当前全球贫困治理中,中国政府是最积极主动制定各种制度措施消除贫困的政府之一。

(二) 政府主导型扶贫模式的优势

政府主导型扶贫模式在扶贫工作中具有以下四个方面的优势:

1.政府拥有其他任何社会组织都无法相比的超强的社会动员和组织能力,能够在短期内筹集大规模扶贫资金和资源。中国自20世纪80年代开始启动扶贫工作到2010年间,在政府投入和动员下就有6000多亿元进入扶贫中,其中中央和各级地方政府直接投入的财政扶贫资金3000多亿元,动员社会扶贫资金1000多亿,扶贫信贷资金2000多亿元。此外,各级政府还有数千亿用于农村社会低保救济的资金投入其中。国家在整个贫困治理上,投入的资金十分巨大。这种资金上的筹集能力是任何社会组织无法达到的,保障了扶贫工作的有效开展。

2.政府利用完善的行政组织系统,全面贯彻国家制定的扶贫计划和项目,实现国家层面上的扶贫攻坚。要让各种扶贫规划和项目能够得到实施需要有强有力的组织保障。中国政府在扶贫中,通过机关定点扶贫和东西部扶贫协作实现了对全国14个集中连片特困区、592个国家贫困区、200多个片区贫困县"一对一"定点扶贫;通过"挂包帮"扶贫机制,对全国近1000万建档立卡贫困户实现了"一对一"结对帮扶;通过驻村工作队实现了对全国15万个贫困村"整村推进"综合扶贫开发。以上三个层次的扶贫瞄准对象,若没有行政组织力量支持是不可能实现国家规划提出的扶贫措施和工程的。

① 参见韩建华:《中国农村政府主导型扶贫运作模式的缺陷及其改进》,《经济研究导刊》2010年第36期。

3. 政府能够对全国贫困地区的贫困变化实施全面监测,并根据监测获得的信息及时调整政策和措施,保证扶贫措施和政策的针对性和有效性。贫困治理需要根据不同地区和群体中的致贫原因,开展针对性扶贫措施;同时,不同时期贫困群体在发展中需要解决的困难问题各不相同,也需要国家作出相应调整。这些都需要对全国贫困地区和贫困人口实施实时监测。中国农村贫困人口数量多、分布广,要获得这些数据需要进行大规模跟踪监测。然而,这种监测需要巨大的投入,是任何个人和组织无法独立完成的。中国政府通过国家统计局相关专门机构,对全国 592 个贫困县和农村住户调查两种监测机制,形成对全国农村贫困人口变化和扶贫政策实施效果进行系统的、长期的监测,为国家和社会扶贫提供全面的信息支持,成为国家扶贫决策的基础。

4. 政府能够根据扶贫需要制定中长期扶贫开发计划,并把扶贫工作与国民经济和社会发展相结合,保证扶贫工作的持续性。中国政府自 1994 年开始制定《国家八七扶贫攻坚计划(1994—2000 年)》,到现在已经制定了三个长期国家扶贫攻坚规划。其他两个是《中国农村扶贫开发纲要(2001—2010 年)》和《中国农村扶贫开发纲要(2011—2020 年)》。[①] 三个扶贫攻坚长期规划让国家扶贫工作有全面规划,防止扶贫过程中变化过快。在实践中,中国政府还制定中期扶贫开发规划,以让政府的扶贫工作与国家经济发展中的五年规划相协调。自2000 年后,中国政府制定了四个五年专项脱贫攻坚规划,分别是《"十五"脱贫攻坚规划》《"十一五"脱贫攻坚规划》《"十二五"脱贫攻坚规划》《"十三五"脱贫攻坚规划》。这些中长期规划成为指导各级政府、社会组织参与扶贫工作的纲领,让中国扶贫在不同时期能够集中解决扶贫中面临的主要问题。

二、政府主导型扶贫模式存在的问题

政府主导型扶贫模式在实践中虽然有以上优势,但存在的问题也十分突出。[②] 对政府主导型扶贫模式体现出来的问题,主要有以下几个方面:

---

① 参见汪三贵:《扶贫体制改革的未来方向》,《人民论坛》2011 年第 24 期。

② 对政府主导型扶贫模式中存在的问题,宫留记和郑功成两位学者有过较为系统的研究。其中宫留记指出了四个方面的问题,具体参见他的《政府主导下市场化扶贫机制的构建与创新模式研究——基于精准扶贫视角》(《中国软科学》2016 年第 5 期);郑功成指出了五个方面的问题,具体参见他的《中国扶贫问题与 NGO 扶贫的发展》(《中国软科学》2002 年第 7 期)。

1. 政府扶贫由于受到官员任期、政绩冲动和其他政府目标的制约,虽然有专门扶贫机构,但无法对扶贫对象进行持久帮扶。如整村推进扶贫模式在运行中需要较长时期的资金投入,长时期的管理和技能培训,但由于国家在扶贫目标上要在短期内实现全部消除贫困人口,于是这种扶贫模式很快就被以贫困户为主体的扶贫模式取代。

2. 政府为了让扶贫在短期内取得成绩,喜欢采取运动式扶贫,导致无法解决贫困地区和贫困人口致贫的原因,出现扶贫准确性差的结果。此外,政府扶贫决策上的全局性和政策性,会让扶贫过程中试错成本过高,同时运动式扶贫会抑制政府具体参与扶贫的部门对扶贫工作的创新冲动。加之,政府参与扶贫的工作人员的有限性,无法保证扶贫措施落实到位。这当中最典型的是在针对贫困户扶贫时,虽然当前政府采用建档立卡对贫困户实施动态管理,但错、漏评现象仍然十分明显。究其原因是贫困户的全国总额是根据国家统计局依照 2013 年低于年纯收入 2736 元的人为标准测算出的 8249 万。在此基础上,根据各省贫困发生率估算出贫困户名额进行分配到各省(区、市)。各省(区、市)再依据此办法估算出全省各市县的贫困户进行名额分配。这形成贫困户配额限制的问题,在现实中会出现一些县的贫困人户按标准多于或少于给予的配额问题。当出现贫困人口"多"于配给名额时会产生扶贫漏出的问题,当贫困人口"少"于配额时会出现扶贫资金浪费的问题。对此种现象,有两个学者分别对不同地区确定的贫困户进行过核实调查,得出这种识别方式仍然存在很大的问题。如对云南某贫困县 3 个贫困村调查后发现,由于乡里分配给村里的贫困户名额有限,但村内按国家贫困标准识别出来的贫困户数量远多于给予的配给名额,于是基层负责扶贫工作的机关和个人只能采用选择性配置,于是出现贫困对象瞄准上的漏失。[①] 再如对云、贵、川三省的 60 个村 1200 户实地调查时发现,2013 年建档立卡贫困户中有 40% 收入高于贫困线,非建档立卡的村民中有 58% 的收入在贫困线下。[②] 这样导致识别出来的贫困户出现较为严重的漏错现象,让政府主导型扶贫效果产生偏离。

---

① 参见李小云、唐丽霞、许汉泽:《论我国的扶贫治理:基于扶贫资源瞄准和传递的分析》,《吉林大学社会科学学报》2015 年第 4 期。

② 参见汪三贵、郭子豪:《中国农村的精准扶贫问题论中国的精准扶贫》,《贵州社会科学》2015 年第 5 期。

3. 政府行政偏好无法适应市场需求,政府机构的等级结构容易产生官僚主义和妨碍信息的有效流转,易让贫困和扶贫信息在传递中失真。这一切会造成政府主导型扶贫出现严重的资源浪费,或者实施的扶贫项目出现增产不增收等现象。扶贫效率低下,一直是政府主导型扶贫模式被批评的原因。政府主导型扶贫模式在运行中政府参与扶贫的部门往往出于自身部门的利益考量,让资金使用时出现虚化、缺失、低下等问题。这些问题是得到大量经验数据支持的。不同学者在定量分析时发现,中央扶贫资金中贴息贷款、以工代赈专项资金和财政扶贫资金效率存在严重的低下问题。如中央扶贫资金专项贴息贷款中,贵州省自 1986 年以来实施开发了近 5000 个扶贫项目,投入资金达 24 亿元,但最后能够产生扶贫效果的仅有 1/4。山西省在扶贫产业项目中有 1/3 因为各种原因被迫停产,导致此类扶贫项目贷款中 70% 成为呆滞贷款。此外,大量扶贫贷款在回收率上一直处在较低水平,如 2000 年中国人民银行委托中国农业银行发放的专项贴息贷款到期时回收率只有 50%,在发放的 100 亿扶贫贷款中呆滞账占 30%。还有很多扶贫贷款到位时间迟缓,可用周期短,无法产生效果。如很多年初计划启动的扶贫项目,到扶贫资金到达时已经是每年的 9 至 11 月,导致规划开发项目无法实施。最后,扶贫资金对贫困户覆盖率较低,根据统计,扶贫资金在实践中,有 44.5% 流向富裕户,20.2% 流向中等户,仅有 35.3% 流向贫困户。[①] 这些实证分析,让政府主导型扶贫模式中的效益人打折扣,失去了扶贫的目的。

4. 政府主导型扶贫让少数政府官员成为扶贫资源的控制者和分配者。这种分配机制会让拥有大量扶贫资源的政府官员出现"寻租"或者理性人抉择,导致很多扶贫资金分配和投向出现"扶贫目标偏离与转换"的问题,其中最典型的是出现"扶富不扶穷"的扶贫选择,最终让大量扶贫资金无法达到扶贫的目的。

5. 政府由于在扶贫工作中,既是运动员又是裁判员,导致对扶贫措施和项目无法进行科学和公正考核评估。这样导致扶贫决策部门无法对扶贫措施、扶贫项目、扶贫模式作出及时、准确的评估,影响了国家层面上的扶贫决策和措施的调整,让扶贫政策和措施出现无效问题。

---

① 参见陕立勤:《对我国政府主导型扶贫模式效率的思考》,《开发研究》2009 年第 1 期。

当然,指出政府主导型扶贫模式存在以上问题,并不能完全否定这种扶贫模式在过去和当下中国扶贫工作中的作用。因为中国的扶贫不仅是解决贫困人口的贫困问题,还涉及整个国家的发展、区域发展平衡、群体间贫富差距控制、边疆民族地区安定团结等国家治理中其他复杂治理目标的实现。从学术界研究看,也并不完全否定政府主导型扶贫模式的有效性,只是多认为政府主导型扶贫存在适用时期和扶贫面的问题。学术界多认为政府主导型扶贫在针对区域扶贫时效果十分明显,因为这种扶贫需要解决的是贫困地区社会经济发展中的基础性问题,要求强有力的组织和支持,如提高公共产品时需要通过建设交通、通讯、供电、饮水设施,提升义务教育、医疗卫生和环境保护等来促进贫困治理。但若贫困对象范围主要集中在贫困村、贫困户等微观对象时,这种扶贫模式的效果会随之下降。

针对政府主导型扶贫模式中存在的问题,可以通过采取以下措施进行抑制和消减,具体是在扶贫主体选择上采用政府主导下的其他主体积极参与,在扶贫组织构建上形成各类扶贫主体的合理定位,在扶贫任务确立上构建综合扶贫指标体系,在扶贫管理机制上加强对扶贫事务的监管等。① 这里提出的措施对改进政府主导型扶贫模式的效率会有积极作用,但仍然无法消除这种扶贫模式的固有缺点。

第二节　市场主导型扶贫模式

市场主导型扶贫模式是指政府通过制定相关政策和法律,在政策和法律范围内,支持和引导企业参与政府导向的扶贫,或通过政策和法律规范非政府组织的扶贫行为,或者政府通过购买非政府组织的服务,让他们参与到政府确定的扶贫工作中,实现针对特定贫困地区和贫困群体的贫困治理的扶贫模式。市场主导型扶贫模式可以分为纯粹型和杂混型两种。较为纯粹的市场扶贫模式主要适用在欧美发达国家,具体是政府制定相关法律法规,或通过购买服务,由非政府组织(NGO)实施具体减贫工作,政府不直接参与对贫困群体的

---

① 参见韩建华:《中国农村政府主导型扶贫运作模式的缺陷及其改进》,《经济研究导刊》2010年第36期。

帮扶、支持活动。市场主导型扶贫模式有一种模式是企业根据政府制定的相关扶贫政策和目标,全面承担扶贫活动,扶持、帮助贫困地区和贫困农户开展生产和经营,获得发展,达到贫困治理的目标。中国在 21 世纪前十年,积极培育龙头企业实施的产业扶贫就是此种扶贫模式,其目标是解决市场扶贫模式中主体缺失和贫困农户经营能力不足的问题。

一、政府主导下的市场化扶贫的制度保障

在扶贫工作中,政府主导型和市场主导型两者扶贫模式各自的优势和缺点都十分明显。针对政府主导和市场主导两种扶贫模式的不足,加上当前中国现有扶贫工作中面临的问题,学界认为中国在扶贫模式上应采用一种政府主导下的市场化扶贫模式。这种混合型扶贫模式的基本特征是:政府主要职责是提供扶贫资源和确定扶贫目标,但在扶贫资源配置和扶贫目标实现上由市场来完成。[1] 通过政府和市场的合理分工,让扶贫时更加有效地吸引社会力量参与,形成扶贫的良性循环。为了让政府主导下的市场化扶贫模式更具操作性,应通过五个方面的制度保障它的有效运行:(1)制定"扶贫法",界定政府和市场各自在扶贫中的边界;(2)政府积极培育和引导市场扶贫主体,加强市场化扶贫机制的设计,给予市场更多扶贫资源配置权,加大对市场扶贫的监管;(3)以精准和效率为中心改进传统市场化扶贫模式;(4)加强对市场化扶贫模式的研究和推广;(5)加快当前扶贫模式的市场化。[2] 以上五个措施对改进当前中国扶贫中政府主导下的市场化运行具有较高的参考价值。

二、市场主导型扶贫模式的实践

21 世纪初期,由于在实践中地方政府越来越发现完全由政府主导的扶贫模式,在成本上很高,在效率上很低,加之易产生腐败等问题。于是,很多地方政府都积极根据当地贫困特点和社会情况,纷纷在坚持政府主导下,开展各种形式的市场化扶贫探索。如四川省巴中市在扶贫中引入市场机制时获得了显

---

[1]　参见宫留记:《政府主导下市场化扶贫机制的构建与创新模式研究——基于精准扶贫视角》,《中国软科学》2016 年第 5 期。

[2]　参见宫留记:《政府主导下市场化扶贫机制的构建与创新模式研究——基于精准扶贫视角》,《中国软科学》2016 年第 5 期。

著成绩。① 有学者对一些地方实践的模式进行理论提升,如2012年有学者对"岗底模式"成功模式进行理论总结后得出这种扶贫模式的基本机制是"扶贫+科技+市场"②。理论界对这种扶贫模式进行了更具体的模型化研究,如2008年徐志明提出"提高扶贫投资效率的关键是在反贫困中引入市场机制"③;2013年孙文中等提出"建构一种'政府主导、市场运作、主体参与'的扶贫机制"④。这些研究为中国扶贫模式转型提供了实践和理论上的支持。

总之,学术界在这个时期希望通过在现有扶贫实践中引入市场力量的扶贫经验进行理论提升,形成更加有效的市场扶贫模式。但从国内实践和理论研究看,对市场主导下的扶贫模式的各种具体扶贫机制研究还存在很大的不足。这可能与国家在扶贫过程中政府力量过于强大有关,特别是进入2015年后,由于扶贫进入政府刚性扶贫目标制约时期,让各地政府在扶贫中不再关注提高效率和针对性,而是在规定目标下按期完成上级下达的扶贫任务。于是,2015年后,中国扶贫工作中市场主导型扶贫模式不再作为扶贫模式的优选。

第三节 社会扶贫模式

社会扶贫模式是指在中国扶贫工作中,除政府专职扶贫机构以外所有参与扶贫工作的总称。⑤ 中国社会扶贫模式包括国家机关定点扶贫、东西部扶贫协作、国际组织和国外政府的双边合作扶贫、国内和国际非政府组织的扶贫等。社会扶贫模式在当前中国扶贫工作中承担着较为重要的作用,构成了中国扶贫力量的重要一翼。中国社会扶贫模式与国外社会扶贫模式存在着明显的区别,国外社会扶贫模式主要是指非政府组织开展的、具有慈善性质的扶贫工作,而中国社会扶贫中参与的社会力量具有复杂的社会性质,是一种行政目

---

① 参见底瑜:《当代中国反贫困战略的选择与重构——以四川省巴中市"巴中新村"为例的研究》,《中国软科学》2005年第10期。

② 赵慧峰、李彤、高峰:《科技扶贫的"岗底模式"研究》,《中国科技论坛》2012年第2期。

③ 徐志明:《扶贫投资低效率与市场化反贫困机制的建立》,《乡镇经济》2008年第9期。

④ 孙文中:《创新中国农村扶贫模式的路径选择——基于新发展主义的视角》,《广东社会科学》2013年第6期。

⑤ 参见王雨林:《中国农村贫困与反贫困问题研究》,浙江大学出版社2008年版,第157页。

标下的参与,而不是真正意义上的"自愿型"社会扶贫力量。如中央到地方各级政府部门、高校、军队等参与的扶贫就不完全出于这些机构的社会责任心,而是出于中央政府的指导和安排。当前,中国社会扶贫中扶贫主体由挂职干部、驻村工作队、志愿者三类组成;在扶贫手段上有捐款捐物、提供科技支持、参与项目发展、协调扶贫资源等多种形式。

中国社会扶贫模式在含义上具有特殊性,为此,把中国社会扶贫模式分为广义和狭义。广义上的社会扶贫模式泛指政府专职扶贫开发机构(即各级政府中扶贫办)以外的,所有参与扶贫开发工作的扶贫活动;狭义上的社会扶贫模式是指民间社会组织、企业法人和公民在中国境内给予穷困人口和社会弱势群体提供的各种社会救助、开发支持、公益服务等的扶贫活动。对社会扶贫模式的特点,学术界有很多总结,如从功能特点出发,认为能弥补政府扶贫的不足,满足贫困个体多样需求,优化贫困治理结构,统合扶贫资源,最大限度发挥扶贫主体功能等;[1]从运行特点出发,认为有让扶贫主体由单一走向多元互动,行动目标从工具理性走向价值理性,行动内容从经济扶持走向需求导向,行动方式从强行输入走向内源发展等。[2]

对社会扶贫模式在扶贫工作中的优点和不足也有不少总结和提炼。在优势上有委托代理关系明确、责任清晰、问责制度健全、监督机制完善、创新主体活跃、资源配置有效性高等;在不足上有扶贫主体资源动员能力弱、投入稳定性差、项目实施连续性不强,[3]无法承担大面积贫困区域、整体性贫困的贫困治理等。

一、当前中国社会扶贫的种类

中国社会扶贫的种类主要有五种和六种分类,其中"五种"是定点扶贫、东西部扶贫协作、社会组织扶贫、企业事业扶贫、个人扶贫;[4]"六种"是定点扶

---

① 参见王雨林:《中国农村贫困与反贫困问题研究》,浙江大学出版社 2008 年版,第 157 页。

② 参见苏海、向德平:《社会扶贫的行动特点与路径创新》,《中南民族大学学报》2015 年第 3 期。

③ 参见李周:《社会扶贫的经验、问题与进路》,《求索》2016 年第 11 期。

④ 参见林万龙、李成威、陆汉文、曹洪民:《全面深化改革背景下中国特色社会扶贫政策的创新》,《经济纵横》2016 年第 6 期。

贫、对口扶贫、企业扶贫、社会组织扶贫、国际组织扶贫、个人扶贫。① 这两种分类不管从学理还是实践上看,都存在不足,因为在分类标准上存在混杂、交错等问题。2014 年,由国务院扶贫办等多个部门联合制定的《创新扶贫开发社会参与机制实施方案》中,认为中国当前的社会扶贫有定点扶贫,东西部扶贫协作,军队和武警部队扶贫,各民主党派、工商联和无党派人士扶贫,企业扶贫,社会组织扶贫,个人扶贫等。若从参与社会扶贫主体看,当前中国参与社会扶贫的主体有中央国家机关、地方各级政府、各民主党派、工商联组织、无党派人士、军队、武警部队、社会组织、大中专院校、科研院所、企事业单位、文化单位、企业法人、公民等。这些社会扶贫主体根据社会属性可以分为官方性质的社会组织和非官方性质的社会组织,即通常所说的 NGO 组织。当前,中国参与社会扶贫的很多主体在参与时具有很强的政治性和政策性驱使的特点,与 NGO 组织和社会中志愿者参与社会扶贫存在本质的不同,因为 NGO 和志愿者参与扶贫完全是出于自身组织的宗旨和自愿。当前,中国社会扶贫中,这种官方性质的社会扶贫主体成为核心,这是当前中国社会扶贫上的重要特点。

在中国,社会扶贫模式起到十分重要的作用,但由于中国的社会扶贫与社会组织,特别是 NGO 意义上的扶贫存在差异。因为中国社会扶贫模式中政府机关定点扶贫不属于社会组织,特别是 NGO 组织的扶贫,但属于中国当前社会扶贫的范围。为了厘清两者关系,将对中国社会扶贫模式的具体种类分别讨论。

根据中国当前社会扶贫主体的性质,把社会扶贫主体分为政府机关、非政府组织、企事业单位和公民四种。根据四种社会扶贫主体,中国的社会扶贫模式可以再次分为政府机关参与的社会扶贫模式、非政府组织参与的社会扶贫模式、企事业单位参与的社会扶贫模式、个人参与的社会扶贫模式。下面对这四种社会扶贫模式分别考察,以全面反映中国社会扶贫模式的运行机制和特点。

（一）政府机关参与的社会扶贫模式

政府机关参与的社会扶贫模式是中国社会扶贫中的第一核心力量。政府机关参与社会扶贫是中国社会扶贫中的重要特点,构成了中国社会扶贫的主

---

① 参见李周:《社会扶贫的经验、问题与进路》,《求索》2016 年第 11 期。

要内容,在整个扶贫工作中起到了十分关键的作用。国家机关参与社会扶贫在中央层次上有中央机关和国务院部委定点对国家贫困县的扶贫;地方政府主要有东西部扶贫协作和有扶贫任务省(区、市)党政机关、直属部门及发达市县等对辖区内贫困市县及乡镇村定点扶贫。

国家机关参与定点扶贫始于 1984 年国家要求"国家有关部门",即计划、农林、水电、商业、交通、机械、冶金、煤炭、化工、地质、物质、民政、卫生、文教、金融、计生委等中央部委指定专门人员参与扶贫,标志着中国社会扶贫正式开始。根据统计,1984 年,中央机关中有 44 个部委参与了对国家贫困县定点扶贫,占当时国务院 90 个部委的近半,覆盖了全国 18 个集中连片特困区。全国贫困省(区、市)中共有 700 个政府机关单位参与了定点扶贫,基本形成每个国家贫困县都有中央部委或地方机关定点帮扶的社会扶贫机制。

1987 年,国务院召开第一次中央、国家机关定点扶贫工作会议,对此前定点扶贫工作进行总结和新安排,此后中央国家机关参与定点扶贫的单位越来越多。同时,全国各省(区、市)党政机关也纷纷参与到定点扶贫工作中。中央、地方党政机关参与定点扶贫经历了从自发到政府动员再到制度化的发展过程。1994 年,国家在制定并实施的《国家八七扶贫攻坚计划(1994—2010年)》中的"社会动员"部分规定实施东西部扶贫协作,在本质上是一种地方政府间的社会扶贫。1996 年,国家对东西部扶贫协作作出制度化安排,让地方政府间的扶贫得到进一步推广。东西部扶贫协作实施后,很多地方政府积极参与,如深圳市从 1989 年起,每年把可支配财政中的 2% 用于支援革命老区和贫困山区发展各类工业项目。1995 年 3 月,深圳市发起"特区与老区山区心连心"活动,促进了深圳市民参与社会扶贫的高潮。在扶贫活动中仅"希望工程"就在三个月内筹到 7000 万元捐款,建成 111 所希望小学,让 6 万多学龄儿童重返校园。省域内的机关定点扶贫具体是有贫困县市的省(区、市)组织和实施省级直属机关和发达州市定点扶贫本省(区、市)内的贫困市县,促进了政府机关参与定点扶贫的规模。如 1989 年广东省安排广州、深圳、珠海等沿海 7 个发达市定点帮扶山区欠发达的 6 市 2 县。①

政府机关参与定点扶贫虽然成绩显著,但存在明显问题,其中主要有扶贫

---

① 参见陈池波、赵蕾:《论社会扶贫》,《农业现代化研究》1997 年第 4 期。

资金使用非扶贫财政资金导致相关部门的财政经费使用出现改变,扶贫项目选择受到政府干预过多导致项目与扶贫对象的需求无法匹配,存在扶贫运作成本过高、效率低下等问题。①

(二) 非政府组织参与的社会扶贫模式

非政府组织参与社会扶贫是社会扶贫中第二种主要力量。非政府社会组织扶贫是指除党政国家机关、企事业法人外,具有非政府、非营利、公益性特征的基金会和民办非企业组织等各类社会组织参与的扶贫活动。非政府组织参与社会扶贫具有组织性、非政府性、非营利性、自愿性、利他性等特征。20世纪80年代中后期到90年代,国内纷纷建立各种非政府社会组织,其中很多非政府社会组织的宗旨是解决国内特定贫困对象贫困问题。这类针对扶贫工作设立的非政府社会组织或项目主要有中国扶贫基金会、中华慈善总会、中国社会科学院小额信贷中心、全国妇联巾帼扶贫行动、全国残联扶贫活动、希望工程、爱德基金会、香港乐施会、光彩事业、幸福工程、宋庆龄基金会扶贫救助项目等。此外,大量的小规模、非公募型基金会和民间非营利社会组织也纷纷参与到社会扶贫活动中。1994年,中国政府制定的《国家八七扶贫攻坚计划(1994—2000年)》中,提出在扶贫工作中要积极开展与有关国际组织、区域组织、政府和非政府组织的交流,引导各种社会组织参与到扶贫工作中。2001年中国政府在《中国农村扶贫开发纲要(2001—2010年)》中指出"要积极创造条件,引导非政府组织参与和执行政府扶贫开发项目","逐步规范非政府组织开展的扶贫开发活动。欢迎海外、境外的华人、华侨及各种社团组织,通过不同形式,支持贫困地区的开发建设"。这样,国家在宏观扶贫规划上作出了鼓励和吸收非政府组织参与社会扶贫的基本原则,承认非政府组织在国家扶贫工作中的积极作用。

国际和国外社会组织参与中国扶贫时间较早,自20世纪八九十年代一些大型扶贫项目对中国扶贫工作的推进产生了积极影响,为中国扶贫模式的形成提供很多经验和探索,成为中国扶贫模式和扶贫机制创新的重要来源。国际和国外社会组织参与中国扶贫主要有大型综合性扶贫项目的推广、帮助和

① 参见李周:《社会扶贫的经验、问题与进路》,《求索》2016年第11期。

支持扶贫机构和扶贫能力建设、扶贫问题合作研究等。① 根据统计,从 1981 年到 2007 年 6 月底,中国政府累计接受世界银行、亚洲开发银行、国际金融公司和国际农业发展基金会等国际金融组织用于特定扶贫领域的贷款高达 639.24 亿美元,②这些资金弥补了中国政府当时扶贫上的资金不足。国际组织支持的长期的、大型综合扶贫开发项目中,最具代表性的是世界银行在西南、秦巴、西部地区开展的多期扶贫信贷项目,其总援助资金达 6.1 亿美元,覆盖了 9 个省(区)、91 个贫困县,让 800 万贫困人口受益。③ 如 1995 年世界银行实施的大型综合性扶贫开发项目——"中国西南世界银行扶贫项目"利用国际开发协会和国际复兴开发银行贷款,对中国西南贫困山区实施综合性开发,以达尽快改善广西、贵州和云南三省(区)石灰岩溶山区贫困农民的生活环境。这一项目在中国政府的支持下持续了十多年,取得了显著成绩。2012 年 7 月,国务院批准了世界银行在中国进行的第六期扶贫项目,项目涉及西南、秦巴、西部、甘肃、内蒙古等地的贫困农村。世界银行扶贫项目在中国实施过程中,形成很多新的扶贫措施和理念,对中国政府及时调整扶贫政策和扶贫工作起到了积极作用。根据 2010 年统计,中国从 20 世纪 90 年代至 2010 年间,共利用国外组织和政府的扶贫资金达 14 亿美元,加上国内配套资金,直接用于扶贫的资金总额近 200 亿元人民币,实施了 110 个外资支持的扶贫项目,覆盖了中西部 20 个省(区、市)300 多个县,使 2000 万贫困人口受益。④

国内参与扶贫工作中的社会组织中,最大特点是多数属官办性质。这类社会组织在社会扶贫中起到了明显作用。这类社会组织的代表有中国青少年发展基金会、中国扶贫基金会、中国光彩事业促进会、中国青年志愿者协会、中国人口福利基金会、中国残联、共青团组织等。它们通过定点帮扶、结对帮扶、实施专项扶贫工程和参与具体扶贫工作等多种形式参与到扶贫工作中,成为政府扶贫的重要补充。这些组织实施的专项扶贫中,最有影响的有"大学生志愿服务西部计划暨中国青年志愿者研究生支教团""希望工程""青年志愿者支教扶贫接力计划""光彩事业""文化扶贫""幸福工程""春蕾计划""贫困

---

① 参见王晓宁:《论利用外资扶贫》,《广西审计》2000 年第 5 期。
② 参见《中国外资扶贫开发成就斐然》,《财经界》2006 年第 3 期。
③ 数据来源于国务院新闻办公室《中国的农村扶贫开发》白皮书(2001 年)。
④ 数据来源于国务院新闻办公室《中国农村扶贫开发的新进展(2011 年)》白皮书。

农户自立工程""农村贫困残疾人危房改造项目"等工程。

中国以扶贫为宗旨的专门社会组织是成立于 1989 年的中国扶贫基金会,该组织的宗旨是扶助乡村贫困人口获得发展,摆脱贫困。基金会成立后,开展实施了 200 多项专项扶贫项目,为贫困地区、贫困家庭提供的资金和物资达 6 亿多元,让 50 多万贫困人口受益,很多贫困人口获得发展能力,走向脱贫致富的道路。如 2000 年基金会实施了 7 大类 31 项扶贫项目,分别是贫困农户自立能力建设小额信贷扶贫项目、贫困农户自立工程、妇幼健康网络项目、富民小学捐助项目、紧急救援扶贫项目、科技扶贫项目、母婴平安 120 行动项目。项目总投资达 5423.38 万元,受益农户 65000 多户,受益人口 217000 人。

1989 年,成立的中国青少年发展基金会的宗旨是资助贫困失学儿童完成学业,其中影响最大的项目是"希望工程"。在 1989 年到 2000 年间,"希望工程"接受了海内外捐款近 19 亿元,资助建设了 8355 所希望小学,资助了近 230 万名失学儿童重返校园。工程在 20 世纪 90 年代中国政府财政不富有的情况下,促进了农村贫困地区教学条件的改善,提高了贫困人口的素质,为教育扶贫作出了重要贡献。[1] 1994 年成立的中华慈善总会宗旨是面向城乡弱势群体提供扶贫济困,基金会成立后开展了很多针对贫困群体的项目,如 2010 年启动的"贫困母亲救助项目""慈福行动项目"。1995 年成立的中国光彩事业促进会,以民营企业家为主体,宗旨是开展投资式扶贫,配合政府实施扶贫发展战略。此外,各种参与中国扶贫工作的 NGO,每年从海内外募集到的资金约在 50 亿—70 亿元之间,大多数被用于扶助弱势群体度过危机和摆脱贫困。[2]

国内非政府组织,还有一类是贫困人口集中的省(区、市)政府为了解决扶贫工作中的困难,通过政府积极引导、培育形成针对本地扶贫需要的非政府组织,其中最具代表性的是贵州省。贵州省通过政府引导、培育形成了很多非政府性质的社会组织。它们参与的扶贫主要是"农村发展、教育公平与贫困生救助、弱势群体援助、环境自然与人文资源保护、文化普及、互助、医疗、乡村

---

① 数据来源于国务院新闻办公室《中国的农村扶贫开发》白皮书(2001 年)。
② 参见郑功成:《中国的贫困问题与 NGO 扶贫的发展》,《中国软科学》2002 年第 7 期。

治理、社区服务、志愿者服务、信息交流平台建设、小项目资助、国际和国家项目的协助落实、技术支持培训等领域"①。这些非政府组织参与到扶贫工作中,让贵州省扶贫工作实现了"面"和"点"上的有效补充、相互支持,促进了整个扶贫工作的效果。

（三） 企事业单位参与的社会扶贫模式

企事业单位参与社会扶贫是当前中国社会扶贫中的第三种力量。企事业单位参与扶贫的分水岭是 1992 年。之前,企事业单位参与扶贫处于非自主发展阶段,之后进入了自主参与。1992 年,中共在十四大上正式提出建立社会主义市场经济体制后,国内各类企业获得了长足发展,成为有影响的社会力量,企业的社会责任开始被重视。1994 年的《国家八七扶贫攻坚计划（1994—2000 年）》中要求国有（控股）企业参与定点扶贫。1994 年 4 月,10 名民营企业家联名发表《让我们投身到扶贫的光彩事业中来》的倡议,标志着民营企业主动参与到中国扶贫工作中。同时,这个时期,大量外资企业进入中国市场后带来了大量公益理念,促进了中国企业参与社会扶贫。2002 年,国家为了鼓励企业参与社会扶贫,对参与社会扶贫的企业给予信贷、财政、税收、土地使用上的系列优惠。在中国企事业单位参与社会扶贫中还存在数量庞大的国有企业、各种事业单位,如当前全国 2000 多所高等学校参与形式多样的扶贫工作,构成了企事业单位参与扶贫的重要组成部分。

（四） 公民参与的社会扶贫模式

公民参与的社会扶贫是中国社会扶贫模式中的第四种力量。公民参与社会扶贫是指各类志愿者、捐赠者和以其他方式参与到扶贫工作的扶贫活动。公民参与社会扶贫对整个社会参与扶贫起到了十分重要的作用。当前,中国公民参与扶贫的形式多种多样,有公民自己捐物、捐款、到贫困地区支教、帮助特别贫困群体获得各种技能的培训等。2014 年,在《创新扶贫开发社会参与机制实施方案》中规定,要鼓励和引导广大社会成员和港澳同胞、台湾同胞、华人华侨及海外人士通过捐助款物等参与扶贫工作。

中国政府为了鼓励公民参与社会扶贫,1993 年修订《中华人民共和国个

---

① 梁景禹:《非政府组织在扶贫中的作用——基于贵州省的视角》,《西部发展评论（2008 年）》。

人所得税法》，规定"个人将其所得对教育事业和其他公益事业捐赠的部分，按照国务院的有关规定从应纳税所得额中扣除"。此后，2006 年、2011 年两次修订《个人所得税法》时，都给予公民捐赠公益事业的免税权。2007 年财政部、国家税务总局联合签发的《关于公益救济性捐赠税前扣除政策及相关管理问题的通知》中规定，公民给经过民政部门批准成立的非营利公益性社会团体和基金会捐款的，只要符合规定，在财政税务部门确认后，都给予公民所得税税前扣除优惠。这一规定扩大了公民因公益捐赠而享受所得税税前扣除优惠的范围，对提高个人进行慈善捐赠产生了积极作用。

社会工作专业人士和社会志愿者参与社会扶贫在扶贫工作上具有很多优势。他们的扶贫在针对性和科学性上，具有其他扶贫主体无法相比的优势。为了加快社会工作专业人才和志愿者参与社会扶贫，中国政府在"十三五"期间计划实施"社会工作专业人才服务贫困地区系列行动计划"和"脱贫攻坚志愿服务行动计划"两个专项社会扶贫项目。其中，"社会工作专业人才服务贫困地区系列行动计划"主要是每年向边远贫困地区、边疆民族地区和革命老区选派 1000 名社会工作专业人才和为"三区"培养 500 名社会工作专业人才；"脱贫攻坚志愿服务行动计划"是每年动员不少于 1 万人次的志愿者参与到贫困地区扶贫开发工作中。

二、社会扶贫在中国扶贫中的作用

社会扶贫在中国 40 年的扶贫工作中，取得了显著成绩。根据相关部门的统计，在"国家八七扶贫攻坚计划"期间，各类社会扶贫主体投入了大量的资金，其中，中央机关 54.7 亿元，地方机关 99.5 亿元，东西部地方政府间对口扶贫援助 12.4 亿元，社会组织 167 亿元，国际机构 192.7 亿元，总计达 526.3 亿元，占全国 7 年扶贫总投入的 28%。"十五"期间社会扶贫在资金投入上：中央机关定点扶贫 66.2 亿元，地方机关定点扶贫 194.4 亿元，地方对口扶贫援助 49.46 亿元，社会组织扶贫 184.5 亿元，国际机构扶贫 116 亿元，以上五项总计 610.56 亿元，占全国五年扶贫总投入的 28.7%。① 其中，中央国家机关、企事业单位、人民团体的定点扶贫投入资金越来越大，2002 年是 8.5 亿元，

---

① 参见李周：《社会扶贫的经验、问题与进路》，《求索》2016 年第 11 期。

2012 年是 19 亿元,增长了 1.2 倍,年均增长率为 8.4%。此外,还大量帮助引进各种资金,如 2012 年,中央参与定点扶贫的各类机关帮助定点扶贫贫困县引进各类资金高达 90.3 亿元,是当年政府投入扶贫资金的 4.7 倍。此外,其他社会扶贫主体在直接和帮助引进扶贫资金方面同样有巨大贡献。从这些数据可以看出,社会扶贫在中国扶贫工作中,不管从扶贫资金的投入,还是其他扶贫资源的整合以及具体扶贫项目的实施上都起到了十分重要的作用。

三、非政府组织在扶贫中的作用及发展

在中国参与扶贫的社会政府组织,一般根据资金来源分为官办型 NGO、半官方型 NGO 和草根型 NGO。在当前社会扶贫工作中,以官办型 NGO、半官方型 NGO 为主,但民间草根型 NGO 越来越多地参与到扶贫中,成为不可轻视的力量。[①] 中国民间组织开始于 20 世纪 80 年代,到 20 世纪 90 年代获得迅速发展。根据民政部统计,全国民间社会组织 1988 年有 4446 个,1992 年有 154502 个,2004 年有 289432 个,与 1988 年相比增长了近 64 倍,2015 年 11 月 25 日,全国超过 60 万家,以慈善为宗旨的有 4696 家。[②] 从这些数量上的变化可以看出,当今中国社会中各类社会组织在整个社会治理中的作用,是不可或缺的。

社会组织在全国扶贫工作中的作用,根据估算,在"国家八七扶贫攻坚计划"期间,NGO 与准 NGO 在全国扶贫工作中的贡献率在 20%—35% 之间。社会组织实施的扶贫项目与政府实施的项目相比,具有效率高、针对性强,瞄准更精准,且能到达政府不能达到或顾及不到的偏远地区。根据统计,社会组织运行的扶贫项目在成功率、资金回收率上,基本保持在 90% 以上。[③] 这些都是政府运行时无法达到的水平。

中国社会组织在社会扶贫中的作用十分重要,特别是随着社会扶贫工作进入以个体为中心的分散扶贫时期,社会组织在扶贫中由于具有较强针

---

① 参见万俊毅、赖作卿、欧晓明:《扶贫攻坚、非营利组织与中国农村社会发展》,《贵州社会科学》2007 年第 1 期。

② 参见李周:《社会扶贫的经验、问题与进路》,《求索》2016 年第 11 期。

③ 参见陕立勤:《对我国政府主导型扶贫模式效率的思考》,《开发研究》2009 年第 1 期。

对性和专业性,优势会越来越明显。2000年,据清华大学NGO研究所调查,全国有20.95%社会组织活跃在扶贫领域。其中,活跃在中国扶贫工作中的社会组织不仅有国际著名基金会,如福特基金会、世界自然基金会、爱德基金会、英国救助儿童会等,还有很多国内大型社会组织,如中国扶贫基金会、中华慈善总会、中国光彩事业促进会、中国青少年发展基金会、中国人口福利基金会等。

中国社会组织参与扶贫的领域十分广泛,涉及生存扶贫、教育扶贫、合作扶贫、技术扶贫、幸福工程、实物扶贫、环保扶贫、人口扶贫等。[①] 有学者对社会组织参与的扶贫领域进行分析后,认为民间社会组织主要活跃在小额信贷、能力建设、技术推广、紧急救援、劳务输出、女童助学、妇幼保健、建设希望小学、教师培训、配备教学设备和小型基础设施等方面。如中国扶贫基金会的"贫困农户自立工程"是通过支持贫困地区农户的"饮水""搬石造地""住房改造"等,让贫困者获得改善生活条件,实现发展。中国人口福利基金会的"幸福工程——救助贫困母亲行动"是针对贫困母亲治穷、治愚、治病给予支持,项目自1995年启动至2000年5月,推广到全国27个省、市、自治区,实施幸福工程救助项目点达到337个,投入1.45亿元,救助对象达107472人,受益人口48.3万人。[②]

中国政府在对社会组织参与全国扶贫工作上经历了从开放到吸收,再到鼓励参与的过程。1994年,随着市场经济体制的逐步确立,政府主导下的扶贫效率低下问题越来越突出,中国政府为提高扶贫效率,在《国家八七扶贫攻坚计划(1994—2000年)》中率先突破,开放让NGO参与扶贫。2001年,国家在制定新的十年扶贫开发纲要时给予NGO更多参与扶贫的空间。根据统计,在"国家八七扶贫攻坚计划"实施时期,NGO和准NGO参与扶贫,在全部扶贫工作中的贡献率达到30%—33%。在七年"国家八七扶贫攻坚计划"中,中央和地方政府投入的扶贫资金是1364亿元,其中中央投入1127亿元,地方配套237亿元。同期,NGO及准NGO在扶贫中投入的资金是527亿元,占政府总投入的40%,其中仅"春蕾计划"就筹集了3.3亿元,资助105万学龄女童重

① 参见匡远配、汪三贵:《中国民间组织参与扶贫开发:比较优势及发展方向》,《岭南学刊》2010年第3期。

② 数据来源于国务院新闻办公室《中国的农村扶贫开发》白皮书(2001年)。

返学校。① 这些让中国政府认识到社会组织参与扶贫对整个扶贫工作是能够起到有效的补充和弥补作用的。

NGO 在参与扶贫工作的形式上经历了物质救济扶贫、教育扶贫、能力扶贫、制度扶贫等不同工作中心的演变。② 当前,NGO 在扶贫上已经不再以物质救济作为首选,而是转向以教育扶贫、能力扶贫、制度扶贫为中心。2000 年后,参与扶贫的中国 NGO,特别是非政府性质的 NGO,在扶贫上主要采用技能扶贫和制度扶贫,如参与社区为中心的参与式扶贫成为 NGO 扶贫的工作中心。这些扶贫机制上的创新、转变,对整个国家扶贫工作机制的转变产生了重要影响。

中国政府对非政府组织在扶贫中的贡献是给予公开承认的,中国政府在总结《国家八七扶贫攻坚计划(1994—2000 年)》取得的成就时,指出非政府组织是扶贫事业中的重要力量,是《国家八七扶贫攻坚计划(1994—2000 年)》成功实施的重要保障。如在 2001 年 10 月 15 日,国务院新闻办公室发布的《中国的农村扶贫开发》白皮书中对各社会组织、民间团体(包括一些国际非政府组织)参与扶贫活动作用给予承认。非政府组织在扶贫中的主要优势是,能够有效解决个体和家庭贫困中的个体性、特殊性致贫问题,在贫困对象瞄准上具有很高的精准性,在扶贫措施上具有很强的针对性。非政府组织在扶贫时最有效的是针对个体、家族、社区等微观层面的扶贫上,超过社区时有效性就会降低,因为它的动员能力有限。相比之下,政府主导型扶贫模式的优势则是在面积广大、人口众多的扶贫时期。此外,非政府组织在扶贫时,只能针对贫困症状和后果实施帮扶,不能解决贫困形成上的社会结构性问题。而解决社会结构性问题是从根本上消除造成贫困必须解决的问题,这需要政府才能完成。所以,非政府组织主导的社会扶贫,在微观扶贫上效能高于政府主导的扶贫;在宏观上,政府主导型扶贫效能高于非政府组织主导型扶贫。所以,从整个国家贫困治理看,采取两者并行,各自承担自己能够产生最大效果的扶贫领域上的扶贫工作,构建起一个相互支持、相互补充的扶贫体系,这是

---

① 参见曲天军:《政府组织对中国扶贫成果的贡献分析及其发展建议》,《农业经济问题》2002 年第 9 期。

② 参见赵晓芳:《非政府组织的界定及其参与扶贫的战略分析》,《兰州学刊》2010 年第 4 期。

整个国家扶贫事业取得成功的重要前提。

　　从理论上看,把两者的优点结合在一起形成新社会扶贫模式是最佳选择。这种努力目前在国内已经从实践和理论两个方面正在进行,那就是对社区参与式扶贫模式的试点和研究。社区参与式扶贫模式是结合社区主导型扶贫模式和非政府组织参与式扶贫模式后形成的一种新型参与式扶贫模式。它的优点是:(1)扶贫资源的决策权、使用权和控制权交给贫困村民;(2)扶贫管理工作与村民自治和民主决策相结合;(3)开创政府、非政府组织共同实施扶贫项目。① 在实践中,2005 年,国务院扶贫办与江西省扶贫办合作,在江西省选择了 22 个贫困村,把实施贫困村整体推进扶贫项目交给非政府组织运行,让这种扶贫模式得到试点。当前,这种试点受到了很大的抑制,因为地方政府无法承担这种耗时的扶贫机制。

---

① 　参见王国良:《中国"社区主导型"扶贫模式启动有三方面创新》,https://news. qq. com/a/20060601/001102.htm,中国新闻网,访问时间:2018 年 5 月 23 日。

第七章

按扶贫对象在扶贫过程中的
地位和作用分类

在贫困治理中谁才是主体,即谁才应该主导整个扶贫工作,一直是学术界和实务界争论不休的问题。从实践看,扶贫对象应该是整个扶贫工作的中心,但扶贫对象在扶贫决策、实施等过程中的地位和作用却具有可变性,甚至在现实中,扶贫对象作为扶贫工作的中心却不能对整个扶贫过程产生任何实质性影响,完全成为被动接受扶贫主体决策并实施扶贫行为的客体。究其原因,是在贫困治理中,扶贫主体由于是各种扶贫资源的提供者,所以他们往往成为整个扶贫中的绝对优势者,主导了整个扶贫工作的所有环节。这就导致在扶贫过程中,扶贫对象处于被动的、客体的地位。中国扶贫工作长期以来是一种以政府为绝对主导,本质上是经济社会发展和国家治理的一个部分。在 2015 年《中共中央、国务院关于打赢脱贫攻坚战的决定》中,对此有明确表述,"扶贫开发事关全面建成小康社会,事关人民福祉,事关巩固党的执政基础,事关国家长治久安,事关我国国际形象。"政府作为扶贫工作的主体带来的问题是政府对扶贫决策、资源分配、评估设定等具有绝对优势,扶贫对象处在被动地位中,无法参与到扶贫工作的决策、选择、实施和评估中,他们的"内在个体需要"往往被忽略。本章根据扶贫对象在扶贫中对扶贫过程的各个环节的参与程度及对扶贫进程的影响度,把扶贫模式分为参与式扶贫模式和被动式扶贫模式。本章的分析更多是从理论上出发,不完全基于实践,同时由于被动式扶贫模式是从扶贫对象视角分类,若从扶贫主体视角分类,应是政府主导型扶贫模式。这样在本章的分析中,讨论被动式扶贫模式时本质上是进一步讨论政府主导型扶贫模式,与第六章第一节中政府主导型扶贫模式存在一定的重叠,但我们考察的核心存在不同。

第一节　参与式扶贫模式

参与式扶贫模式是指在扶贫过程中,扶贫对象与扶贫主体共同分享扶贫资源的配置、使用的决策过程,扶贫主体与扶贫对象共同组成扶贫过程参与者,双方在互动中形成一种过程的合作与分享机制的扶贫模式。"参与式"扶贫模式本质是把"参与式农村评估"①工作方法应用到农村扶贫工作后形成的新型扶贫模式。2001 年,中国政府制定的《中国农村扶贫开发纲要(2001—2010 年)》中,把"参与式扶贫"和"整村推进扶贫"作为两项基本扶贫战略,标志着中国扶贫工作机制从"经济开发式扶贫"转入一种"经济开发式扶贫和参与式扶贫相结合"的新时期。这是中国政府对开发式扶贫认识上的新转变、新发展。"从救济式扶贫,到开发式扶贫,再到'参与式整村推进'扶贫,扶贫的重点也从救济、救助改善贫困地区的发展条件,开始逐步转向培养贫困人口自我发展能力"②。这样,在扶贫工作中对"开发式扶贫"的理解开始增加了培育产业获得经济收入的提高和让贫困者培育自我发展能力的双重目标。

一、参与式扶贫模式的理论基础

参与式扶贫模式主要是把扶贫工作从单纯解决贫困者获得经济收入来实现脱贫,转向解决贫困群体如何获得自身发展能力。参与扶贫十分注重贫困群体在贫困治理中的主体作用,强调贫困群体全方位介入扶贫工作,形成扶贫过程中内外环境互动机制。这让扶贫工作转向成为实现良好社会治理和社区自治能力重构的机制,强调在改进农村贫困人口经济发展的同时,重构农村基层社区治理机制。参与式扶贫模式的核心目标是让贫困群体在参与扶贫工作

① "参与式农村评估"在英文中的表达是"Participatory Rural Appraisal",所以这种方法又简称为"PRA"方法。

② 李兴江、陈怀叶:《参与式扶贫模式的运行机制及绩效评价》,《开发研究》2008 年第2 期。

的决策过程中,获得发展能力,实现贫困者发展能力的培育,最终消除贫困。

中国参与式扶贫模式在实践中,被整合到整村推进扶贫工作中,形成"政府通过投入一定数量的资金,以贫困村为平台,为贫困农户创造表达意愿的机会,赋予贫困农户知情权和监督权,并激发他们的参与意愿、发动群众参与扶贫项目的决策、实施和监督过程,从而提高贫困农户自主脱贫、自我发展能力,从根本上解决贫困问题"①。这样,中国参与式扶贫模式在瞄准单元上以贫困村为对象,形成一种特别社区建设机制。

参与式扶贫是在 20 世纪 80 年代西方"参与式发展"理论的基础上形成的。美国康乃尔大学 Norman Uphoff 教授认为,贫困治理中,扶贫对象不仅是发展政策的执行者,还应是扶贫项目的监测者和评价者。在扶贫开发过程中,外来扶贫主体与当地贫困人口之间应建立起一种密切、有效的互动关系,两者在有效的互动中形成整个扶贫工作规划,并在扶贫对象的监管和评价下实施扶贫项目。这种扶贫理论对中国长期以来形成的政府主导型扶贫工作构成了一种批判,指出了新的发展方向。

国内对参与式扶贫模式进行全面研究和实践的学者是中国农业大学的李小云。他在《参与式发展概论》一书中,全面介绍了西方参与式发展理论来源和结构,并指出中国农村扶贫模式应转向参与式扶贫的原因。李小云认为,"参与发展"的内涵是"发展干预的目标群体能够参与发展干预的全过程,并且能够通过自身积极主动的参与,在发展干预过程中作出自己的贡献。目标群体通过参与扶贫项目决策和实践的过程,达到个体和群体能力建设的目的,并最终获得干预项目实施能力,进而能够利用和控制各种外来的和内在的资源实现发展目标。对发展干预主体来说,通过目标群体的参与,可以获得发展目标群体所在地方的乡土知识和目标群体的创新能力培养,让干预过程保证在公平性下进行,实现对弱势群体利益照顾,并建立起确保发展过程中各利益主体公平参与的机制"②。从 2000 年后,李小云一直致力于参与式扶贫模式的理论研究和试点推广工作。2015 年,他设立了自己的"小云助贫中心"作为

---

① 李兴江、陈怀叶:《参与式扶贫模式的运行机制及绩效评价》,《开发研究》2008 年第 2 期。

② 毛绵逵、李小云、齐顾波:《参与式发展:科学还是神化?》,《南京工业大学学报》2010 年第 2 期。

试点参与式扶贫的基础,在云南省西双版纳勐腊县勐伴镇河边村展开参与式扶贫的试点工作,形成了新的扶贫工作模式。

二、参与式扶贫模式的特点和优点

很多学者认为参与式扶贫模式与政府主导型扶贫模式的不同不仅是形式上的,更是实质上的,因为参与式扶贫模式具有以下重要特征:

1. 参与式扶贫把扶贫对象作为整个扶贫工作的主体。参与式扶贫认为扶贫工作的中心是让扶贫对象在扶贫过程中,成为脱贫的分析家、项目的计划者、规划实施的组织者,在整个扶贫过程中拥有知情权和决策权。所以,扶贫主体的扶贫工作核心是给予扶贫对象提供技术技能培训和发展信息,让扶贫对象在获得相关信息和思路下形成对贫困及解决贫困的分析、辨别、实施能力。总之,扶贫工作的中心是让扶贫对象获得解决问题的能力,而不是为他们作出各种发展决策后让他们被动接受。

2. 参与式扶贫把扶贫过程转变成扶贫对象与扶贫主体形成共享知识、共同受益、合力协作、权力分配的过程。其中一个重要前提是,承认扶贫对象拥有丰富的生产、生活的知识,能够在外界的帮助和支持下,解决发展中遇到的困难,并在学习中最终成为拥有自我发展能力的社会主体。这在本质上是将扶贫对象培养成具有养成发展能力的主体,通过外界支持能够让他们获得发展能力。

3. 参与式扶贫拥有完善的、系统的工作方法与技术,保证扶贫对象有效参与到扶贫过程中。为了实现扶贫主体与扶贫对象在扶贫过程中平等双向交流的目的,参与式扶贫形成了"PRA"技术支持体系。"PRA"制定和提供了大量具有很强科学性的技术手段,如让扶贫对象参与绘制资源图、建立大事记、半结构化访谈、讨论、画图、图解、建模、分类、排队、矩阵打分、角色扮演等。通过大量灵活、形象的技术手段,扶贫对象在与扶贫主体进行实地考察、发展问题、讨论方案中让扶贫对象深度参与到整个扶贫过程中,最终获得解决问题的技能。

4. 参与式扶贫围绕农村妇女开展扶贫工作,让她们成为受益主体。参与式扶贫认为农村贫困妇女得不到有效支持,没有获得发展是造成贫困的重要原因。而造成这一贫困问题的原因是农村传统家庭分工中男主外女主内;妇女受教育水平低于且机会少于男性;贫困家庭妇女健康状况低下,中国农村地区有超过 60% 的妇女患有各种妇科疾病而无法得到及时治疗;女性参与社区公共事务的平台和机会受到限制等。而且在现实中妇女更多渴望改变和发展。所以在农村贫困治理中改变贫困妇女的经济状况和提高她们的技能是整个扶贫工作成功的关键。于是,参与式扶贫模式在工作上把唤醒妇女性别意识和获得发展技能,作为扶贫的主要措施。这让参与式扶贫模式与传统扶贫以贫困家庭男性成员作为中心,存在明显的不同。

5.参与式扶贫强调扶贫过程的本质,是实现贫困群体赋权的过程。参与式扶贫主张在扶贫过程中,应把所有环节和工作向贫困群体开放,让他们参与,通过民主化、多样化等程序,把发言权、分析权、决策权交给扶贫对象,保证他们的参与机会和程度。扶贫主体在扶贫过程中的作用只是扶贫对象发生变化的催化剂,成为贫困社区发展的协助者。①

参与式扶贫模式从理论上看,构成了一种全新的贫困治理模式。学术界和实务界希望通过它解决农村扶贫中长期存在的贫困群体参与扶贫工作不够的问题。对此,有学者指出参与式扶贫模式在扶贫中具有五个方面的创新:(1)完善和提高了扶贫的瞄准性,创新了政策。扶贫工作的有效性在很大程度上取决于正确、有效的贫困户识别机制。参与式扶贫对正确识别贫困户具有较高有效性。(2)推动贫困户全面参与扶贫过程,成为扶贫工作的实施者。参与式扶贫重视推动和鼓励贫困户全程参与扶贫工作,包括村情调查、贫困评估、实施、管理、监督、评价、检查验收等。(3)转换政府在扶贫中的角色。通过构建一种新型政府—社区合作机制,重新定位政府的职能和角色,让政府在扶贫中从以前的领导者、指挥者转变成引导者、推动者、协调者、咨询服务者。(4)重新定位扶贫工作中主体与对象的关系,形成新型扶贫运行机制。参与式扶贫通过对扶贫过程中扶贫主体——政府和扶贫对象——贫困户的功能和地位的重新定位,重构了两者的关系,让贫困户在扶贫上成为参与者和实施者,政府成为组织者和协调者。(5)推行目标管理,创新管理组织模式。参与式扶贫模式把扶贫管理转成目标管理,即总目标的设置、实现目标过程的管

---

① 参见来仪:《"参与式"农村扶贫模式在四川民族地区的实施及非经济性因素分析》,《西南民族大学学报》2004 年第 10 期。

理、目标成果的评价。① 总之,参与式扶贫模式让整个扶贫工作在管控上出现新改变,提高了扶贫的效率。

三、参与式扶贫模式的实践

在中国扶贫模式变迁中,参与式扶贫引入始于 2001 年。当年国家提出把扶贫工作中心转向贫困村整村推进扶贫上。因为整村推进扶贫模式在瞄准对象和范围上,让扶贫对象能有效参与到扶贫工作的决策、实施、评价中。其他瞄准单元的扶贫模式,如贫困县和集中连片特困区都无法有效实施参与式扶贫,同时在以贫困户为中心的扶贫上,无法让参与式扶贫的作用和功能有效发挥。因为以贫困县、集中连片特困区或者贫困户作为扶贫单元时,采用参与式扶贫会因为群体太大和太小而无法让扶贫对象"参与"到扶贫工作管理中,只有"贫困村"作为瞄准单元才能达到最佳选择。

中国政府在实施整村推进扶贫时,对是否同时引入参与式扶贫采用的是自愿原则而不是强制原则。为了让此种模式在实施中具有动力,最初采用竞标方式从贫困村中选择参与实施的对象,即各贫困村先由内部民众讨论是否接受参与式扶贫,在获得村民同意后,再去向政府扶贫部门投标,扶贫主体根据投标贫困村的情况选定实施参与式扶贫的贫困村。被选定的贫困村通过村民大会,采用民主投票方式推选自己的代表。村民代表再用同样的方式推选出村里的重点贫困户,分析致贫原因,找出脱贫办法,提出开发项目。村民代表选出的项目提交给相关部门和专家评估论证后,提交给全体村民大会以投票方式确定。政府根据村民选定的项目,制定出扶贫规划,形成发展方案。把发展方案交给村民实施并监督评估实施效果。② 从中可以看出,参与式扶贫的核心是确保扶贫对象在扶贫过程中,获得对扶贫项目的充分知情权、选择权、监督权,③实现扶贫项目的针对性。

---

① 参见张娟、王荣党:《参与式扶贫开发模式探析——以云南为例》,《经济研究导刊》2012年第 15 期。

② 参见宁新:《参与式扶贫:让贫困农民自主选择》,《中国民族报》2005 年 1 月 28 日第 01版。此外,在谭飞的《一种扶贫的新实验:参与式扶贫》(《中国民族报》2001 年 10 月 26 日第 05版)中有相同的记载。

③ 参见王恩瑞、范非:《晋中市参与式扶贫模式成功率达 95%》,《山西日报》2003 年 5 月 8日第 A01 版。

中国在扶贫工作中长期以政府主导实施扶贫工作,造成扶贫一直存在扶贫对象参与严重不足的问题。由于扶贫对象参与不足,扶贫项目实施上会产生缺少社区层面上的参与和监督,实施后缺乏有效管理和维护,同时出现大量扶贫项目脱离贫困群体的真正的需求,形成扶贫资源瞄准上的偏离。这些最终造成扶贫项目实践中出现渗漏和偏离,或者浪费,严重影响了扶贫项目在贫困治理中的作用。① 这种批判击中了中国贫困治理中的问题所在,成为 21 世纪后中国贫困治理模式转型的重要动力。

学术界认为中国参与式扶贫模式是具有自己特色的,更恰当的称谓是"政府支持背景下的农户参与式扶贫模式"②。这是因为在中国扶贫进程中,政府一直居于主导作用,参与式扶贫只是让贫困户能够全面参与项目的选择、实施、管理、监督、评估,政府通过政策引导和技术支持,让双方在相互支持下,实现扶贫政策目标的一种扶贫机制。③ 还有学者认为参与式扶贫模式应是政府作为扶贫资源的提供者,在中介组织的参与和组织下,让扶贫对象在参与扶贫过程中资源分配和使用的决策时,形成一种对扶贫主体和扶贫对象具有激励和约束的机制,可以简称为"政府+中介组织+贫困农户"的扶贫模式。④ 这种模式结合了政府主导型扶贫模式的优点不高和参与式发展的优势,让扶贫工作具有政府强有力的支持和克服政府对扶贫资源单方分配及决策带来的缺陷。参与式扶贫模式中,政府主导体现在政府对扶贫过程中的政策支持、基础设施建设和基础教育的资金支持。这些支持没有政府仅由非政府组织是无法承担的。扶贫对象参与是指在扶贫过程中各种扶贫行为和扶贫开发项目均由贫困农户参与决策和执行。这样,既提高了扶贫对象的积极性,又保障了资源配置的有效性。

四、参与式扶贫模式存在的问题

从实践看,中国参与扶贫模式在运行中,一直存在贫困农民参与的积极性

① 参见李小勇:《能力贫困视域下中国农村开发式扶贫的困境与超越》,《理论导刊》2013年第 2 期。
② 赵昌文、郭晓鸣:《贫困地区扶贫模式:比较与选择》,《中国农村观察》2000 年第 6 期。
③ 参见杨军:《"整村推进"扶贫模式探析》,《农村经济》2007 年第 4 期。
④ 参见赵昌文、郭晓鸣:《贫困地区扶贫模式:比较与选择》,《中国农村观察》2000 年第6 期。

不高和参与程度不够的问题。"参与式扶贫作为一种旨在重构扶贫权力结构和扶贫资源配置的创新型扶贫模式,在得到赞誉的同时,也遭到了相应的诟病,出现了诸如'参与失灵'、'参与迷思'、'参与苛政'以及'参与霸权'等批判性话语。"①对制约中国农村贫困户参与扶贫积极性不高的原因,学术界进行了大量研究,主要认为存在内在和外在两个方面的原因。内在原因是贫困群体自身素质和能力不足,无法参与到扶贫项目中;外在原因是缺少保障贫困群体参与到扶贫过程中的机制和制度。如"(1)弱势群体难以参与到扶贫项目中,(2)村民自身的素质阻碍其参与扶贫,(3)村干部缺乏集思广益的治理理念,(4)保障农民参与扶贫的制度不完善"②。此外,在实行参与式扶贫时,"在识别贫困户、项目选择与实施、项目监测与评估等实际操作过程中,依然存在着权力失衡和合作障碍等现实性的矛盾和问题,无法达到最佳参与度"③;"中国的参与式扶贫存在行动主体参与地位失衡、参与目标的工具理性以及参与机制的脆弱性三大发展困境,扶贫者系统与贫困者生活世界之间缺少自主性的'普遍共识'。"④参与式扶贫在实行中流于形式导致贫困群体不愿真正参与,成为问题的核心。"很多地方的参与机制仅仅流于形式,农民尤其贫困人口所应该享有的知情权、参与权和选择权并没有真正实现;而且,由于参与式扶贫开发以农民为主体,政府参与角色由传统的'主导者'向现在的'协助者'转换,并不存在明显的利益分割机制,这种角色和职能的转换,使得地方政府和中央政府之间、地方政府与贫困人口之间产生了利益上的不一致性,导致有些地方政府在推行参与式扶贫模式时不能深入执行中央政府的扶贫政策,影响了参与式扶贫模式的实际效果。"⑤这些导致了参与式扶贫无法发挥应有的作用。当然,从现实看,影响贫困群体参与扶贫工作的根本原因是机制的缺失和

① 刘俊生、何炜:《从参与式扶贫到协同式扶贫:中国扶贫的演进逻辑——兼论协同式精准扶贫的实现机制》,《西南民族大学学报》2017年第12期。

② 潘芳芷:《参与式扶贫存在的问题及其对策》,《辽宁工业大学学报》2017年第5期。

③ 黄承伟、苏海、向德平:《沟通理性与贫困农村参与式扶贫的完善路径——基于武陵五县参与式扶贫的案例分析》,《中共福建省委党校学报》2015年第3期。

④ 黄承伟、苏海、向德平:《沟通理性与贫困农村参与式扶贫的完善路径——基于武陵五县参与式扶贫的案例分析》,《中共福建省委党校学报》2015年第3期。

⑤ 李兴江、陈怀叶:《参与式扶贫模式的运行机制及绩效评价》,《开发研究》2008年第2期。

不足,让参与者的参与无效所致。

第二节　被动式扶贫模式

　　被动式扶贫模式是指在扶贫过程中,扶贫主体不仅是整个扶贫工作中扶贫资源的提供者还是扶贫资源的配置者,扶贫项目实施后的评估者。而扶贫对象在扶贫过程中完全处在被动接受的客体地位上,在扶贫工作中,扶贫对象只是扶贫主体的目标。中国整个扶贫工作基本上让扶贫对象处于一种被动地位之中。这是当前中国扶贫工作中,实务界和学术界一直想努力改变的基本现状。2001 年后,国家在实施整村推进扶贫时,学术界和实务界都寄希望通过这种模式改变中国扶贫工作中扶贫对象参与不足的问题,经过十多年的努力和实践,有了很多有益的经验,同时也探索出不少新机制。但 2015 年后,由于国家实施大规模的精准扶贫及明确设定到 2020 年完成脱贫任务的刚性指标,于是,让国家在整个扶贫工作进程上有严格的时间安排和指标体系。在此之下,各扶贫省(区、市)又根据自己的理解和需要制定了各种扶贫完成的时间表。这些让扶贫主体需要在确定的时期内完成以"三不愁二保障"的脱贫目标。于是,整个扶贫工作又回到了实现外在指标为目标的贫困治理中,对需要较长时期进行培育的贫困对象能力养成的扶贫模式不再作为首选。这样,中国扶贫又回到了政府主导型的扶贫中。为了实现"三不愁二保障"的脱贫目标,政府在扶贫中采用全面识别贫困户并实施完善的建档立卡管理。以建档立卡户为目标整合各种扶贫资源和资金,希望在高强度的扶贫资源和资金投入下,让贫困户在较短时期内,获得产业发展和生活条件的改善,实现规划时间和指标下的脱贫。这样,很多贫困户在整个扶贫工作中完全成为扶贫主体完成扶贫任务时的客体,整个扶贫工作变成扶贫主体完成政治任务的一个过程,再次让扶贫成为政府管理工作的一部分。"各级党委和政府必须把扶贫开发工作作为重大政治任务来抓"。这样从扶贫对象视角看,再次回到了被动式扶贫之中。

一、被动式扶贫模式存在的问题

　　被动式扶贫模式的基本特征为扶贫工作是政府社会管理中的一种行政工

作,贫困治理是政府实现自身行政管理中的一种行为。在扶贫过程中,作为扶贫主体的政府、社会机构和各类专家承担了为扶贫对象制定扶贫计划、设置扶贫程序、确定扶贫目标、实施扶贫开发的各种工作。在整个扶贫过程中扶贫对象的需要被完全忽视,是一种自上而下运行的过程。扶贫对象完全处在扶贫主体的工作客体位置上。扶贫对象在扶贫工作上有什么愿望和要求并不是扶贫过程关注的问题,扶贫关注的是作为治理客体的扶贫对象是否能在确定的时间和指标下完成扶贫主体的工作任务。扶贫对象只能被动接受扶贫主体替他们规划好的一切,两者之间缺乏有效互动的沟通,让扶贫工作成为一种单向度的过程。这种扶贫模式虽然能够在短期内获得扶贫主体规划的目标,但一旦失去扶贫主体支持和投入后,扶贫对象很易返回贫困状态,因为他们并没有在获得经济增长的同时获得独立发展的能力。如我们在调研时发现一个建档立卡户,家里妻子长期外出打工,丈夫是一个慢性病患者,家里也没有做养殖的场所和技能,但帮扶主体为了达到养殖产业促发展的目的,给予当事人买了200只鸡苗。贫困户在收到鸡苗后转身就卖出了150只,仅拿回家里养殖50只,由于没有养殖设施,缺少技术和劳动力,最后养成成鸡的仅有10多只。在这个扶贫过程中,养殖业培育并没有形成,贫困户更没有形成养殖技能。

中国政府主导型扶贫模式的优势十分明显,因为当扶贫工作转化为政府行为时,政府可以通过行政力量动员整个社会中一切可以利用的资源,其中不仅有扶贫资金,还有人力、物力等各种扶贫发展中需要的各种资源,为贫困治理提供坚实的物质保障;政府运用行政手段能够解决贫困地区修路、建电站、建水利等基础设施上的资金和人力保障,而这些能够根本改变贫困地区发展条件的基础设施是无法由个体和社会组织独立完成的。此外,中国扶贫初期涉及的人口数量众多、地域广阔,没有政府主导规划,很难有效全面推进。"如果离开政府的力量,长期而大范围的扶贫实践在我国是不可思议的"①。

2012年后,特别是2015年后,中国政府在扶贫上重返完全政府主导型扶贫主要受到两个方面的影响:(1)与当前把贫困治理的中心集中在物质脱贫上有关。在实践中,参与式扶贫是把扶贫对象的参与技术保障和赋权实现作

---

① 来仪:《"参与式"农村扶贫模式在四川民族地区的实施及非经济性因素分析》,《西南民族大学学报》2004年第10期。

为扶贫工作的中心,扶贫目标不是消除贫困者当前的物质贫困而是帮助贫困群体获得发展能力。这样造成参与式扶贫目标与当前国内扶贫目标出现差异。(2)21世纪前10年参与式扶贫在实践中出现了各种问题,让其效果受到高度质疑,削弱了参与式扶贫的需求。从2001—2012年间,在以整村推进为中心的参与式扶贫工作中呈现很多问题,其中主要集中在以下四个方面:

1. 对扶贫手段的质疑。参与式扶贫为保证在扶贫中扶贫对象能够参与到整个扶贫过程,把扶贫中保障扶贫对象参与扶贫的技术手段的实现当作扶贫的首要目标,忽视了对扶贫项目实施的有效评价,特别是由于过于注重资源与技术的分配上的参与性,反而忽视了贫困地区文化等因素对贫困治理的影响。这些影响了扶贫中,对贫困者生存物质水平的提高和生产生活条件的改善,对中国当前以解决贫困者物质生活水平和生产生活条件为基本目标的贫困治理形成错向。

2. 对扶贫价值的质疑。参与式扶贫首要任务是实现对贫困对象的赋权。这种理念的逻辑基础是"只要改变传统扶贫模式中扶贫主体主导的权力结构,实现权力共享,就能达到治理贫困的理想效果"。这样参与式扶贫把扶贫的首要目标锁定在实现贫困者的充分赋权上,于是对消除物质贫困本身不再作为扶贫首要目标,贫困治理的本质是让贫困者脱离物质贫困的目标被消解。这当中最直接的表述是,若一个社会对扶贫对象实现了充分参与权的保障,那么就意味着贫困治理已经完成了吗?若不是,那么应该如何平衡两者之间的关系呢?对此,参与式扶贫模式却走向把权利实现当成贫困治理的本身。

3. 对扶贫项目选取标准的质疑。参与式扶贫把扶贫对象是否赞同扶贫项目作为扶贫项目选择上是否适合贫困地区贫困治理的唯一标准。然而,现实中很多扶贫对象选择的扶贫项目与整个贫困地区、群体脱贫是否有效存在不一致,因为扶贫对象存在扶贫项目选择上会受到"短视"的影响,而不愿把扶贫项目投向促进长期发展的基础建设上。

4. 对扶贫绩效评估方式的质疑。参与式扶贫强调在扶贫项目绩效评估时采用"谁投入谁评估,谁资助谁验收"的评估方法,而不是采用中立第三方评估。这种评估由于扶贫实施主体对扶贫项目比较熟悉,于是采用选择性举出对自己有利的典型案例和数据,进而用这些案例和数据对扶贫项目的绩效进行评估,但对它的真实性、是否具有推广价值、是否可以复制等方面无法进行全面客观的评判。①

　　以上的批判存在很大合理性,反映出此前推行的参与式扶贫模式中存在的很多问题。当然,从更深层次看,对参与式扶贫模式的批判还存在一个更基础的假设,即扶贫对象在扶贫过程中参与的"理性"是有限的、不足的,必须通过扶贫主体进行及时补充和引导。

　　由于对参与式扶贫有以上四个方面的质疑,政府主导型扶贫却体现出对这四个问题有效克制,具体是政府主导型扶贫在当前以解决贫困者物质贫困为中心的绝对贫困治理上,拥有超强动员能力可以把大规模的社会资源用于扶贫;在短期内解决贫困地区的基础设施建设、改善贫困者居住条件,给予让贫困者获得发展技能的各种培训等。加之,只有政府才能从集中连片区、县域、乡镇、村域等不同层级上同时推进改善制约贫困地区发展的条件。如对全国 14 个集中连片特困区 592 个贫困县 15 万个贫困村的全面综合开发。这些都是中国农村贫困治理中消除绝对贫困时必须解决的问题。在这些方面,政府主导型扶贫模式拥有其他模式无法相比的优势,成为中国扶贫发展中自身难以消除的特点,当然也是中国政府主导型扶贫模式的优势所在。

二、学理上的新型扶贫模式

　　在面对政府主导型扶贫模式和参与式扶贫模式的不同困境时,有学者提出采用协同式扶贫模式取代参与式扶贫模式,并认为协同式扶贫模式是"在我国实施精准扶贫的大背景下,由协同理论和扶贫理论相结合而形成的一种新的贫困治理理论,它是在网络和信息技术的支撑下,在治理贫困问题时,由政府、社会组织和企业等多元参与主体相互作用而形成的具有整体性和开放性的扶贫系统,在平等协商的基础上,综合运用公共权威、知识、技术、法律、道德、责任等扶贫工具,使多元参与主体相互协调与合作,形成新的不断提高的扶贫能力,从根本上治理贫困问题"②。从定义看,是想把政府主导型和参与式扶贫模式的优点进行结合,形成一种新的综合性扶贫模式。这在中国当前

---

　　①　参见刘俊生、何炜:《从参与式扶贫到协同式扶贫:中国扶贫的演进逻辑——兼论协同式精准扶贫的实现机制》,《西南民族大学学报》2017 年第 12 期。

　　②　刘俊生、何炜:《从参与式扶贫到协同式扶贫:中国扶贫的演进逻辑——兼论协同式精准扶贫的实现机制》,《西南民族大学学报》2017 年第 12 期。

扶贫工作上无法进行,因为短期政府行政目标无法实现。这是因为贫困者能力培育要求决策时间长,扶贫支持者实施长期帮扶。有学者提出采用合作型反贫困模式解决两者的问题。所谓"合作型反贫困"是"指反贫困工作并非任何单一主体的投入即可完成,而需要政府、社区、贫困群体之间的有效合作,这种合作必须通过一个有效的合作平台才能完成"①。这种扶贫模式希望通过增加扶贫主体的种类,让不同扶贫主体在扶贫过程中承担不同帮扶功能,适应扶贫对象消除贫困上的多样性需要,进而在多层次支持下获得贫困治理上最佳目标的实现,即让贫困者在获得物质增加消除贫困的同时又能获得自身发展的能力,实现可持续发展。

对中国扶贫模式的选择,若从中国贫困治理进程看,20 世纪 80 年代到2020 年是完成绝对贫困治理,是解决"面"上整体性贫困问题,这需要政府不仅制定完整系统的扶贫工作规划,还要在扶贫过程、资源投入上进行强有力的领导才能实现。2020 年后,贫困治理在消除了"面"上的绝对贫困后,将进入以管控相对贫困失范的新时期。这个时期,在贫困治理上基本特点是消除"点"上的贫困,这需要针对贫困者实施个性化发展能力和技能培育,在扶贫工作上寻找新的模式。这种新的扶贫模式需要从政府主导转向政府引导、支持,让社会组织通过深入的协商和沟通,进行一种以发展能力培育为中心的参与式扶贫机制中。这样,参与式扶贫模式才能成为国家扶贫工作的核心。

① 岳要鹏、陆汉文:《"能扶贫"与"可持续"的双重变奏——十年来贫困村互助资金研究进展》,《社会科学动态》2017 年第 5 期。

｜ 结　论 ｜

　　通过上面的考察,我们发现在过去 40 年的扶贫工作中,中国政府形成了很多珍贵的贫困治理经验,虽然其中存在不少问题,甚至是经验教训,但整体上中国政府在 40 年贫困治理上的扶贫模式选择是成功的。总结中国政府 40 年中种类繁多的扶贫模式变迁的历程,可以清晰地看到,中国扶贫模式变迁的内在规律及中国贫困治理上体现出来的特点。总结过去是为了解决现在和未来的问题。面对新时代,中国在贫困治理上需要进行根本性转型,采用新的措施,选择新的扶贫模式。

一、中国 40 年扶贫模式演进及扶贫工作的特点

（一）贫困标准的相对独立与及时调整

贫困标准的选择与确定是整个扶贫工作的前提和基础,如何选择贫困标准对整个扶贫工作起到关键作用。中国政府在 40 年的贫困治理中,一个重要特点就是在制定贫困标准时,在参考国外不同标准的同时,仍然以中国具体情况为主,制定自己的绝对贫困标准,而不是急于引入其他标准,如相对贫困标准等。这种贫困标准的选择,虽然有时会出现国内贫困标准与国际社会的标准存在较大差距,但对解决中国内部贫困问题可以起到一种因地制宜的作用,让扶贫治理目标能够很好地实现。同时,中国政府根据国家经济社会发展水平不停地调整贫困标准,让贫困群体获得帮扶上能与国民经济发展的整体水平同期共进,实现贫困治理的有效性。

（二）瞄准对象的多样性和时代性

贫困治理时在扶贫资源的配置上瞄准的对象是什么,对整个扶贫工作的

效果具有十分重要的影响。中国政府在 40 年的贫困治理中,一个成功的因素是在贫困对象瞄准上采用灵活的办法,根据贫困分布特点进行及时调整。20世纪 80 年代开始实施扶贫工作时,把扶贫工作锁定在解决区域性贫困问题上,于是把瞄准对象放在国家贫困县和集中连片特困区上。经过 20 年的发展和贫困治理,把贫困瞄准对象转向贫困村。再经过 10 年发展后,再把瞄准对象转向贫困户。这种瞄准对象上的选择与调整让中国扶贫工作中心能够及时有效地针对贫困治理中急需解决的重点问题。但面对大量深度贫困区域和庞大贫困群体,若采用以贫困个体为瞄准对象,将无法承担扶贫需要的资金,同时也无法让贫困群体获得发展的基础条件,不能实现脱贫后的可持续性发展。所以,中国扶贫工作中,前期主要锁定在贫困县和贫困区域是一种有效的扶贫瞄准选择。

（三） 开发式扶贫解决脱贫与可持续发展的双重问题

贫困治理中短期消除贫困是较为容易实现的,但要让贫困群体获得发展条件和能力,实现长期脱贫和可持续发展,那就需要扶贫工作上不仅投入资金,还需要解决贫困地区发展中的各种条件。中国政府在 20 世纪 80 年代中期就把扶贫工作中心转向开发式扶贫,重点解决贫困区域和个体发展中的各种障碍。这种扶贫工作上的战略选择,让中国扶贫工作获得了发展动力,改变了贫困治理上常存的个体脱贫与整体发展无法一致的问题。选择开发式扶贫而不是死守救济式扶贫或者过早引入赋权式扶贫,可以说是 20 世纪八九十年代中国政府在扶贫战略上的成功经验之一。

（四） 公务员及国家企业事业单位人员成为扶贫主体

中国政府在 40 年扶贫工作中,参与扶贫的主体除国家设立的扶贫部门及干部外,在广大贫困地区承担具体扶贫工作的是各级政府派出的扶贫挂职干部、驻村扶贫工作队、贫困村第一书记等人员。这样具体实施扶贫工作的人员都是政府公务员及企事业单位人员。由国家公务员及企事业单位人员承担扶贫的扶贫机制虽然有不少问题,但在扶贫是主要解决基础建设、获得发展资金、资源为中心的时期,这种扶贫机制可以更加有效地解决开发式扶贫中需要的各种支持,比志愿者和一般社会工作者参与的扶贫更具优势。同时,这种扶贫机制还为国家培养了解基层工作和发展需要的干部提供了有效场所。

（五）制定完善的、持续的国家层面上的扶贫规划

中国政府在扶贫过程中,制定指导国家中长期扶贫工作的规划成为整个扶贫工作上的重要特点。国家为了让扶贫工作有全面的规划,在不同时期制定了三个长期(10 年)国家层面上的扶贫发展规划,如《国家八七扶贫攻坚计划》(1994—2000 年)、《中国农村扶贫开发纲要》(2001—2010 年、2011—2020 年)。在此之下,国家再制定中期(5 年)扶贫工作规划及大量专项扶贫规划,如国家"十五""十一五""十二五""十三五"扶贫攻坚规划、教育扶贫规划等。这些中长期国家扶贫规划和专项扶贫规划让整个国家扶贫工作有了详细发展目标,让扶贫工作能够根据时代不同作出调整,同时又能针对特定领域和区域进行针对性扶贫。

（六）扶贫模式与扶贫工作目标协调发展

中国政府在 40 年扶贫工作中,根据不同时期确定的扶贫工作目标及时调整和创新扶贫模式成为扶贫工作中的重要特征。20 世纪 80 年代,扶贫工作是以解决区域贫困和农村大面积贫困群体为目标,所以政府采用的主要扶贫模式是区域经济开发支持和专项扶贫,具体是国家贫困县扶贫模式和以工代赈扶贫模式。在开发式扶贫模式实施中,国家采取的是产业扶贫模式和教育扶贫模式。进入 21 世纪,在赋权式能力扶贫成为重要扶贫目的后,在扶贫模式上开始以职业技能培训为中心的教育扶贫模式、整村推进的参与式扶贫模式为主。2013 年随着以消除农村贫困家庭的贫困为中心的扶贫目标确定后,国家在扶贫模式上开始采取精准扶贫等。这种扶贫模式与扶贫工作目标的调整让整个国家扶贫模式发展有了动力,保证了扶贫工作目标的实现。

（七）扶贫工作与国家其他发展战略相协调

中国 40 年扶贫治理中,一个重要特征是把扶贫工作与其他国家战略实施相结合。20 世纪 80 年代把解决农村经济发展问题与扶贫工作相结合。20 世纪 90 年代把扶贫工作与区域发展相结合,如形成集中连片区、贫困县、民族地区、人口较少数民族发展、革命老区等发展支持。21 世纪前 10 年,把中西部生态环境修复和保护与扶贫工作相结合,实施大规模退耕还林、退牧还草等生态环境修复和保护工程。2011 年后,把农村生活环境、生态环境、文化道德建设相结合,实现农村综合性发展。这些在实施贫困治理的同时,也实现了国家不同时期、不同区域的发展战略。

二、新时期中国扶贫工作之展望

2020 年中国农村贫困治理目标的实现将是中国贫困治理发展中历史性目标的实现,同时也将是中国新贫困治理时期的开始。2020 年后并不意味着中国的贫困治理的终结,而是新贫困治理时代的开始。新时代的贫困治理将在国家 2035 年和 2050 年发展目标的指引下进行。因为任何一个社会贫困不治理,都会让贫困出现累增,最后导致贫困成为国家发展中的致命问题。从中国发展看,2035 年和 2050 年目标的实现必须让贫困治理转向动态相对治理才能获得,否则大量相对贫困群体的存在将导致国家发展目标无法实现。2020 年后中国贫困治理将进入相对贫困治理、赋权与救济相结合、城乡一体化的新型贫困治理时代。

(一) 以相对贫困为标准的新型贫困治理

2020 年,中国将在贫困治理上消除大面积和集中连片贫困现象,同时经过 2001 年以来,大规模的整村推进、集中连片开发、西部大开发等对中西部贫困地区、边远山区的基础设施的持续建设,这些地区因生产生活条件不足致贫的原因将解决。农村贫困群体在贫困上将不再是一种绝对贫困,而是相对贫困。相对贫困治理时需要在扶贫模式上进行相应调整,以赋权、消除社会排斥作为扶贫的主要途径。在相对贫困治理时赋权和救济是针对贫困中两类基本致贫原因上最有效的措施。所以在相对贫困治理下,整个扶贫工作将是针对发展能力不足的贫困群体提供发展技能和机会成为贫困治理的新中心。而赋权贫困治理时提供教育、医疗卫生、参与和分享社会发展成果的条件和机会将成为关键。这些将对整个国家贫困治理产生重大影响,成为新的贫困治理研究内容。

(二) 城乡一体化下的贫困治理

中国在 40 年贫困治理中都是以农村为中心,把整个扶贫工作重心放在农村。在解决农村贫困问题时,不仅解决了农村绝对贫困人口的贫困问题,还通过改进、提高和完善农村基础设施,全面解决了农村,特别是偏远地区农村发展的制约条件。此外,当前,城市化越来越明显,大量城市人口中的贫困问题需要解决。为此,2020 年后,国家应制定城乡一体的贫困识别标准,实施城乡一体的贫困治理成为必要,也是新发展中贫困治理上的必然选择。

（三）构建赋权、开发和救济三位一体的新型贫困治理模式

2020 年后,中国在贫困治理上应构建一种以赋权、开发和救济为基本内容的新型贫困治理模式。赋权扶贫是在扶贫支持措施和模式上,以给予贫困者获得发展、参与分享社会发展成果的能力和机会;开发式扶贫是中国 40 年贫困治理中获得成功的根本原因,在新时期扶贫工作中,农村贫困治理上促进农民获得发展机会,实施提升农村基础设施和公共服务能力仍然是扶贫工作的重要内容;救济式扶贫不能消除,因为任何一个社会中的贫困群体都会有一些是无法通过赋权和开发消除他们贫困的,只能采用社会救济扶贫。所以 2020 年后,中国扶贫的基本原则和措施应在赋权、开发和救济三者统合下重新构建。

（四）区域均衡发展支持与区域贫困治理相结合

中国地区间的差异和多样决定了全国不同地区在区位与资源禀赋上的多样性。这一特性决定全国不同区域在自发发展中,无法实现整体性的均衡发展。而当区域发展的不均衡状态过于明显时,在全国发展中就会导致严重的区域相对贫困现象的形成,国家发展形成明显的区域贫困问题。为此,2020 年国家在贫困治理时必须继续采用和实施以解决特定区域发展的国家均衡发展战略,管控国家区域发展不均衡产生的区域性贫困问题。所以,区域均衡发展支持在 2020 年后将是国家贫困治理上的重要扶贫模式。

（五）以贫困对象能力培养为扶贫工作中心

赋权贫困治理的核心是让贫困个体获得发展技能,而要获得发展技能,重点是在贫困治理中,实施满足不同贫困个体养成发展技能所需要获得支持机制。在当前中国扶贫工作中,主要从知识教育和技能培训两个方面对个体技能进行支持,这两种扶贫机制应保留并进一步完善。此外,在整村推进、小额信贷等扶贫模式中,让贫困群体通过具体参与贫困治理项目获得相应能力的扶贫机制应保留。2020 年后,中国贫困治理时应从知识教育、职业教育、劳动技能培训、贫困项目实施参与四种机制下,展开针对贫困群体能力的支持。为保证这四种扶贫机制效果,可以通过完善教育扶贫模式和社区参与式扶贫模式来实现。

（六）形成新型政府与社会组织分工合作的扶贫模式

中外贫困治理的历史告诉我们,不可能完全让民间自发实施贫困治理,政

府在社会治理中,一个基本职责是防止贫困极端化发展,消除绝对贫困,动态治理相对贫困,让贫困群体在国家发展中不出现失范。为此,政府作为贫困治理的主体是不能改变。这种情况下,采用完全由政府主导的贫困治理是无法适应多样性贫困治理的需求。当前,中国不管是基于社会经济发展阶段,还是贫困治理的进程,都要求贫困治理发生转型。为此,在新时期,贫困治理中政府承担的职责是提供制度保障和资源供给及实施全国贫困治理效果监测和动态调整。具体针对贫困群体的扶持工作应由民间社会组织,特别是新型社会扶贫主体承担。所以,新时期贫困治理机制应是政府引导与社会组织承担的一种分工与合作下的新型扶贫模式。

（七）以专业社会工作者和志愿者为中心构建社会扶贫主体

在相对贫困治理中,因贫困个体的多样化需求,提供发展支持应更加个性化。这种贫困治理的特点会让贫困治理时,政府主导型模式效果大大减弱。社会贫困治理需要更多社会组织开展具有针对性、专业性的扶贫措施。对此,中国政府当前强化社会工作专业人员和志愿者参与扶贫,形成两种新型扶贫主体是十分必要的,也是未来贫困治理中扶贫主体的主要类型。在新时期贫困治理,政府的责任是承担制定贫困治理的规划和目标,提供贫困治理的资源,新型社会扶贫主体承担扶贫资源配置和帮扶工作。2020年后,社会扶贫的具体操作者应该是各类社会组织,而不是当前公务人员和国有企业和事业类单位的各种派出扶贫干部和人员。参与社会扶贫的社会组织可以是公益的和专业的非公益性社会组织;扶贫的具体人员是社会工作中的专业人员和志愿者。

（八）建立新型有效的城乡一体化救济保障制度

中国贫困治理在2020年后,随着农村绝对贫困脱贫的实现,在贫困治理中实现城乡统一,建立标准一致的城乡贫困治理机制是新时代贫困治理的必然选择。在贫困形成中,一些群体无法通过赋权、开发式扶贫摆脱贫困,必须给予直接的物质救济。由于生理缺陷而无法获得正常的工作机会、技能的贫困群体和因自然灾害、家庭不可预见、不可抗拒原因导致贫困的贫困群体是社会救济的对象。建立一种有效的社会救济扶贫机制是任何国家贫困治理上不可或缺的组成部分。当前,中国社会救济扶贫中存在的城乡差别、种类繁多对整个国家贫困治理将产生十分不利的影响。这需要进一步整合和统一,实施更加有效的一体化社会救济制度。

（九）制定"中华人民共和国反贫困法与社会救济法"

2020年后，中国政府在贫困治理上实现城乡一体、赋权与救济统合，应制定"中华人民共和国反贫困法与社会救济法"，作为法治化贫困治理的基本法律。国家制定统一的贫困治理法律，把全国城乡贫困治理纳入法治，让全国针对贫困群体的治理有相应法律，使政府和参与贫困治理的不同主体各司其职，这是新时代贫困治理上的重要特征。新型社会扶贫主体的社会性要求对其管理转向法治化，而不是直接的行政监管。法律应把赋权、开发、救济作为贫困治理的三大原则；对政府扶贫职责及新型扶贫主体的职能作出规定；规定不同贫困群体法定分类，贫困群体识别标准与程序；对救济扶持对象的种类、认定作出界定；规定不同贫困群体可以获得的帮扶措施；等等。

参考文献

一、学术著作

1. 习近平:《摆脱贫困》,福建人民出版社 2016 年版。

2. 安树伟:《中国农村贫困问题研究:症结与出路》,光明日报出版社 1999 年版。

3. 北京大学贫困地区发展研究院:《中国贫困地区可持续发展战略》,经济科学出版社 2009 年版。

4. 曹殊:《定西扶贫开发研究》,中国社会科学出版社 2004 年版。

5. 曾天山:《向贫困和愚昧宣战:中国贫困地区教育发展的经验与对策》,广西教育出版社 1998 年版。

6. 曾震亚:《退人还山——贫困山区发展新思路》,民族出版社 2005 年版。

7. 陈成文:《社会弱者论》,时事出版社 2000 年版。

8. 陈端计:《爷困经济学导论》,新疆大学出版社 1997 年版。

9. 陈全功、程蹊:《少数民族山区长期贫困与发展型减贫政策研究》,科学出版社 2014 年版。

10. 陈群林:《国外社会福利制度精选》,中国社会出版社 2005 年版。

11. 陈银娥:《中国微型金融发展与反贫困问题研究》,中国人民大学出版社 2016 年版。

12. 程丹峰:《中国反贫困——经济分析与机制设计》,经济科学出版社 2000 年版。

13. 戴庆中:《文化视野中的贫困与发展:贫困地区发展的非经济因素研究》,贵州人民出版社 2001 年版。

14. 邓大才:《反贫困在行动:中国农村扶贫调查与实践》,中国社会科学出版社 2015 年版。

15. 丁声俊:《反饥饿　反贫困——全球进行时》,中国农业出版社 2012 年版。

16. 董恒秋:《国际合作扶贫攻坚的成功范例》,云南科技出版社 1999 年版。

17. 樊怀玉:《贫困论——贫困与反贫困的理论与实践》,民族出版社 2002 年版。

18. 冯骁:《贫困地区基本公共服务均等化研究——基于主体功能区框架的分析》,经济科学出版社 2016 年版。

19. 冯永宽：《西部贫困地区发展路径研究》，四川大学出版社 2010 年版。

20. 高鹏怀：《历史比较中的社会福利国家模式》，中国社会出版社 2004 年版。

21. 高帅：《贫困识别、演进与精准扶贫研究》，经济科学出版社 2016 年版。

22. 高云虹：《中国转型时期城市贫困问题研究》，人民出版社 2009 年版。

23. 龚晓宽：《走出怪圈：中国西部农村返贫现象》，中国计划出版社 1996 年版。

24. 顾六宝：《西部大开发中贫困陷阱问题的经济计量模型及实证研究》，人民出版社 2009 年版。

25. 关信平：《中国城市贫困问题研究》，湖南人民出版社 1999 年版。

26. 郭来喜：《贫困：人类面临的难题——云南民族贫困类型研究》，中国科学技术出版社 1992 年版。

27. 郭佩霞：《西南民族地区脆弱性贫困研究》，西南财经大学出版社 2017 年版。

28. 郭雪剑：《三条保障线：中国反贫困的理论与实践》，中国社会出版社 2007 年版。

29. 国家行政学院编写组：《中国精准脱贫攻坚十讲》，人民出版社 2016 年版。

30. 国家统计局农调队：《中国农村贫困监测报告》，中国统计出版社 2000 年版。

31. 国家统计局住户调查办公室：《中国农村贫困监测报告》，中国统计出版社 2015 年版。

32. 国务院扶贫办：《中国扶贫开发年鉴》（2010），中国财政经济出版社 2010 年版。

33. 韩明安主编：《新语大词典》，黑龙江人民出版社 1991 年版。

34. 何得桂：《治理贫困——易地搬迁与精准扶贫》，知识产权出版社 2017 年版。

35. 洪大用等：《NGO 扶贫行为研究：调查报告》，中国经济出版社 2001 年版。

36. 洪名勇：《贵州贫困问题研究报告》，经济科学出版社 2013 年版。

37. 侯东民：《西部生态移民跟踪调查述评——我国贫困带扶贫宜做战略性调整》，中国环境科学出版社 2014 年版。

38. 胡德宝、苏基溶：《金融发展与反贫困：来自中国的理论与实践》，人民日报出版社 2017 年版。

39. 黄承伟：《中国反贫困：理论、方法、战略》，中国财政经济出版社 2002 年版。

40. 黄承伟：《中国农村反贫困的实践与思考》，中国财政经济出版社 2004 年版。

41. 黄承伟：《中国农村扶贫自愿移民搬迁的理论与实践》，中国财政经济出版社 2004 年版。

42. 教育部学校规划建设发展中心编：《高校定点扶贫典型案例集》，云南人民出版社 2017 年版。

43. 靳永翕、赵龙英：《公共服务保障机制：基于贫困地区农村基础设施建设的经验证据》，世界图书出版公司 2016 年版。

44. 康西安：《改变贫困·改变反贫困政策》，中国社会科学出版社 2014 年版。

45. 康小光：《中国贫困与反贫困理论》，广西人民出版社 1995 年版。

46. 康晓光：《NGO 扶贫行为研究》，中国经济出版社 2001 年版。

47. 孔令英：《边境贫困地区生态补偿机制研究》，经济管理出版社 2016 年版。

48. 雷明：《贫困山区可持续发展之路——基于云南昭通地区调查研究》，经济科学出版社 2010 年版。

49. 李纪恒：《贫困地区发展论》，中共中央党校出版社 1997 年版。

50. 李俊杰：《集中连片特困地区反贫困研究》，科学出版社 2014 年版。

51. 李俊杰等：《集中连片特困地区反贫困研究：以乌蒙山区为例》，科学出版社 2014 年版。

52. 李瑞华：《贫困与反贫困的经济学研究：以内蒙古为例》，中央编译出版社 2014 年版。

53. 李小云：《环境与贫困：中国实践与国际经验》，社会科学文献出版社 2005 年版。

54. 李小云：《中国财政扶贫资金的瞄准与偏离》，社会科学文献出版社 2006 年版。

55. 李学术：《西部民族贫困地区农户创新行为研究——基于云南省的案例分析》，经济科学出版社 2011 年版。

56. 李正东等：《贫困何以生产：城市低保家庭的贫困状况研究》，中国社会出版社 2018 年版。

57. 李周：《中国扶贫中的政府行为比较研究》，中国经济出版社 2001 年版。

58. 联合国教科文组织：《参与式行政内源发展》，中国对外翻译出版社 1993 年版。

59. 林闽钢：《社会保障国际比较》，科学出版社 2007 年版。

60. 林毅夫：《战胜命运——跨越贫困陷阱　创造经济奇迹》，北京大学出版社 2017 年版。

61. 林志斌：《谁搬迁了？：自愿性移民扶贫项目的社会、经济和政策分析》，社会科学文献出版社 2006 年版。

62. 刘昌刚：《扶贫攻坚理论与实践》，中国人事出版社 2000 年版。

63. 刘福仁等：《现代农村经济辞典》，辽宁人民出版社 1990 年版。

64. 刘林：《特殊类型贫困地区贫困与反贫困问题研究——以新疆自治区为例》，经济科学出版社 2016 年版。

65. 刘燕华、李秀彬：《脆弱生态环境与可持续发展》，商务印书馆 2001 年版。

66. 刘颖琦：《西部生态脆弱贫困区优势产业培育》，科学出版社 2010 年版。

67. 刘毓庆：《历史的壮举：中国农村反贫困历程》，山西人民出版社 2003 年版。

68. 柳拯：《当代中国社会救助政策与实务研究》，中国社会出版社 2005 年版。

69. 罗知：《贸易自由化与贫困：来自中国的数据》，人民出版社 2011 年版。

70. 马铃：《贫困农户与非贫困农户农业收入差异研究》，中国农业出版社 2014 年版。

71. 莫光辉、祝慧：《社会组织与贫困治理：基于组织个案的扶贫实践经验》，知识产权出版社 2016 年版。

72. 莫光辉：《农民创业与贫困治理——基于广西天等县的实证分析》，社会科学文献出版社 2015 年版。

73. 潘乃谷：《多民族地区：资源、贫困与发展》，天津人民出版社 1995 年版。

74. 乔煜：《反贫困战略下的西部农村社会保障法律创新研究》，光明日报出版社 2018

年版。

75. 曲大维:《流动人口贫困测度研究:基于主观贫困线方法》,上海交通大学出版社2014年版。

76. 申宏磊:《国际扶贫援助项目在中国:和平发展的中国》,新世界出版社2006年版。

77. 石友金:《反贫困行为研究:湘赣老区开发式扶贫的理性思考》,江西人民出版社1999年版。

78. 世界银行:《2000年世界发展报告》,中国财政经济出版社2001年版。

79. 世界银行:《从贫困地区到贫困人群:中国扶贫议程的演进》,年鉴出版社2009年版。

80. 世界银行编写组:《全球化、增长与贫困》,中国财政经济出版社2003年版。

81. 邰秀军:《中国农户贫困脆弱性的测度研究》,社会科学文献出版社2012年版。

82. 田静:《教育与乡村建设:云南一个贫困民族乡的发展人类学探究》,中央编译出版社2013年版。

83. 田小红:《中国贫困管理:历史、发展与转型》,中国社会出版社2009年版。

84. 王家华:《决战2020:拒绝贫困》,中国民主出版社2016年版。

85. 王静:《农村贫困居民疾病经济风险及医疗保障效果研究》,科学出版社2014年版。

86. 王梦奎:《反贫困与中国儿童发展》,中国发展出版社2013年版。

87. 王小林:《贫困测量:理论与方法》,社会科学文献出版社2017年版。

88. 吴国宝:《扶贫模式研究:中国劳务输出扶贫研究》,中国经济出版社2001年版。

89. 吴国宝:《扶贫模式研究:中国小额信贷扶贫研究》,中国经济出版社2001年版。

90. 吴海涛:《贫困动态性:理论与实证》,武汉大学出版社2013年版。

91. 吴庆:《公平诉求与贫困治理》,社会科学文献出版社2005年版。

92. 吴沿友:《喀斯特地区扶贫开发理论与实践》,贵州民族出版社2002年版。

93. 向玲凛、邓翔:《西南少数民族地区的贫困问题及其政策研究》,经济科学出版社2015年版。

94. 谢冰等:《贫困与保障——贫困视角下的中西部民族地区农村社会保障研究》,商务印书馆2013年版。

95. 徐勇、邓大才、任路:《中国农民状况发展报告2013(社会文化卷)》,北京大学出版社2014年版。

96. 闫坤、刘铁芳等:《中国特色的反贫困理论与实践研究》,中国社会科学出版社2016年版。

97. 颜廷武:《基于农户行为逻辑的区域反贫困理论与实证研究》,科学出版社2015年版。

98. 杨栋会:《云南民族"直过区"居民收入差距和贫困研究》,科学出版社2012年版。

99. 杨进:《贫困与国家转型——基于中亚五国的实证研究》,社会科学文献出版社2012年版。

100. 杨立雄:《残者有助——农村贫困残疾人群帮扶政策评估及建议》,社会科学文献出版社 2015 年版。

101. 杨绪盟:《中国贫困群体调查》,东方出版社 2010 年版。

102. 易爱军:《森林资源与环境可持续发展研究——基于国有林场贫困视角》,中国环境科学出版社 2015 年版。

103. 于学军、解振明:《中国人口发展评论——回顾与展望》,中国人民大学出版社 2000 年版。

104. 余源培主编:《邓小平理论辞典》,上海辞书出版社 2012 年版。

105. 云南省小额信贷协调领导小组办公室:《小额信贷:扶贫攻坚成功之路》,云南教育出版社 1998 年版。

106. 张纯元:《消除贫困的人口对策研究》,高等教育出版社 1996 年版。

107. 张开宁:《从赤脚医生到乡村医生》,云南人民出版社 2002 年版。

108. 张磊主编:《中国扶贫开发政策演变(1949—2005 年)》,中国财政经济出版社 2007 年版。

109. 张孝德:《模式经济学新探——中国市场经济模式的选择与创新》,经济管理出版社 2002 年版。

110. 赵俊臣:《中国扶贫攻坚的理论与实践》,云南人民出版社 1997 年版。

111. 赵曦:《西南边疆少数民族地区反贫困与社会稳定对策研究》,西南财经大学出版社 2014 年版。

112. 郑志龙、丁辉侠、韩恒、孙远太:《政府扶贫开发绩效评估研究》,中国社会科学出版社 2012 年版。

113. 朱玲等:《以工代赈与缓解贫困》,上海人民出版社 1994 年版。

114. 邹波:《中国绿色贫困问题及治理研究——以全国集中连片特困区为例》,经济科学出版社 2016 年版。

115. 邹德秀:《地区贫困与贫困地区开发》,科学出版社 2000 年版。

116. 邹东涛:《中国道路与中国模式》,社会科学文献出版社 2009 年版。

117. 邹蓝:《巨人的跛足:中国西部贫困地区发展研究》,黑龙江人民出版社 1992 年版。

118. [巴西]多斯·桑托斯:《帝国主义与依附》,毛金里等译,社会科学文献出版社 1999 年版。

119. [德]安德烈·弗兰克:《依附性积极与不发达》,高铦、高戈译,译林出版社 1999 年版。

120. [美]杰弗瑞·G.威廉姆森:《贸易与贫穷:第三世界何时落后》,符大海、张莹译,中国人民大学出版社 2016 年版。

121. [美]A.奥肯:《平等与效率:重大抉择》,王奔洲译,华夏出版社 1999 年版。

122. [美]安·邓纳姆:《困境中求生存:印度尼西亚的乡村工业》,徐鲁亚等译,民族出版社 2009 年版。

123. [美]亨利·乔治:《进步与贫困》,吴良健、王翼龙译,商务印书馆 2010 年版。

124. [美]马丁·瑞沃林:《贫困的比较》,赵俊超译,北京大学出版社 2005 年版。

125.[美]迈克尔·谢诺登:《资金与穷人:一项新的美国福利政策》,商务印书馆2007年版。

126.[美]迈克尔·哈灵顿:《另一个美国》,郑飞北译,中国青年出版社2012年版。

127.[美]托马斯·库恩:《科学革命的结构》,金吾伦、胡新和译,北京大学出版社2004年版。

128.[美]托尼·爱德雷:《社会保障与反贫困的关系》,经济出版社1988年版。

129.[美]威廉·A.哈维兰:《文化人类学》,瞿铁鹏、张钰译,上海社会科学院出版社2006年版。

130.[美]戴维·S.兰德斯:《国富国穷》,门洪华等译,新华出版社2001年版。

131.[瑞典]冈纳·缪尔达尔:《世界贫困的挑战:世界反贫困大纲》,北京经济学院出版社1991年版。

132.[瑞典]冈纳·缪尔达尔:《亚洲的戏剧:一些国家的贫困问题研究》,商务印书馆2015年版。

133.[印度]阿比吉特·班纳吉、[法]埃斯特·迪弗洛:《贫穷的本质》,中信出版社2013年版。

134.[印度]阿马蒂亚·森:《贫困与饥荒》,王宇、王文玉译,商务印书馆2001年版。

135.迪帕·纳拉扬等:《谁倾听我们的声音》,付岩梅等译,中国人民大学出版社2001年版。

二、学术论文

1.《中国外资扶贫开发成就斐然》,《财经界》2006年第3期。

2.《中央国家机关:定点扶贫"各显神通"》,《紫光阁》2016年第12期。

3.鲍青青、郭传燕:《广西贫困地区乡村旅游扶贫攻坚新模式探讨》,《广西科技师范学院学报》2016年第6期。

4.蔡荣鑫:《国外贫困理论发展述评》,《经济学家》2000年第2期。

5.曹洪民、陆汉文:《扶贫互助社与基层社区发展——四川省仪陇县试点案例研究》,《广西大学学报》2008年第6期。

6.曹洪民:《中国农村扶贫模式研究的进展与框架》,《西北人口》2002年第4期。

7.曹洪民:《中国农村开发式扶贫模式研究》,中国农业大学博士学位论文2003年。

8.曾群、魏雁滨:《失业与社会排斥:一个分析框架》,《社会学研究》2004年第3期。

9.曾小溪、汪三贵:《易地扶贫搬迁情况分析与思考》,《河海大学学报》2017年第2期。

10.查燕、王惠荣、蔡典雄等:《宁夏生态扶贫现状与发展战略研究》,《中国农业资源与区划》2012年第1期。

11.车耳、董禹、汪臻、秦岭:《金融扶贫模式创新研究——中国国际经济咨询有限公司方案》,《农场经济管理》2015年第12期。

12.陈标平、胡传明:《建国60年中国农村反贫困模式演进与基本经验》,《求是》2009年第7期。

13. 陈池波、赵蕾:《论社会扶贫》,《农业现代化研究》1997 年第 4 期。

14. 陈建勋:《从纳克斯的"贫困恶性循环论"所想到的》,《上海经济研究》1988 年第 2 期。

15. 陈为雷:《马克思的贫困结构范式及其对当代中国的启示》,《社会主义研究》2013 年第 2 期。

16. 陈卫平、申学锋:《农村绝对贫困人口:救助式扶贫还是开发式扶贫?》,《财政研究》2006 年第 5 期。

17. 陈源、王悦、魏奋子、史如霞:《2010 年以来甘肃省易地扶贫搬迁的实施方式与基本经验》,《农业经济》2016 年第 22 期。

18. 程瑜、李瑞娥:《西部大开发:制度背反与哲思》,《财贸研究》2013 年第 3 期。

19. 楚永生:《发展战略贫困理论的演进、比较及其理论意义》,《老区建设》2008 年第 1 期。

20. 邓维杰:《精准扶贫的难点、对策与路径选择》,《农村经济》2014 年第 6 期。

21. 底瑜:《当代中国反贫困战略的选择与重构——以四川省巴中市"巴中新村"为例的研究》,《中国软科学》2005 年第 10 期。

22. 董晓波:《农村反贫困战略转向研究》,《社会保障研究》2017 年第 1 期。

23. 豆小文、叶秀芬:《职业教育扶贫的几点思考》,《成人教育》2014 年第 7 期。

24. 杜忠潮、高霞、金萍:《关中地区乡村旅游的社区参与与妇女作用》,《安徽农业科学》2008 年第 36 期。

25. 段世江、石春玲:《中国农村反贫困战略评价与视角选择》,《北京大学学报》2004 年第 64 期。

26. 方清云:《贫困文化理论对文化扶贫的启示及对策建议》,《广西民族研究》2012 年第 4 期

27. 冯志军:《兰州 4 万余干部进村结对扶贫考核未过者被问责》,《决策探索》2014 年第 7 期。

28. 傅鹏娜、龙文华、罗琦、陈蓉:《结对扶贫政策实施的效果评估——基于对山西省 J 县的调查发现》,《老区建设》2017 年第 8 期。

29. 傅维利:《论区域经济发展的不平衡与欠发达地区的教育抉择》,《教育研究》1995 年第 4 期。

30. 葛志军、邢成举:《精准扶贫:内涵、实践困境及其原因阐释——基于宁夏银川两个村庄的调查》,《贵州社会科学》2015 年第 5 期。

31. 耿翔燕、葛颜祥:《生态补偿式扶贫及其运行机制研究》,《贵州社会科学》2017 年第 4 期。

32. 宫留记:《政府主导下市场化扶贫机制的构建与创新模式研究——基于精准扶贫视角》,《中国软科学》2016 年第 5 期。

33. 龚冰:《论我国开发式扶贫的拓展与完善》,《经济与社会发展》2007 年第 11 期。

34. 龚晓宽:《中国农村扶贫模式创新研究》,四川大学博士学位论文 2006 年。

35. 龚艳、李如友:《有限政府主导型旅游扶贫开发模式研究》,《云南民族大学学报》2016 年第 6 期。

36. 郭佩霞:《论民族地区反贫困目标瞄准机制的建构》,《贵州社会科学》2007 年第 12 期。

37. 郭熙保:《论贫困概念的内涵》,《山东社会科学》2005 年第 12 期。

38. 韩广富、李万荣:《当代中国农村扶贫开发瞄准目标的调整》,《社会科学战线》2012 年第 10 期。

39. 韩建华:《中国农村政府主导型扶贫运作模式的缺陷及其改进》,《经济研究导刊》2010 年第 36 期。

40. 何畅、张昭:《"十三五"时期易地扶贫搬迁投融资模式研究》,《开发性金融研究》2017 年第 1 期。

41. 何得桂、党国英、杨彦宝:《集中连片特困地区精准扶贫的结构性制约及超越——基于陕南移民搬迁的实证分析》,《地方治理研究》2016 年第 1 期。

42. 侯风云:《农村外出劳动力收益与人力资本状况相关性研究》,《财经研究》2004 年第 4 期。

43. 胡联、汪三贵、王娜:《贫困村互助资金存在精英俘获吗:基于 55 省 30 个贫困村互助资金试点村的经验证据》,《经济学家》2015 年第 9 期。

44. 胡锡茹:《云南旅游扶贫三种模式》,《经济问题探索》2003 年第 5 期。

45. 胡勇:《进一步完善我国易地搬迁扶贫政策》,《宏观经济管理》2009 年第 1 期。

46. 黄承伟、陆汉文、刘金海:《微型金融与农村扶贫开发——中国农村微型金融扶贫模式培训与研讨会综述》,《中国农村经济》2009 年第 9 期。

47. 黄承伟、苏海、向德平:《沟通理性与贫困农村参与式扶贫的完善路径——基于武陵五县参与式扶贫的案例分析》,《中共福建省委党校学报》2015 年第 3 期。

48. 黄承伟、覃志敏:《论精准扶贫与国家扶贫治理体系建构》,《中国延安干部学院学报》2015 年第 1 期。

49. 黄承伟、袁泉:《论中国脱贫攻坚的理论与实践创新》,《河海大学学报》2018 年第 2 期。

50. 黄承伟、向家宇:《科学发展观视野下的连片特困地区扶贫攻坚战略研究》,《社会主义研究》2013 年第 1 期。

51. 黄承伟、邹英、刘杰:《产业精准扶贫:实践困境和深化路径——兼论产业精准扶贫的印江经验》,《贵州社会科学》2017 年第 9 期。

52. 黄承伟:《中国扶贫开发道路研究:评述与展望》,《中国农业大学学报》2016 年第 5 期。

53. 黄德益:《扶贫开发与退耕还林(草)工作相结合初探》,《四川林业科技》2001 年第 2 期。

54. 黄国庆:《连片特困地区旅游扶贫模式研究》,《求索》2013 年第 5 期。

55. 黄萍:《尴尬与出路:旅游扶贫视角下西南民族村寨文化遗产管理研究》,《青海民族研究》2015 年第 1 期。

56. 黄荣华、冯彦敏、路遥:《国内外扶贫理论研究综述》,《黑河学刊》2014 年第 10 期。

57. 江淑斌、王敏、马玲玲:《精准扶贫下建档立卡对贫困户心理感受与脱贫动力的影响研究》,《商学研究》2017 年第 1 期。

58. 江西省九江市扶贫办综合科:《"雨露计划"工作存在的问题及建议》,《老区建设》2009 年第 21 期。

59. 姜志德、柴洁放:《关于生态家园富民计划的观察与思考》,《农业经济》2005 年第 11 期。

60. 蒋焕洲:《贵州民族地区旅游扶贫实践:成效、问题与对策思考》,《广西财经学院学报》2014 年第 1 期。

61. 焦梦等:《中国是全球减贫典范》,《中国扶贫》2017 年第 20 期。

62. 金丽、张丽明:《河北省农村金融扶贫的成效、问题及建议》,《贵州农业科学》2014 年第 7 期。

63. 珂文:《定点扶贫新举措:工作到村,措施到户》,《新农业》2008 年第 7 期。

64. 匡远配、汪三贵:《中国民间组织参与扶贫开发:比较优势及发展方向》,《岭南学刊》2010 年第 3 期。

65. 来仪:《"参与式"农村扶贫模式在四川民族地区的实施及非经济性因素分析》,《西南民族大学学报》2004 年第 10 期。

66. 黎娟:《"整村推进"扶贫开发模式的反思与完善》,《农村金融研究》2009 年第 9 期。

67. 李柏槐:《四川旅游扶贫开发模式研究》,《成都大学学报》2007 年第 6 期。

68. 李丹、刘小川:《政府间财政转移支付对民族扶贫县财政支出行为影响的实证研究》,《财经研究》2014 年第 1 期。

69. 李丹:《政府间转移支付对国定扶贫县财政收入行为研究》,《上海财经大学学报》2013 年第 6 期。

70. 李刚、徐虹:《影响我国可持续旅游扶贫效益的因子分析》,《旅游学刊》2006 年第 9 期。

71. 李鹏、朱成晨、朱德全:《职业教育精准扶贫:作用机理与实践反思》,《教育与经济》2017 年第 6 期。

72. 李瑞华等:《贫困县退出的识别方法与运行机制研究》,《农业现代化研究》2017 年第 6 期。

73. 李小勇:《能力贫困视域下中国农村开发式扶贫的困境与超越》,《理论导刊》2013 年第 2 期。

74. 李小云、李周、唐丽霞、刘永功、王思斌、张春泰:《参与式贫困指数的开发与验证》,《中国农村经济》2006 年第 5 期。

75. 李小云、唐丽霞、许汉泽:《论我国的扶贫治理:基于扶贫资源瞄准和传递的分析》,《吉林大学社会科学学报》2015 年第 4 期。

76. 李小云、张雪梅、唐丽霞:《我国中央财政扶贫资金的瞄准分析》,《中国农业大学学报》2005 年第 3 期。

77. 李小云：《东西部扶贫协作和对口支援的四维考量》，《改革》2017 年第 8 期。

78. 李小云等：《论我国的扶贫治理：基于扶贫资源瞄准和传递的分析》，《吉林大学社会科学学报》2015 年第 4 期。

79. 李兴江、陈怀叶：《参与式扶贫模式的运行机制及绩效评价》，《开发研究》2008 年第 2 期。

80. 李秀峰：《韩国新农村运动的成功要因分析》，《当代韩国》2014 年第 3 期。

81. 李永东：《产业扶贫与环境扶贫：内涵、模式比较及公共政策》，《宁夏社会科学》2017 年第 4 期。

82. 李勇：《改革开放以来东西扶贫协作政策的历史演进及其特点》，《党史研究与教学》2012 年第 2 期。

83. 李周：《社会扶贫的经验、问题与进路》，《求索》2016 年第 11 期。

84. 梁超然：《建议把退耕还林作为贫困地区生态扶贫工程来抓》，《中国林业》2001 年第 3 期。

85. 梁福庆：《中国生态移民研究》，《三峡大学学报》2011 年第 4 期。

86. 梁景禹：《非政府组织在扶贫中的作用——基于贵州省的视角》，《西部发展评论（2008 年）》。

87. 林乘东：《教育扶贫论》，《民族研究》1997 年第 3 期。

88. 林卡、范晓光：《贫困和反贫困：对中国贫困类型变迁及反贫困政府的研究》，《社会科学战线》2006 年第 1 期。

89. 林万龙、李成威、陆汉文、曹洪民：《全面深化改革背景下中国特色社会扶贫政策的创新》，《经济纵横》2016 年第 6 期。

90. 林元旦：《发达国家开发落后地区的政府行为及对我国的启示》，《中国行政管理》2002 年第 8 期。

91. 刘慧、叶尔肯·吾扎提：《中国西部地区生态扶贫策略研究》，《中国人口·资源与环境》2013 年第 10 期。

92. 刘解龙：《经济新常态中的精准扶贫理论与机制创新》，《湖南社会科学》2015 年第 4 期。

93. 刘俊文：《中国开发式扶贫为什么值得称道》，《红旗文稿》2005 年第 2 期。

94. 刘牧：《集中连片特殊困难地区扶贫攻坚面临问题及对策》，《理论月刊》2014 年第 12 期。

95. 刘张发：《可持续金融扶贫模式分类、差异和适用范围》，《金融发展研究》2016 年第 7 期。

96. 刘忠、牛文涛、廖冰玲：《我国"西部大开发战略"研究综述及反思》，《经济学动态》2012 年第 6 期。

97. 陆汉文、李文君：《信息不对称条件下贫困户识别偏离的过程与逻辑——以豫西一个建档立卡贫困村为例》，《中国农村经济》2016 年第 7 期。

98. 罗江月、唐丽霞:《扶贫瞄准方法与反思的国际研究成果》,《中国农业大学学报》2014 年第 4 期。

99. 王卓、罗江月:《扶贫治理视野下"驻村第一书记"研究》,《农村经济》2018 年第 2 期。

100. 罗盛锋、代新洋、黄燕玲:《生态旅游扶贫研究动态及展望》,《桂林理工大学学报》2015 年第 3 期。

101. 罗艳:《民族地区整村推进扶贫实施效果及政策建议——以凉山彝族自治州喜德县 H 村为例》,《湖北农业科学》2012 年第 20 期。

102. 骆方金、胡炜:《生态扶贫:文献梳理及简评》,《经济论坛》2017 年第 3 期。

103. 骆方金、刘联:《精准生态扶贫:战略意义及路径选择》,《农业经济》2017 年第 10 期。

104. 吕勇斌等:《我国农村金融发展与反贫困绩效:基于 2003—2010 年的经验证据》,《农业经济问题》2014 年第 1 期。

105. 马亚磊:《农村公共产品的供给与治理研究——以农田水利设施建设为例》,西南财经大学硕士学位论文 2011 年。

106. 毛绵逵、李小云、齐顾波:《参与式发展:科学还是神化?》,《南京工业大学学报》2010 年第 2 期。

107. 毛向东:《对整村推进扶贫开发的调查》,《老区建设》2011 年第 11 期。

108. 莫光辉:《精准扶贫视域下的产业扶贫实践与路径优化》,《云南大学学报》2017 年第 1 期。

109. 倪赤丹、苏敏:《英国社区发展经验及对当代中国的借鉴》,《理论界》2013 年第 1 期。

110. 宁亚芳:《从道德化贫困到能力贫困:论西方贫困观的演变与发展》,《学习与实践》2014 年第 7 期。

111. 潘芳芷:《参与式扶贫存在的问题及其对策》,《辽宁工业大学学报》2017 年第 5 期。

112. 彭玮:《当前易地扶贫搬迁工作存在的问题及对策建议——基于湖北省的调研分析》,《农村经济》2017 年第 3 期。

113. 皮海峰:《小康社会与生态移民》,《农村经济》2004 年第 6 期。

114. 齐超、陈方正:《中国反贫困目标瞄准机制研究》,《社会科学论坛》2008 年第 10 期。

115. 曲天军:《政府组织对中国扶贫成果的贡献分析及其发展建议》,《农业经济问题》2002 年第 9 期。

116. 任燕顺:《对整村推进扶贫开发模式的实践探索与理论思考——以甘肃省为例》,《农业经济问题》2007 年第 8 期。

117. 陕立勤:《对我国政府主导型扶贫模式效率的思考》,《开发研究》2009 年第 1 期。

118. 尚正永:《对甘肃农村贫困人口生态扶贫的思考》,《甘肃农业》2004 年第 2 期。

119. 申秋:《中国农村扶贫政策的历史演变和扶贫实践研究反思》,《江西财经大学学报》2017 年第 1 期。

120. 沈茂英:《"整村推进"综合扶贫模式的理论基础》,《郑州航空工业管理学院学报》2008 年第 2 期。

121. 沈小波、林擎:《中国贫困范式的演变及其理论和政策意义》,《经济学家》2005 年第 6 期。

122. 宋清华、杨云、张明星:《"9+2"教育扶贫模式的探索与实践》,《职业时空》2009 年第 3 期。

123. 苏海、向德平:《社会扶贫的行动特点与路径创新》,《中南民族大学学报》2015 年第 3 期。

124. 苏明:《我国财税扶贫政策运用的现状、问题与对策》,《湖北财税(理论版)》2001 年第 7 期。

125. 孙久文、唐泽地:《中国产业扶贫模式演变及其对"一带一路"国家的借鉴意义》,《西北师范大学学报》2017 年第 6 期。

126. 孙文中:《创新中国农村扶贫模式的路径选择——基于新发展主义的视角》,《广东社会科学》2013 年第 6 期。

127. 谭贤楚:《"输血"与"造血"的协同——中国农村扶贫模式的演进趋势》,《甘肃社会科学》2011 年第 3 期。

128. 谭振义、赵凌云:《2000—2010 年西部民族地区开发进程的历史审视——基于西部大开发战略实施的视角》,《中央民族大学学报》2013 年第 6 期。

129. 唐丽霞、罗江月、李小云:《精准扶贫机制实施的政策和实践困境》,《贵州社会科学》2015 年第 5 期。

130. 唐平:《中国农村贫困标准和贫困状况的初步研究》,《中国农村经济》1994 年第 6 期。

131. 田宪臣:《开发式扶贫的难点与对策》,《黄河科技大学学报》2017 年第 3 期。

132. 万俊毅、赖作卿、欧晓明:《扶贫攻坚、非营利组织与中国农村社会发展》,《贵州社会科学》2007 年第 1 期。

133. 汪磊:《精准扶贫视域下我国集中连片特困地区致贫成因与扶贫对策》,《贵阳市委党校学报》2016 年第 4 期。

134. 汪三贵、Park A、Shubham Chaudhuri 等:《中国新时期农村扶贫与村级贫困瞄准》,《管理世界》2007 年第 1 期。

135. 汪三贵、陈虹妃、杨龙:《村级互助金的贫困瞄准机制研究》,《贵州社会科学》2011 年第 9 期。

136. 汪三贵、郭子豪:《论中国的精准扶贫》,《贵州社会科学》2015 年第 5 期。

137. 汪三贵、郭子豪:《中国农村的精准扶贫问题论中国的精准扶贫》,《贵州社会科学》2015 年第 5 期。

138. 汪三贵:《反贫困与政府干预》,《管理世界》1994 年第 3 期。

139. 汪三贵:《扶贫体制改革的未来方向》,《人民论坛》2011 年第 24 期。

140. 王朝明:《中国农村 30 年开发式扶贫:政策实践与理论反思》,《贵州财经学院学报》2008 年第 6 期。

141. 王春萍等:《21 世纪以来中国产业扶贫研究脉络与主题谱系》,《中国人口·资源与环境》2017 年第 6 期。

142. 袁明宝:《扶贫吸纳治理:精准扶贫政策执行中的悬浮与基层治理困境》,《南京农业大学学报》2018 年第 4 期。

143. 王芳:《东西部扶贫协作,二十载春华秋实》,《经济》2017 年第 2 期。

144. 王国勇、邢溦:《我国精准扶贫工作机制问题探析》,《农村经济》2015 年第 9 期。

145. 王浩:《金融精准扶贫模式》,《中国金融》2016 年第 22 期。

146. 王虎莲:《贫困县易地扶贫搬迁情况调查及融资困境研究》,《甘肃金融》2016 年第 9 期。

147. 王金艳:《雨露计划扶贫培训探析》,《理论学刊》2015 年第 8 期。

148. 王居仁、崔敏、李文静:《我国农村代赈政策的历史演变及其创新》,《甘肃农业》2003 年第 12 期。

149. 王俊文:《国外反贫困经验对我国当代反贫困的若干启示——以发展中国家巴西为例》,《农业考古》2009 年第 3 期。

150. 王俊文:《国外反贫困经验对我国反贫困的当代启示——以西方发达国家美国为例》,《社会科学家》2008 年第 3 期。

151. 王克发、方启军:《退耕还林——"扶贫工程"、"民心工程"》,《中国林业》2007 年第 29 期。

152. 王娜、杨文健:《生态移民精准扶贫:现实困境、内在悖论与对策》,《开发研究》2016 年第 4 期。

153. 王小林、Sabina Alkire:《中国多维贫困测量、估计和政策含义》,《中国农村经济》2009 年第 12 期。

154. 王晓宁:《论利用外资扶贫》,《广西审计》2000 年第 5 期。

155. 王晓毅:《十八大以来驻村帮扶机制创新实践研究》,《中国扶贫》2017 年第 20 期。

156. 雷文艳、吕玲丽、邢成举:《精准扶贫背景下产业扶贫的困境及其超越——兼论综合性产业扶贫框架的建构》,《云南行政学院学报》2018 年第 3 期。

157. 王兆萍:《解读贫困文化的本质特征》,《中州学刊》2004 年第 6 期。

158. 王兆萍:《贫困文化结构探论》,《求索》2007 年第 2 期。

159. 王志章、何静:《英美两国扶贫开发模式及其启示》,《开发研究》2015 年第 6 期。

160. 魏国楠:《借力"十个全覆盖"探索旅游扶贫新模式》,《实践》2016 年第 6 期。

161. 魏晓蓉:《GB 模式与甘肃扶贫》,《甘肃农业》1998 年 S1 期。

162. 温家宝:《关于发展社会事业和改善民生的几个问题》,《求是》2010 年第 7 期。

163. 吴国宝:《我国农村现行扶贫开发方式的有效性讨论》,《中国党政干部论坛》2008 年第 5 期。

164. 吴霓、王学男：《教育扶贫政策体系的政策研究》，《清华大学教育研究》2017 年第 3 期。

165. 吴清华：《当代中外贫困理论比较研究》，《人口与经济》2004 年第 1 期。

166. 吴涛：《返耕还林政策评价》，《经济研究参考》2011 年第 67 期。

167. 吴雄周、丁建军：《基于成本收益视角的我国扶贫瞄准方式变迁解释》，《东南学术》2012 年第 5 期。

168. 吴亚平、周江、潘珊：《对乡村旅游扶贫"贵州模式"的思考》，《理论与当代》2016 年第 6 期。

169. 夏建军、郭飞、王学军、安宴菲：《冀西北坝上地区文化创意产业发展与扶贫开发战略研究》，《湖南农机》2013 年第 11 期。

170. 肖超：《广西生态家园富民计划实施纲要思考》，《广西节能》2002 年第 3 期。

171. 邢成举、葛志军：《集中连片扶贫开发：宏观状况、理论基础与现实选择——基于中国农村贫困监测及相关成果的分析与思考》，《贵州社会科学》2013 年第 5 期。

172. 熊家珍、苏祖勤：《1996—2016 年我国旅游扶贫问题研究述评》，《安徽农业科学》2016 年第 18 期。

173. 徐孝勇、赖景生、寸家菊：《我国西部地区农村扶贫模式与扶贫绩效及政策建议》，《农业现代化研究》2010 年第 2 期。

174. 徐鑫：《如何对贫困人口实现精准识别》，《中国统计》2017 年第 5 期。

175. 徐映梅、张提：《基于国际比较的中国消费视角贫困标准构建研究》，《中南财经政法大学学报》2016 年第 1 期。

176. 徐志明：《扶贫投资低效率与市场化反贫困机制的建立》，《乡镇经济》2008 年第 9 期。

177. 许锋华、王晨：《美国教育扶贫政策述评》，《教育探索》2017 年第 3 期。

178. 许汉泽、李小云：《精准扶贫背景下农村产业扶贫的实践困境——对华北李村产业扶贫项目的考察》，《西北农林科技大学学报》2017 年第 1 期。

179. 许建启、范小建：《集中连片特殊困难地区作为新一轮扶贫主战场》，《中国老区建设》2011 年第 2 期。

180. 许源源、江胜珍：《扶贫瞄准问题研究综述》，《生产力研究》2008 年第 17 期。

181. 许源源：《中国农村扶贫瞄准问题研究》，中山大学博士学位论文 2006 年。

182. 闫坤、于树一：《中国模式反贫困的理论框架与核心要素》，《华中师范大学学报》2013 年第 6 期。

183. 严官金、余修志：《"整村推进"谱写扶贫——湖北建始县完成"整村推进"》，《决策与信息》2005 年第 11 期。

184. 阎桂芝、何建宇、焦义菊：《教育扶贫的清华模式》，《北京教育（高教）》2014 年第 5 期。

185. 颜鹏飞、邵秋芬：《经济增长极理论研究》，《财经理论与实践》2001 年第 2 期。

186. 杨瑚：《精准扶贫的贫困标准与对象瞄准研究》，《甘肃社会科学》2017 年第 1 期。

187. 杨军:《"整村推进"扶贫模式探析》,《农村经济》2007 年第 4 期。

188. 杨思飞:《涓滴效应再讨论:理论与关系》,《学术研究》2017 年第 10 期。

189. 杨振强:《精准扶贫视域下西部贫困地区农业产业发展模式研究》,《学术论坛》2017 年第 3 期。

190. 叶初升、王红霞:《多维贫困及其度量研究的最新进展:问题与方法》,《湖北经济学院学报》2010 年第 5 期。

191. 叶初升、邹欣:《扶贫瞄准的绩效评估与机制设计》,《华中农业大学学报》2012 年第 1 期。

192. 叶青等:《政策实践与资本重置:贵州易地扶贫搬迁的经验表达》,《中国农业大学学报》2016 年第 5 期。

193. 易水:《东西部扶贫协作:从单向帮扶到互利共赢》,《创造》2016 年第 8 期。

194. 余昌淼、贾利贞:《扶贫要下沉到村扶持到户》,《人民论坛》2005 年第 8 期。

195. 袁利平、万江文:《我国教育扶贫研究热点的主题构成与前沿趋势》,《国家教育行政学院学报》2017 年第 5 期。

196. 岳要鹏、陆汉文:《"能扶贫"与"可持续"的双重变奏——十年来贫困村互助资金研究进展》,《社会科学动态》2017 年第 5 期。

197. 岳要鹏:《生计、制度与扶贫合作组织的嬗变——以川东 Y 县扶贫互助社为例》,华东师范大学博士学位论文 2015 年。

198. 岳佐华:《政府主导下的市场化运作扶贫模式研究》,《农村经济与科技》2007 年第 1 期。

199. 战成秀、韩广富:《"兴边富民行动"开发式扶贫基本策略分析》,《黑龙江民族丛刊》2013 年第 3 期。

200. 张娟、王荣党:《参与式扶贫开发模式探析——以云南为例》,《经济研究导刊》2012 年第 15 期。

201. 张克中:《贫困理论研究综述》,《减贫与发展》2014 年第 4 期。

202. 张琦、史志乐:《我国教育扶贫政策创新及实践研究》,《贵州社会科学》2017 年第 4 期。

203. 张峭、徐磊:《中国科技扶贫模式研究》,《中国软科学》2007 年第 2 期。

204. 张新伟:《扶贫政策低效性与市场化反贫困思路探寻》,《中国农村经济》1999 年第 2 期。

205. 张岩松:《以促进农民增收为目标 调整和完善农业财政支持政策》,《中国财政》2002 年第 7 期。

206. 张永军:《西部大开发新格局——新时代·新思想·新征程》,《西部大开发》2017 年第 10 期。

207. 张永丽、王虎中:《新农村建设机制、内容与政策——甘肃省麻安村"参与式整村推进"扶贫模式及其启示》,《中国软科学》2007 年第 4 期。

208. 张咏梅、周巧玲:《我国农村扶贫模式及发展趋势分析》,《濮阳职业技术学院学报》2010 年第 1 期。

209. 张玉强、李祥:《我国集中连片特困地区精准扶贫模式的比较研究——基于大别山区、武陵山区、秦巴山区的实践》,《湖北社会科学》2017 年第 2 期。

210. 赵昌文、郭晓鸣:《贫困地区扶贫模式:比较与选择》,《中国农村观察》2000 年第 6 期。

211. 赵慧峰、李彤、高峰:《科技扶贫的"岗底模式"研究》,《中国科技论坛》2012 年第 2 期。

212. 赵晓芳:《非政府组织的界定及其参与扶贫的战略分析》,《兰州学刊》2010 年第 4 期。

213. 郑功成:《中国的贫困问题与 NGO 扶贫的发展》,《中国软科学》2002 年第 7 期。

214. 郑皓瑜:《论拉丁美洲国家教育扶贫政策在消除贫困代际传递中的作用》,《山东社会科学》2016 年第 4 期。

215. 郑长德、单德朋:《集中连片特困地区多维贫困测度与时空演进》,《南开大学学报》2016 年第 3 期。

216. 郑长德:《贫困陷阱、发展援助与集中连片特困地区的减贫与发展》,《西南民族大学学报》2017 年第 1 期。

217. 中国农业发展银行总行农村金融发展研究院:《中国农业发展银行金融扶贫报告（2016）》,《农业发展与金融》2017 年第 6 期。

218. 钟开斌:《对口支援起源、形成及其演化》,《甘肃行政学院学报》2013 年第 4 期。

219. 周恩宇、聂开敏:《定点扶贫的结构性实践困境——以滇、黔、桂特困区 X 县减贫实践为例》,《北方民族大学学报》2017 年第 1 期。

220. 周恩宇:《定点扶贫的历史溯源与实践困境——贵州的个案分析》,《西南民族大学学报》2017 年第 3 期。

221. 周奉良:《从贵州的实践看东西扶贫协作的发展》,《中国贫困地区》1999 年第 5 期。

222. 周艳:《脱贫攻坚看中国:甘肃让贫困远去》,《中国扶贫》2016 年第 22 期。

223. 周怡:《贫困研究:结构解释与文化解释的对垒》,《社会学研究》2002 年第 3 期。

224. 朱爱国:《基于精准视阈的职业教育扶贫策略探究》,《学者论坛》2016 年第 1 期。

225. 朱德全:《"双证式"教育扶贫振兴行动研究》,《中国教育学刊》2005 年第 11 期。

226. 朱显岳、陈旭堂:《浙江扶贫型农村互助资金会创新模式研究》,《浙江农业学报》2011 年第 5 期。

227. 朱玉福:《西部大开发 10 周年:成就、经验及对策》,《贵州民族研究》2010 年第 3 期。

228. 诸峰、沈凯、仲嘉霖:《基于政府培训视角的中国农村劳动力转移实证研究》,《农村教育》2015 年第 4 期。

229. 庄天慧、陈光燕、蓝红星:《农村扶贫瞄准度评估与机制设计——以西部 A 省 34 个国家扶贫工作重点县为例》,《青海民族研究》2016 年第 1 期。

230. 邹薇:《我国现阶段能力贫困状况及根源——基于多维度动态测度研究的分析》,《人民论坛》2012 年第 6 期。

231. 邹英、向德平:《易地扶贫搬迁贫困户市民化困境及其路径选择》,《江苏行政学院学报》2017 年第 2 期。

232. 左停、杨雨鑫、钟玲:《精准扶贫:技术靶向、理论解析和现实挑战》,《贵州社会科学》2015 年第 8 期。

三、公告、报告、报纸、网络文章

1.《中国的减贫行动与人权进步(2016 年)》白皮书。

2.《中国农村扶贫开发的新进展》(2011 年)白皮书。

3.《中国的农村扶贫开发》白皮书(2001 年)。

4.《国家八七扶贫攻坚计划(1994—2000 年)》。

5.《中国农村扶贫开发纲要(2001—2010 年)》。

6.《中国农村扶贫开发纲要(2011—2020 年)》。

7.《"十三五"脱贫攻坚规划》。

8.《"十三五"生态环境保护规划》。

9.《农村残疾人扶贫开发纲要(2011—2020 年)》。

10.《扶持人口较少民族发展规划(2011—2015 年)》。

11. 国务院扶贫办:《关于印发〈2009—2010 年东西扶贫协作工作指导意见〉的通知》,2009 年 3 月 12 日。

12. 中共中央办公厅、国务院办公厅的《关于进一步加强东西部扶贫协作工作的指导意见》(2017 年)。

13. 中国人民大学反贫困问题研究中心:《全国扶贫开发建档立卡数据分析报告》(2013 年)。

14. 宁新:《参与式扶贫:让贫困农民自主选择》,《中国民族报》2005 年 1 月 28 日第 01 版。

15. 谭飞:《一种扶贫的新实验:参与式扶贫》,《中国民族报》2001 年 10 月 26 日第 05 版。

16. 王恩瑞、范非:《晋中市参与式扶贫模式成功率达 95%》,《山西日报》2003 年 5 月 8 日第 A01 版。

17.《中共中央关于推进农村改革发展若干问题的决定》(2008 年 10 月 12 日),《人民日报》2008 年 10 月 20 日第 1 版。

18. 吴承坤、赵克志:《贵州扶贫瞄准"新四式"》,《中国经济导报》2014 年 3 月 27 日第 A02 版。

19. 易克勤、陈斌华:《"雨露计划"为何在基层遇尴尬?》,《江西日报》2015 年 8 月 19 日第 B04 版。

20. 白剑峰:《农村贫困人口患病"家底"摸清》,《人民日报》2017 年 6 月 7 日第 8 版。

21. 曹敏、于兴华:《我们有信心在 2020 年实现易地扶贫搬迁目标》,《中国经贸导报》2017 年 10 月下。

22. 肖静芳:《中央国家机关定点扶贫工作成果在京展示》,《中国民族报》2017 年 10 月 13 日第 001 版。

23. 潘跃:《农村低保标准确保不低于国家扶贫标准》,《人民日报》2018 年 4 月 26 日第 13 版。

24.《中共中央关于经济体制改革的决定》(1984 年 10 月 20 日),《人民日报》1984 年 10 月 21 日第 1 版。

25.《"十三五"将有 2.26 个贫困村通过乡村旅游致富》,http://f.china.com.cn/2016-08/21/content_39135391.htm,发布时间:2016-08-21 11:30:06,来源:中国扶贫在线。

26.《东北三省新一轮振兴计划启动:3 年将投资 1.6 万亿》,《华夏时报》2016 年 5 月 14 日,http://www.cs.com.cn/xwzx/hg/201605/t20160514_4969146.html。

27.《东西扶贫协作:双向互动实现共赢》,http://www.cpad.gov.cn/art/2015/11/28/art_42_41904.html。

28.《关于做好 2016—2020 年定点扶贫工作的通知》,http://jzfp.swpu.edu.cn/info/1010/1051.htm。

29.《国家旅游局:2015 年到 2020 年旅游将带动 1200 万人脱贫》,http://society.people.com.cn/n/2015/0713/c1008-27292996.html,2015 年 07 月 13 日,来源:人民网—人民日报。

30.《教育部直属高校全部参与扶贫中国教育报》,2016 年 1 月 23 日,http://www.xin-huanet.com/politics/2016-01/23/c_128659565.htm。

31.《我国扶贫成就显著 贫困农民腰包鼓起来》,http://www.china.com.cn/news/txt/2017-10/16/content_41739286.htm,发布时间:2017-10-16 14:00:12,来源:中国网。

32.《我国退耕还林、退牧还草、退田还湖补助政策和最新消息》,https://www.tuliu.com/read-28387.html。

33.《云南:实施精准旅游扶贫工程两年内带动 35 万余人脱贫》,http://yn.people.com.cn/n2/2017/1117/c378439-30933371.html。

34.《云南省不断完善社会扶贫工作体系》,http://yn.yunnan.cn/html/2016-05/15/content_4337357.htm,上传时间:2016-05-15 08:06:24,来源:云南日报。

35. 王国良:《中国"社区主导型"扶贫模式启动有三方面创新》,https://news.qq.com/a/20060601/001102.htm,上传时间:2006 年 06 月 01 日 09:59,来源:中国新闻网。

36. 吴涛:《2009 年我国东西扶贫协议合作投资比上年增长 11 倍》,http://news.xinhua-net.com/fortune/2010-06/24/c_12259527.Htm,来源:新华网,2010 年 6 月 24 日。

37. 习近平:《习近平在东西部扶贫协作座谈会上重要讲话》,http://cn.chinagate.cn/photonews/2016-07/22/content_38936852.htm,发布时间:2016-07-22 11:10:35,来源:新华社。

38. 杨光:《中央国家机关 5 年投入资金物资 67 亿元帮扶定点扶贫县》,http://www.cpad.gov.cn/art/2017/5/4/art_40_62631.html,发布时间:2017-05-04,来源:新华社。

39. 周宏春:《这四年,精准扶贫结硕果　中国模式受称赞》,http://f.china.com.cn/2017-11/07/content_50053804.htm,发布时间:2017-11-07 10:22:58,来源:中国网·中国扶贫在线。

｜ 后　记 ｜

本书所呈现出来的中国政府在 40 年贫困治理上的纷繁复杂的扶贫模式，让我们真实地看到中国政府自 20 世纪 70 年代末以来，为消除农村贫困问题进行的努力是多么艰辛和执着。同时，在我们生活的世界中，仍然能看到很多贫困者在贫困中挣扎着、努力着，好像与国家贫困治理的努力无关，甚至很多贫困者在生活重压下失去生存的意义。基于以上两个原因，我们选择了本课题的研究，在为国家贫困治理模式"直书"的同时，对中国贫困治理该走向何方作出思考。

绝对贫困让很多个体失去体验短暂生命价值的机会，损害了他们成为有尊严个体的意义，这是贫困对人类社会最大的影响。为此，当前，世界各国政府都会把治理绝对贫困，实现每个个体在现世中的价值作为国家治理的最低价值追求，同时也是各国政府获得基本合法性的前提。中国政府贫困治理的基本特点是把国家发展与贫困治理合为一体，即在作为自己执政合法性的重要来源的同时，也是实现整个社会发展目标的手段。这种贫困治理的政治依据，让中国政府在贫困治理上体现出高度的自觉性、主动性，也让其实施的贫困治理获得了巨大成功。在开发式扶贫和救济式扶贫的双重推进下，中国政府以基本实现消除广大农村绝对贫困为目标。在集中连片特困区、贫困县、贫困村为瞄准的区域开发式扶贫支持下，中国农村基础设施得到了全面提升，其中交通、住房、通电、教育、社会公共服务等都有了基本保障。在易地扶贫搬迁模式下，让很多因生存环境无法提供生存和发展需要的群体获得了新的发展条件。这一切，让中国农村从以前的贫困集中地中走出来，为实现 2020 年后城乡一体化的贫困治理提供了扎实的基础。

　　本书的写作是艰苦的,因为需要对中国政府在40年内针对贫困所进行的治理政策、模式、措施进行全面的考察。所以本书的研究更像是编撰扶贫模式的历史。这是一部描述人类历史上,一个政府用了近40年努力,希望让众多贫困群体从自己强有力的干预中走出来的史诗。本书是对这一事件所进行的一种客观记录,也是一种反思性评价的学术成果。

　　中国政府在贫困治理上,在40年内所采用的手段、模式是空前的,甚至很多理论在国外还处在学术讨论阶段,就被中国政府运用到扶贫实践中了。中国政府在整个扶贫过程中使用的扶贫模式,在种类上复杂到无法用一个单一的理论来分类。当然,中国政府在扶贫工作中的努力由于受到政策投机性影响,也存在高投入、低产出的问题。但由于40年中,政府扶贫政策目标的稳定,这种扶贫运行中的缺陷被政府持续性投入所抵消,让扶贫工作依然获得显著成效。

　　本书写作花费了较长时间,因为扶贫模式在今天中国的扶贫大潮中一直在发生变化,不停地有新的措施、机制被创制出来,为中国扶贫模式提供新的内容或种类。虽然现在本书存在很多的不足,但有一点是可以肯定的,它已经基本反映了我们对这个问题的理解,所以决定把它呈现给读者。

　　在本书撰写过程中,由于我们工作岗位的不同,杨林教授对全书的结构、研究重点、研究路径作出了全盘的思考和规划,我主要承担基础性资料收集工作。在整个写作过程中,我们经过多次交流,全书反映了我们对研究对象的基本看法。

　　本书是杨林教授"云岭学者"培养计划项目的阶段性成果,在研究和出版上得到项目资金的资助。

胡兴东

2018 年 6 月 8 日

责任编辑:张　立
装帧设计:王欢欢
责任校对:陈艳华

图书在版编目(CIP)数据

中国扶贫模式研究/胡兴东,杨林 著. —北京:人民出版社,2018.10
　(2019.3 重印)
ISBN 978－7－01－019671－8

Ⅰ.①中…　Ⅱ.①胡…②杨…　Ⅲ.①扶贫模式-研究-中国　Ⅳ.①F126

中国版本图书馆 CIP 数据核字(2018)第 189238 号

中国扶贫模式研究
ZHONGGUO FUPIN MOSHI YANJIU

胡兴东　杨林　著

人民出版社 出版发行
(100706　北京市东城区隆福寺街 99 号)

北京新华印刷有限公司印刷　新华书店经销

2018 年 10 月第 1 版　2019 年 3 月北京第 2 次印刷
开本:710 毫米×1000 毫米 1/16　印张:20.25
字数:335 千字

ISBN 978－7－01－019671－8　定价:78.00 元

邮购地址 100706　北京市东城区隆福寺街 99 号
人民东方图书销售中心　电话 (010)65250042　65289539